역사와 함께하는
동양고전의 인문학

역사와 함께하는
동양고전의 인문학

김인규 엮음

성균관대학교
출판부

추천사 推薦辭

존경하는 유림 여러분!

저는 공부자의 말씀을 굳게 믿고 있습니다. 학문의 목표가 군자가 되는 데 있고 선비 정신이 정의사회 구현에 있음을 의심하지 않습니다. 우리 모두가 공부자의 인의 정신에 충실할 때 우리 사회와 국가는 안정될 것이며 따라서 우리 유림도 존경받게 될 것입니다.

겨울이 지나고 나면 봄이 오듯이 우리나라에도 성균관에도 유학의 봄이 왔습니다. 저는 유림 여러분과 함께 사문진작(斯文振作)의 결실을 기약하면서 보람된 유학의 봄을 가꾸어 나아갈 것입니다.

존귀하신 유림 지도자 여러분!

지금 우리 앞에 놓여 있는 과제가 산적해 있지만 유림 모두가 화합하고 단결하면 충분히 극복할 수 있습니다. 성현께서 가르침을 주시고 퇴계·율곡 선생께서 계승하도록 인도해 주셨습니다. 성현께서 우리 후학들에게 가르침을 주시고 인도해 주셨는데 무엇을 두려워하고 무엇을 주저하겠습니까? 다함께 시종여일(始終如一) 노력하면 대망의 목표를 달성할 수 있습니다.

지혜로우신 유림 지도자 여러분!

우리 모두 사적인 욕망을 덜어내고 명예를 소중히 여기는 일천만 유림으로 번창하기를 희망합니다. 지식보다는 지혜를! 말보다는 실천을! 이익보다는 인의를 존중하는 유림으로 모범이 되기를 기대합니다. 우리 모두가 배운 만큼 행동하고 경륜만큼 너그러워지고 지혜로운 만큼 배려합시다. 그러므로 겸손하여 칭송받는 유림으로 변화하여 위대한 유림으로서 사명감을 갖고 정의사회와 도덕사회가 정연한 동방예의지국(東方禮儀之國)을 계승하고 대동사회(大同社會)를 이룩하여야 합니다.

　지금 우리 사회는 고도 성장에 따른 물질문명과 정신문화가 사회 전반에 불균형을 이루고 있습니다. 그러므로 반만년을 이어온 유구한 역사와 전통을 계승하는 유업이 어느 때보다 절실하고 소중하다고 할 수 있으며, 그동안 침체되었던 정신문화의 보고(寶庫)인 유학 경전을 누구나 알기 쉽게 대중화하고 보편화할 필요성이 대두되어 왔습니다.

　이제는 4차 산업 혁명과 지식 정보화 사회에 살고 있는 만큼 침체된 정신문화도 균형과 조화를 이루지 않으면 안 될 때가 되었습니다. 그 이유는 사회의 가치관이 정립되고 전인(全人) 인격이 완성되어야 국민이 화합하고 사회가 안정될 수 있으며, 정치가 건전하고 국가가 부강하여 정의사회와 도덕사회가 실현될 수 있기 때문입니다.

　이토록 변화와 도약이 요구되는 시점에 강원도 향교재단 김인규 이사장께서 신진 유림의 양성을 위하여 누구나 알기 쉬운 유학 교양 교재 시리즈로『명심보감·효경·대학』과『논어·맹자·중용』과『동양고전의 인문학』과『동양고전의 인성 교양』을 간단 명료하게 편집하여 한문 실력이 부족한 누구라도 1년만 노력하면 성현의 거룩하신 가르침을 깨닫고 실천할 수 있도록 출간한 점을 매우 고무적인 일로 생각합니다.

　그동안 강원도 향교재단 김인규 이사장께서 10여 년의 강의 경험을 토대로 심혈을 기울인 유학 교양 교재 4권의 시리즈가 정신문화진흥에 국민 교재로 활용되어 인성교양과 전통문화를 계승하는 데 초석이 되기를 바라면서 추천드리는 바입니다.

2018. 8. 9.
성균관장 김영근

『역사와 함께하는 동양고전의 인문학』을 펴내면서

　　인류가 생존하는 동안 역사와 전통은 이어지게 마련이다. 아무리 세월이 오래되고 세상이 변화한다 해도 역사와 전통만은 후세에 본보기가 되고 귀감이 되기 때문에 특히 인문학에 있어 역사의 비중이 무엇보다 크다고 할 수 있다.

　　더욱이 동양고전은 성현의 가르침과 역사와 문화가 담겨 있다. 특히 서경『書經』은 제왕들의 통치언행이 기록되어 있고 춘추『春秋』는 춘추시대 여러 나라의 연대와 사건이 기록이 있는 역사서이다. 그리고 선진(先秦) 시대 이후 후한(後漢) 시대 사마천(司馬遷)이 쓴 사기『史記』와 송나라 시대 사마광(司馬光)이 쓴 자치통감『資治通鑑』등이 중국의 대표적인 역사서이다.

　　우리나라는 고려시대 김부식(金富軾)이 쓴 삼국사기『三國史記』와 일연(一然)이 쓴 삼국유사『三國遺事』와 김종서(金宗瑞) 등 27인이 편찬한 고려사절요『高麗史節要』와 정인지(鄭麟趾) 등 33인이 편찬한 고려사『高麗史』와 춘추관에서 편찬한 조선왕조실록『朝鮮王朝實錄』등이 대표적인 역사서이다.

　　이와 같은 중국사와 한국사는 나라와 민족은 다르지만 불가분의 관계로서 1910년경까지 양국이 동일문자를 사용하며 소통하였고 학문이 같았으며 또 당나라와 삼국시대와의 관계·송나라 원나라와 고려시대와의 관계·명나라 청나라와 조선시대와의 관계가 상호 밀접하게 교류되었기 때문에 전통유학을 섭렵하는 유림은 반드시 중국사를 알아야 시대적 상황을 명확하게 이해할 수가 있다.

　　이와 같이 동북아의 유일한 학문이었던 유학의 연원은 춘추시대 공부자가 집대성한 교학(敎學)사상으로서 국어인 동시에 학문으로 황하문명을 꽃피우며 충효사상을 계도하였기 때문에 전통학문인 유학을 종교로 분리하는 폐단을 애석하게 생각한다. 다만 성현의 가르침에 의한 사회 교화와 생활 관습에 따른 미풍양속(美風良俗)이 종교성과 부합된다는 점은 공감할 수 있을 것이다.

그러므로 고려시대부터 도성의 성균관과 지방의 향교에서 공부자님을 비롯한 오성위(五聖位)와 송조 육현(六賢)과 우리나라 18현의 위패를 문묘(文廟)에 배향(配享)하고 선사(先師)에게 공경의 예를 올리게 된 것은 학문을 전수받는 후학(後學)의 입장에서 선대 스승님을 숭배하고 공경하는 의례인데도 불구하고 기관에서 종교단체로 분류하는 일은 행정 편의상이라면 몰라도 본래의 교학사상과는 합치하지 않는 것이다.

그렇게 잠식하게 된 동기는 1910년 이후 일제 강점기의 산물로서 우리 뿌리깊은 교학사상을 단절시켜 총명예지를 차단하고 성현숭배 사상만을 용인해서 제국주의 식민통치에 저항 없이 순종시키기 위한 술책이었음을 상기하지 못한 채 계속 답습하고 있다면 본래의 교학사상 교육기관으로서의 존재 의미를 상실한 것이다. 스승 숭배는 교육과정상의 교훈적인 공경 사상으로 종교의 신앙(구원·기복·내세관)과는 마땅이 구별되어야 하며, 한번 실추된 조직의 신뢰를 회복하기 위해서는 개과천선(改過遷善)의 정신과 경이직내(敬以直內)의 의지와 의이방외(義以方外)의 자세가 필요하다.

사문진작으로 정의사회와 도덕사회를 구현해 온 전통유학은 1446년 훈민정음 반포 이전까지 겨레의 유일한 문자였으며 정치사회학이고 윤리도덕학이었기 때문에 겨전알림 차원에서 방대하고 어렵게만 생각되는 경전요람을 간략히 누구나 알기 쉽게 대중화하고 보편화하기 위한 목적으로 제3편 역사와 함께하는 동양고전의 인문학을 편집하게 되었으므로 전통학문을 섭렵하고 계승하여 참된 인성함양에 다소의 도움이 되기를 기대하면서 석학존현의 넓은 양해를 부탁드립니다.

2019. 2. 20.

재단법인 강원도 향교재단 이사장 김인규

차례

1장

세계 문명의 자취

1. 이집트 문명

　이집트 문명은 세계에서 가장 긴 나일강(6.690km) 유역에 형성되었다. 나일강의 정기적인 범람으로 상류의 옥토가 지중해로 흘러 들어가 이 일대에서는 비료 없이도 다량의 곡물을 생산할 수 있었다. 이집트 문명을 '나일강의 선물'이라 칭하는 것도 바로 이 때문이다.

　기원전 3000~2700년경, 메네스 왕이 상·하로 분리되어 있던 고대 이집트 왕국을 통일한다. 이때부터 이집트는 역사시대에 접어들었으며 파라오왕 시대에는 태양신을 세계의 창조신으로 보았다.

※ **태양력의 발명** : 나일강은 매년 7월 상순부터 그 수위가 높아진다. 이때 그동안 보이지 않던 소티스 별(시리우스)이 출현하게 되는데, 이집트인들은 다시 소티스 별이 출현하기까지를 '1태양년'이라 정하였다. 태양력은 30일을 1개월로, 12개월에 제일(祭日) 5일을 더한 365일을 1년으로 정했다. 후에 로마제국으로 전해졌다.

※ **유리의 발명** : 가장 오래된 유리 제품(BC2500(?))은 이집트 제18대 왕조 시대의 것으로 추정된다. 테베나 아마르나에서 모래와 점토의 주형(鑄型)을 사용한 유리 용기가 처음 출토되었다.

2. 메소포타미아 문명

　메소포타미아는 그리스어로 '두 개의 강 사이의 땅'이란 뜻으로 '티그리스 강'과 '유프라테스강' 유역을 뜻한다. 두 강은 터키의 산맥에서 발원하여 시리아와 이라크를 거쳐, 페르시아만으로 흘러 들어간다.

　기원전 3000~2200년경 수메르인은 이곳에 정착하여 도시국가를 형성하고 설형문자를 발명하였다. 수메르어는 교착어(膠着語)의 일종이다.

※ **설형(楔形)문자의 발명** : 글자 획이 마치 쐐기 모양 같다고 해서 붙여진 이름으로 수메르인은 원문자기(原文字期)의 점토판에 그림문자를 그렸다. 그림문자는 회계상의 필요에 따라 생겨났으며 그 그림문자를 간략하게 한 것이 설형문자이다. 설형문자는 왼쪽에서 오른쪽으로 쓰며 표의문자, 음절문자로 이루어졌다. 후에는 고대 페르시아어를 기록하기 위해서도 사용되었다.

※ **철(鐵)의 주조(鑄造)** : 신왕국(BC 1300년경)의 수도인 핫투사스에서 철의 주조 공장이 발견되었다. 그러나 당시에는 철이 금이나 은보다 비싸서 무기재료로 쓰이지 않았다. 힛타이트 왕은 타국에 철의 제조법을 전하지 않았고 신왕국이 멸망한 뒤에 이르러서야 오리엔트 지역은 철기 시대로 접어든다.

3. 에게 문명

이집트에서는 찬란한 신왕국 시대가 전개되고 메소포타미아에서는 함무라비의 전성기가 펼쳐졌다. 동방의 오리엔트 역사가 최고조에 달했던 이즈음, 서유럽 그리스에서는 크레타섬을 중심으로 에게 문명이 시작되었다.

크레타섬의 좁은 지역에서는 독특하고 불가사의한 문자가 출토되었다. 그러나 이 문자는 해석이 불가능했고, 에게 문명 역시 확실하게 규정되지 못했다. 근년(1953)에 겨우 문명 후반부 미케네 문명 당시의 문자가 해독되기 시작하며, 고대사 학계에서도 큰 관심을 두게 되었다. 그간 추측한 대로 미케네 문자는 그리스어였다.

4. 인더스 문명

　기원전 2500~1500년경, 인도의 인더스강 유역에서는 청동기를 바탕으로 도시 문명이 발달하였다. 최근 갠지스강 상류 지역에서 관련된 유물이 발견되며, 문명의 범위가 예상했던 것보다 더 넓은 것으로 판명되었다.

　기원전 2000년경 유럽계 언어를 사용하고 유목 생활을 하던 아리아인들이 이란의 고원과 인도로 분산 이주하였다. 일부 학자들은 인더스 문명이 아리아인 이주 이후에 성립된 것으로 보기도 하였으나, 그 이전인 청동기 시대가 밝혀짐에 따라 고대부터 시작된 것임이 확인되었다.

5. 황하 문명

중국 문명은 내몽고 자치구와 칭하이성에서 발원한 황하(5.464km) 유역의 광활한 지역에서 비롯되었다. 황하는 중국내륙을 비옥하게 하고 정저우를 지나 보하이만으로 흘러 들어가는데 이 일대를 중원(中原)이라고 한다.

기원전 2300년경부터 화북지대를 중심으로 취락이 형성되었고 사람들은 비옥한 황토 지대에서 농경 생활을 하였다. 1921년 스웨덴의 고고학자 앤더슨은 하남성의 앙소촌을 발굴하고 채색 토기를 요소로 하는 여러 지역, 같은 계통의 문화를 '앙소 문화'라 이름 붙였다.

일반적으로 문명 성립의 요소로 국가조직, 청동기, 문자의 발명 등을 꼽는다. 이런 의미에서 황하 문명의 성립 시기를 오리엔트나 인도보다 늦은 기원전 2000년경이라고 본다.

※ **은허(殷墟)** : 중국내륙 하남성 안양현 북서쪽 일대. 은나라의 20대 왕 반경(盤庚)이 도읍을 옮긴 기록이 있는데 1899년 이곳에서 갑골(甲骨) 문자가 발견된 것을 계기로 1928년부터 1937년까지 15회에 걸쳐 발굴이 진행되었다. 조사 결과, 다량의 갑골과 1,000여 좌의 묘지와 궁전터가 발견되었다. 또한 집단 순장(殉葬)한 흔적이 발견되며, 노예제 사회였음 추정할 수 있게 되었다.

※ **갑골(甲骨)문자** : 은허에서 출토된 짐승뼈에 한자(漢字)의 원형인 상형(象形)문자가 새겨져 있었다. 은나라 시대에는 주로 거북점이 행해졌다. 거북의 등 껍데기나 짐승 뼈에 글자를 새기고 불에 구워 균열이 생기는 방향에 따라 길흉의 점괘를 구하여 전쟁 등 국가 대사의 판단 기준으로 삼았다.

6. 페르시아제국(오리엔트 통일)

앗시리아 멸망(BC 712) 후 4대 강국이 분립 상태를 계속해 왔던 오리엔트의 통일을 이룩한 것은 아케메네스 왕조인 페르시아제국이었다. 기원전 554년, 이란 고원의 파르사 지방에서 군병을 일으킨 키루스 2세는 메디아(BC 550)·리디아(BC 547)·신바빌로니아(BC 539)의 3국을 멸망시켰다. 이어 그의 아들 캄비세스는 이집트(BC 525)를 병합하여 오리엔트 지역을 통일시켰다.

캄비세스 이후 다리우스 페르시아제국 제3대 왕에 이르러 제국의 영토는 최대에 달했으며, 동쪽으로는 중앙아시아 인더스강 유역, 서쪽으로는 마케도니아와 에티오피아에까지 이르렀다.

관대한 정책을 펼친 창립왕 키투스 2세를 페르시아인들은 '아버지'라 불렀으며, 그리스인들은 이상적인 왕으로 간주하였다.

7. 알렉산더제국

마케도니아 왕 필립포스 2세는 모든 섬의 폴리스와 연맹을 맺고 연맹 의결 사항의 집행자가 되었다. 기원전 337년 총회에서 페르시아제국에 보복전을 결의하고 소아시아로 진격하였으나 필립포스 2세가 흉한에게 습격을 받고 사망하자 20세의 청년인 알렉산더(제위 BC 336~323) 3세가 왕위에 올랐다.

부왕의 유지를 이은 알렉산더 대왕은 소아시아와 페키니아 연안을 진압하여 이집트(BC 322)를 점령하고 유명한 알렉산드리아 시를 건설하였다. 기원전 331년, 페르시아왕 다리우스 3세를 제압하고 궁전에 불을 질러 전쟁에 승리하고 수도인 엑바타나에 입성하였다. 기원전 327년, 알렉산더는 동쪽으로 인도의 인더스강까지 점령한다. 이는 오늘날 세계사의 기준이 되는데, 인더스강이 동쪽 문화권과 서쪽 문화권의 경계선(파키스탄과 인도)이 된 것이다.

기원전 323년 6월, 알렉산더 대왕은 제국의 수도인 바빌론에서 돌연 열병에 걸려 급서하였다. 알렉산더 대왕이 죽은 후 제국은 혼란에 빠졌고 마케도니아와 시리아와 이집트가 후계 문제로 투쟁할 때에 로마가 개입하여 교묘하게 3국을 싸우게 했다. 결국 로마는 마케도니아(BC 168)와 시리아(BC 63)에 이어 이집트(BC 30)까지 정복한 후 제국을 건설하기 시작했다.

8. 로마제국

로마제국은 공화정(共和政)으로 부속된 국가를 일방적으로 지배하였다. 아우구스투스는 후임 원수의 지명권을 가지고 인척인 티베리우스를 지명한다. 이후 4대에 걸쳐 율리우스와 클라우디우스의 원수가 나옴으로써 원수정(元首政)으로 발전하였다.

원수정은 부속된 국가 주민에게 시민권을 주어 각 지역에 로마풍의 도시가 세워졌다. 이는 제국을 일체화하기 위한 통치 수단이었는데, 동쪽의 파르티아와 서쪽의 게르만으로부터 지켜내기 위해서도 군사적·정치적으로 그 지배력을 강화할 필요가 있었다. 무능한 네로(AD 69)가 죽은 뒤에는 1년 동안 4명의 원수가 난립하기도 하였다.

4세기부터 6세기에 걸쳐 서양에서는 북유럽의 게르만족과 슬라브족의 민족 이동이 일어났다. 이에 로마제국의 국경이 허물어지고 서로마제국은 멸망하게 되었으며 서유럽 일대에 야만적인 게르만 부족국가가 일어나 봉건사회의 기틀이 되었다.

475년, 서쪽 고트족의 동로마 국경 침입으로 민족 이동이 유발되었다. 고트족은 동로마군을 격파한 뒤에 서로마군까지 격파한 뒤, 이탈리아반도로 남하하였다. 마침내 410년, 영원한 도시였던 로마가 함락되었으며 잇따라 게르만 여러 부족들이 로마제국의 다른 영토까지 유린하게 되었다. 결국 5세기, 로마제국은 고트족, 반달족, 훈족의 침입을 로마인이 아닌 게르만 출신의 재상과 무장들이 막아내는 과정에서 멸망하게 된다.

그후 동로마제국의 영토는 다시 동부 지중해 연안 지역으로 줄어들게 된다.

14세기까지 계속된 제국은 줄곧 서유럽과 중동 아시아 사이에서 문화적으로 중개역을 담당하였으며, 그리스와 동방의 전통을 계승하여 화려한 비잔틴(동로마)문화를 이룩하였다. 동로마제국은 오리엔트적 전제 지배와 그리스도의 우월성, 그리스 문화의 전통 등 비잔틴제국의 성립 요건을 갖추었다고 볼 수 있다.

한편 게르만족은 인도·유럽어족의 분파로서 현재 덴마크, 스웨덴, 노르웨이, 독일, 네덜란드, 영국인 등의 조상을 말한다.

9. 그리스도교와 로마제국

　디오클레티아누스의 박해로부터 10년이 지난 313년, 그리스도교가 정식으로 공인되었고 그 후 80년이 지나서는 로마제국의 국교가 되었다.

※ **그리스도교의 성립배경** : 기원전 4년경, 유대인 요셉의 아들로 태어난 예수는 민족 신앙에 따라 하느님의 나라 도래와 신의 절대적 사랑을 믿고 바르게 살아가야 할 것을 가르쳤다. 예수 자신은 유대교 각파에 대한 격렬한 비판 때문에 십자가형에 처해졌다. 그러나 그의 가르침을 믿고 그의 부활을 확신하는 사람들은 민족 종교인 유대교를 초월한 신생 그리스도교를 신봉하고 로마제국에 복음을 넓혀갔다.

　　교세가 확장되자 지배자의 박해가 시작되었고 바울의 순교를 겪으며 난관을 극복한 그리스도교는 널리 보급되며 고대인의 사물을 보는 관점을 변혁시켰다. 그리스도의 가르침은 철저한 인인애(隣人愛)를 특색으로 하여 격렬한 정의감으로 지탱되었는데 예루살렘 신전에서 완력으로 상인을 내쫓는 따위의 격렬성은 없어졌지만, 교회 조직에 안주하고 자만할 때 그리스도교의 퇴폐가 시작되었다.

　　예수가 활동하던 1세기 전반의 유대 나라는 로마의 직할령과 헬롯왕의 아들들이 지배하는 변경지대로 나누어져 있었다. 신앙은 친로마적인 '사도가이파'와 계율을 중시하는 반로마적 '파리사이파', 그리고 로마로부터의 독립을 열망하는 '열심당'으로 나누어져 있었으며 이들은 결속하여 때때로 로마에 반란을 일으켰다. 물론 예수의 가르침은 '신의 것은 신에게로, 케사르의 것은 케사르에게로'와 같이 정치와는 아무런 관련성이 없었지만, 로마에 대한 유대인의 반감은 잠재하고 있었던 것이다.

　　예수의 가르침은 정의와 진실에 의한 신의 지배를 굳게 믿고 신의 나라가 임박한 지금 모두 바르게 생활하라고 부르짖었다. 그것은 계율을 형식적으로 엄수하는 것이 아니라 신과 직접 계율의 정신을 소통하는 일로써, 부정에 대한 신의 재판은 엄격하지만 회개하는 사람에게 대하는 사랑만은 더욱 크다고 생각하고 유대인의 업신여김을 받던 범죄자들에게도 거리낌 없이 가르쳤으며 타국인까지도 복음 전파 하는 것을 꺼리지 않았다. 그것은 비록 적일지라도 사랑하는 인인애(隣人愛)를 가르쳤으며 폐쇄적인 신앙 단체에만 한정하지 않고 널리 모든 사람에게 개방하는 복음이었다.

　　알기 쉽고 힘찬 예수의 말이 사람들을 매혹 시키자 반대의 소리도 높아졌으며 이윽고 예수가 예루살렘 신전에서 채찍을 들고 상인들을 내몰았을 때, 친로마적이던 사도가이파는 특권의 침해로 수입 감소를 걱정했다. 또 계율 엄수를 위선이라고 비판받은 반로마적이던 파리사이파도 격노하였고, 독립을 희망하던 열심당도 하나님의 나라가 현세의 국가가 아니며 예수 또한 정치적 메시아(구세주)가 아니라는 것에 실망했다.

사람들이 예수에게서 멀어지자 사도가이파와 파리사이파는 예수의 제자인 유다를 매수하여 고발하도록 하였다. 유대의 최고 평의회는 독신죄(瀆神罪)에 의한 사형을 판결하고 사형집행을 로마 총독 빌라도에게 위임하였다. 빌라도는 로마 지배에 대한 반역이 아니라 종교 문제의 분쟁으로 판단하고 석방하려 했지만 사도가이파의 선동된 민중 데모를 염려하여 결국 예수는 예루살렘 근교 골고다 언덕에서 십자가에 못 박게 되었다.

그리스도 교인들은 유대인에게 유대교회에서 그리스도교를 가르쳤는데 반대가 심해지자 결국 타국인에게 전도하기 위하여 바울은 소아시아, 마케도니아, 그리스, 로마에 전도 순회를 떠났다. 민족과 신분의 구별 없이 모두가 동포로서 신에게 선택된 유대인의 우월성을 부정했던 그리스도교는 로마제국을 넘어 세계적인 종교로 뻗어 나갔다.

그러나 그리스도교가 로마제국에 전파되자 원수정(元首政)을 펼치던 네로왕은 전통적인 다신(多神)교로 정신적 결속을 꾀하던 계획이 약화할 것을 우려하고 박해를 시작한다. 베드로와 바울이 순교(殉敎)하였으나 그리스도교는 유럽은 물론 세계적 종교로 많은 영향을 끼치게 되었다.

※ **모세의 탈출** : 출애굽기에 의하면 이집트의 왕자로 자라난 모세(mose)는 자기가 이스라엘인임을 깨닫고 파라오왕의 억압 아래서 강제 노동에 종사하는 이스라엘인을 인도하고 이집트에서 탈출한다. 신이 약속한 가나안 지방으로 가는 도중에 시나이산에 이르러 여호와로부터 10계를 전수받는다. 모세는 기원전 1200년경부터 서서히 가나안 지방으로 이주하기 시작했는데, 이는 오늘날까지 팔레스티나와의 분쟁 요인으로 남게 되었다.

당시 페르시아를 제외한 오리엔트 전 지역에서 다신교(多神敎)가 행하여졌으나 이스라엘만은 일신교(一神敎)가 성립되어 있었다. 이 유대교는 여호와와 이스라엘인과의 계약에 따라 천지와 인류의 창조자인 여호와를 모시는 종교로 다른 모든 종교를 부정하고 성서에 기록된 율법·의식·계율만을 엄중히 지킨다. 그 성전(聖典)을 '구약(舊約)성서'라고 하며 헤브라이어로 여호와와 이스라엘인의 계약을 기록해 놓았다.

한편 오리엔트(orient)는 지리적으로 세계에서 가장 오랜 문명이 발생했던 이집트, 메소포타미아, 이란, 시리아, 팔레스티나와 소아시아를 포함하는 지역을 가리키며, 유럽 사람들이 볼 때 동방 해 돋는 곳임을 뜻한다.

10. 루터의 종교 개혁

독일의 종교학자 루터(1517년)는 교황 레오 10세에 의한 면죄부 판매를 비판하는 95개 조항의 논제를 발표하였다. 그는 교황의 압박에도 굴하지 않았고 마침내 교황과 교회의 권위를 부정하기에 이르렀다.

'면제부'란 죄의 용서를 위하여 가톨릭 교회가 발행한 증서로 금전을 헌납하는 것이 죄를 면하는 수단으로 이용되었다. 교황 레오 10세가 성 파타사원의 건축을 위하여 증서를 판매한 것이 루터의 비판으로 이어져 종교 개혁의 시발점이 되었으며 오늘날의 개신교가 등장하게 되었다.

11. 인도의 불교성립

기원전 7세기경, 인도의 갠지스(2,510km)강 유역에는 16개국의 도시 국가가 발전하였다. 그 중 '코살라'국과 '마가다'국이 강국으로 알려졌는데 코살라국은 기원전 5세기 전반에 마가다국에 병합되었다.

고타마 싯다르타(BC 566~BC 486)는 깨달음을 얻고부터 불타 또는 석가모니라 존칭되었고 아버지는 네팔 석가족 왕가의 정반왕이며 어머니는 어렸을 때 일찍 돌아가셨다. 고타마 싯다르타는 생로병사로 이어지는 인생 문제를 괴롭게 생각하고 29세에 출가하여 고행 끝에 35세에 부다가야의 보리수 아래서 깨달음을 얻었다. 그 후 45년 동안 갠지스강 중류의 각지를 교화한 후 80세에 쿠시나가라의 사라쌍수 밑에서 서거하였다.

당시의 불타 선봉자의 대부분은 무사 또는 상인 계급이었으며 그중에도 코살라국의 대상인 수닷타와 마가다국의 왕인 빈비사라와 또 아자타샤트루의 이름이 알려져 있다.

불타가 서거한 뒤 제자 500명은 마가다국의 수도인 라자그리하 교외의 칠엽굴에서 마하카샤파가 총 지휘·감독하였고 우파라가 율(律)을, 아난다가 경(經)의 편집 책임자로 역할을 분담했다. 이후 불교는 동남아시아, 중국, 한국, 일본으로 전파되었다.

※ 대승(大乘)불교 : 2세기경까지 불교는 자기의 해탈(解脫)을 구해서 수행을 쌓는 출가자 중심의 것이었으나 부처나 보살(菩薩)을 섬김으로써 승속에 관계 없이 구제됨을 강조하고 부처와 여러 보살의 구제력을 찬송하는 방대한 경전이 편찬되었다. '대승(大乘)'이란 넓은 구제의 도를 의미하며 서북 인도에서 중앙아시아와 중국, 한국, 일본 그리고 베트남과 티벳

에 전파되어 아시아 문화에 큰 영향을 끼쳤다.

※ **소승(小乘)불교** : 불타 서거 후 100년간은 통일을 유지하다가 소승으로 분열되었다. '소승' 이란 자기완성만을 목적으로 하는 좁은 구제의 도라고 비방한 것으로부터 나온 말이다. 오늘날 베트남을 제외한 동남아시아 여러 나라를 남방불교라고도 하며 가정이나 직장에서도 매일 간단한 의식을 행하는 특징이 있다. 즉 대승은 많은 대중 구제의 의미이고, 소승은 자기중심 구제의 의미이다.

※ **고타마 싯다르타** : 불타의 가르침은 '모든 것은 무상(無常)하고 반드시 멸망한다'는 무상관에 기초를 두었고 인간의 괴로움은 무상한 세상의 여러 가지 현상에 대한 애착에 있다고 생각하여 애착을 제거하고 여덟 가지 바른길(八正道)을 실천하면 해탈(解脫) 경지에 도달할 수 있다고 설명하였다.

　팔정도(八正道)란 견정(見正) 바르게 보고, 정사유(正思惟) 바르게 생각하고, 정어(正語) 바른 말을 하고, 정업(正業) 바른 일을 하고, 정명(正命) 바른 명을 지키고, 정정진(正精進) 바른 정진을 하고, 정념(正念) 바른 신념을 갖고, 정정(正定) 바른 결정을 하는 것이다.

※ **힌두교** : 인도의 민족 종교로서 베다 성전(聖典)을 숭배하고 있다. 초기 인도 아리아인의 종교를 '브라만교'라고 부르며, 힌두교는 이 브라만교가 원주민 신앙 및 습속과 융합되어 성립된 종교로써 인도에서 번영하고 있다. 3대 신(파괴신 시바 , 유지신 비슈누와, 창조신 브라흐마)에 대한 신앙이 중심이 되었고 인도 인구의 85%가 힌두교도이다. 베다 성전과 브라만의 권위를 인정하는 것과 카스트(신분)제도에 따라 생활하는 것이 힌두교도의 의무이다.

※ **불교** : 기원전 6세기경 갠지스강 주변의 평야 지대에 신흥 농경인과 상공인을 중심으로 소도시형 군소국가가 등장하기 시작하면서 인도의 전통적인 브라만교(힌두교)에 반대되는 신흥종교와 철학 사상이 대두되고부터 자이나교(불교)와 육사외도(六師外道) 등이 등장하였다. 자이나교(불교)는 전통적인 브라만교와 육사외도를 비판하면서 중도(中道)와 연기론(緣起論)의 진리를 제창하였다.

※ **인도의 수학** : 상업이나 종교와 결부되어 10진법에 의한 수학이 발달하였다. 아라비아를 거쳐서 12세기경 유럽에 전해졌으며, 특히 제로(0)는 인도 수학의 위대한 발견이자 근대 수학의 기초이다.

12. 아라비아의 이슬람교

7세기 아라비아반도에 이슬람교가 일어나서 중동 역사에 중요한 역할을 하였으나 마호메트 이전에는 그다지 알려지지 않았다. 아라비아 사막에 남북으로 연결되는 상업의 중심 도시가 메카로서 카바신전의 성지는 마호메트 이전에도 중요한 곳이었다.

※ **마호메트**(Mahomet 570∼632) : 이슬람교의 창시자로서 아라비아 이름으로 '무함마드'라고 한다. 40세에 메카 교외의 히라산 동굴에서 천사(天使) 가브리엘을 통해서 알라의 천계(天啓)를 받아 드디어 예언자로서 활동하였다. 그에게 최초 귀의한 사람은 아내인 하디쟈였고 가문에서 신자가 되었다. 그러나 카바신전의 우상숭배를 배격하고 알라의 앞에서 평등을 주장하는 그의 가르침이 차츰 해방 노예나 하류층 사이에 전파되면서 메카의 지배 계급들은 그에 대한 박해를 강화했다. 이 때문에 아내와 백부를 잃었고 622년 9월, 마호메트는 메디나 시민의 초청으로 메카를 떠났다.

메디나에서 마호메트는 종교적 지도자뿐만 아니라 입법자이며 군사지도자로서 신망을 얻고 있었다. 드디어 630년, 군사를 일으켜 박해받았던 메카를 정복하고 카바신전의 우상을 파괴한 후 이곳을 이슬람교 제1의 성지로 정한 후 632년 6월에 메디나에서 병사했다.

이슬람교는 '마호메트교' 또는 '회교(回敎)'라고도 한다. 이슬람은 '절대귀의'라는 뜻으로 성전(聖典)인 코란에 의하면, 이슬람 신앙의 근본은 유일신인 알라(Allah)와 신의 사도인 마호메트를 믿는데 있고 마호메트는 어디까지나 인간으로서 신격화는 엄격히 금지되며 신자들을 모슬렘(Moslem)이라고 한다.

모슬렘의 의무는 다섯 가지로 '알라 이외의 신은 없으며 마호메트는 사도일 뿐이라는 신조 고백'과 '하루에 5번 카바를 향해 기도하는 것'과 '재산 일부를 신에게 바치는 희사(喜捨)'와 '라마단(9월) 기간 동안 단식'과 '메카의 성지 순례' 이다. 그 밖에 알라의 수호를 위하여 무기를 잡는 성전(聖戰) 지하드도 중요한 의무이다. 이슬람교는 정통파인 순니(sunni)파와 시아파로 분류된다.

13. 십자군 전쟁

11세기 말부터 13세기 말까지 서유럽의 그리스도 교도가 성지탈환이라는 명분 아래 감행한 침략으로 8번이나 있었다. 십자군은 교황권의 성쇠와 왕권의 강화, 상업 발달 등을 촉진하는 계기가 되었다. 십자군 전쟁은 가톨릭 교도가 이교도를 제압하는 명목으로 감행한 전쟁이다.

최초 침략(1099)은 프랑스와 남이탈리아 제후가 중심으로 예루살렘과 시리아 연안을 점령하여 4개의 식민지국을 만들었다. 제6회 십자군은 이슬람 세계와 접촉을 했었기 때문에 함부로 전투는 하지 않았지만 상대방의 대립을 이용하여 1229년 조약을 체결하고 예루살렘을 획득하였다. 그러나 1244년, 다시 이집트군에 점령되어 예루살렘은 계속 이슬람 수중에 있었고 1917년부터는 영국이 점령하게 되었다.

14. 대몽고제국(원나라)

13세기 몽골 고원의 태무친(鐵木眞)이 여러 부족을 통합하고 1206년 52세 때 오논 강변에서 추대되어 대한(大汗)의 자리에 올라 칭기즈칸(成吉思汗)이라 칭하고 몽고 전역의 지배자가 되었다.

칭기즈칸이 서쪽으로 정벌을 나선 이유는 서아시아 지역의 무역을 지배하여 막대한 이익을 독점하기 위한 기도였다. 원정(遠征)에 성공할 수 있었던 것은 첫째, 기마에 의한 기동력을 적국이 당해낼 수 없었고 둘째, 군량미 등의 보급이 없이도 말의 젖이나 고기로 연명하면서 적진에서 전쟁을 수행할 수 있었으며 셋째, 칭기즈칸은 물론 4명의 자식들이 용맹한 장수였기 때문이다. 이에 몽고제국은 세계 역사상 가장 넓은 영토와 국가를 점령하고 지배할 수 있었다. 점령지역이 방대해지자 자손들은 '차가타이 한국', '일 한국', '오고타이 한국'과 '킵차크 한국'으로 나누어 다스렸으며 약 1세기 반 동안은 인도를 제외한 소련, 우크라이나, 터키 등 아시아 대륙 전체를 지배하였다.

1271년 칭기즈칸의 제4자인 톨루이의 둘째 아들 쿠빌라이칸은 중국의 남송을 멸망시키고 원(元)나라(1271)를 세웠다. 111년간 몽고족은 한족을 통치하였지만 한족 주원장(朱元璋)이 남쪽에서 봉기하여 원을 멸망시키고 남경에 명(明)나라를 세웠다. 이에 몽고족은 본래의 북쪽 몽골로 되돌아갔다.

15. 르네상스 시기의 자연과학 발달

실험과 관찰을 기초로 한 새로운 과학 정신이 발전하기 시작하여 낡은 세계관과 자연관을 무너뜨리고 새로운 근대 과학이 움트기 시작하였다. 지구가 둥글다는 것이 알려졌고, 폴란드의 천문학자 코페르니쿠스나와 갈릴레이에 의하여 로마교회의 압박 중에서도 지동설(地動說)이 제기되었다. 소위 르네상스(14~16세기 문예부흥)의 3대 발명(화약·나침판·활판인쇄)은 사회의 변화를 크게 자극하여 중세 사회에서 근대 사회로의 전환을 이끌었고, 문화 발전에 현저한 공헌을 하였다.

한편 2세기 이후, 알렉산드리아의 천문학자 프톨레메우스의 천동설 체계가 이어져 왔다. 그러나 1543년, 코페르니쿠스는 지동설을 수리적으로 뒷받침할 수 있는 저서(『천구회전론天球回轉論』)를 출간하였다.

이탈리아의 과학자인 갈릴레이(1564~1642)는 수학, 물리학, 천문학을 통달하여 진자운동 낙하의 법칙을 발견하고, 망원경을 고안하여 천체 관측 결과 지동설을 제창했지만 1616년 로마로부터 금지당했다.

독일의 구텐베르크(1400~1468)가 활판인쇄를 발명했다. 하지만 이미 11세기 중엽, 중국에서는 목재 활판인쇄가 사용되었다. 채륜의 종이발명(후한 105년)과 함께 유럽에 전해진 것으로 보이며, 화약 역시도 칭기즈칸의 서유럽 원정 시에 유럽으로 전해졌다. 나침판의 원조 역시 중국이다. 기원전 4세기 춘추시대부터 지남거(指南車)를 사용했다는 기록이 있고 더욱이 태고의 황제(BC 2000년경)가 치우를 멸망시킬 때도 지남거를 사용한 기록이 있다.

※ **콜럼버스(1446∼1506)** : 이탈리아 제노바에서 출생하였으며 서쪽으로 항해하는 것이 대륙을 횡단하지 않고도 인도로 가는 길임을 확신하고 에스파냐 이사벨 여왕의 지원을 받아 1492년 8월 3일, 산타마리아호 3척에 120명을 태우고 파로스항을 출발하였다. 10월 12일, 서인도에 당도하였고 다시 항해하여 쿠바, 하이티를 발견하였으며 40명을 남겨두고 귀국했다.

　　그는 또 제2회(1493∼1496), 제3회(1498∼1500), 제4회(1502∼1504)에 걸쳐 중남미를 탐험하였으나, 죽을 때까지도 그곳을 인도라고 생각했다. 하지만 이는 위대한 아메리카의 발견이었다.

※ **마젤란(1480∼1521)** : 포르투갈의 항해가로 포르투갈 왕을 섬기며 인도총독부의 부하로 인도에서 활약하다가 왕의 불신으로 에스파냐(스페인) 칼로스왕을 섬기게 되었다.

　　에스파냐 국왕의 지원을 받아 1519년 8월 10일, 트리니다스함 외 5척의 선박을 이끌고 출발하여 대서양을 횡단하고 남아메리카 연안을 남하하여 1520년 10월, 태평양으로 나가는 항로를 발견하였다. 98일간의 항해 끝에 구암도에 기항하고 1521년 3월 16일, 필리핀 남단에 도착했다. 마젤란은 여기서 전투 중에 부족 토인에게 살해되었고 빅토리아호와 선원 18명은 이듬해 522년 11월 6일, 에스파냐로 3년 만에 돌아와 세계를 일주함으로써 지구가 둥글다는 것이 인류 최초로 실증되었다.

※ **와트(1736∼1819)** : 영국의 기계 기사인 와트가 발명한 증기기관은 18세기 초에 발명된 뉴코멘의 기압기관을 개량한 것이다. 처음엔 기압 기관과 같이 탄갱(炭坑) 배수용 펌프의 동력으로 사용되고 있었으나 1781년에 피스톤의 상하 운동을 회전 운동으로 바꾸는 데에 성공한다. 그후 여러 가지 동력원으로 사용되어 공장의 전 공업에 중요한 역할을 하였다.

16. 아메리카 합중국(미국)

　북아메리카 대륙에서는 영국과 프랑스의 식민지 전쟁(1754~1763)이 7년간 이어졌다. 오하이오강 유역의 쟁탈을 둘러싸고 교전한 끝에 1759년 9월, 퀘벡 및 몬트리올을 점령한 영국군이 승리를 거둔다. 영국은 케이프브린튼섬, 캐나다 미시시피강 동쪽의 프랑스령을 확보하게 된다.

　영국이 전쟁에 지출한 막대한 전비를 식민지에 부담시키려 하자 자영농민, 기술자, 지주들의 반항 운동이 확대되었다. 1607년부터 1732년 사이, 북아메리카 동해안에 13주의 영국 식민지가 있었으며 1775년, 보스턴 교외의 콩코드에서 급진파와 영국군이 충돌하여 전쟁의 불씨가 시작되었다. 견딜 수 없는 세법에 항의하여 13주의 대륙회의는 식민지인의 결속을 호소함과 동시에 본국의 상품 불매 운동을 전개했다. 1775년 4월, 렉싱턴에서 벌어진 식민지군과 영국군의 교전으로 독립전쟁이 개시되어 1776년 7월 4일, 독립을 선언하였다. 1777년 사라토가에서의 승리와 1778년 프랑스와의 동맹, 1780년 유럽제국의 중립동맹, 1781년 요크타운의 전투 등에서 대세를 결정지었다.

※ **워싱턴(1732-1799)** : 버지니아 출신으로 식민지 대륙회의에 참가하였고 독립혁명군의 총사령관으로 활약하였다. 영국군을 타파하고 1789년, 아메리카 합중국의 초대 대통령으로 취임하였다.

17. 사회주의 형성

18세기 후반 영국의 산업혁명 이전부터 자본주의의 발달로 인한 해악이나 모순을 비판하고, 이상향(理想鄕)을 추구하는 사회주의적 사상이 대두되기 시작하였다.

※ **마르크스(1818~1883)** : 독일의 트리에르에서 태어난 사회주의의 창시자로 헤겔 철학의 변증법과 포이에르바하 유물론의 영향을 받아 유물 변증법을 확립하였다. 라인신문 주필로 있으면서 정부를 공격하였고 1843년, 프랑스 파리로 망명하여 엥겔스와 친교를 맺었다.
1847년,『철학의 빈곤』을 발간하고 계급 투쟁의 이론과 프롤레타리아 혁명 이론을 밝혔다. 1848년 2월, 엥겔스와 함께 〈공산당 선언〉을 발표하였고 3월 혁명 후 독일에서 혁명운동을 전개하다 추방령을 받고 런던으로 망명했다.『경제학 비판』과『자본론』등을 저술하고 런던에서 사망했다.

※ **엥겔스(1820~1895)** : 독일의 사회주의자로 마르크스와 함께 사회주의의 창시자로 활약했다. 1845년,『영국 노동자 계급의 상태』를 저술하여 공상적 사회주의자를 비판했다. 1844년, 파리에서 마르크스와 우정을 맺고 1848년, 〈공산당 선언〉을 발표한 후 독일에서 혁명운동을 추진하다 실패하였다. 런던으로 건너가 마르크스가 죽은 후『자본론』을 정리하여 출판하는 등 마르크스주의 완성을 위해 노력하였다.

프랑스와 이탈리아에서는 파리 코뮌 후 일시적으로 쇠퇴했던 사회주의 운동이 1870년 말부터 부활하였고, 1884년에는 노동조합도 합법화되었으며, 1906년에는 마침내 통일 사회당이 결성되었다. 이탈리아의 사회주의 운동은 1860년에 시작되었다. 20년 동안은 정치 부패와 경제 불황의 혼란 속에 각지에서 폭동과 파업이 빈발하였다. 마침내 1892년, 사회주의 세력은 각파를 통합하여 이탈리아 사회당을 결성하였다.

18. 제국주의 야욕

　제국주의는 자본주의를 기반으로 한 열강들의 해외 팽창 정책으로서, 1871년 독일제국이 성립되고 1914년 제1차 세계대전을 일으키기까지를 제국주의의 전성기로 볼 수 있다.

　제1차 세계대전은 4년 반 동안 30여 개국이 참가한 최초의 대전으로 세계 역사를 크게 변모시켰다. 전쟁이 끝난 후 러시아에는 처음으로 사회주의 혁명이 성공하였다. 대전 중 중립을 지켜왔던 미국은 3년 만인 1917년, 참전하여 연합군에 결정적인 영향을 끼쳤고 이는 국제무대에서 지도적인 위치를 차지하는 계기가 된다. 또 인도의 독립운동과 중국의 5.4운동 등의 혁명운동과 식민지의 민족운동이 표면화되기 시작하였다.

※ **러시아 혁명(1917년 11월)** : 몽고제국인 킵차크 한국의 지배 아래 있던 러시아는 14세기에 독립하였고, 1890년경에는 자본주의가 급속도로 발전했다. 그러나 균형적인 발달을 고려하지 않고 왕실의 이익만을 중심으로 프랑스 등 외국 자본의 도입을 도모함으로써 임금 노동자와 영세 농민의 불만이 고조되었다. 이에 따라 사회운동이 격화되었고 레닌 등에 의하여 1898년, 사회 민주노동당이 결성되었다. 1905년 1월 23일, 14만 명의 노동자들이 데모를 일으키자 군대의 발포로 수천 명의 사상자가 났다.
　　제1차 세계대전이 한창인 1917년 3월, 민중들이 봉기하여 니콜라이 2세를 폐위시키고 11월에는 레닌의 지도로 세계에서 최초로 노동자 계급에 의한 사회주의 정권을 수립했다. 1918년, 러시아 공산당으로 명칭을 바꿨다.

※ **제1차 세계대전(1914년 7월~1918년 11월)** : 1914년 6월, 오스트리아 황태자 부부가 세르비아 청년에 암살당했다. 7월 말부터 일주일 사이, 이탈리아를 제외한 유럽 강국들이 독일

과 오스트리아를 중심으로 한 '동맹국'과 영국, 프랑스, 러시아의 '협상국'으로 나뉘어 전쟁 상태에 들어갔다.

이 대전은 개별적으로는 독일과 영국의 대립이자 독일과 프랑스의 대립이며 발칸 반도에서는 러시아와 오스트리아의 대립 문제였다. 그러나 근본적으로는 자본주의 체제가 제국주의 단계로 접어들기 시작한 19세기 말부터 전쟁의 발발 가능성은 무르익고 있었다. 전쟁은 독일 중심으로 전개되어 동쪽으로는 프랑스, 서쪽으로는 러시아와 대치하면서 양면 작전을 수행하게 되었다. 1914년 12월경에는 동서로 전선이 확대되면서 교착상태로 들어갔다. 1915년에는 이탈리아가 협상국 측에 가담하였고 총 30여 개의 국가가 참전하면서 세계대전으로 발전하였다.

미국은 교전국 쌍방에 물자를 팔아 중립국 입장에서 막대한 이익을 봤다. 영국이 우세한 해군력으로 독일을 봉쇄하고 있었기 때문에 사실상 영국, 프랑스와의 통상은 중대한 의의를 갖는다. 이미 협상국 측과 밀접한 관계가 있었기 때문에 전쟁발발 3년 만인 1917년 4월, 미국은 협상국 측에 참전한다. 이에 제1차 세계대전은 중대한 전기를 맞게 된다. 1917년 3월과 11월, 러시아 혁명이 일어나고 1918년 11월에는 독일 혁명이 일어나면서 제1차 대전은 종결된다. 4년 반의 전쟁으로 사망자 9백만 명, 부상자 2,400만 명과 전비 3,300억 달러가 손실되었다. 미국은 전쟁 중, 협상국 측에 전비나 물자를 원조해 채무국 위치에서 일거에 채권국 위치로 전환되며 오늘날의 세계 경제 대국의 기초를 쌓았다.

※ **제2차 세계대전(1939년 9월~1945년 8월 15일)** : 1939년 9월, 나치스 독일의 폴란드 침략을 시작으로 전개되었고 제1차 대전과 반대로 이탈리아는 독일의 편에서 참전하였다. 1941년 6월에는 소련을 침략하였다.

한편 아시아 지배를 노리던 일본이 1941년 12월, 미국 진주만을 기습 공격하면서 전쟁은 전 세계로 확대된다. 그러나 독일은 영국 본토 상륙작전 실패와 소련의 완강한 저항, 풍부한 물자를 바탕으로 한 미국의 참전으로 점점 수세에 몰렸다. 1943년, 스탈린그라드 공방전에서 소련의 승리를 계기로 전쟁은 연합국 측에 유리해져 갔다. 아시아에서도 일본은 강력한 중국의 대일항전과 미국의 반격에 후퇴할 수밖에 없는 전황이 되었다. 1943년, 이탈리아가 항복하였다. 1945년 4월, 영국과 미국의 협공, 소련의 추격으로 인해 독일 베를린이 함락되었다. 마침내 히틀러가 자살하자 5월 7일, 독일은 항복하였다. 이어 1945년 8월 6일에는 히로시마, 8월 9일에는 나가사키에 원폭이 투하되며 1945년 8월 15일, 일본도 항복문서에 조인한다. 이로써 제2차대전은 종식되었다.

제2차대전은 독일과 이탈리아 그리고 일본의 제국주의 침략전쟁이었다. 미국은 1941년 3월에 확정한 무기 대여법을 통하여 반주축국에 군수품을 제공했는데 일본이 진주만을 기습한 1941년 12월 이후 본격적으로 주축국으로 참전하게 된다.

※ **노르망디 상륙작전** : 1944년에 접어들면서 테헤란 회담에서 협의한 제2전선 구축을 위해

미국과 영국 연합군의 상륙작전이 감행되었다. 1944년 6월 6일, 아이젠하워를 총사령관으로 한 41개 사단, 100만 명의 병력은 5,000척의 선박과 압도적인 공군력을 바탕으로 프랑스 노르망디 상륙에 성공한다. 20일 만인 6월 25일, 프랑스는 독일로부터 해방되었다. 7월 20일에는 베를린에서 히틀러 암살 미수 사건이 발생하였다.

※ **카이로 회담** : 1943년 11월 27일, 미국·영국·중국 3개국이 이집트 수도 카이로에서 벌인 5일간의 회담으로 각각 루스벨트, 처칠, 장개석이 참석하였다. 2차 대전 발발 후 처음 일본에 대한 전략을 토의한 자리로, 승리하더라도 자국의 영토 확장을 하지 않기로 하였으며 일본이 제1차 대전 후 약탈한 다른 나라의 영토를 모두 반환할 것을 요구하였다. 특히 한국에 대하여 자유 독립 국가로 승인할 것을 결의했다.

※ **테헤란 회담** : 1943년 12월, 제2차 대전이 연합국 측에 유리하게 전개될 무렵 이란의 수도 테헤란에서 미국·영국·소련 3국의 정상 루스벨트, 처칠, 스탈린이 벌인 회담이다. 승리를 확신하고 앞으로 3국 협력으로 전쟁을 수행할 것을 선언하였고, 동부 전선의 소련 반격에 협력하는 제2전선의 결성 등을 약속하였다.

※ **얄타회담** : 1945년 2월, 지금의 우크라이나 얄타에서 미국·영국·소련의 수뇌들이 독일을 패전시킨 후 전후 처리 대강을 결정하고 동시에 소련의 대일본 참전을 확정하였다. 제2차 세계대전으로 인한 소련의 피해는 사망자 700만 명, 전비 6,790억 루불에 달했다.

※ **포츠담 선언** : 제2차 세계대전 종전 직전인 1945년 7월 7일, 베를린 교외의 포츠담에서 미국의 트루먼, 영국의 처칠, 중국의 장개석, 소련의 스탈린이 모여 선언문에 서명하였다. 전문 13개 조항은 일본에게 속죄와 항복 기회를 주고, 민주 정부 수립을 보장하며, 일본의 주권은 연합국이 결정하는 지역에 국한한다고 하였다. 이에 한국의 독립이 재차 확인되었다.

※ **유엔의 성립** : 1943년 10월, 모스크바에서 미국·영국·소련·중국이 공동 선언을 발표하여 첫째, 모든 평화 애호국의 주권 평등과 둘째, 평화 유지를 위한 국제기구의 설립 필요성 등을 인정하였다. 1944년 10월, 4개국은 미국의 덤바아튼 오우크스에서 회담을 열고 유엔헌장의 원안을 작성하였다. 이후 연합국 측 50개국 대표와 수행원이 63일 동안 토의한 끝에 6월 26일, 유엔헌장 조인 후 1945년 10월 24일, 유엔은 정식으로 발족했다.

　　1947년 제2차 총회에서는 한국정부를 승인하고 세계 인권 선언을 채택하였다. '제25조 헌장에 의거하여 가맹국은 안전보장이사회의 결정을 수락하고 실행하지 않으면 안 된다. 상임 이사국은 미국·소련·영국·프랑스·중국 5개국이며 또한 거부권을 가진다. 제26차 총회의 결과로 중공이 자유중국을 대신해서 상임 이사국 지위를 갖는다' 등이다.

　　이처럼 제2차 세계대전을 겪으면서 국제 평화기구 유엔이 창립되었다.

2장
중국사 개요

※ 1446년, 훈민정음이 반포되기 이전까지 우리나라는 중국의 한자를 사용하였고 학문 역시 공자·맹자의 교학 사상을 계
승하였다. 예부터 우리나라와 중국의 역사는 밀접한 관계에 있어 비교·참고할 내용이 많으므로, 특별히 중국의 역사
를 수록하였다.

중국사 개요

중국의 넓이는 960만㎢로 지구 전체의 1/15를 차지한다. 그 영토는 세계에서 러시아, 캐나다 다음으로 크며 한반도 전체의 44배에 달한다. 행정 단위는 작은 나라 정도인 23개의 성 그리고 5개의 자치구가 있다. 인구는 13억 8천만 명으로 한족이 92퍼센트를 차지하고, 55개 소수민족이 8퍼센트로 그중 가장 많은 장족은 1,500만 명에 달한다.

중국인의 시조는 반고(盤古)라고 전해지며 복희씨·신농씨·황제씨(3황)와 소호·전욱·제곡·제요·제순(5제)이 계승하였다. 그다음 우(禹)왕이 다스린 하(夏)나라는 근대까지 전설로 간주되어 왔으나 근래에 관련 유물이 출토되면서 실제로 존재했음이 확인되었다.

그러나 확실한 유물과 문헌 기록으로 증명된 역사시대는 은(殷)나라부터이다. 하남성 안양현에서 갑골문(甲骨文)이 발견되면서 중국 역사상 문자 기록에 의한 최초의 나라로 인정되고 있다.

현재 중국의 역사시대는 고대·근대·현대·당대로 나뉜다. 원시 노예 봉건제 사회에서부터 1840년 영국과의 아편전쟁 이전까지를 '고대'라 한다. 그 이후 1919년 5.4운동까지를 '근대'라 하며, 1949년 10월 1일 중화 인민 공화국 수립 이전까지를 '현대'라 한다. 그 이후 마오쩌둥(모택동) 집권부터 현재 사회주의를 '당대'라고 본다.

나라별로 순서로 보면 삼황오제(三皇五帝)→하(夏)→상(商) 또는 은(殷)→주(周)→진(秦)→한(漢)→위·진 남북조(魏晉南北朝)→수(隋)→당(唐)→오대십국(五

代十國)→송(宋)→원(元)→명(明)→청(青)→중화민국(中華民國)→중화 인민 공화국(中華人民共和國)이다.

※ **중국의 숫자** : 1은 집중하다, 2는 집중하지 못하다, 3은 여러 번이란 의미이고 4는 발음이 사라고 하여 기피하는 경향이 있다. 5는 오행설과 관련이 많고 6은 순조로움을 상징하여 전화번호나 차량번호로 선호하며 7과 8은 자주 결합하여 관용어로서 수량의 많음을 나타낸다. 그 예로 7전 8기 등이 있다. 9는 십진수 중 가장 큰 수로 매우 많다는 의미가 있고, 10은 완전하다는 의미이다. 이름자로는 1과 3, 5, 9를 양(陽)의 수라 하여 사용하고 특히 주역에서 6은 음효를 상징하고 9는 양효를 상징한다.

※ **중국인의 선호 색상** : 붉은색은 양(陽)을 상징하여 번영과 혁신을 뜻하고, 황색은 중심(中心)을 상징하여 황제와 광명을 뜻한다. 때문에 붉은색과 황색이 중국 곳곳에 상징으로 되어 있다.

※ **중국 간체자** : 현재 우리나라에서 사용하는 한자는 번체자이며 간체자는 원래의 복잡하고 어려운 번체자를 알기 쉽고 쓰기 쉽도록 간소화한 약자이다. 문맹률을 낮추기 위해 1956년에 제정하여 시행하고 있다. 그러나 대만은 번체자를 사용하고 있다. 현재 사용 중인 간체자는 UN이 공식 문서에 사용하는 문자이기도 하다.

  공부자께서 유학을 집대성할 때에 오제(五帝)인 요(堯)임금과 순(舜)임금부터 기록하셨으며 오늘날까지 정치적 성군(聖君)으로 칭송되고 있다.

1. 요(堯)임금

    황제의 고손이고 제곡의 아들로서 도(陶) 땅에 도읍을 정하고 당후(唐侯)로 부르다가 뒤에 도당씨(陶唐氏)라 하였고, 요(堯)라는 명칭은 시호(諡號)이다. 성은 이사(伊斯)이고 이름은 방훈(放勳)으로 제위에 오른 지 72년이 되는 해에 9년 동안의 대홍수가 일어났다. 훗날 우(禹)의 아버지인 곤(鯀)에게 치수 사업을 맡겼으나 해결하지 못하여 퇴출하였다.

    말년에 아들 단주(丹朱)가 있었지만 불초하였으므로 효성이 지극한 순(舜)을 하늘에 천거하여 제위를 선양하였다.

2. 순(舜)임금

    요임금의 뒤를 이어 제위에 올라 유우씨(有虞氏)라 하였으며 성은 요(姚)이고 이름은 중화(重華)이다. 요임금의 딸인 아황과 여영을 아내로 삼았으며 아버지는 고수(瞽瞍 현명과 우둔함을 분별하지 못하는 사람을 칭함)이고 계모의 아들인 상(象)이 있었지만 효성으로 부모님에게 정성을 다해 오늘날까지 대효(大孝)의 임금으로 칭송되고 있다.

    재위 61년 말년에 아들 상균(商均)이 있었지만 치수에 공적이 많은 우(禹)를 하늘에 천거하고 제위를 선양하여 또한 성군(聖君)으로 칭송되고 있다.

3. 하나라 우(禹)왕

    순임금의 뒤를 이어 제위에 올라 하후씨(夏后氏)라 하였으며 성은 사(姒)이고 이름은 문명(文命)으로 전욱의 후손이며 요임금의 신하였던 곤(鯀)의 아들이다. 순임금 시대에 홍수를 처리할 때에 8년 동안 집앞을 지나가면서도 집에 들어가지 않았다는 기록이 있다. 또 당시에 의적(儀狄)이란 사람이 술을 처음으로 만들어 우임금에게 바쳤는데 달갑게 마셨지만 아마도 후세에 술 때문에 나라를 망칠 사람이 있게 될 것이라고 하면서 마침내 의적을 멀리했다고 한다.

    요임금·순임금·우왕까지는 선양으로 제위가 이루어졌지만, 우왕부터는 자식에게 계승되어 계(啓)가 왕위에 올랐다. 하나라의 마지막 17대 왕인 왕이계(王履癸)를 걸왕(桀王)이라 하였는데 성품이 포학하고 방탕하여 말희(末喜)를 총애하였다. 고기를 산처럼 쌓아 마른 포를 숲처럼 매달아 놓고 술을 연못과 같이 가두고 배를 띄울 정도였다고 하며 술지게미가 언덕처럼 쌓여 위에서 10리를 바라볼 정도로 높았다. 궁중에서 북을 한번 울리면 3,000명이 모여들어 소처럼 마시는 것을 보고서 말희가 즐거워하게 하였다고 한다.

    하나라는 17대 458년 만에 탕(湯)왕에게 멸망한 뒤에 상(商)나라가 세워졌으며 주무왕 때에 은(殷)나라로 고쳐 불렀다.

4. 상나라(은나라) 탕(湯)왕

성탕(成湯)의 성은 자(子)로 이름은 이(履)이고 탕(湯)은 시호이며 무공(武功)으로 왕위에 올랐다고 하여 성(成)자를 붙여 성탕이라 불렀고, 선대는 제곡의 아들인 설(偰)의 후손이다. 천자국인 하나라가 걸왕의 방탕으로 어지러워지자, 탕왕은 하나라를 멸망시키고 은나라를 세웠다. 이 과정에서 왕을 도운 탕왕의 요리사 이윤(伊尹)은 은나라의 재상이 되어 왕을 성군이 되도록 하였다.

탕왕이 붕어하자 둘째 아들 외병(外丙)이 왕위에 올랐으나 2년 만에 죽고 또 그의 아우 중임(仲任)도 4년 만에 죽었다. 이윤이 섭정하면서 탕왕의 첫째 아들 태정(太丁)의 아들인 태갑(太甲)을 3년 동안 동궁에 가서 뉘우치도록 한 뒤, 제4대 왕으로 모시고서 공덕을 쌓아 명재상이 되었다. 훗날 맹자는 이윤을 성지임자(聖之任者)라고 칭송하였다. 태갑은 '하늘이 내린 재앙은 그래도 피할 수가 있겠지만 자신이 초래한 재앙은 피할 수가 없다'는 명언을 남기며 백성들을 선정으로 다스렸다.

은나라는 20대 왕인 반경(盤庚) 때에 경(耿)땅에서 박(亳)땅으로 도읍지를 옮긴 후 번창하였다. 박땅은 현재 하남성 안양현 북서쪽 일대로서 궁궐터와 1000여 좌의 묘지 그리고 순장(殉葬)의 흔적이 남아있다. 1899년 이곳에서 갑골(甲骨)문자가 발견됨에 따라 중국 역사의 실체를 문헌으로 실증하게 되었다. '은(殷)'이라는 국명은 후에 주나라 무왕이 박땅으로 도읍을 옮긴 뒤를 칭한 것이며, 은나라는 현재까지 밝혀진 중국 최초의 문명국으로 그 이전 역사의 실체는 발견되지 않은 상태이다.

은의 마지막 왕(탕왕으로부터 31대 왕)은 제신(帝辛)으로 이름은 수(受)이나 폭군이라 하여 주왕(紂王)이라고 명칭하였다. 달기(妲己)라는 왕비를 총애하면서 폭정을 일삼았다. 하나라 말년 걸왕 때와 똑같이 술로 연못을 만들어 고기를 숲처럼 매달아 놓고 밤낮으로 술을 마시며 소위 '주지육림(酒池肉林)' 하였다. 배반하는 제후들이 있으면 기름을 칠한 구리기둥 밑에 불을 피우고 죄수가 기어오르도록 했다. 떨어지면 타죽는 것을 보고 달기와 즐겼다고 하여 '포락지형(炮烙之刑)'이라는 악명이 있게 되었다.

이 무렵을 훗날 공부자는 은나라에 3인(三仁)이 있다고 하였는데, 바로 미자계(微子啓)와 비간(比干)과 기자(箕子)이다. 선정(善政)의 시행을 주왕(紂王)에게 간청하였으나 듣지 않았고 결국 은나라는 목야(牧野)의 전투에서 주나라 무왕에게 멸망하고 말았다.

이처럼 은나라는 탕왕 이후 31대, 644년간 유지되다 멸망하였다. 훗날 기자(箕子)는 은나라의 멸망한 도읍지를 돌아보며 '맥수지탄(麥秀之嘆)'으로 보리만 무성한 것을 보고서 한탄하였다고 한다. 한편 그 당시의 기자(箕子)가 우리나라의 기자조선(箕子朝鮮)과 연관이 있는지는 여러 설(說)이 있을 뿐 알 수 없는 일이다.

5. 주나라 무(武)왕

성은 희(姬)이고 이름은 발(發)이며 후직(后稷)의 16세손이다. 후직은 벼슬명칭이고 이름은 기(棄)이며 기의 어머니가 강원(姜嫄)으로 제곡의 원비(元妃)이다. 주나라 2대 왕인 무왕의 선조는 태왕인 고공단보(古公亶父)이다. 태왕에게는 첫째 아들 태백(泰伯)과 둘째 아들 중옹(仲雍)이 있었는데 강남으로 가서 오나라를 세웠다. 셋째 아들인 계력(季歷)이 대를 이어 문왕(文王)인 창(昌)을 낳았으며 문왕은 무왕과 주공(周公)을 포함하여 17명의 자식을 두었다. 무왕의 아들인 성왕(成王)은 삼촌인 주공의 보필로 주나라의 왕조를 굳건히 하였다. 이어 강왕(康王)이 계승하므로서 무왕─성왕─강왕 3대가 주나라의 전성기였다.

무왕의 아버지 문왕은 은왕조 말엽, 기산(岐山) 기슭에서 조그만 제후국을 이끌며 은왕인 주(紂)를 받들고 있었는데 은왕의 폭정으로 등을 돌린 40여 개의 제후들이 선정을 펼치는 문왕에게로 귀의하여 서백(西伯)이 되었고 한때는 주왕(紂王)의 미움을 받아 유리 지역에서 감옥까지 살았다. 주나라는 처음에는 은왕조의 작은 제후 나라였으나 은왕조를 멸망시키고 천자(天子)국인 주나라를 창업하였다. 문왕이 위수에서 강여상(姜呂尙), 태공(太公)을 만나 군사(軍師)인 스승으로 모시고부터 도덕 정치와 부국강병을 도모하면서 무너져 가는 은왕조를 계승하기에 이른 것이다.

무왕이 은왕을 정벌하기 위하여 길을 떠나려는 찰나 고죽국에서 노인을 잘 공경한다며 주나라로 찾아왔던 백이(伯夷)와 숙제(叔齊) 형제를 만났다. 형제는 말고삐를 붙잡고 정벌하지 말 것을 간청하였지만 왕은 듣지 않았다. 측근들은 형제를 죽이려고 하였지만 무왕은 의인(義人)들이라고 돌려보냈다. 백의와 숙제는 대의를 지키기 위해서 주나라에 살지 않겠다고 하여 수양산(首陽山)에 은거하면서 고비를 캐 먹고 살았다. 그러나 오래 살지 못하고 굶어 죽었으며 죽기 전에 지은 채미가(採薇歌)가 전해져 오늘날까지 왕위(王位)를 사양하고 정의의 길을 택한 의인(義人)의 대명사로 전해 오고 있다.

채 미 가 (採 薇 歌)

登彼西山兮여 採其薇矣로다 以暴易暴兮여
不知其非矣로다 神農虞夏가 忽焉沒兮여
我安適矣아 于嗟徂兮여 命之衰矣로다

나는 지금 저 서산에 올라 고비를 캐는도다
무왕은 폭력으로써 폭력을 바꾸었으되 그 비행을 모르누나
옛 신농씨와 순임금과 우왕은 홀연히도 가셨지만
나는 어디로 가야 하나 !
아~~아 가리라 천명도 쇠하였으니 !

무왕은 은나라를 정벌하고 주왕조(BC 1122)를 세워 고공단보를 주나라의 태왕(太王)으로, 계력을 왕계(王季)로, 서백을 문왕(文王)으로 추존하였다.

한편 주나라는 여러 대에 걸쳐 23개의 열국(列國)과 98개의 소국(小國)으로 봉후건국(封侯建國)하여 오나라에 주장(周章)을, 채나라에 채중(蔡仲)을, 송나라에 미자계(微子啓)를, 노나라에 주공의 아들 백금(伯禽)을, 위(衛)나라에 강숙(康叔)을, 정나라에 환공우(桓公友)를, 진나라(晋)에 당숙우(唐叔虞)를, 진나라(陳)에 호공만(胡公滿)을, 제나라에 태공인 강여상(姜呂尚)을, 한나라에 건(虔)을, 위(魏)나라에 사(斯)를, 조나라에 적(籍)을, 초나라에 웅역(熊繹)을, 연나라에 소공 석

(爽)을, 등나라에 숙수(叔繡)를, 진나라(秦)에 비자(非子)를 봉하여 주나라 왕실을 공고히 하였다.

　문왕으로부터 12대인 궁렬(宮涅)이 왕위에 올라 유왕(幽王)이라 하였는데, 신왕후(申王后)의 태자 의구(宜臼)를 폐하고 포사(褒姒)의 아들 백복(伯服)을 태자로 삼았다. 그러므로 신왕후와 의구 태자는 외가인 신국(申國)으로 피신했다. 유왕은 신왕후를 죽이려 했지만 찾지 못하고 다시 신국을 공격한다. 신왕후는 마침내 견융(犬戎 BC 770)을 사주하여 쳐들어와 유왕을 여산에서 시해하였다.

　이에 앞서 유왕은 포사를 총애하였으며 좀처럼 웃지 않자 웃는 모습을 보려고 산봉우리에 봉홧불을 올려 거짓으로 적국이 쳐들어오는 것처럼 꾸몄다. 제후들이 서둘러 달려와 보니 도적은 없고 꾸민 일이었다. 그 광경을 지켜본 포사는 그제야 웃음을 보였고 유왕은 가끔 이와 같은 일을 반복하여 제후들의 불신을 산다. 견융이 실제로 침략해 오자 봉홧불을 올렸지만 구원하러 온 제후는 아무도 없었다. 결국 호경(鎬京)은 함락되고 유왕은 시해되었다. 이때의 도읍지가 서쪽(지금의 서안)이었다고 해서, 당시를 서주(西周)시대(BC 1122~770)라고 부른다.

※ **춘추시대(BC 770~403)** : 제후들이 폐위되었던 의구(宜臼) 태자를 다시 세워 평왕(平王)이라 하였고 동쪽 낙양(洛陽)으로 도읍지를 옮겼다고 하여 이때부터를 동주(東周)시대라 한다. 평왕이 즉위한 원년은 기원전 770년이다. 훗날 진(晋)나라가 한(韓)·위(魏)·조(趙) 3국으로 분열하고 집정하고 있던 지백(智伯)을 멸망시킨 후 주왕조 제32대 위렬(威烈)왕을 위협하여 정식 국가로 승인받는다. 이때가 기원전 403년으로 이 시점까지를 춘추시대로 보는 견해가 지배적이다.

　한편 공부자는 주왕조 제23대 영왕(靈王) 시대인 노나라 제후 양공(襄公) 22년 경술(BC 551)해에 창평향 추읍에서 출생하였다. '춘추'라는 명칭은 훗날 공부자가 저술한 춘추(春秋)에서 유래한 것이다.

　주왕조는 제37대 난왕(赧王)이 제후국 진(秦)나라 소왕(昭王)의 침략을 받고 항복하면서, 37대 867만에 멸망하였다. 이어 기원전 221년부터는 진시황(秦始皇) 시대가 이어진다.

※ **전국시대(BC 403~221)** : 춘추시대가 주왕조의 봉건제도가 약화되는 과정이었다면 전국시대는 약화된 주왕조를 능멸하고 121개의 크고 작은 제후들이 이합집산하면서 전쟁을 벌이는

기간이다. 무려 182년이라는 기나긴 전쟁기간으로 이는 인류 역사상 전무후무한 기록이다.

진(晉)나라에는 6경(卿)이 있었는데 3경은 먼저 무너지고 한건(韓虔), 위사(魏斯), 조적(趙籍) 3경이 진을 3분하여 주왕조 위렬왕에게 제후로 승인해줄 것을 위세로 요청한다. 이를 별수 없이 승인해준 때가 기원전 403년 무인년이다. 이는 단순히 제후를 승인한 것이 아니라 주나라의 종법(宗法) 질서가 무너지고 권위가 땅에 떨어진 것이다.

같은 진영에서 분립한 한나라·위나라·조나라 간의 치열한 전쟁은 차츰 중원대륙 전체로 확산된다. 이해득실에 따라 어제의 이웃이 오늘의 적으로 변하여 멸망과 통합을 거듭하면서 마침내 7웅(七雄)·진(秦)·초(楚)·연(燕)·제(齊)·한(韓)·위(魏)·조(趙)나라가 할거하는 형세로 바뀌어 갔다.

전국시대 개막 30년 후인 BC 372년은 맹자가 출생한 시기로 그의 책에 등장하는 위나라 양혜왕과 제나라 제선왕이 바로 이때의 막강한 군주들이다. 이처럼 당시는 오직 팽창에만 몰두하며 국력을 신장하는 시기였다.

여기에서 유가(儒家)들은 반드시 이해해야 할 점이 있다. 공부자 시대는 춘추시대 중엽으로 주왕조가 미약해지고 봉건질서가 차츰 붕괴하기 시작하였기 때문에 유가들이 주장하는 인의와 도덕을 받아들일 시간적 여유가 없었다. 예로부터 도도하게 흐르는 역사의 물결은 막을 수가 없는 것으로 마지막 종착점에 가서야 멈추거나 바뀌는 것이 바로 대순환의 논리이다. 마치 무더위를 지나야 서늘해지고 강한 추위를 지나야 따뜻해지는 이치와도 같은 것이다. 아마도 그래서 공부자는 혼란해지는 사회를 걱정하시면서 주유천하 하셨으리라 짐작된다. 당시에는 어쩔 수 없었지만 오늘날 위대한 교학사상이 동북아시아에 학문이자 정신문화로 자리 잡게 된 것은 행운이 아닐 수 없다.

맹자의 시대는 전국시대 초기로서 주왕조는 완전히 제후 통제력을 상실했다고 볼 수 있다. 7웅의 국가들은 나름대로 자기가 천하통일을 이룰 것이라는 야욕을 품고 인재 영입과 부국강병(富國強兵)에 매진한다. 합종연횡(合縱連橫)을 성사시키기 위하여 소진(蘇秦)과 장의(張儀)가 맹활약하던 시기였으므로 제후들에게 인의 사상과 왕도(王道)정치는 마이동풍(馬耳東風)에 다름없었다. 때문에 맹자 역시도 공부자와 마찬가지로 말년에 후세를 위하여 제자들을 양성하는 데 전력하였다. 두 분 성현의 가르침은 한나라와 당나라를 거쳐 송(宋)대의 6현(賢)에 의하여 더욱 계승 발전되어 왔다. 이제는 우리 유림들도 대의명분(大義名分)을 위하여 계승, 발전해야만 한다.

※ **제자백가(諸子百家)** : 제가백가란 여러 학술 계통에 일가견이 있는 온갖 전문가라는 뜻이다. 춘추전국 시대는 정치·경제·사회·문화에 있어 일대 변혁기로서 씨족제적인 사회의 해체기이자 주나라 봉건제도의 질서가 붕괴되는 시기이며 주왕조의 권위 실추에 따른 제후들의 대립 분쟁과 독립의 시대이기도 하다. 각국은 인재를 영입하면서 경제적·군사적으로 우위를 선점하려는 전시상태를 유지하고 있었다.

　　은나라 시대는 모든 것이 천명사상에 의하여 이루어진다고 보아 점술을 믿으며 신을 신봉하는 '신중심사회'였다. 반면 춘추전국 시대부터는 문명이 시작되고 세계관이 밝아져 경쟁 관계가 생기면서 모든 것은 인간의 노력과 수양으로 얼마든지 바뀔 수 있다고 생각하게 된다. 즉 '인간중심사회'로 접어드는 전환기라고 볼 수 있다.

※ **유가(儒家)** : 주나라로 계승된 한족의 풍속, 관습과 학문은 발달을 거듭하여 공자의 시대에 이르러서는 어느 정도 체계화되었다. 공부자(BC 551~479)는 주왕조의 예악(禮樂)과 역경(易經), 서경(書經)과 시경(詩經) 등을 정리하여 교육할 수 있도록 체계화하였다. 말년에는 춘추(春秋)를 저술하여 역사를 바로 세우는 등 유학을 집대성(集大成)함으로써 오늘날까지 동북아시아 3국의 정신문화에 근간이 되고 있다.

※ **묵가(墨家)** : 묵자는 사람들이 격의 없이 서로 사랑하고 서로 이롭게 하는 겸애(兼愛)를 가르쳤다. 공리(功利)적 입장에서 근면과 검소 그리고 절약을 주장하였고 평등한 인재 등용과 비공(非攻) 논리로 전쟁하지 않는 겸애 사상을 주장하였다.

※ **도가(道家)** : 노자와 장자로 대표되는 학파로 삶의 진리가 인위(人爲)를 초월한 무위(無爲) 자연의 순응에 있다고 보고, 유가의 인(仁)이나 예(禮)를 우선하기보다는 지극히 순수한 무위자연(無爲自然)으로 살아갈 것을 주장하였다.

　　이 사상을 바탕으로 후한 말엽 장도릉(張道陵 AD 34~156)이 사천성으로 들어가 도교를 창립한다. 도덕경을 근본으로 노자 오천문(老子五千文)을 경전으로 삼고 노자를 태상노군(太上老君)으로 높여 부르며 장생(長生)을 목표로 도인(導引)과 양생(養生)을 추구하였다. 이를 신선술(神仙術)이라고도 하여 후세에는 황노(黃老)사상을 이상(理想)으로 삼는 경향이 많아졌다.

　　도교는 장도릉의 자손인 장형과 장로의 파에서 전파되었고 또 제자인 장수는 사천성을 떠나 중원에서 전파하였다. 훗날 장각(張角)이란 사람은 교도를 결집하여 황건적을 결성하고 난을 일으켜 수십 개의 고을을 점령한다. 이때 조조와 유비가 황건적 토벌을 담당하게 되고 그들의 등장으로 사실상 삼국시대의 서막이 시작된다.

※ **법가(法家)** : 상앙(商鞅)·신불해(申不害)·한비자(韓非子)로 대표되는 학파로 춘추시대의 패도(覇道)에 부응해서 부국강병(富國强兵)을 목적으로 한다. 군주가 정한 규범인 '법'과 법을 시행하는 수단 '술'로 이루어져 있다.

　　한비자는 관리를 등용할 때 그 사람의 의론 곧 명(名)과 그 사람의 실제적인 실적 곧 형(形)의 일치 여부를 살펴 상벌출척(賞罰黜陟)을 하여야 한다는 형명학(形名學)을 주장하였는데, 이를 근간으로 엄중한 법으로 국가를 다스리고 군주의 권력을 강화하고자 하였다.

　　법가 사상의 근원은 순자(순황)의 '인간의 성(性)은 원래 탐욕스럽고 악하므로 성인에 의해 정해진 예(禮)에 따라서 교정하지 않으면 안 된다'는 이론을 법에 접근시킨 것이다. 이를 통치 원리로 하였으며 한비자는 바로 순자의 문하생이었다. 오늘날의 법치주의는 순자의 이론으로부터 시작되었다고 볼 수 있다.

※ **명가(名家)** : 공손룡(公孫龍)의 대표학설로서 백마는 말이 아니라고 제창했던 논리 학파이다. 결과적으로 괴변에 빠졌다.

※ **병가(兵家)** : 손무(孫武)는 손자병법의 저자로 오나라 합려왕에게 등용되어 초나라를 격파하는 큰 공을 세웠으며, '적을 알고 나를 알면 백번 싸운다 해도 패하지 않을 것이고 적도 모르고 나마저 모른다면 싸울 때마다 완패할 것이다'라고 하여 적진을 미리 알아야 하는 중요성을 강조하였다. 또한 싸우지 않고도 적을 굴복시키는 것이 최선임을 천명하였다.

　　본래 병가의 대가(大家)는 주왕조 창업 시에 활약했던 강여상(강태공)을 들 수 있고 손자오서, 오기, 손빈 등의 탁월한 전략과 전술로 춘추시대의 흥망성쇠를 좌우하였다.

※ **음양 오행가(五行家)** : 추연(鄒衍)에 의하여 대표되는 학파로 우주는 음양과 목(木)·화(火)·토(土)·금(金)·수(水)의 다섯 가지 원소로 되어 있고 사물의 생장성숙(生長成熟)과 역사의 흥망성쇠(興亡盛衰)도 오행의 상생 상극 원리에 의하여 이루어진다고 하는 학파이다.

6. 진(秦)나라

　주나라 8대 효(孝)왕이 전욱의 후손인 비자(非子)를 책봉하여 섬서성 지역에서 통치하였고 성은 공손(公孫)씨이다. 전국시대 진효공 때에 상앙(商鞅)을 재상으로 등용하였는데 법가적 사상에 따른 대개혁안 변법(變法)을 단행하여 부국강병의 기초로 닦았다. 상앙(책봉)이라고도 하고 공손앙(성씨)이라고도 하며 또한 위앙(본국)이라고도 한다.

　개혁의 주된 내용은 ①씨족제도의 해체, ②이웃의 단결에 의한 치안유지 강화(인조제), ③군벌의 공로에 의한 관료진출, ④중앙집권적 군현제 실시, ⑤농지 사유권을 인정하는 토지 제도의 개혁 등이다. 이는 춘추 전국시대 최초로 법령정비에 의한 통치 제도로서 봉건제도를 초월한 획기적인 개혁이었다. 자치통감에 의하면, 길에 유실된 물건이 있어도 가져가는 사람이 없었다고 하므로 엄격한 법률적용으로 통제적인 질서유지가 가능했던 것이다.

　사기 열전에 의하면 이처럼 새로운 법령을 만들었으나 백성들이 믿고 따라주지 않을까 염려되어 확신을 심어주기 위하여 보통사람이면 누구나 들 수 있는 나무토막을 시장 남쪽 문에 세워놓고 북문까지 들어다 세우는 사람이 있다면 10금의 큰돈을 상금으로 주겠다고 방(榜)을 붙였다. 옮기는 사람이 나타나지 않자 다시 50금의 거금을 주겠다고 방을 붙였고 과연 어떤 사람이 혹시나 하고 북문으로 옮겼는데 주저하지 않고 50금을 주었다. 이처럼 나라는 절대로 국민을 속이지 않는다는 확신을 준 다음, 법령을 공포하였다.

　그러나 새법령을 시행한 지 1년도 되지 않아 많은 사람이 불편을 호소했다. 그 와중에 효공왕의 태자가 법을 범하는 일이 발생하였다. 상앙(공손앙)이 말하기를 '나라의 법령이 지켜지지 않는 것은 윗사람이 법을 범하고도 특권으로 처벌받지 않는 데 있다'고 하면서 왕위를 계승할 태자는 처벌할 수 없지만 좌우에서 보필하는 공자건을 처벌하고 태자를 가르치는 스승 공손가를 자자(刺字) 중형으로 처벌하여 법치의 엄격함을 인식하도록 하였다.

그 후부터는 진나라 백성들이 모두 법을 따랐으며 시행된 지 10년이 지나자 백성들은 크게 기뻐하면서 길에 떨어진 물건을 주우려 하지 않았고 도둑이 없었으며 집마다 생활이 넉넉해졌고 전쟁에 나갔을 때 용감했으며 개인적인 싸움도 일어나지 않았다. 과거 법령의 불편을 호소하던 사람들도 반대로 법령이 오히려 편리하다고 아부하곤 했는데 상앙은 이 사람들 역시 선도감화(善導感化)에 해를 끼치는 사람들이라고 하면서 모두 국경 주변으로 내쫓았다.

여기서 주목할 점은 상앙의 법률 제정으로 인하여 진나라는 국민결속과 부국강병을 달성하였고 마침내 천하통일의 기반을 세웠다. 또한 이를 계기로 신불해, 이사, 한비자와 같은 법률 사상가들이 출현하면서 법치제도가 정착하게 되었다. 법치주의 사상의 논리를 거슬러 올라가면 성악설을 주장했던 순자에게서 비롯되었다고 볼 수 있다.

※ **항우(項羽 BC 232~202)** : 항우는 초나라의 귀족 출신으로 이름은 적(籍)이고 자는 우(羽)이다. 진승과 오광이 난을 일으키자 항우(BC 209)는 숙부인 항량과 함께 강소성 회계땅에서 봉기하여 장강을 건너 서쪽으로 진격하면서 유방과 협력하여 진나라를 타도(BC 206)했다.
　　처음에는 초나라 왕족인 의제(義帝)를 모시고 공로가 있는 군웅(群雄)들을 제후로 봉하여 자신은 패왕(霸王)이라 자칭하고 권력을 장악했다. 얼마 후에는 의제를 살해하였고, 진나라를 멸망시킬 때 협력했던 유방과의 해하(垓下)싸움에서 패하여 오강(烏江)에 이르러 자진하고 말았다.

※ **유방(劉邦 BC 247~195 / 재위 BC 202~195)** : 한(漢)나라를 세운 초대 황제로서 패(沛)땅의 중류 농민 출신이었으나 농업에는 관심이 없었고 협기(俠氣)가 강했다. 기원전 209년 지방 유지들의 지지를 얻어 패공(沛公)이라 자칭하였고 남쪽으로부터 북상해 오는 항우와 합세하여 서쪽의 진나라 진영으로 진격하였다. 처음에 의제(義帝)는 관중(關中)을 먼저 함락

시키는 사람을 왕으로 삼겠다 약속했었지만 기원전 206년, 유방이 먼저 수도인 함양(咸陽)을 함락시키고 항우가 오기를 기다렸다. 항우는 약속을 어기고 유방을 사천성 한중(漢中)으로 내보내 한왕(漢王)으로 봉했다.

　　유방은 다시 장량, 진평, 책사와 한신, 팽월, 경포 장군들의 도움으로 관중으로 반격하여 해하싸움(四面楚歌 사면초가)에서 항우를 타도하고 한제국(漢)을 세우기에 이르렀다.

　　이에 앞서 진나라는 상앙의 부국강병 정책 성공을 바탕으로 소양왕이 7웅의 할거를 평정한다. 주나라 37대 난왕의 항복을 받아 마침내 통일(BC 221)국가를 건설하여 전국을 36군으로 편성하고 중앙 집권 체제를 강화했으며, 봉건제를 군현제로 바꾸어 놓았다. 문자 화폐 도량형을 통일하고 새로운 정치에 반대하는 유자(儒者)들을 매장하였으며 정치에 걸림돌이 되는 서적을 불태워 분서갱유(焚書坑儒)라는 악명을 남겼다.

　　북쪽의 흉노를 막기 위해 만리장성을 쌓기 시작하였고 거대한 아방궁을 지었으며 토목사업을 확대하는 등 급진적인 개혁정책을 추진하였다. 이에 따른 과중한 세금 징수와 수많은 부역 동원령에 백성들의 불만은 고조되어 갔다.

　　삼황오제의 칭호를 겸하여 시황제(BC 259~210 / 재위 BC 221~210)라 칭하고 짐(朕), 폐하(陛下), 조서(詔書)라는 황제 전용어가 시작되었다. 그러나 민심을 이반한 급진 정책은 예나 지금이나 성공할 수 없었다. 마침내 초나라의 수비병으로 있던 진승(陳勝)과 오광(吳廣)이 반란을 일으키자 각처에서 호응하여 항량과 항우와 패공(沛公)이었던 유방(劉邦)도 군사를 일으켜 진나라 타도를 외치고 나섰다.

　　이 무렵 진시황은 각 군현에 순시를 나갔다가 갑자기 서거(49세)하였고, 나이 어린 막내 호해(胡亥)가 제위에 올랐지만 점점 세력화되어 침입해오는 반란군을 막을 수가 없었다. 이세(二世)를 받드는 조고(趙高) 정승마저 오만방자한 인물(指鹿爲馬 지록위마)이었으므로 전국을 통일한 지 15년 만에 결국 멸망한다. 이어 유방은 다시 한(漢)나라를 창업하게 되었다.

7. 한(漢)나라

　유방(劉邦)은 초나라 항우를 격파하고 한나라를 세웠으며 주나라의 봉건(封建)제와 진나라 군현제를 겸용한 군국(郡國)제를 시행하였다. 무력을 통한 건국이었으므로 처음에는 논공행상(論功行賞)에 관한 문제가 대두되었다. 더욱이 막강한 장군들은 평화국가 안보에는 위협적인 존재가 되기도 하여, 신뢰가 깨진다면 안위를 보장할 수 없는 긴장 상태가 조성되어 있었다.

　누가 먼저 신뢰를 깨뜨렸는지는 모르지만 결국 한신, 팽월, 경포 장군이 배반을 꾀했다는 이유로 처형당하고 말았다. 궁내에는 여후(呂后)가 있었고 유방의 패공 시절부터 함께 했던 재상인 소하, 조참, 왕릉, 진평, 주발 등의 보좌역이 강성했기 때문에 한고조가 붕어했어도 한나라의 정치 기반을 공고히 할수 있었다. 그 후 여후는 유영(劉盈)을 즉위시키고 8년 동안 섭정하였다.

※ **군국제(君國制)** : 한나라가 처음 채택한 통치제도로서 진시황 군현제(郡縣制 36)의 실패를 참작하여 왕족과 공신들에게 왕후(제후)를 책봉하고 주변에 작은 영국(領國)을 갖게 하는 봉건제를 병용하여 2원제(二元制)인 군국제를 시행하였다. 후에 공신들의 제후 봉작을 몰수하는 정책으로 전환하자 기원전 154년 경제(景帝) 때에 오나라 유비(劉濞)를 중심으로 오초7국이 난을 일으켰다. 그러나 이내 평정되었고 다시 중앙 집권 체제가 강화되었다.

※ **한무제(BC 156~87 / 재위 BC 141~87)** : 한의 5대 황제로 이름은 유철(劉徹)이다. 4대 경제(景帝)의 뒤를 이어 2원제였던 군국제를 다시 중앙 집권 체제로 전환하고 전한(前漢)의 융성기를 맞이한다. 북으로 흉노를 공격하고 남으로 인도차이나 북부까지 세력을 뻗쳤으며 동북으로 한반도까지 진출하여 한4군(낙랑·현도·임둔·진번)을 설치하였다. 이때 한반도는 위만조선(BC 194)의 시기로 한무제가 위만의 손자인 우거왕을 축출(BC 108)하고 4개의 군(郡)을 설치한 것이다.

안으로는 농지를 개간하고 관개사업을 일으켜 경제 개발에 힘썼으며 춘추전국시대 이후 처음으로 공부자의 유학을 국가공인 교학(教學)으로 삼아 학문진작에 힘써 동중서(董仲舒)를 중용한다. 전국시대 침체기를 지난 후 유학이 다시 꽃피기 시작하는 서막이었다.

※ **동중서(董仲舒)** : 한나라의 유학자로서 한무제에게 현량(賢良)으로 빌탁되어 오경박사(五經 시경·서경·역경·예경·춘추) 제도를 두고 도성에 태학(太學)을 설치하는 등 학문을 진작시켰다.
한의 유학자는 동중서를 비롯하여 태고부터 한무제까지의 사기를 편찬한 사마천(司馬遷), 전한 역사를 기록한 한서(漢書) 편찬자 반고(班固), 유학 경전의 주석을 달고 훈고학(訓詁學 글자의 뜻을 해석하는 학문)을 발전시킨 정현(鄭玄), 후한 때에 설문해자(說文解字 9353자)를 편집한 허신(許愼) 등이 있다. 이들의 활약은 유학이 당나라와 송나라로 이어지는 데 중요한 역할을 했으며, 이것이 바로 중국 문명을 꽃피운 사도진흥(斯道振興)이자 사문진작(斯文振作)이었다.

※ **왕망(王莽)** : 전한 9대 원제(元帝)의 황후인 왕씨 일족이었던 왕망(BC 44~AD 23)은 평제(平帝)를 폐위시키고 왕씨로서 제위에 올라 국호를 신(新)이라 하였다. 그러나 사회적 혼란을 초래하여 각지에서 반란이 일어나 14년만 인 서기 23년 살해되었고, 신국은 멸망했다. 한 고조가 나라를 창업한 이래에 터무니없는 외척이 왕권을 찬탈한 사건이었으며, 이때까지를 전한(前漢)이라고 한다.

※ **후한(後漢)의 성립** : 광무제(光武帝) 유수(劉秀 BC 5~AD 57 / 재위 25~57)는 고조의 9대손으로 왕망 말년에 나라가 정통성을 잃고 혼란스러워지자 하북지방 호족의 도움을 받아 군사를 일으켜 왕망을 멸망시킨다. 서기 25년 제위에 올라 14년간의 왕망 정권 찬탈을 척결하고 한나라를 다시 부흥하였다. 서기 25년부터 조비가 위나라를 세운 220년까지를 후한(後漢)이라고 한다.

※ **황건(黃巾)적의 난** : 184년 하북 거록지방의 장각(張角)이 태평도(太平道)라는 초기 도교의 신앙으로 결속된 농민들과 반란을 일으켰다. 머리에 황건을 썼다고 하여 붙여진 이름이며 이들은 주술(呪術)로 병을 치료하고 음양오행설과 잡다한 민간신앙을 결부하여 도가(道家)로 윤색하고 수십만 명을 동원하여 조직적인 반란을 일으켰다. 후한 11대 영제 때에 조조와 유비애 의해 평정되었으며 이를 계기로 후한 왕실이 쇠퇴하면서 조조의 아들 조비가 후한 12대 헌제를 위협하여 왕위를 양위받는다. 이로써 위나라·촉나라·오나라의 3국 시대가 개막되었다.

※ **불교의 전래** : 불교가 중국에 전해진 것은 후한 2대 명제(제위 57~75) 때이다. 명제가 꿈속에서 금으로 된 사람을 보고 서방에 성인이 있다고 생각하여 채암을 파견하여 불교를 받아

들였다는 설이 있으나 실증되지는 않았다. 다만 왕족 중에 일부 신앙자가 있었다는 확증과 전한 11대 애제(哀帝) 때인 기원전 2년, 대월지왕의 사신 이존(伊存)이 경로(景盧)에게 불교를 직접 말해 주었다는 기록이 있으므로 기원 전후경에 이미 중국에 전해진 것으로 추측된다. 그러나 후한시대 전통 유학에 가려져 빛을 보지는 못했다.

※ **채윤의 종이발명** : 후한 105년 환관인 채윤이 나무껍질과 삼, 누더기 천을 원료로 하여 처음으로 종이를 만들었다. 이전까지는 대나무 죽간을 사용하였다. 종이는 차차 보급되어 4세기경에 아라비아와 이집트를 거쳐 유럽으로 전해졌다. 당시의 통상은 돈황을 거쳐 파미르 고원을 넘어 이란, 시리아를 지나 서유럽으로 이어지는 비단길(실크로드)뿐이었지만, 15세기 후반에는 해상교통 발달로 실크로드가 퇴색되었다. 국가적 통상은 한무제가 장건을 대월지국에 사자로 보내면서 시작되었는데, 대월지국은 지금의 우즈베키스탄 지역이다.

8. 삼국시대

  후한말 10대 환제 때부터 후한의 왕실은 쇠퇴하기 시작하였고 도교 태평도에 의한 황건적의 난이 일어났다. 환제는 외척들이 득세하여 권력을 휘두르자 환관의 힘을 빌려 외척을 몰아냈다. 하지만 다시 환관들의 세상이 되고 마는 누를 범하고 말았다. 마침내 환제가 죽고 11대 영제가 즉위하였으나 십상시(十常侍)라 불리는 10명의 환관들이 다시 외척과 손잡고 권력을 행사하니 13세인 영제는 사실상 허수아비와 다름없는 왕이었다.

  이즈음 하북 거록땅에서 약초를 캐고 살던 장각(張角)이란 사람은 산중의 한 도사로부터 태평요술 이라는 책을 얻게 되었다. 일설에 의하면 바람을 일으키고 비를 내릴 수 있는 도술을 깨달은 장각은 태평도인이라 자칭하고 사람들을 모아 교주가 되었다. 신통력을 가진 장각의 소문이 각 지방에 퍼지면서 수많은 사람이 장각을 따랐다. 장각은 군대를 조직하여 황건(黃巾)을 두르고 여러 고을을 점령해 나갔다.

  쇠약해진 왕실은 군벌인 원소와 동탁을 통해 황건적을 토벌해 나갔고 영제마저 일찍 세상을 떠나자 십상시와 외척들은 각기 태자인 변(弁)과 다음 서열인 협(協)을 제위에 올리기 위해 치열한 암투를 벌였다. 마침내 협이 제위에 올랐는데 바로 후한 12대 마지막 황제인 헌제(獻帝)이다.

  이때 조정에 경비 대장으로 있던 조조는 유비와 협력하여 황건적을 일소하였고 이를 계기로 조조의 위상은 격상되었다. 황건적의 난을 평정하는 데 공을 세운 조조는 강력해진 군권으로 원소와 동탁을 물리치고 마지막 왕인 헌제를 옹호하면서 황하 유역의 화북지방을 통일하였다.

※ **조조(曹操 155~220)** : 자는 맹덕(孟德)으로 황건적의 난을 평정하여 동군태수가 되었고 30 만 대군을 휘하에 두고 있었다. 196년에 헌제를 받들고 하남성에서 둔전(屯田)을 경영하여 경제력을 갖추었으며, 200년에는 화북을 통일하였다. 뒤에 다시 강남을 정복하고 남하하여 호남성 적벽(赤壁)에서 208년 오나라 손권과 촉나라 유비의 연합군과 싸웠으나 연합군의 화공(火攻)작전에 대패하였고, 그로 인하여 남하 정책을 포기하고 돌아갔다. 조조는 후에 위왕(魏王)이라는 호칭을 쓰기는 하였지만, 왕위에는 오르지 않았다. 수리 사업을 전개하여 호조제(戶調制), 병호제(兵戶制)를 창시하였고 조비·조식과 함께 건안(建安)의 문학을 융성하게 하였다.

※ **조비(曹조 / 재위 220~226)** : 조조의 아들로서 아버지의 영향력에 힘입어 마지막 황제인 헌제(獻帝)를 위협하여 제위를 물려받고 낙양을 도읍으로 위나라 초대 황제(220)에 오른다. 조비가 226년, 40세에 세상을 떠나자 아들인 조예(曹叡)가 2대 황제가 오른다. 조예는 사치와 방탕으로 몸이 쇠약해져 제위에 오른 지 13년째 되는 해에 36세의 나이로 세상을 떠났고 겨우 8살인 아들 조방(曹芳)이 3대 제위에 올랐다. 이때부터 어린 황제를 받들고 있던 권신인 사마의가 군권을 비롯한 조정의 모든 실권을 장악하게 되었다.

대장군 사마의가 세상을 떠나자 3대 황제 조방은 사마의 아들 형제인 사마사와 사마소를 장군으로 임명한다. 그러나 점점 막강해져가는 사마사와 사마소의 권력을 두려워진 황제가 사마씨 형제를 제거할 음모를 꾸미다가 발각되어 폐위당하고, 사마사는 조비의 손자인 조모(曹髦)를 4대 황제 즉위시킨다. 해가 바뀌어 사마사가 세상을 떠나고 동생인 사마소가 군권을 장악하여 전횡을 일삼자 4대 황제 조모는 '용은 우물 아래 웅크리고 미꾸라지가 그 앞에서 춤을 춘다'라는 잠룡시를 짓는다. 사마소를 빗대어 지은 잠룡시를 둘러싼 소문에 사마소는 1년 만에 조모를 시해하고 만다. 사마소는 조조의 손자인 조환(曹奐)을 5대 황제로 즉위시켰는데 그가 위나라 마지막 황제인 원제(元帝)이다. 마침내 265년, 사마소는 중풍으로 세상을 떠나고 조정 대신들은 사마소의 아들 사마염(司馬炎)을 진왕(晉)으로 세웠으며 위나라의 5대 황제인 조환은 제위를 진왕에게 물려준다. 이로써 무혈 쿠데타로 사마의 손자인 사마염(사마소 아들)이 서진(西晉)을 세우게 되는데 이때부터를 '위진(魏晉)남북조(南北朝)시대'라고 한다.

한나라의 헌제가 양위한 후 조비(220)가 위나라를 세운 지 265년(45년간)만에 다섯 황제가 교체되면서 삼국시대는 막을 내린다. 한나라가 멸망하고 삼국시대가 전개되는 과정에서 제위 계승을 주도한 것은 사실상 위(魏)나라였다. 촉(蜀)나라와 오(吳)나라는 조조 후손이 계승하는 것을 막으려고 노력하였을 뿐이며, 만일 촉나라 유비가 성공했다면 한나라는 끝나지 않았을 것이다.

※ **유비(劉備 161~223 / 재위 221~223)** : 자는 현덕(玄德), 시호는 소열제(昭烈帝)이며 선대는 전한 경제의 아들 중산정왕인 유승(劉勝)의 자손이라고 한다. 유비가 비록 한나라 왕실과 촌수가 멀긴 하지만 만약 승리했다면 한나라는 계속 계승되었을 것이다. 한나라는 전한 말엽에 왕망에게 14년간 정권을 유린당하였고, 후한 말엽에는 45년간 조비에게 정권을 유린당했다. 왕조 역사는 첫째 나이 어린 군주와 외척의 등장, 둘째 주변 환관들의 농간, 셋째 권신이나 무장들의 강성으로 인한 배반 등 내부적 요인의 영향을 받는데 이는 외부 침략보다 쉽게 이루어짐을 알 수 있다.

처음에는 유비도 원소, 조조, 유표를 주인으로 받들다가 사마휘의 권고로 제갈량을 삼고초려(三顧草廬) 끝에 맞이하여 수어지교(水魚之交) 관계를 맺는다. 오나라 손권과 연합하여 남하하는 조조를 상대로 적벽대전에서 승리함으로써 천하삼분지계(天下三分之計)로 공방전이 계속되었다.

221년에 성도(成都)에 나라를 세워 촉한(蜀漢)이라 하였으며 말년에 아들 유선(劉禪)이 계승하였다. 제갈량은 유선을 받들고 위나라의 사마의와 오장원(五丈原)에서 둔전(屯田)을 실시하면서까지 지구전으로 싸우다가 병사했으며, 촉나라는 263년 (43년간) 위나라보다 2년 전에 멸망했다.

※ **손권(孫權 182~252 / 재위 222~252)** : 손권은 222년, 아버지 손견과 형 손책의 뒤를 이어 강남 무창에서 왕위(오왕)에 올랐다. 223년 촉나라 유비가 죽자 아들 유선과 연합하여 북쪽의 위나라에 대항하였고, 229년 다시 조비로부터 책봉받아 황제라 하면서 건업(建業)에 도읍을 정하고 강남권 개발을 시작하였다.

오나라의 중심지역은 지금의 소주, 항주 등 남쪽 지방이었기 때문에 중원으로부터 많은 침략을 받지 않았다. 위나라가 5대 만에 진(晉)나라에 멸망당한 뒤 15년을 더 존재하다가 마침내 사마염에게 멸망당하면서 삼국시대는 막을 내린다.

※ 한나라 헌제 → °위나라 = (조조) 조비 조예 조방 조모 조환
          (220~265년 45년간) → 265년 진(晉)나라 사마염에게 양위
     °촉나라 = 유비 유선 (221~263년 42년간) → 멸망
     °오나라 = (손견 손책) 손권 손량 손휴 손호
          (222~280년 58년간) → 멸망

9. 위진 남북조
(魏晉南北朝 / 서진 265~317, 동진 317~420)

위나라의 조조 군벌로서 유비의 제갈량과 자주 격전을 벌였던 사마의는 두 아들 사마사와 사마소를 두었다. 265년, 사마소의 아들인 사마염이 아버지의 후광으로 위나라 5대 황제인 원제(조환)로부터 제위를 물려받아 서진을 세우고 낙양에 도읍하였다. 316년, 서진을 세운 지 51년 만에 북쪽과 서쪽으로부터 5호(흉노·갈·선비·저·강)가 중원으로 쳐들어와 낙양을 무너뜨리고 서진을 멸망시켰다. 이때 까지를 서진(西晉)시대라 구분한다.

※ 동진(東晉 317~420) : 사마예(司馬睿)는 종친과 강남 호족들의 추대를 받아 건강(建康)에 도읍을 정하고 제위에 올랐다. 북쪽의 북위(北魏)가 화북을 통일할 즈음 강남의 동진에는 송나라, 제나라, 양나라와 후진이 일어났다. 동진에서부터 진나라까지의 다섯 나라를 남조(南朝)라 하였고, 5호를 비롯하여 북위·동위·서위·북제·후주를 북조(北朝)라 하여 중국 역사상 가장 혼란한 5호 16국 시대가 전개되었다.

남북조 시대의 말년에는 북주(北周 557~581)가 있었는데 북주의 정제로부터 제위를 양위받아 수국공으로 있던 양견(楊堅)이 진시황에 이어 두 번째 통일왕조인 수나라를 세웠다.

※ **도잠(도연명 365~427)** : 동진의 시인으로 손은이 난을 일으키자 진군 장군으로 난을 평정시켰다. 팽택의 수령이 되었다가 80일 만에 귀거래사(歸去來辭)를 짓고 고향으로 돌아가 자연을 벗 삼으며 시인으로 남았다.

10. 수나라(隋 581~618년 / 총 2대 37년간)

   북조(北朝)의 북주(北周 557~581)는 양충(楊忠)이 서위(西魏)의 실권을 쥐고 있던 우문태를 섬겼고 그 우문태의 아들 각(覺)이 북주를 세운 다음 양충을 수국공(隋隋國으로 봉했다. 양충은 568년에 죽고 그의 아들 양견(楊堅)이 뒤를 이었다. 처음에 양견의 딸 여화가 북주의 선제(宣帝) 왕비가 되어 장인으로서 중용되었다가 사위인 선제가 죽고 외손자인 정제(靜帝 581)가 왕위에 오르자 바로 퇴위시킨다. 이어 양견(楊堅)이 대신 왕위에 올라 수국공의 글자를 따, 국호를 수(隋)라고 칭했다.

※ **수문제(581~604)** : 589년 남조 진(陳)의 도읍인 건강(建康)을 점령하고 진(陳)을 멸망시킨다. 이는 동진(東晋)이 남쪽에 자리잡은 지 270년 만의 일로 5호 16국의 남북조 시대를 완전히 끝내고 진시황과 같은 통일왕조를 다시 세운 것이다. 595년에는 과거제를 시작하고 중앙집권제의 강화를 위해 노력했다.

※ **수양제(604~618)** : 수양제는 수문제의 둘째 아들로서 이름은 양광(楊廣)이다. 600년에 형인 용(勇)이 황태자에서 폐위되자 604년 문제의 죽음으로 2대 황제에 올랐다. 수양제는 낙양으로 천도하는 계획을 세우고 각지를 연결하는 대운하를 건설하였으며, 북방 돌궐의 침입에 대비하여 장성을 구축하는 등 많은 재정과 부역을 동원하였다. 이에 백성들의 원성을 샀다.

   612, 613, 614년 3회에 걸쳐 고구려 침공에 나섰으나 을지문덕의 대항과 살수에서의 패배로 성공하지 못한다. 국내외에서 곤란을 겪는 상황 속에 615년에는 돌궐의 침략을 받고 포위당하여 곤궁에 빠진다. 나라 안에서 반란까지 일어나며 외우내환(外憂內患)으로 진퇴양난(進退兩難)에 빠진 수나라는 5호 16국 남

북조 시대를 통일한 지 2대 37년 만에 당(唐)나라에 의해 멸망하고 만다.

중국 최초의 통일왕조 진나라도 2대 15년 만에 멸망하였는데 그 원인은 모두 무거운 세금과 잦은 부역으로 백성들을 곤궁에 빠뜨려 원성을 샀고, 반란을 유발했기 때문이다. 특히 수나라는 매년 원거리를 이동해 전쟁함으로써 멸망을 자초하였다. 그러므로 창업보다 수성이 더 어렵다는 교훈이 있다.

11. 당나라(唐 618~907) / 이연(李淵 566~635, 재위 618~626)

이연은 수나라의 장군으로서 산서성 태원의 유수였다. 수양제가 고구려 원정을 측면에서 지원하기 위하여 태원에 주둔할 때에 제후로 당왕(唐王)에 봉해져 있었다.

수나라 말기에는 잦은 원정으로 민심이 동요하며 각지에서 반란이 일어났다. 이연은 지방의 관료와 호족을 조직하여 거병하였으며, 이때 차남인 이세민이 적극적으로 도왔다. 일거에 장안 도성을 점령하고 관중을 평정한 다음 산둥성과 하남성의 반란군들이 서로 싸우다 지치기를 기다렸다가 격파하고 제위에 올라 당나라를 세웠다.

※ **이세민(李世民 598~649 / 재위 626~649)** : 이세민은 이연의 둘째 아들로 형인 건성, 아우 원길과 더불어 아버지의 거병을 도왔다. 황태자 건성과 원길을 죽이는 왕자의 난을 일으키고 2대 당태종으로 황제가 되었다.

※ **측천무후(則天武后 624~705)** : 당나라 3대 고종의 황후로 이름은 무조(武照)이다. 원래는 고종의 아버지인 태종의 후궁이었으나 태종이 죽고 여승으로 사찰에 머물던 것을 고종이 불러들여 총애하였다. 이후 왕황후와 숙비까지 물리치고 황후 자리에 올라 무려 50년 동안 정계를 좌지우지하는 등 그 악명이 높았다. 고종이 세상을 떠나자 아들 중종과 예종을 세웠다가 폐위시킨 후 마침내 이씨 왕족을 탄압하고 스스로 황제위에 올랐다. 690년, 국호를 주(周)로 고치고 15년간 측천무후 시대를 열어 중국 최초의 여성 황제가 되었다.

당고조부터 고종까지 3대가 도교를 존중했으나 측천무후는 다시 불교를 존중하여 대운사를 짓도록 하였으며 만년에 장간지(張柬之)의 쿠데타로 퇴위당하게 된다. 다시 첫째 아들인 중종이 복위하였지만 그해에 죽었고 중종의 위황후(韋皇后)역시 시어머니 측천무후를 본떠서 실권을 휘두른다. 그러자 이씨 왕족들이 결집하여 위황후를 쓰러뜨리고 다시 예종을 복위시키며 짧은 기간의 무위여화(武韋女禍)를 종결(710)지었다.

※ **현종(玄宗 685~762 / 재위 712~756)** : 현종은 예종의 아들로서 6대 황제이다. 양귀비는 원래 아들 태자의 비(妃)였으나 아버지 현종의 눈에 들어 이혼당하고 현종의 후궁인 귀비가 된다. 현종의 총애로 사촌인 양국충을 재상으로 천거하며 권력을 휘두르기 시작하였고, 이 와 대립하는 안녹산(安祿山)과는 마찰을 일으켰다.

※ **안녹산(安祿山 755~763)** : 안사의 난은 당나라의 전후기를 구분 짓는 대반란이다. 안녹산 은 평노, 범양, 태원의 절도사를 겸임하였는데 755년 11월, 거병하여 낙양을 함락시키고 대연국 황제라 하였다. 다음 해 6월에 수도 장안을 함락시키자 현종은 사천성으로 피신하 였고 황태자는 북방으로 가서 숙종으로 즉위하였다. 태자는 북방 위구르족의 구원병을 얻 어 다시 낙양과 장안을 탈환하고 안사의 난을 평정하였다.

※ **당대의 유가(儒家)** : 한유(韓愈 768~824)의 자는 퇴지(退之)로서 유학 진작에 노력하였으며 당송 8대가의 한사람으로서 대표작은 원도(原道)와 쟁신론(爭臣論)이다.
　　유종원(柳宗元 773~819)의 자는 자후(子厚)로서 서경(敍景)시와 서정(敍情시)의 새로운 경지를 열었고 당송 8대가의 한 사람으로서 대표작은 영주팔기(永州八記)이다.

※ **당대의 시인** : 이백(李白 701~762)의 자는 태백(太白)으로 시풍(詩風)은 자유분방하여 두보와 는 대조적이다. 산중대작(山中對酌)과 촉도난(蜀道難) 등의 시가 유명하며 시선(詩仙)으로 불 린다.
　　두보(杜甫 712~770)의 자는 자미(子美)로 시풍(詩風)은 격조를 중시하였고 북정(北征)과 춘망(春望) 등의 시가 유명하며 시성(詩聖)으로 불린다.
　　백거이(白居易 772~846)의 자는 낙천(樂天)으로 시풍(詩風)은 평이유려(平易流麗)하였고 장한가(長恨歌) 비파행(琵琶行) 등의 시가 유명하다.
　　왕유(王維 710~761)의 자는 마힐(摩詰)로 이백과 비견되는 자연 시인이다.

※ **도교(道敎 643)의 도입** : 고구려 27대 영류왕 7년(624), 당나라로 사신을 보내 도교를 요청 하자 당나라는 도사로 하여금 천존상(天尊像)과 도법을 가지고 와서 노자 도덕경을 강론하 도록 한 것이 최초의 기록이다.
　　영류왕은 본래 성품이 호탕하고 안하무인이어서 만만치 않은 연개소문을 제거하려고 음 모를 꾸몄다. 그러나 곧 발각되어 631년, 연개소문은 중신들 100여 명과 영류왕을 시해하고 28대 보장왕을 추대하였다. 643년, 당나라 숙달(叔達) 등을 초청하여 정식으로 노자 도덕경 을 받아들이고 도교를 도입하게 되었다. 이 무렵 고구려의 막리지(莫離支 재상)였던 연개소문 이 당나라의 사신을 구금한 일이 있었다. 644년, 당태종이 격분하여 몸소 안시성을 포위하고 공방전을 벌였으나 양만춘 장군의 완강한 저항으로 실패하고 돌아가야만 했다.

12. 5대 10국(五代十國 907~960)

안사(安史)의 난(755~763)을 고비로 당나라의 국력은 쇠퇴하기 시작한다. 지방의 절도사들은 마치 독립국과 같이 재정의 실권을 행사하였고 사회는 점점 불안정해졌으며 각지에서는 반란이 일어났다. 875년에 일어난 황소(黃巢)의 난은 10년 동안이나 계속되며 중국 전체를 유린한다. 이에 당은 지배력을 거의 잃고 만다.

본래 황소의 무장 이었던 개봉 고을의 절도사 주전충(朱全忠)은 마침내 황소를 배반하고 당나라에 귀의하여 양왕(梁王)으로 책봉되었다. 903년에는 당나라 소종의 의뢰를 받아 장안으로 들어가 횡포가 극심했던 환관들을 제거하고 낙양으로 천도하였으나, 나중에는 소종마저 살해한다. 907년에는 당나라 마지막 황제인 애제(哀帝)까지 폐위시키고 황제위에 올라 국호를 후량(後梁)이라 칭하고 개봉 땅을 도읍으로 하였다.

이때부터 중원지역에서는 후량·후당·후진·후한·후주 다섯 나라가 이어졌다. 주전충이 후량을, 960년 곽위가 후주를 세웠고, 3대 공제(恭帝)가 멸망(10년간)할 때까지 총 54년간은 무려 5대가 짧은 기간의 흥망성쇠를 거듭했다.

그 외에도 전국 각지에 오·초·민·오월·전촉·후촉·남한·남당·형남·북한(北漢) 등의 10개 왕조가 할거하며 흥망하였고, 송나라가 건국된 960년까지의 54년간을 '5대 10국' 시대라고 한다.

13. 송나라(宋 960~1279) / 조광윤(趙光胤 926~976, 재위 960~976)

송나라를 세운 조광윤은 후주(後周)의 세종 밑에서 금군(禁軍 근위병)의 총사령관이었던 절도사 출신이었다. 세종의 사후에 거란을 격파하기 위하여 출정하였으며 진중에서 병사들의 추대로 황제위에 올랐다. 세종의 대를 이은 공제(恭帝)가 제위에 오르긴 했으나 나이가 너무 어렸다. 형남, 후촉, 남한, 강남 등을 평정하고 문치주의를 취하여 관료제도의 기반을 닦은 송태조를 추대하는 것은 당연한 일이었다.

후주 말년 조광윤은 선양 형식을 통해 송을 건국하는데 그 과정은 소위 무혈입성이라 볼 수 있다. 북쪽 개봉(開封 정주)을 도읍으로 하는 시기를 북송(北宋), 거란과 여진에 밀려 남으로 도읍을 옮긴 이후를 남송(南宋)이라 구분한다.

※ **과거제도** : 수나라 양제 때에 시작되어 당나라를 거쳐 송나라, 원나라 명나라, 청나라 말기까지 계속되었던 공정한 관료 등용 자격시험으로 오히려 현대보다도 더 엄격한 인재발굴과 출사 관문이었다.

송대에는 진사(進士)와 여러 과(科)로 세분되어 있었는데 지방에는 해시(解試), 도성에는 성시(省試)가 있었고 송태조 985년에 황제가 출제하는 전시(殿試)가 시작되었다. 영종(英宗) 때부터 3년에 한 번씩 시행되는 것이 제도화되어 청나라 말까지 이어졌다.

※ **왕안석(王安石 1021~1026)의 신법** : 북송 중기의 정치가로 6대 신종(神宗)이 과거에 급제한 왕안석을 등용하여 정치·경제의 개혁을 담당하게 하였다. 개혁의 주된 기조는 권력에 의한 대지주의 이익 독점을 억제하고 중소 농민과 상인들을 보호하여 국가 재정을 재건하는 것이었다. 학제와 과거제의 개혁을 추진하였으며 또 한편으로는 문장가와 시인으로도 유명하다.

※ **사마광(司馬光 1019~1086)** : 6대 신종 때의 정치가로 왕안석의 신법을 반대하였으나 신종이 받아들이자 관직을 사임하고 '자치통감' 편찬을 시작하였다. 19년 만에 주나라 위열왕(BC 403)부터 오대 후주(後周959)에 이르기까지 1362년의 역사 기록을 완성하였다.

※ **주돈이(周敦頤 1017~1073)** : 경전 해석을 바꿔 새로운 사상 체계를 만들어 훗날 주자학의 기초가 되었고 태극도설『太極圖說』과 통서『通書』를 저술하였으며 고향인 하남성 지명을 따서 호를 염계(濂溪)라고 하였다.

※ **정호(程顥 1032~1085)** : 우주의 근본 원리를 이(理)라고 명칭하고 이(理)를 직관적으로 파악해야 한다고 주장하여 주자학의 이설(理說) 기초를 닦았다. 그의 학설이 100년 후 주자에게 계승되었고 그 후 육구연(陸九淵)이 이(理)설을 근본으로 심학(心學)을 형성하였다. 정호는 낙양 사람으로 자는 백순 이고 호를 명도(明道)라 하였으며 신종 때 왕안석의 개혁에 참여하였으나 후에는 반대로 전향 하였다.

※ **정이(程頤 1033~1107)** : 명도 선생의 아우로 한 살 적으며 저술로는 주역『周易程氏傳』과 이정전서『二程全書』가 있다. 형과 아우를 2정자라고도 불렀으며 호는 이천(伊川)이다.

※ **장재(張載 1027~1077)** : 명리(命理)학에 밝았으며 자연관은 기일원론(氣一元論)을 견지하여 기의 모임과 흩어짐으로 인하여 만물이 생멸변화하는 것으로 간주 하였다. 인성에 관하여는 천지지성과 기질지성(氣質之性)을 대립 개념으로 보고 후천적인 노력으로 순수한 천지지성을 회복해야 한다고 주장 하였으며 호는 횡거(橫渠)이다.

※ **소옹(邵雍 1011~1077)** : 명리(命理)학에 밝았으며 상수론(象數論)을 주장 하였다. 상수학을 기초로 삼아 원회운세(元會運世)라는 우주 순환론과 황제 왕패 라는 역사 연변설을 제기하여 우주와 역사는 모두 정해진 단계에 따라 순환하고 변화하여 무궁하다고 인식하였다. 호는 안락(安樂)이며 시호는 강절(康節)이다.

※ **주희(朱熹 1130~1200)** : 송조 6현 중 유일한 남송 때의 성리학자로 호는 회암(晦庵)이며 『사서집주』와 『주자가례』, 『근사록』 등을 저술하였다. 당시에는 권신 한택주의 박해로 위학(僞學)이라 매도당하여 추방된 몸으로 세상을 떠났지만 다음 이종(理宗) 대에 명예가 회복되어 유학의 정통으로 지목받았고 주염계의 학통을 계승하여 성리학을 집대성하였다.

※ **육구연(陸九淵 1139~1192)** : 심즉이설(心卽理說)을 주장하고 심·성·정으로 분석하는 주자학의 성즉이설(性卽理說)과 대립하였다. 심즉이설은 정호의 설을 계승한 것으로 심학(心學)이라 불리었다. 명나라 왕양명(王陽明)에 의하여 양명학이 등장하는 새로운 전기를 맞게 되었으며, 호는 상산(象山)이다.

※ **구양수(歐陽脩 1007~1072)** : 당송 8대가의 한 사람으로 왕안석과 소식 등을 문하생으로 두었고 신당서『新唐書』와 집고록『集古錄』을 저술하였으며 호는 육일거사(六一居士)이다.

※ **소식(蘇軾 1036~1101)** : 아버지 소순과 아우 소철이 모두 당송 8대가로 적벽부(赤壁賦)가 유명하고 삼소(三蘇)라 하였으며 호는 동파거사(東坡居士)이다.

※ **나침판의 발명** : 누가 발명했는지 정확히 밝혀지지 않았지만 전국시대 기원전 200년경에 나무를 물고기 모양으로 만들어 그 뱃속에 지침을 넣어 물에 띄우는 지남어(指南魚) 종류가 최초라 추측된다. 이것이 아라비아인을 통하여 유럽으로 전해져서 다시 개량되었다. 실용화한 것은 13세기경 이탈리아 아마루피아의 후리비오죠야라고 알려져 있다. 나침판은 항로 지도 등 항해 기술 향상에 크게 공헌하였다.

※ **화약의 발명** : 화약은 중국에서 오래전부터 사용되었는데 무기로 쓰인 것은 10세기 초부터이다. 11세기 중엽, 무경총요(武經總要)에는 제조법을 상세히 서술하고 있으며 수도 변경(汴京)에는 전문적인 제조 공장이 있었다. 초기의 화약은 연소가 목적이었으나 후에는 폭발성을 가진 것이 만들어졌고 통(筒)도 종이에서 철제로 바뀌어 위력을 더했다.

　　1200년경 몽고인의 유럽 침입 때 유럽에 전해졌고, 남송이 금(金)의 군대와 싸울 때 벽력포(霹靂砲)에서 총포로 사용되며 최초로 실용화되었다. 그후 유럽에서는 1330년에 독일의 벨트루트 슈발츠가 유럽 최초로 화약을 제조하였고 1360년에는 소총의 선구인 수포(手砲)가 생겼다. 1424년에는 화승총(火繩銃)이 발명되었으며 1592년 임진왜란 때는 일본이 조총을 사용하기도 하였다.

※ **인쇄기술의 발달** : 6세기경 중국에서 목판 인쇄가 시작되어 초기에는 달력과 불경 인쇄에 사용되었다. 10세기경에는 유학 경전이 인쇄되었으며, 11세기 중엽에 필승(畢勝)이 활자 인쇄를 발명하였다. 이는 유럽보다 4세기 정도 빠른 시기이다.

※ **남송(南宋 1127~1279)** : 북송 말엽 신법당과 구법당이 정권 쟁탈전을 벌이는 동안에 만주(발해 옛땅)에서는 여진족이 대두하고 있었다. 여진족 아골타는 요나라(거란)의 간섭을 배제하고 황제에 올라 금(金)나라를 세웠다. 송나라는 숙적인 요나라를 무너뜨리기 위하여 금나라와 연합하였다. 목적은 이루었지만 이때의 약속을 지키지 않았기 때문에 금나라 공격을 받게 되었고, 도읍 개봉(開封 정주)을 점령당했다. 이때 송나라 휘종(徽宗)과 흠종(欽宗)이 북으로 끌려가면서 왕조가 중단되었다.

　　이때에 관료와 무장들은 강왕(康王)을 고종(高宗)으로 받들어 남쪽 항주에 도읍을 정한다. 그후 금나라의 세종(世宗)과 남송의 효종(孝宗)이 화친하여 안정기를 맞이하였지만, 몽고의 남침으로 1234년 금나라는 멸망하고 1279년 남송도 멸망한다. 이로써 중국 전 지역은 처음으로 이민족 쿠빌라이가 세운 원나라의 지배 아래 놓이게 된다.

14. 몽고제국(蒙古 1206~1368) / 칭기즈칸(1154~1227, 재위1206~1227)

칭기즈칸(成吉思汗 성길사한)은 몽고 전역을 지배권에 두고서 자손들과 거대한 유목 영주제 국가를 설립하였다. 여러 개의 한국(汗國) 연합제국을 세우고 약 150년간 인도를 제외한 아시아 대륙 전체를 통치하였다. 서쪽 정벌의 목적은 서아시아의 무역을 지배하여 막대한 이익을 독점하기 위하여 서쪽 정벌에 나섰고, 1219년부터 7년에 걸쳐 러시아의 모스크바 남부지역까지 정복함으로써 동서 아시아의 광활한 영토를 획득했다. 뒤에 자손들에게 분봉(分封)하여 한국(汗國)을 세웠다.

본래의 이름은 태무친(鐵木眞 철목진)으로 1206년 52세에 오논강변의 쿠릴타이에서 추대되어 대한(大汗)의 자리에 올라 칭기즈칸이라 불렸다.

※ **오고타이 한국(1224~1310)** : 제3남인 오고타이(2대 황제)에게 알타이산맥 남쪽 카자흐스탄 등 초원 지대를 분봉하였다.

※ **차가타이 한국(1227~1389)** : 제2남인 차가타이에게 우즈베키스탄 등 중앙아시아 전 지역을 분봉하였다.

※ **일 한국(1258~1411)** : 칭기즈칸의 손자인 훌라구에게 이란 지역을 중심으로 분봉하였다.

※ **킵차크 한국(1243~1502)** : 모스크바 남부와 동부 지역을 분봉하였다.

※ **쿠빌라이칸(1215~1294 / 재위 1260~1294)** : 몽고제국의 5대 황제(칭기즈칸의 4남 툴루이의 2남)로서 1260년 남송을 무너뜨리고 원왕조를 세워 1264년 도읍을 북경으로 옮겼으며, 1271년에는 국호를 원(元)으로 정했다. 1276년 남송의 수도 항주를 함락하고 1279년 애산 전투에서 승리하여 남송을 멸망시키며 중국 본토를 통일했다.

몽고족은 본래 북방의 옛 흉노족으로 중국을 점령하고 나서 신분제를 두었는데 첫째 몽고인, 둘째 색목인(色目人 위그르·탕구르·사라센인 등)으로 서방계를 일괄 호칭하였고, 셋째 한인(漢人), 넷째 남송인으로 끝까지 저항한 남방계 중국인이다.

1271년 국호를 원나라로 정했을 무렵, 우리나라는 고려 원종 11년(1270)으로 강화도의 삼별초(三別抄)가 몽고에 대항하여 난을 일으켰다. 1273년, 제주도가 함락될 때까지 4년간 항쟁하였으며, 삼별초의 영수(領袖) 배중손(裵仲孫)은 진도에서 전사하였고 김통정(金通精)은 제주도에서 전사하였다.

원나라는 삼별초난을 진압한 후에 일본의 조공을 받기 위하여 1274년(충렬왕 1년) 1차 원정을 하였으나 실패하였고, 1281년(충렬왕 7년) 2차 원정을 시도하였으나 태풍으로 실패하고 말았다.

고려 원종은 원나라의 병력을 빌려 삼별초난을 진압하기는 하였지만 왕권 강화를 위하여 원나라 공주를 왕비로 삼았고 그 태자를 왕으로 세워야 했다. 즉 원나라의 부마국(駙馬國)이 된 셈으로 이때부터 고려는 종(宗)자 대신 충성한다는 의미의 충(忠)자를 왕호로 써야만 했다.

100여 년간 이민족인 원의 지배를 받으며 가혹한 차별을 받은 중국 한족은 14세기 중엽 원왕조의 내부 분열로 지배력이 약화하자 그 기회를 노렸다. 안휘성 빈농 출신 주원장(朱元璋)은 남경을 거점으로 무장봉기하여 원나라를 멸망시켰다. 원나라 순제(順帝)는 1370년 응창(應昌)에서 죽었으며 그의 아들 소종(昭宗)은 북쪽 외몽고로 달아났다.

15. 명나라(明 1368~1644) / 주원장(朱元璋 1328~1398, 재위 1368~1398)

명나라 태조 주원장(홍무제)은 안휘성 봉양현의 빈농 출신으로 일찍 고아가 되어 탁발승으로 있다가 25세 때 홍건군(紅巾軍)의 부장 곽자흥 부하로 인정을 받았다. 장군이 된 주원장은 남경을 점령하고 자칭 오왕(吳王)이라 하면서 각지의 군웅들을 굴복시켜 명나라를 세운다. 남경을 도읍으로 정하고 이민족으로부터 억압받았던 정치 기구를 개혁하여 중앙집권적 지배 체제를 확립하였다.

명태조가 내정에 중심을 둔 반면 건문제(2대 황제)를 물리치고 즉위한 영락제(永樂帝)는 다시 도읍을 북경으로 옮겼고 몽고 대륙까지 원정(遠征)하면서 적극적인 북진 정책을 폈다.

※ **홍건(紅巾)의 난** : 원나라 말기에 일어난 종교적 농민 반란.
하북성에 근거지를 둔 백련교(白蓮敎) 수장 한산동은 하북성, 하남성, 안휘성의 각지에 신도를 거느리고 있었다. 원나라의 쇠퇴로 민심이 동요하자 1351년, 스스로를 송나라 말엽 휘종(徽宗)의 8대손이라 칭하고 반란으 일으켰다. 그러나 한산동은 죽고 그의 아들 한림아는 안휘성으로 피신하였다. 이때 홍건군의 부장 곽자흥과 주원장이 군사를 일으켜 홍건적을 평정하고 북경으로 진격하여 원나라를 무너뜨렸다.

※ **정난(靖難)의 변** : 홍무제의 4남인 주체(朱棣)는 연나라 연왕으로 봉해졌다. 홍무제가 죽고 손자인 건문제가 16세로 즉위하자 북경에서 정난의 변을 일으켜 4년간 내전 끝에 조카인 건문제를 퇴위시킨다. 1402년에 제위에 올라 영락제라 하였으며, 1421년에는 도읍을 남경에서 원나라의 도읍지였던 북경으로 옮겼다.

※ **왕수인(王守仁 1472~1528)** : 자는 양명(陽明)이고 절강성 여요지방 사람으로 주자학을 배웠으나 사물의 이(理)와 내 마음과의 불일치를 고민하고 도교 선(禪)에 마음을 두었다. 주자학은 이(理)를 중시하고 객관적으로 봉건 질서를 합리화하는 반면 왕수인은 이(理)는 선천

적으로 사람의 마음속에 있고 지(知)인 이(理)의 인식은 행(行)인 실천에 있다고 하여 심즉
리(心卽理)라 깨닫고, 지행합일(知行合一)설을 주장하였다.

    왕수인이 유교 윤리 자체를 비판한 것은 아니지만 자연적인 인간의 마음 그 자체를 중시
하고 권위주의적인 유교와 대립하는 양명학을 주장하기에 유가에서는 꺼리는 경향이 있다.

※ **이자성(李自成 1628~1645)** : 명나라 말기의 정계에는 당쟁이 잦았고 잇단 중세부과에 국
   민들의 생활이 궁핍해졌다. 이에 마침내 이자성의 반란이 일어났다. 때마침 섬서 지방에
   흉년이 들면서 굶주린 백성들이 합류하였고 세력은 점점 늘어났다. 이자성은 서안을 점령
   하고 왕이라 칭하면서 북경까지 압박하였다. 도성은 함락되었고 1644년, 의종이 목을 매
   죽음으로써 명나라는 멸망하고 말았다.

16. 청나라(淸 1616~1912) / 누르하치(1559~1626)

청나라 태조 누르하치(노아합적 奴兒合赤)는 건주의 여직부 출신으로 만주를 통일하고 1616년, 후금국(後金國)을 세웠다. 심양과 광녕 등을 함락시켰으나 1626년, 영원성 공략에 실패하며 죽었다. 이어 2대 왕인 태종 때는 내몽고와 주변을 굴복시키고 국호를 청(淸)으로 고쳤으며 명나라 정복 체제를 갖추었다.

태종의 아들 세조 순치제(順治帝)를 옹호하면서 1644년, 청나라의 중국 지배가 시작되었고 1661년, 명나라를 무너뜨리며 청나라 건국 완성과 동시에 강희제 시대(4대 왕)로 들어갔다.

※ **강희제(康熙帝 1654~1722 / 재위 1662~1722)** : 청나라 4대 황제로 61년간 재위하면서 시베리아 방면으로 동진하여 네르친스크 조약을 맺어 흑룡강 남부 국경을 고정하였고 외몽고, 신쟝, 칭하이, 티베트를 평정하여 지금의 광활한 중국 대륙을 형성하였다. 또한 강희자전(康熙字典)을 만들어 학문 진작에 기여함으로 청의 성조(聖祖)로도 불린다. 이와 같이 청나라는 강희제, 옹정제, 건륭제 등 3대의 외정(外征)으로 중국 역사상 최대의 영토를 통치하게 되었다.

※ **아편전쟁(1840~1842)** : 명나라 말기부터 청나라 초기에는 아편 흡연의 악습이 온 나라에 만연하기 시작하였다. 위기감을 느낀 정부는 1729년, 최초로 아편금지령을 공포하였으나 실효를 거두지 못했다. 1839년까지 수차례의 반복된 금지령 공포에도 결과는 마찬가지였다.

최초에는 포루투갈인이 중국에 소량의 아편을 들여왔다. 1770년부터 영국의 동인도 회사가 인도산 아편을 반입하기 시작했다. 1800년 초기에는 4천 상자가 수출되었으나 1836년에는 그 양이 무려 4만 상자에 달했으므로 마침내 청나라의 재정 위기까지 초래하게 된다.

당시 영국의 동인도 회사는 중국에서 차, 생사, 도자기 등을 수입하고 은으로 대금을 지불하였으나 차의 수요가 증대되며 차츰 수입이 수출을 초과한다. 은이 부족해지자 18세기 말부터 인도산 아편을 중국에 반입하기 시작한 것이다. 국민의 피폐와 재정 고갈로 중국 정부는 더이상 결단을 미룰 수 없었다.

도광제(道光帝)는 린쩌시를 대신에 임명하여 광주로 파견하였고 린쩌시는 아편 밀무역자를 처형한 후 영국 상인들의 아편을 몰수하였다. 마침내 1840년 6월, 영국은 무력을 행사하여 광주와 하문을 공격하고 다음 해 양자강으로 침입하여 상하이와 전장을 점령했다. 난징에 육박하자 청나라는 굴복하였으며 1842년, 난징조약을 맺어 영국의 요구를 들어주지 않을 수 없게 되었다. 난징조약은 13개 조항으로 홍콩의 할양과 동해 주변의 항구 개항, 전쟁 배상금 2,100만원 지불 등이 포함되어 있다. 1997년에 이르러 중국은 홍콩을 돌려받았다.

※ **태평천국의 난(1851~1864)** : 1851년부터 15년 동안 중국 남부의 광대한 지역에 태평천국이라 불리는 정권을 수립했던 농민 반란이다. 토지와 재산의 균등 분배 등을 이상으로 하고 평등사회 실현을 시도한 태평천국의 난은 근대 중국에서 가장 널리 확대되었던 농민 운동이다. 난징조약에 아편과 공업 제품이 급격하게 유입되면서 중국의 부(富)는 잠식되었고 민생은 도탄에 빠졌다. 농민들의 파산 또한 급속도로 진행되었다.

홍슈치안(洪秀全 홍수전)은 태평천국의 지도자로서 '세상이란 상제(上帝)의 귀속으로 한 개인이 사물을 독점할 수 없는 것이고 모든 것이 상제에 의하여 운용되므로 모든 사람은 평등하며, 더불어 밭 갈고 더불어 먹고살 수 있는 이상사회를 실현하지 않으면 안 된다'라고 농민들에게 호소하였다. 태평천국은 종교적인 이데올로기의 기치를 내세웠으나 실제는 토지개혁과 평등사회 실현이라는 거대한 이상을 품고 있었다. 엄격한 규율과 질서정연한 조직을 정비하여 난징에 도읍을 정하고 차츰 세력을 넓혀갔다.

이 반란으로 봉건적 권력은 그 권위를 상실하고 인심은 변하여 조세저항과 반지주(反地主) 운동이 일상화되었다. 그러나 태평천국은 급진개혁을 추구하였기에 성공하지 못한다. 대내외적으로 공격을 받아 수세에 몰리다가 끝내 멸망하고 만다. 홍슈취안은 태평천국이라는 국호를 내걸고 15년 만에 자살하였지만, 그 정신만큼은 농민들에게 계승되어 또다시 개혁운동이 전개될 조짐을 안고 있었다.

※ **이홍장(李鴻章 1823~1901)** : 청나라 말기 1864년, 태평천국의 난을 진압하여 최고 권력자가 되었고 그 공로에 따라 직예총독 북양대신에 임명되었다. 양무운동을 일으켜서 서양의 근대공업 도입에 전력하였으나 청일전쟁 패배로 파탄을 맞게 되었다.

※ **청일전쟁(1894~1895)** : 조선 시장의 지배를 둘러싸고 청과 일본은 1차 전쟁을 하였고 2년 만에 일본의 승리로 끝이 난다. 이로써 일본의 조선 지배와 중국의 식민지 반대 의지가 확고하게 되었고, 극동지역을 대상으로 하는 열강의 제국주의적 분할의 기초가 되었다.

강화도 조약으로 조선의 문호를 개방시킨 일본은 점차 정치적·경제적 진출을 강화해 나갔다. 청나라는 동학혁명의 진압을 위하여 조선의 요청을 받고 출병했는데 이미 조선 지배 야욕을 품고 있던 일본은 톈진 조약을 구실로 일방적으로 출병한다. 조선에서의 철군과 내정개혁 등을 둘러싸고 충돌한 두 나라는 1894년 8월 1일, 2차 전쟁을 시작한다. 일본군은 청나라의 육해군을 평양과 황해에서 격파했고, 전쟁은 8개월 만에 종료되었다. 1895년

4월, 일본의 이토 히로부미와 청나라의 이홍장은 시모노세키 조약을 체결한다. 강압적이고 일방적인 조약의 내용은 다음과 같다. ①청은 조선을 독립국으로 인정할 것. ②일본에게 요동반도와 타이완과 펑후도를 할양할 것. ③2억량의 배상금을 지불할 것. ④창사 등 4개 항구를 개방할 것. ⑤일본인에게 개방지역의 기업활동을 인정할 것.

※ **서태후(西太后 1835~1908)** : 청나라 말기, 9대 문종 함풍제(咸豊帝)의 측실(側室)로 문종이 죽자 여섯 살인 아들 동치제(同治帝)를 즉위시키고 황태후(시어머니)와 함께 섭정하였다. 동치제가 일찍 죽자 다시 여동생의 셋째 아들 광서제(조카)를 즉위시키고 1887년까지 섭정을 하면서 권력을 떨쳐 청나라 보수파의 중심이 되었다.

　1898년 무술변법을 탄압하고 광서제를 유폐시킨 후 광서제의 조카인 선통제를 즉위시키고 다시 권력을 장악하였으며, 1900년 의화단의 반제(反帝)투쟁까지도 자기 권력 보존에 이용했다. 1905년 쑨원(孫文 손문)의 지도 하에 혁명 세력의 통합이 이루어지고 이 동맹회는 개량파(改良派) 등과 이론 투쟁을 하면서 각지에서 무장봉기를 결행하여 1911년 신해혁명이 일어났다. 1912년 위안스카이(袁世凱 원세개)가 초대 대총통이 되면서 중화민국이 발족, 청나라는 멸망하였다.

※ **광서제(光緒帝 1871~1908 / 제위 1875~1908)** : 청나라 11대 황제인 광서제는 아버지 도광제(道光帝)의 넷째 아들이고 어머니는 서태후(西太后)의 여동생이었으므로, 서태후는 광서제의 이모가 된다. 서태후의 후광으로 1875년에 즉위하여 1887년까지 섭정을 받았으나 이후 1898년 개량파 양계초와 강유위 등을 기용하여 입헌군주제로의 전환을 도모했다. 그러나 서태후 일파의 역쿠데타로 실패하고 궁중에 유폐되었다가 서태후가 죽기 직전에 병사했다.

※ **선통제(宣統帝 1906~1967 / 재위 1908~1912)** : 선통제는 청나라의 마지막 황제로 3세에 숙부인 광서제의 뒤를 이어 즉위한 후 아버지가 섭정했다. 1911년, 신해혁명 이후 퇴위하고 위안스카이(원세개)에게 권력을 이양하였으며 이로써 청나라는 막을 내리고 중화민국이 건국되었다.

※ **신해혁명(辛亥 1911)** : 1911년 10월 10일에 무창에서 신군이 봉기하자 한 달 사이에 남방을 중심으로 16개 성이 호응하여 청조로부터의 독립을 선포한다. 1912년 1월 1일, 쑨원이 난징에서 중화민국 임시 대총통에 취임하였다. 그러나 힘이 모자라 청조의 실권을 쥐고 있던 위안스카이와 타협하여 공화제에 찬성하고 임시 약법(約法)만 준수한다면 임시 대총통을 넘겨준다고 약조했다. 막강한 무력과 실권을 가진 위안스카이 위협으로 2월에 마지막 황제인 선통제가 퇴위함으로써 청나라는 막을 내린다. 1912년 3월, 위안스카이는 북경에서 취임하여 중화민국을 선포하였고 이에 아시아 최초의 공화국이 건국되었다.

17. 중화민국
(中華民國 / 1912년 3월~1949년 10월)

1911년 10월 10일 신해혁명 이후 성립된 아시아 최초의 공화국이다. 쑨원(손문)이 임시 대총통을 거쳐 5개월 만인 1912년 3월에 제정된 임시 약법(約法)에 따라 발족되었고, 위안스카이(원세개)는 쑨원으로부터 양도받은 대총통에 취임하여 정국을 지배하였다. 이후 그의 후계자인 북양군벌(北洋軍閥)이 베이징에서 정권을 장악하였다.

혁명 세력들은 쑨원을 중심으로 광둥 등지에서 저항하였으나 국민을 결집시키지 못하였다. 1917년 러시아 혁명, 1919년 5·4애국운동, 1921년 중국 공산당 성립 등은 쑨원의 사상을 발전시킨 것이다. 쑨원의 사상은 1924년의 국공(國共)합작으로 결실을 보았고 그가 죽은 후 1928년에는 장개석(蔣介石)에 의하여 국민당이 전국 통일을 이루었지만, 1927년에 국공합작은 깨지고 만다. 그러나 1937년 이후, 일본과의 전쟁 과정에서 다시 한번 국공합작이 성립되었다. 외부적 요인으로 인한 난제가 해결되자 전국에 공산당의 확장 움직임이 일어났다. 제2차 세계대전이 끝난 후, 국민당 장제스(장개석) 정부는 본토를 포기하고 대만으로 옮겨갈 수밖에 없었다.

※ **중국의 5·4운동과 국민당의 통일** : 1915년 일본은 중국 위안스카이에게 21개의 조항을 요구하며 일본의 이권을 강제로 승인토록 하였다. 후에 제1차 세계대전을 처리하는 파리 강화 회의에서 중국은 21개 조항의 취소를 요구하기도 하였으나 무시되고 말았다. 민족 미래의 위기를 느끼고 있던 중국인들은 1919년 반일 운동을 전개하였는데, 이것이 바로 5·4운동 이다. 1917년의 러시아 혁명은 중국의 혁명 운동에 큰 영향을 주었고, 1921년에는 소련에 이어 중국에도 공산당이 결성되었다.

한편 북쪽의 군벌 정부에 대립하면서 광둥에 국민당 정권을 조직하고 있던 쑨원은 1924년, 용공(容共)·노농(勞農) 원조의 정책을 내걸고 중국 공산당과 제휴하며 봉건 군벌을 타도하기 위하여 북벌을 감행하였다. 그러나 상해에서는 장제스에 의한 반공 쿠데타로 난징(남경)에 국민당 정부가 세워졌고 동시에 공산당은 강서성 서금(瑞金)에 임시정부를 수립하였다.

※ **중국 공산당** : 마르크스·레닌주의를 기반으로 결성되었으며 1921년, 코민테른의 원조를 얻어 이들 클럽의 대표들이 상해에 모여 중국 공산당을 창당하였다. 장제스(장개석)의 반공 쿠데타로 국민당과 공산당이 분열되어 공산당은 독자적인 군대로 토지개혁을 추진하였고 1931년에는 강서성 서금에 임시정부를 수립하였다. 그러나 국민당의 토벌 작전에 쫓겨 1934년에는 섬서성 연안으로 옮겼다. 1936년 서안 사건을 계기로 다시 국공(國共) 합작을 형성하고 대일(對日) 항전을 결성하여 큰 성과를 거두었다. 1945년, 2차 세계대전이 끝나고 일본이 물러나면서 공산당의 반격이 시작됐다. 국민당 장제스는 대만으로 물러났고 마오쩌둥(모택동)은 1949년 10월 1일, 중화 인민 공화국을 수립하였다. 건국 9개월 뒤에는 우리나라의 6·25전쟁에 개입하였다.

※ **장제스**(蔣介石 장개석 / 1887~1975) : 저장성 출신으로 자는 중정(中正)이다. 1907년, 일본 육군사관학교에 유학하였고 혁명동맹회에 가입한 후 1911년, 신해혁명에 참가하였다. 쑨원에게 발탁되어 광동 국민당 군정부의 참모장이 되었고 소련 유학 후에는 황포군관학교 교장이 되었다. 1차 국공(國共) 합작 때 국민혁명군 총사령관이 되어 북벌(北伐)을 하던 중에 상해에서 반공 쿠데타를 일으켜 난징정부를 수립하였다. 그는 계속 북벌을 감행하였으며 중국 국민당의 강력한 지도자로 제2차 세계대전을 겪으면서 2차 국공합작을 이루었다. 그러나 종전 후에는 공산당과의 본격적인 내전에 패하며, 대만으로 물러날 수밖에 없었다.

※ **마오쩌둥**(毛澤東 모택동 / 1893~1976) : 호남성 상담현의 부농 가문 출신으로 1918년 호남 공립 제일사범대를 졸업 한 후 1919년, 5·4운동에서 호남의 군벌 축출 운동을 지도하였고 1920년, 공산주의자로 기울어 1921년에는 공산당 창당대회에 참가하였다. 1927년, 호남성 농민운동 시찰 보고서를 발표하여 적극적인 농민 투쟁을 제안하였으나 당 지도자인 진독수(陳獨秀)의 반대에 부딪혔다.

1차 국공합작이 분열된 후 추수 폭동을 지도하여 1928년, 주더(朱德)의 군대와 합류한 후 정강산에서 홍군(紅軍)을 창립하였다. 이곳을 혁명 근거지로 삼아 농촌이 도시를 포위한다는 혁명 이론을 세웠다. 1935년에는 대장정의 과정에서 공산당의 최고 지도자가 되었다. 1945년, 2차 세계대전 종전 후에 국민당과의 내전에서 승리하고 1949년 10월 1일, 중화인민 공화국을 수립하였다. 1959년, 유소기에게 잠시 주석 자리를 물려주었다가 1968년 문화혁명 과정에서 그를 숙청하였다. 한편 모택동은 중화 인민 공화국을 수립한 지 9개월 만에 우리나라 6·25전쟁에 참전하여 아들과 수십만의 군대를 잃었다.

※ **주더**(朱德 주덕 / 1886~1976) : 사천성 출신으로 청년 시절에 쑨원의 혁명동맹회에 참가하

여 1911년 신해혁명 때 군인으로 활약한 다음, 사천성의 소군벌(小軍閥)이 되었다. 1922년에는 독일로 건너가서 중국 공산당에 입당하여 북벌 전쟁에 참가하였고 주은래와 남창 폭동을 지휘하기도 했다. 1928년 정강산에서 마오쩌둥과 협력하여 공산당의 홍군(紅軍)을 창설하였고, 1953년까지 통솔하며 막강한 군사지도자가 되었다. 2차 세계대전 중 항일전쟁을 거쳐 6·25전쟁에는 중공군 총사령관으로서 중공군을 지휘했던 장본인이다. 마오쩌둥의 측근이었지만 1969년 국방상 직에서 해임과 동시에 숙청당하였다.

※ **문화혁명** : 1965년 가을부터 중화 인민 공화국에서 일어난 정치·사상·문화의 투쟁이다. 1966년 봄부터 중화 인민 공화국은 마오쩌둥 사상에 의한 국론통일에 박차를 가하였다. 문화혁명의 목적은 자본주의적 역사와 조건 속에서 형성된 인간을 개조하여 새로운 사회주의적 인간을 만들고 계급 분화와 특권이익 집단의 제반 요인을 근본적으로 제거하여 평등한 인간 생활을 보장하고 발전하는 사회를 창조하는 것이다.

　　1967년에 접어들면서 문화혁명은 현대적 기술정보와 과학적 방법론의 도입으로 생산성 향상과 능률 제고를 바라는 국가주석파(류사오치 중심)와 공산당 이념을 바탕으로 한 인간·정신혁명을 우선으로 한 당주석파(마오쩌둥 중심)의 권력투쟁 양상으로 확대되었으나 1968년 류사오치(유소기)가 실각하면서 당주석파의 승리로 일단락되었다.

※ **덩샤오핑(鄧小平 등소평 / 1904~1997)** : 중화 인민 공화국의 부주석 부수상과 인민해방군 참모총장으로 재직 중이던 1976년, 주자파(走資)로 몰려 실각하였다가 1977년에 복권되었다. 사천성 출신으로 프랑스로 건너가 중국 공산당에 입당하였다. 1935년 귀국 후 홍군의 정치위원으로 항일 전쟁에 참가하였고 1949년 중공 정권 수립 후 1956년에는 당정치국 상무위원 총서기 등 요직에 있다가 문화혁명 때 류사오치 등과 함께 실권파로 몰려 실각당했다.

　　1973년 다시 부수상으로 복권되어 저우언라이(주은래)의 유력한 후계자로 지목되었고 1976년 저우언라이가 사망하자 또다시 주자파(走資)로 몰려 실각되었다. 그러나 마오쩌둥 사망 후 1977년, 재차 복권되는 등 불굴의 정치 능력을 보여준 뛰어난 재정통이다. 새로운 사회주의 국가 건설을 구상하고 세계화의 연대성을 굳건히 한 그의 외교경륜은 현대사회에서 높은 평가를 받고 있다.

※ **주자(走資)파** : 1968년 문화혁명이 끝난 후, 1971년부터 중국에서 비림비공(批林批孔 임표와 공자 비판) 운동이 고조되어 정신혁명의 심화를 꾀하였다. 1975년까지 한층 격렬한 민중운동으로 전개되었는데 당시에 마오쩌둥(모택동) 측이 당 제1부주석인 덩샤오핑(등소평)과 류사오치(유소기) 일파에게 붙인 명칭이다. 덩샤오핑이 마오쩌둥의 '프롤레타리아 독재의 계급이론 학습'에 반대하여 '안정과 단결', '국민경제의 향상'에 중점을 두는 등 자본주의 지향적이라고 비판한 것이다. 그렇지만 오늘날 중국의 눈부신 경제 발전은 주자파의 경제 이론이 성공한 것이므로 덩샤오핑의 개혁 정책이 중국 경제 발전에 지대한 영향을 끼쳤다고 할 수 있다.

3장
한국사 개요

※ 한국사는 단군기원(BC2333년)부터 기록된 것은 없고 기원전 195년, 연나라 장수 위만이 고조선으로 망명해왔다는 기록부터 위지(魏誌) 등 역사에 남기 시작하였다. 우리나라는 그동안 부족연맹체 성격으로 유지되어 오다가 고구려·백제·신라가 건국되면서 본격적인 역사시대에 진입한 것으로 보인다. 방대한 내용 중 중요한 부분만을 간략히 기록하였으므로 참고하시길 바란다.

1. 고조선과 삼한(三韓)

약 5천 년 전 극동지역에서는 신석기 문화가 시작되었고, 기원전 600년경에 이르러는 청동기 시대에 들어간 것으로 추측된다.

신석기 문화를 대표하는 것은 즐문(빗살무늬)토기로 즐문토기 문화인들은 서쪽에서 이주해 온 다수의 무문(민무늬)토기 문화인들에게 정복되었다. 무문토기 문화인들은 연해주와 동북부 시베리아 지역에 널리 정착하였다. 이렇게 등장하는 무문토기 문화인들이 오늘날 한국 민족의 시초이다.

이들은 예맥(濊貊)족이라 불린 것으로 추정된다. 지금까지 알려진 바에 의하면 예맥족의 본거지는 중국의 북방이었다. 이곳에서 하북지방의 고성(固城)현 방면으로 옮겨간 후, 한 부류는 산동성으로 내려가고 또 한 부류는 동쪽으로 이동하며 만주와 한반도 일대에 분포된 것으로 보인다.

각처에 흩어진 예맥족은 중국인에게는 동이(東夷)족으로 불리었다. 이들은 살기 좋은 생활 환경을 찾아 동쪽으로 이동하였다. 또 다른 이유는 서쪽의 한족 세력과 북쪽의 흉노족으로부터 끊임없이 압력을 받았기 때문일 것이다.

기원전 10세기 전부터 만주와 한반도 일대에 정착하기 시작한 예맥은 북방적 요소가 강한 청동기 문화를 수용하고 각처에 부족 국가를 형성하였다. 대동강 유역에 정착한 집단이 가장 먼저 정치적 세력을 성장시켰으며 이들이 기자(箕子)조선을 세운 것으로 추측된다.

한편 중국 산동 지역으로 남하한 예맥족 일파는 진시황 통일시대까지 동이족 지역을 형성하고 있었으며 무문(민무늬)토기 문화인들의 분묘인 지석(支石)묘와 석상(石箱)분, 옹관(甕棺)묘의 분포는 산동반도와 만주, 한반도 지방에 미치고 있어 이들과의 연관성을 말해준다.

어느 지역을 막론하고 정치 형태나 사회 구조의 발달 및 변화는 경제생활과 밀접한 관계를 갖는다. 신석기 시대까지 우리나라의 경제생활은 씨족 공동체적인 채집 활동과 원시적 생산 활동으로 이루어졌다. 힘에 의한 지배나 통솔은 요구되지 않았으며 씨족의 위계질서 유지와 지역 간 수확물 교환 시 교섭을 위한 대표자가 필요했을 뿐이다.

북방으로부터 들어온 청동기 금속문화는 경제보다 정치적인 면에 더 큰 영향을 미쳤다. 무기는 석제에서 청동(靑銅)제로 바뀌었고 청동제 무기는 곧 힘의 상징이 되어 씨족 집단 사이에서 우열을 갈랐다. 이로써 부족 국가가 성립되고 더 나아가 몇 개의 부족 국가가 모여 다시 부족 연맹체로 발전되어갔다.

고조선(古朝鮮)은 우리나라에 최초로 등장한 부족 연맹체적 정치사회였다고 볼 수 있다. 훗날 건국된 고구려, 백제, 신라와 같은 고대국가도 부족 연맹체로부터 시작된 것이다. 기원전 3세기 후반, 왕을 칭했는데 이는 부족 연맹체의 연맹장이었던 것이다.

고조선은 중국 화북(요동·요서) 지방에서 세력을 떨치고 있던 연(燕)나라와 경쟁하면서 한반도 북방의 광대한 지역을 통솔했다. 중국 위략(魏略)에 연나라 장수 진개(秦開)가 조선을 공격하여 2,000여 리를 취하였다는 기록이 있고 기원전 3세기 초 반고(班固)가 저술한 한서(漢書)의 조선전을 보면 위만조선이 멸망할 당시의 상황을 설명하며 조선상(朝鮮相), 이계상(尼谿相) 등의 명칭을 기록하고 있다. 이들은 곧 연맹체의 대표적인 부족장들인 것으로 추정된다.

한서에 따르면, 조선의 법률은 ① 살인자는 사형에 처하고, ② 상해를 입힌 자는 곡물로 배상하며, ③ 도둑질한 자는 가족을 노비로 삼는다고 규정하고 있다. 또한 70톤에 달하는 거대한 돌의 지석(支石)묘를 만든 것은 부족장들의 경제력과 노동력 동원 규모를 짐작하게 한다.

기원전 2세기경부터는 2차로 들어온 중국 계통의 청동기 문화와 철기 문화에 의해 사회 전반에 걸쳐 큰 변화가 일어났다. 금속문화가 앞당겨진 데에는 정치적인 계기가 있다. 한고조의 벗이었던 노관(盧綰)을 연(燕)나라에 책봉하였는데 한고조가 죽고 여후(呂后)가 실권을 행사하자 노관은 북방의 흉노로 망명하였다. 이때 장수였던 위만(衛滿)이 기원전 189년, 천여 명의 무리를 거느리고 고조선에 들어와 자칭 위만조선이라 칭하며 한나라와 대립하였다. 위만조선은 기원전 108년, 위만의 손자 우거왕(右渠王) 때, 한무제의 침입으로 멸망하게 된다. 그 후 한나라는 이 땅에 한4군(낙랑·현도·진번·임둔)을 설치하였다. 이를 통해 새로이 전해 내려온 철기로 강력한 무기를 만들어 침략에 대비하였으며, 철제 농기구는 곡물 생산에 혁신을 가져왔다.

기원전 108년, 한나라가 4군을 설치한 지배지역 중심에서 조금 벗어난 북만주 송화강 유역과 압록강 유역엔 새로운 부족연맹체 국가 부여(扶餘)와 고구려(高句麗)가 성장한다.

부여에는 왕 밑에 마가(馬加)·우가(牛加)·저가(猪加)·구가(狗加)라는 4가(四加)가 있었는데 이들은 영토를 5등분하여 통치하였다. 즉 한 가(加)는 수천 호를 거느리는 대부족장으로 왕의 부족과 연맹체를 형성하였던 것이다.

고구려도 이와 비슷한 체계로 계루부(桂婁部)·소노부(消奴部)·절노부(絕奴部)·순노부(順奴部)·관노부(灌奴部)의 5부족이 연맹하였으며 이 중 가장 강력한 소노부에서 왕이 선출되었다. 부여에서 탈출한 주몽(朱蒙)이 계루부와 연합하고 왕위에 올라 고구려를 건국함으로써 점차 집권 국가의 형태로 발전하였다. 서기 53년, 고구려 6대 태조왕이 즉위하면서부터 1부족에 의한 지배권이 확립되고 왕권이 강화되기에 이르렀다.

한강 남쪽 지역에도 삼한(三韓 마한·진한·변한)이라는 극히 형식적인 연맹체로 이어져왔다. 삼한은 새로운 세력에 합병되어 다시 백제·신라·가야의 3개 연맹체 나라로 재편되었다. 백제는 기원전 18년경부터 5개 부족으로 구성되어 있다가 3세기 중엽에 와서 집권화가 이루어졌고, 기원전 57년경부터 6개 부족으로 구성되어 있던 신라는 4세기 말엽까지도 연맹체적 성격을 띠고 있었다. 가야는 6개 부족으로 구성되어 있었지만 집권화하지 못한 상태에서 신라 제23대 법흥왕(523) 때 가야 제10대 왕 양왕이 신라에 항복함으로써 신라에 통합되었다.

※ **고조선(古朝鮮)** : 예부터 서유럽 지중해 연안 동쪽을 오리엔트(orient 해 돋는 곳)라 하며 선호하였듯, 동북아에서도 한반도를 조선(朝鮮) 즉 '아침 해가 고운 배달의 나라'라 칭하였다. 고조선, 기자조선, 위만조선 등으로 조선이란 명칭이 쓰여왔지만, 대외적인 정식 국호로 사용된 것은 1392년 태조 이성계가 즉위하면서부터이다.

중국의 황하문명권은 우리나라보다 일찍부터 발전하였다. 많은 왕조들이 흥망성쇠를 거듭하는 과정에서 세력권 밖으로 밀려 쫓기는 신세가 된 무리는 새로운 터전을 찾아 동쪽으로 이주하였다. 특히 진나라가 멸망할 당시엔 절정에 달했다. 이처럼 중국에 국란은 이민족이 몰려오는 계기가 되었다. 현재 중·고등학교 역사책에서는 고조선, 기자조선, 위만조선의 근원지를 모두 중국의 요서지방과 요동지방이라 지목하고 있다. 이것은 어디까지나 외부적 영향으로 정치세력화된 것을 의미한 것일 뿐이다. 고유의 토착 민족인 한민족은 신석기 시대부터 농·축업으로 자유로운 생활을 영위하였고 다만 굳이 정치적으로 집단화하지 않았을 뿐이라 추측된다.

외부로부터 유입된 세력이 정치 세력화된 것은 무엇보다도 청동기와 철제 문화가 석기 문화에 앞섰기 때문이다. 무기 면에서부터 취약했던 토착 민족은 경쟁적인 선진 사회에서 전쟁에 익숙해진 외부 세력을 대항할 능력이 없었다. 위만이 연나라로부터 천여 명을 거느리고 온 것은 연이 우리나라보다 앞섰던 조직 사회였음을 말해준다. 훗날 백제의 시조 온조가 하남 지방에 이주하여 마한을 합병하는 것과도 같은 이치이다. 대동강 유역의 평양 인근에 자리 잡고 있었던 것으로 추정되는 고조선은 대륙으로부터 전해 내려온 청동기 문화를 접하면서 발전에 발전을 거쳐 점차 부족 국가로 성장하게 된다.

곰 토템 씨족의 족장인 단군왕검(檀君王儉)을 군장(君長)으로 받드는 이 부족 국가는 하늘에 제를 올리는 제사장(祭祀長)이 어른(대표) 격으로 여러 부족을 이 끌었다. 기원전 4세기경에는 대동강과 압록강 요하(遼河) 유역 일대에 흩어져 있던 여러 부족들까지 연합해서 하나의 큰 연맹체를 형성하기에 이른다. 왕이 라는 칭호를 사용할 즈음엔 전국시대 연나라의 요동 진출에 밀려 점점 쇠약해 져 갔다.

당시 연나라 장군 진개(秦開)가 요동을 정벌하여 영지(領地)로 요동군을 설치 하였으나 기원전 221년, 진시황이 중국을 통일하며 연나라는 중국에 병합되고 요동군 역시 진에 귀속된다. 진나라가 멸망하고 기원전 206년, 한(漢)나라가 건 국되자 한고조 유방은 군국제도(郡國)를 도입하여 다시 옛 연나라 땅에 벗이었 던 노관(盧綰)을 봉하여 연왕을 삼았으나, 한고조가 죽자 노관은 흉노로 망명하 였다.

※ **위만조선(衛滿 BC194~BC108)** : 중국 위지(魏志)에 의하면 위만(衛滿)이 1000여 명의 무리 를 이끌고 패수를 건너 조선에 들어와 준왕에게 북방 수비를 담당하게 해달라고 요청하였 다. 위만은 밀려오는 이주민들을 결속하여 세력을 기른 다음 마침내 준왕을 축출하고 스스 로 왕이 되었다.

위만은 위지에 한족(漢族)으로 기록되어 있지만, 그가 조선으로 올 때 상투 머리에 조선 옷을 입고 국호를 여전히 조선이라 하였으며 당시에 토착 조선인 이 높은 지위에 등용되었다는 점으로 미루어 볼 때 요동 지역에 토착하고 있던 조선인 계통의 연나라 사람이었다고 짐작될 뿐이다. 위만은 주위의 여러 씨족 사회를 통합하여 강력한 세력을 형성한 뒤에 요동 진출을 꿈꾸고 북방의 흉노 와 연락을 취하면서 기회를 엿보았다. 손자 우거왕(右渠王) 때에는 한강 이남의 진국(辰國)이 중국(한)과 직접 교역하는 것을 막았다.

이때, 대외적으로 강력한 정복사업을 추진하던 한나라 세력과는 대립 관계가 되었다. 이 당시 한나라는 옛 예맥 땅에 창해군을 설치하고 위만세력을 위협하면서 한반도에서 경제적 이권을 꾀했다. 기원전 108년, 한무제의 동정(東征)으로 위만조선은 멸망하였고 한무제는 국내성 통구 지역에 현도군을 평양 지역에 낙랑군을, 황해도에 진번군을, 함흥 지역에 임둔군을 설치하여 통치하였다.

후한 말엽 서기 204년경, 요동 지방에서 독립된 세력을 형성하고 있던 공손씨는 현도군을 낙랑에 병합하고 진번군에 대방(帶方)군을 설치하였으나 한나라가 멸망한 후에는 위(魏)나라와 진(晉)나라의 지배를 받았다. 한4군은 서기 313년경, 고구려 15대 미천왕 때에 완전히 소멸당했다.

※ **진국(辰國)** : 삼한(三韓)이라는 각 부족 국가의 명칭이 생기기 이전에 있었으리라 추정되는 목지국 진왕(辰王) 세력 아래의 부족 연맹체이다. 기원전 4~3세기경부터 금속문화가 한강 이남으로 전파되며 원시 사회가 붕괴하고 새로운 정치적 사회가 성립되었는데 이를 진국이라 한다. 위만조선이 대동강 유역을 차지하자 진국은 금속문화의 수용을 위하여 한(漢)나라와 교역하고자 하였으나 위만조선이 가로막아 성공할 수 없었다.

　준왕이 위만에게 쫓기어 남쪽에 정착한 이후 많은 고조선의 유민들이 밀려왔다. 기원전 108년 위만조선이 멸망하고 한4군(낙랑·현도·진번·임둔)이 설치된 후 한나라의 금속문화가 광범위하게 전파됨에 따라 한반도에 사회적 변화가 싹트기 시작하였다.

※ **마한(馬韓)** : 한강 유역과 경기도, 충청도에 걸쳐 총 54개의 소국(小國)으로 형성되었다. 삼한(三韓) 전체의 왕인 목지국(目支國)의 진왕은 마한 부족사회에서 추대되었고 대대로 마한인이 계승하였다. 마한의 세력은 한때 총 10만여 호에 달하였으나 정치적으로 통일된 집단은 아니었다. 4세기경 북방으로부터 내려온 조직화 된 백제국에 군사적, 문화적으로 흡수 통합되었다.

※ **변한(弁韓)** : 고대 삼한 중의 하나로 낙동강 서쪽 지역(경남 서쪽)에 자리 잡고 있었으며 12개 소국(小國)으로 형성되었다. 진왕의 지배를 받지 않고 완만한 연맹 형태를 유지하며 독립된 세력을 이루었다. 부족 중 가장 유력했던 가야 부족이 차츰 세력을 넓혀 가야국으로 발전하게 되었다.

※ **진한(辰韓)** : 마한·변한과 함께 삼한 중의 하나로 경상남북도 낙동강 유역 동쪽 지역에 자

리 잡고 있었다. 12개 소국(小國)으로 이루어진 진한은 마한의 진왕을 정치적 맹주로 받들었다. 진한의 대부족은 5천 호, 소부족은 7백여 호를 거느렸으며 그중 가장 유력했던 경주 지방의 사로(斯盧) 부족이 차츰 세력을 넓혀 훗날 신라의 6부족으로 발전한 것으로 보인다.

진한이 마한의 진왕을 맹주로 받들 무렵, 중국에서는 진나라가 멸망하고 한나라가 일어난다. 진나라에서 망명해온 무리가 바다를 건너 마한으로 밀려오자 진왕은 이들을 진한 땅의 서쪽 지역(경북 서쪽)에 정착하도록 하였는데 훗날 박혁거세가 신라의 군주로 추대되면서 이들 중국 세력이 걸림돌이 되었다. 기록에 의하면 이들은 우리와 말이 달랐다고 하므로, 지도층은 분명 중국에서 온 무리로 추정된다. 이들은 박혁거세에게 밀려나 북쪽으로 쫓기면서 강원도 횡성 태기산에 주둔하였는데 결국 북부지역 삭방군에게 또다시 쫓기다가 멸온에서 멸망한 것으로 보인다. 태기왕 전설로 남아 있을 뿐 명확한 기록은 전해지지 않는다. 멸온은 현재 영동 고속도로변에 있는 평창군 면온을 말한다.

※ **부여(扶餘)** : 부여는 송화강 유역 일대의 북만주 평야 지대를 무대로 성장하였다. 북쪽으로는 선비(鮮卑)족, 동쪽으로는 고구려가 있었기에 중국(한, 위, 진)과 연맹하여 두 세력을 견제하였다.

서기 49년경에는 중국에 사신을 보내 혼인동맹을 맺었고, 위나라가 고구려를 정벌할 때 군량을 제공하였으며 선비족이 부여를 침공할 때는 진(晉)과 함께 부여를 도와 재흥하도록 도왔다. 그러나 진나라가 북방세력에 밀려 남쪽으로 천도한 이후 부여는 고립상태에 빠졌다. 346년 연나라 모용황의 침략을 받을 때는 고구려의 보호를 받았지만 북방의 물길(勿吉)세력이 일어나 압박을 받자 마침내 고구려에 항복함으로 494년 부여는 멸망하였다.

부여 사회에는 씨족장 혹은 부족장을 의미하는 가(加)라는 칭호가 있었으며 이는 후에 고구려에서도 사용되었다. 마가(馬加)·우가(牛加)·저가(猪加)·구가(狗加) 등 가축의 이름을 상징으로 하였으며 이들은 각기 사출도(四出道)를 주관하였다. 사출도는 부여의 행정구역으로 도성을 중심으로 사방으로 통하는 네 갈래의 부족 구역을 의미하며 한 가(加)의 부족장은 무기를 갖고 전쟁할 수 있는 권리가 있었다. 단군 신화에도 곰족과 호랑이족 설화가 있었던 것으로 보아 본래부터 이 지역은 용맹스러운 짐승을 따서 부족의 이름을 지었던 것으로 추정된다.

고구려高句麗 역대 왕계표

대	왕호	재위	주요내용
1	동명왕	BC37~18	5부: 소노부·절노부·순노부·관노부·계루부. 소서노 만남
2	유리왕	BC19~37	졸본에서 국내성으로 천도
3	대무신왕	AD18~26	
4	민중왕	44~4	
5	모본왕	48~5	
6	태조왕	53~93	
7	차대왕	146~19	
8	신대왕	165~14	
9	고국천왕	179~18	
10	산상왕	197~30	
11	동천왕	227~21	
12	중천왕	248~22	
13	서천왕	270~22	
14	봉상왕	292~8	
15	미천왕	300~31	
16	고국원왕	331~40	
17	소수림왕	371~13	372년 태학세움. 순도가 불상과 경문반입
18	고국양왕	384~7	
19	광개토대왕	391~22	요동과 부여로 영토확장
20	장수왕	413~79	국내성에서 평양 천도
21	문자명왕	492~27	
22	안장왕	519~12	
23	안원왕	531~14	
24	양원왕	545~14	
25	평원왕	559~31	
26	영양왕	590~28	을지문덕 612년 살수대첩
27	영류왕	618~24	연개소문 624년 도교 도입. 영류왕 폐위
28	보장왕	642~26	668년 나당연합군에 멸망. 당의 안동도호부 설치

※ 28대 705년간(BC 37~668)

백제白濟 역대 왕계표

대	왕호	재위	주요내용
1	온조왕	BC 18~46	소서노 남하하여 비류(형)는 미추홀, 온조는 위례성 정착
2	다루왕	AD 28~49	9년 마한습격 합병
3	기루왕	77~51	
4	개루왕	128~38	
5	초고왕	166~48	
6	구수왕	214~20	
7	사반왕	234~0	
8	고이왕	234~51	
9	책계왕	286~12	
10	분서왕	298~6	
11	비류왕	304~40	
12	계왕	344~2	
13	근초고왕	346~29	371년 한성 천도(남한산성)
14	근구수왕	375~9	374년 태학 세움(고흥박사). 5경 박사 등용
15	침류왕	384~1	사신을 진(晉)에 보내 마라난타 스님 입국
16	진사왕	385~7	385년 사찰 세워 불교 도입
17	아신왕	392~13	
18	전지왕	405~15	
19	구이신왕	420~7	
20	비유왕	427~28	
21	개로왕	455~19	
22	문주왕	475~3	475년 고구려 장수왕 침략 후 웅진성(공주) 천도
23	삼근왕	478~2	
24	동성왕	479~22	
25	무령왕	501~22	
26	성왕	523~31	538년 사비성 천도(부여)
27	위덕왕	554~44	
28	혜왕	598~1	
29	법왕	599~1	
30	무왕	600~41	계백과 성충
31	의자왕	641~19	나당연합군(소정방)에게 멸망. 당5도독부 설치

※ 31대 678년간 (BC 18~660)

신라新羅 역대 왕계표

대	왕호	재위	성씨	주요내용
1	박혁거세	BC 57~61	朴氏	6촌: 알천 돌산 취산 무산 금산 명활산. 변한항복
2	남해차차웅	AD 4~20	〃	박혁거세의 장자. 탈해를 사위 삼음
3	유리이사금	24~33	〃	남해의 장자. 탈해를 유언함(鵲을 따서 昔)
4	탈해이사금	57~23	昔氏	국호 계림. 김알지를 양육(금독 출현)
5	파사이사금	80~32	朴氏	유리의 둘째 아들
6	지마이사금	112~22	〃	파사의 장자
7	일성이사금	134~20	〃	유리의 장자
8	아달라이사금	154~30	〃	일성의 장자
9	벌휴이사금	184~12	昔氏	탈해의 손자
10	내해이사금	196~34	〃	벌휴의 손자
11	조분이사금	230~17	〃	벌휴의 손자
12	첨해이사금	247~15	〃	조분의 아우
13	미추이사금	262~22	金氏	김알지(경주김씨 시조)의 6대손
14	유례이사금	284~14	昔氏	조분의 장자
15	기림이사금	298~12	〃	조분의 손자
16	흘해이사금	310~46	〃	내해의 손자
17	내물이사금	356~46	金氏	김알지 후손으로 계승된
18	실성이사금	402~15	〃	
19	눌지마립간	417~41	〃	455년 고구려 스님 묵호자(阿道) 불교 유입
20	자비마립간	458~21	〃	
21	소지마립간	479~21	〃	
22	지증왕	500~14	〃	신라 최초 왕 및 시호 받음. 순장법 폐지
23	법흥왕	514~26	〃	532년 금관가야 구형왕 항복. 527년 불교공인
24	진흥왕	540~36	〃	
25	진지왕	576~3	〃	
26	진평왕	579~53	〃	
27	선덕여왕	632~15	〃	진평의 장녀(덕만)
28	진덕여왕	647~7	〃	진평의 조카(승만)

통일신라 역대 왕계표

대	왕호	재위	성씨	주요내용
29	태종무열왕	654~7	김씨	김유신 장군과 3국 통일
30	문무왕	661~20	〃	당 계림대독부 설치
31	신문왕	681~11	〃	682년 국학 세움.
32	효소왕	692~10	〃	
33	성덕왕	702~35	〃	
34	효성왕	737~5	〃	
35	경덕왕	742~23	〃	설총 吏讀 집대성
36	혜공왕	765~15	〃	
37	선덕왕	780~5	〃	
38	원성왕	785~14	〃	
39	소성왕	799~1	〃	
40	애장왕	800~9	〃	
41	헌덕왕	809~17	〃	
42	흥덕왕	826~10	〃	
43	희강왕	836~2	〃	
44	민애왕	838~1	〃	
45	신무왕	839~6월	〃	
46	문성왕	839~18	〃	
47	헌안왕	857~4	〃	
48	경문왕	861~14	〃	
49	헌강왕	875~11	〃	최치원 874년 당의 과거급제
50	정강왕	886~1	〃	885년 귀국 한림학사 후 해인사에서 여생
51	진성여왕	887~10	〃	
52	효공왕	897~15	〃	
53	신덕왕	912~5	박씨	
54	경명왕	917~7	김씨	
55	경애왕	924~3	〃	견훤침공 시해
56	경순왕	927~8	〃	935년 왕건에게 항복

※ 56대 992년간 (BC 57~935) 통일신라(668~935)

고려高麗 역대 왕계표

대	왕호	재위	수령	주요내용
1	太祖	981~26	67	930년 평양에 京學 세우고 문묘제향
2	惠宗	943~2	34	
3	定宗	945~4	27	
4	光宗	949~26	51	958년 과거제도 실시
5	景宗	975~6	27	
6	成宗	981~16	38	992년 국자감 개편 987년 지방학사(12목)
7	穆宗	997~12	30	
8	顯宗	1009~22	40	1018년 거란침입 격퇴(강감찬)
9	德宗	1031~3	19	
10	靖宗	1034~12	32	
11	文宗	1046~37	65	
12	順宗	1083~3월	37	
13	宣宗	1083~11	46	
14	獻宗	1094~1	14	
15	肅宗	1095~10	54	1102년 해동통보(동전유통)
16	睿宗	1105~17	45	
17	仁宗	1122~24	38	1127년 지방향학 설립(이곡 파견)
18	毅宗	1046~24	47	1145년 삼국사기(김부식)
19	明宗	1170~27	72	1170년 무인정변(정중부·이의방·이고)
20	神宗	1197~7	61	1198년 만적의 난(노비 해방운동)
21	熙宗	1204~7	57	
22	康宗	1211~2	62	
23	高宗	1213~46		1217년 여진족 격파, 1219년 거란함락(조충)
24	元宗	1259~15	56	1270 삼별초의 난(몽고항쟁)
25	忠烈王	1274~33.6	73	1289년 안향 주자전서 도입, 1298년 성균감 개편
26	忠宣王	1298~5.3	51	1283년 삼국유사(일연 김견명)
27	忠肅王	1313~17	46	
28	忠惠王	1330~14	30	
29	忠穆王	1344~4.10	12	
30	忠定王	1349~2.3	15	
31	恭愍王	1351~23	45	홍건적 침략

32	禑王	1374~13.9	25	이인임 권신 득세. 최영과 이성계의 대립
33	昌王	1388~1.5	10	
34	恭讓王	1389~2.8	50	

※ 34대 474년간 (918~1392)

※ 25대 충렬왕부터 30대 충정왕까지 원나라 지배하에서
묘호를 충(忠)자로 써야만 하는 치욕을 겪었다.

조선朝鮮 역대 왕계표

대	왕호	재위	수령	주요내용
1	太祖	1392~6.2	74	1388년 위화도회군 1392년 조선건국. 1398년 성균관건립
2	定宗	1398~2.2	63	1398년 1차 왕자난(방석), 1400년 2차 왕자난(방간)
3	太宗	1400~17.10	56	함흥차사(무학대사)
4	世宗	1418~31.7	54	1446년 훈민정음 반포
5	文宗	1450~2.4	39	김종서 황보인 참정
6	端宗	1452~3.2	17	1453년 계유정난. 1457년 노산군 영월유배
7	世祖	1455~13.3	52	사육신처형. 1453년 이징옥난 1467년 이시애난
8	睿宗	1468~1.3	20	정희왕후 수렴청정. 남이장군처형(유자광)
9	成宗	1469~25.2	38	정희왕후 섭정. 김종직등 사림파 등용
10	燕山君	1494~11.10	?	폐비 윤씨소생. 장녹수. 무오사화. 갑자사화
11	中宗	1506~38.3	57	반정(박원종). 조광조 등용. 기묘사화
12	仁宗	1544~0.9	31	작서의 변
13	明宗	1545~22	34	을사사화(윤원형)
14	宣祖	1567~40.8	57	1592년 임진왜란. 이황, 이이 등용. 당파싸움
15	光海君	1608~15.2	?	정여창 김굉필 조광조 이언적 이황 문묘종향
16	仁祖	1623~26.3	55	반정(김자점).1627정묘호란.1636병자호란. 이괄난
17	孝宗	1649~10	41	김집 송시열 송준길 등용
18	顯宗	1659~15.3	34	1차, 2차 예송사건. 1674년 네덜란드인 표류(14년)
19	肅宗	1674~46	60	장희빈(경종.모). 최숙빈 (영조.모)
20	景宗	1720~4.3	37	신축. 임인사화(노론축출)
21	英祖	1724~51.8	83	탕평책. 사도세자(장조)
22	正祖	1776~24.4	49	1783년 이승훈 천주교 영세. 정약용 형제 활약
23	純祖	1800~34.5	45	안동김씨 득세. 홍경래난. 김대건 신부 처형

24	憲宗	1834~14.8	23	1866년 병인양요. 1894년 청일전쟁(원세개)
25	哲宗	1849~14.7	33	1871년 신미양요. 1895년 을미사변(명성황후)
26	高宗	1863~43.8	67	1882년 임오군란. 1896년 아관파천
27	純宗	1907~3	33	1884년 갑신정변(김옥균). 1894년 동학혁명(전봉준) 1904년 러·일전쟁. 1905년 을사늑약. 1907년 고종 퇴위, 순종즉위. 1910년 일제강점기 시작

※ 27대 518년간 (1392~1910)

우리나라 주요 역사연표

시대	연 대	주요 사항	시대	연대	주요사항
선사 시대	약70만 년전	구석기문화	삼국 시대	660	백제(의자왕) 멸망
	약8천 년경	신석기 문화		668	고구려(보장왕) 멸망
	BC2333	단군왕검 고조선 건국	통일 신라	676	신라(문무왕) 삼국통일
연맹왕국	BC2000	청동기 문화		698	발해(대조영) 건국
	BC400	철기 문화		751	신라 불국사 석굴암 중창
	BC194	위만 고조선 왕위		788	신라 독서삼품과 설치
	BC108	우거왕 고조선 멸망		828	장보고 청해진 설치
	BC57	신라(박혁거세)건국		834	신라 복색제도 제정
	BC37	고구려(고주몽) 건국		900	후백제(견훤) 건국
	BC18	백제(온조) 건국		901	후고구려(궁예) 건국
삼국 시대	AD194	고구려 진대법 실시	고려 시대	918	고려(왕건) 건국
	260	백제(고이왕) 16관 등과 공복제정		926	발해멸망
	372	고구려(소수림왕) 태학. 불교		935	신라(경순왕) 멸망
	384	백제(침류왕) 불교		936	고려 후삼국 통일
	427	고구려(장수왕) 평양 천도		956	노비 안검법 실시
	433	신라. 백제 동맹 성립		958	과거제도 실시
	475	백제 웅진성 천도		976	전시과 실시
	503	신라 국화와 왕호를 정함		992	국자감 설치
	520	신라 율령반포 공복제정		1019	귀주대첩
	527	신라(법흥왕) 불교승인		1076	전시과 개정. 관제개혁
	538	백제 사비성 천도		1107	윤관 여진정벌
	612	고구려(을지문덕) 살수대첩		1145	김부식 삼국사기 편찬
	645	고구려(양만춘) 안시성싸움		1170	무신정변

	1198	만적의 난		1866	병인양요(제너럴 셔먼호 사건)
고려시대	1231	몽고 1차 침입	조선시대	1871	신미양요
	1232	강화도 천도		1875	운양호사건
	1270	개경환도. 삼별초항쟁		1876	강화도조약 맺음
	1359	홍건적침입(~1361)		1882	임오군란
	1363	문익점 원나라의 목화씨		1884	갑신정변(김옥균)
	1388	이성계 위화도 회군		1894	갑오개혁. 동학농민운동
조선시대	1392	고려(공양왕) 멸망	대한제국	1897	대한제국 선포(고종황제)
	1392	조선(이성계) 건국		1905	을사늑약
	1394	한양 천도		1907	헤이그 특사 파견. 고종퇴위
	1402	호패법 실시		1910	국권피탈(일제강점기 시작)
	1413	조선8도 지방행정조직		1919	3·1 독립선언
	1418	세종 즉위		1920	김좌진 청산리 대첩
	1441	측우기 제작		1926	6·10만세운동(유관순)
	1446	훈민정음 반포		1932	이봉창. 윤봉길 의거
	1485	『경국대전』 완성		1945	8·15광복 (일본항복)
	1510	3포 왜란	대한민국	1948	8·15 대한민국정부수립(이승만)
	1555	을묘왜변		1950	6·25 전쟁 (1953. 7. 27 휴전협정)
	1592	임진왜란(~1598) 한산대첩		1960	4·19학생혁명. 장면내각(윤보선)
	1608	경기도 대동법 실시		1961	5·16 군사정변
	1623	인조반정		1963	박정희 정부
	1627	정묘호란		1970	새마을운동. 경부고속도로 개통
	1636	병자호란		1972	7·4 남북공동성명. 적십자회담
	1678	상평통보 주조		1979	10·26 박정희 대통령 서거
	1708	전국 대동법 실시		1980	5·18 민주화 운동(전두환 정부)
	1712	백두산 정계비 건립		1987	6월 민주항쟁
	1725	탕평책 실시		1988	노태우 정부. 88서울올림픽
	1776	규장각 설치		1993	김영삼 정부. 대전 엑스포
	1784	이승훈 천주교 전도		1998	김대중 정부
	1811	홍경래난		2000	남북정상회담. 6·15 남북공동선언
	1860	최재우 동학 창시		2003	노무현 정부
	1861	김정호 대동여지도 제작		2007	남북정상회담. 10·4 남북 공동선언
	1863	고종즉위(흥선대원군 집권)		2008	이명박 정부

대한민국	2013	박근혜 정부	대한민국	2018	북미정상회담 6·12 싱가포르합의
	2017	문재인 정부		2018	남북정상회담 9·19 평양선언
	2018	남북정상회담 4·27판문점선언		2018	북미정상회담

2. 고구려
(高句麗 / B.C.37~668년 / 총 28대 / 705년간)

예맥(濊貊)은 기원전 2~3세기 남쪽에 있는 한족(漢族)과 서북쪽에 있는 몽고족의 압박을 피하여 만주 동북쪽과 한반도 중동부에 정착하였다. 예맥족은 옛 숙신(肅愼)과 거란 사이에 정착하여 송화강, 흑룡강, 압록강 유역과 강원도 북부, 함경도 지방에 걸쳐 활동하였던 대민족이다. 역사상 부여, 고구려, 옥저 등으로 불리는 여러 민족을 모두 포괄하고 있다.

1) 주몽(朱蒙 / B.C.37~B.C.19년 / 즉위 18년간)

고구려 시조 동명(東明)왕이다. 고려 김부식이 저술한 삼국사기에 의하면 동부여왕 해부루가 죽고 금와가 즉위하여 하백의 딸 유화를 왕비로 삼았으나 천제(天帝)의 아들 해모수와 가까이했다는 말을 듣고 유화를 유폐시켰다. 어느날 유화는 햇빛을 받고 임신하여 알을 낳았다. 그 알에서 남자아이가 나와 성장하니 7세 때 이미 활을 잘 쏘는 등 매우 총명하여 '주몽'이라 부르게 되었다는 설화가 전해진다.

부여 금와왕의 장자 대소 등 7명의 형제가 주몽을 시기하여 죽일 기회를 엿보자 주몽은 어머니와 부인에게 떠날 것을 알렸다. 오이, 마리, 협보와 함께 졸본으로 남하한 주몽은 기원전 37년, 나라를 세워 국호를 고구려라 하고 성을 고(高)라 하였다. 이때 주몽의 나이 22세로 한나라 효원제 재위 2년이며, 신라의 시조 박혁거세가 재위 21년이 되는 갑신년이었다.

재위 2년 6월, 비류국왕 송양이 나라를 바치고 항복하자 왕은 그 땅을 다물도라 하고 송양을 다물도의 지주로 삼았다. 재위 3년 3월, 골령에 황룡이 나라났다. 재위 6년 10월, 오이에게 명하여 남쪽 행안국을 공격하고 땅을 빼앗아 성읍을 만들었다. 재위 10년 11월, 부위염에게 명하여 북옥저를 공격하고 땅을 빼앗아 성읍을 만들었다. 재위 14년 8월, 동부여에서 어머니 유화가 세상을 떠났으며 금와왕은 태후의 예로 장사 지내고 사당을 세웠다. 10월, 주몽은 동부여로 사신을 보내 은덕에 보답하였다. 재위 19년 4월, 동부여에서 부인과 유리왕자가 도망쳐 돌아오자 왕은 기뻐하며 태자로 삼았다. 9월, 주몽은 40세 나이로 세상을 떠났으며 시호를 동명성(東明聖)왕이라 하였다.

주몽이 졸본으로 내려오기 이전부터 압록강 하류 유역에는 5부족이 연맹체를 이루고 있었다. 소노부, 절노부, 순노부, 관노부, 계루부 중 가장 강력한 소노부가 연맹장을 계승하였고 주몽이 계루부 세력과 합세하면서 계루부의 주몽이 고구려를 세우게 된다. 이후 6대 태조왕에 이르러 계루부 세력은 5부족을 영도하는 세력으로 정착하게 되었다.

2) 유리왕(琉璃王 / B.C.19년~A.D.18년 / 즉위 37년간)

주몽의 태자로서 왕위에 올랐다. 어머니 예(禮)씨가 태기가 있을 때, 주몽은 부여를 떠나며 아들을 낳으면 궁궐 안 일곱 모가 난 돌 위의 소나무 밑에 묻어둔 칼을 찾아서 가지고 오라는 말을 남겼다. 성장한 유리왕자는 단검을 찾아 가지고 옥지, 구추, 도조 등 3인과 함께 어머니를 모시고 졸본으로 향한다. 부왕에게 단검을 바치자 왕은 기뻐하며 유리왕자를 태자로 삼았고 그해 9월 왕이 승하하며 유리태자가 제2대 왕위에 오르게 된다.

재위 2년 7월, 부왕 때 나라를 바쳤던 송양의 딸을 왕비로 삼았다. 재위 3년 10월, 왕비 송씨가 세상을 떠났다. 재위 14년 11월, 부여의 대소가 5만의 군사를 거느리고 공격해왔지만 큰 눈으로 다수의 동사자가 발생하자 철군하였다. 재위 21년 8월, 지진이 있었다. 재위 22년 10월, 도읍을 졸본에서 국내성(통구)로 옮겼다. 재위 31년, 한나라의 정권을 잡고 있던 왕망이 오랑캐 정벌을 위해 고구려군의 징발을 요청하여 어쩔 수 없이 출병하였으나 국경을 벗어나 모두 도망하였다. 재위 33년 8월, 오이, 마리에게 명하여 군사 2만을 거느리고 한나라의 현도군을 빼앗았다. 재위 37년 10월, 왕이 세상을 떠났다.

3) 대무신왕(大武神王 / 18년~44년 / 즉위 26년간)

제3대 왕. 유리왕의 셋째 아들로서 왕위에 올랐다.

서기 19년 1월, 지진이 있었으며 죄수 사면령을 내렸다. 32년 12월, 사신을 한나라로 보내 조공하였고 광무제는 왕호를 전과 같이 쓰도록 하였다. 37년, 낙랑을 습격하여 없애 버렸다. 44년 9월, 한나라 광무제가 낙랑을 공격하여 군과 현으로 만들었으므로 살수 이남은 한나라에 속하게 되었다. 44년 10월, 왕이 세상을 떠났다.

4) 민중왕(閔中王 / 44년~48년 / 즉위 4년간)

제4대 왕. 대무신왕의 아우로서 어린 태자를 대신하여 왕위에 올랐다.

46년 11월, 혜성이 남방에 나타났다가 20일 만에 사라졌다. 47년 10월, 잠우락부의 대승 등 1만여 호가 낙랑으로 가서 한나라에 항복하였다. 48년, 왕이 세상을 떠나자 유언대로 석굴에 장사 지냈다.

5) 모본왕(慕本王 / 48년~53년 / 즉위 5년간)

제5대 왕. 대무신왕의 태자로서 숙부 민중왕을 이어 왕위에 올랐다.

53년 11월, 왕을 시중하던 신하 두로가 모본왕이 포학하여 사람을 죽이므로 자신도 죽임을 당할까 두려워하다가 마침내 왕을 시해하였다.

6) 태조왕(太祖王 / 53년~146년 / 즉위 93년간)

제6대 왕. 모본왕의 태자로서 7세에 왕위에 올라 태후가 수렴청정하였다.

56년 7월, 동옥저를 무너뜨리고 성읍으로 삼았다. 109년 1월, 사신을 한나라로 보내 안제의 원복(성년이 되어 어른의 의관을 착용하는 의식)을 축하하였다. 118년 2월, 지진이 있었다. 6월, 예맥과 함께 한나라의 현도를 습격하고 화려성을 공격하였다. 121년 12월, 마한과 예맥의 1만 명과 함께 현도성을 포위하자 부여왕이 2만 명을 거느리고 한나라 군사와 힘을 합쳐 공격하므로 대패하고 말았다. 124년 10월, 지진이 일어났고 한나라에 조공하였다. 142년 9월, 환도에 지진이 있었다. 146년 12월, 태조왕은 100세의 나이로 아우에게 왕위를 선양하였다.

7) 차대왕(次大王 / 146년~165년 / 즉위 19년간)

제7대 왕. 태조왕의 아우로서 76세에 왕위에 올랐다.

147년 11월, 지진이 있었다. 149년 12월, 천둥소리와 함께 지진이 일어났다. 165년 3월, 태조왕이 별궁에서 세상을 떠났는데 향년이 무려 119세였다. 그해 10월, 재상 명림답부가 백성들의 삶을 곤궁하게 한다는 이유로 차대왕을 시해하였다.

8) 신대왕(新大王 / 165년~179년 / 즉위 14년간)

제8대 왕. 태조왕의 막내아우로서 77세에 왕위에 올랐다.

179년 9월, 차대왕을 시해하고 자신을 추대했던 국상 답부가 113세 나이로 죽자 장사 지내고 20호를 묘지기로 두었다. 12월, 왕이 세상을 떠났다.

9) 고국천왕(故國天王 / 179년~197년 / 즉위 18년간)

제9대 왕. 신대왕의 둘째 아들로서 왕위에 올랐다.

184년 한나라 요동 태수의 침입을 격파하였다. 190년 9월, 큰 눈이 여섯 자(180cm) 정도 내렸다. 191년, 을파소(乙巴素)를 정승으로 등용하고 태평성대를 이루었다. 197년 5월, 고국천왕이 승하하자 동생인 발기(發岐)와 연우 간에 왕위 쟁탈전이 일어나 실패한 발기가 자살하였다.

그해는 한나라 마지막 헌제 때로 난을 피하여 도망온 한나라 사람들이 많았다. 조비가 한나라 헌제를 위협하여 왕위에 오르고 위나라를 세우며 위·촉·오 삼국시대가 시작된다.

10) 산상왕(山上王 / 197년~225년 / 즉위 30년간)

제10대 왕. 고국천왕의 둘째 아들로서 형 발기와 싸워 이기고 왕위에 올랐다.

209년 10월, 도읍을 환도성으로 옮겼다. 217년 8월, 한나라 평주사람 하요가 1000여 호의 무리를 이끌고 오기에 책성에 거주하도록 하였다. 그 해 10월, 천둥소리와 함께 지진이 있었고 혜성이 동북방에 나타났다. 227년 5월, 왕이 세상을 떠났다.

11) 동천왕(東川王 / 227년~248년 / 즉위 21년간)

제11대 왕. 산상왕의 태자로서 왕위에 올랐다.

236년 2월, 오나라 손권이 사신 호위를 보내 화친을 청하였지만 7월에 목을 베어 위나라로 보냈다. 245년 10월, 신라의 북쪽 국경을 침범하였다. 246년 8월, 위나라 장수 관구검이 군사 1만 명을 거느리고 침범해왔지만 고구려는 2만 명을 출병하여 비류수에서 3천 명의 목을 베었고 양맥의 골짜기에서 3천 명을 죽이거나 사로잡았다. 그해 10월, 관구검이 다시 쳐들어와 환도성을 함락시키자 동천왕은 남옥저로 피신하였다. 247년 2월, 도읍을 다시 평양성을 옮겼다. 248년 2월, 신라가 사신을 보내와 화친을 맺었고 그해 9월, 왕이 세상을 떠났다.

12) 중천왕(中川王 / 248년~270년 / 즉위 22년간)

제12대 왕. 동천왕의 태자로 왕위에 올랐다.

254년 7월, 지진이 있었다. 259년 12월, 위나라 장군 을지해가 공격해오자

기병 5천 명을 뽑아 양맥 골짜기 전투에서 8천 명의 목을 베었다. 262년 11월, 천둥소리와 함께 지진이 있었다. 270년 10월, 왕이 세상을 떠났다.

13) 서천왕(西川王 / 270년~292년 / 즉위 22년간)

제13대 왕. 중천왕의 둘째 아들로서 왕위에 올랐다.

271년 12월, 지진이 있었다. 280년 10월, 숙신이 침범하여 국경 백성들을 죽이자 왕은 달가를 보내 숙신을 공격하여 단로성을 빼앗아 추장을 죽이고 600호를 부여 남쪽 오천으로 옮겼으며 6~7개의 마을로부터 항복을 받았다. 292년, 왕이 세상을 떠났다.

14) 봉상왕(烽上王 / 292년~300년 / 즉위 8년간)

제14대 왕. 서천왕의 태자로서 왕위에 올랐다.

292년 9월, 지진이 있었다. 298년 12월 천둥소리와 함께 지진이 있었다. 300년 1월, 지진이 있었다. 그해 8월, 왕이 15세 이상의 남자를 징발하여 궁궐을 수리하려 하기에 국상인 창조리가 반대하였으나 왕이 듣지 않자 대신들과 모의하여 왕을 폐위시켰다. 동생의 아들 을불을 왕위에 올리자 왕은 목매어 죽었다.

15) 미천왕(美川王 / 300년~331년 / 즉위 31년간)

제15대 왕. 서천왕의 둘째 아들의 아들로서 봉상왕의 국상인 창조리가 봉상왕을 폐위시키고 소금장사를 하던 봉상왕의 조카 을불을 왕위에 오르게 하였다.

302년 9월, 왕이 군사를 거느리고 현도군을 침범하여 8천 명을 사로잡아 평양으로 돌아왔다. 311년 8월, 요동의 서안평을 습격하여 빼앗았다. 313년 10월, 낙랑을 침범하여 2천 명을 사로잡아 왔다. 315년 2월, 현도성을 공격하여 실상이 매우 많았다. 331년 2월, 왕이 세상을 떠났다.

16) 고국원왕(故國原王 / 331년~371년 / 즉위 40년간)

제16대 왕. 미천왕의 태자로서 왕위에 올랐다.

342년 8월, 도읍을 환도성으로 옮겼다. 그해 10월, 연나라의 모용황이 1만 5천 명의 군사로 환도성에 불을 지르고 황후를 체포해 갔다. 343년 2월, 왕은 아우를 연나라로 보내 1천여 종의 보물을 바쳤으나 모용황은 황후를 계속 억류하고 볼모로 잡았다. 그해 7월, 다시 도읍을 평양으로 옮겼다. 355년 12월, 사신을 연나라로 보내 조공을 하고 황후의 귀환을 청하여 돌아왔다. 369년 9월, 군사 2만으로 백제 치양을 공격하였으나 패하였다. 371년 10월, 백제 근초고왕이 군사 3만을 이끌고 평양성에 쳐들어오니 왕은 맞서 싸우다 화살에 맞아 세상을 떠났다.

17) 소수림왕(小獸林王 / 371년~384년 / 즉위 13년간)

제17대 왕. 고국원왕의 태자로서 왕위에 올랐다.

372년 6월, 동진(東晋)왕 부견이 사신과 승려 순도(順道)를 보내 불상과 경문을 전해왔다. 왕은 태자와 자제들을 교육받게 하였고 다시 진나라로 사신을 보내 토산물을 바치고 사례했다. 도성에 태학을 세워 인재를 양성하였다. 373년, 처음으로 율령을 포고하여 제도 정치를 시행하였다. 374년, 진나라에서 승려 아도(阿道)가 왔다. 375년 2월, 초문사를 창건하여 승려 순도를 머물게 하였고 이불란사를 창건하여 승려 아도를 머물게 함으로써 고구려는 정식으로 불교를 받아들였다. 376년 11월, 백제의 북쪽 국경을 공격하였다. 377년 10월, 백제가 군사 3만으로 평양성을 침략하였고 고구려는 11월에 다시 백제를 공격하였다. 같은 시기에 사신을 진나라로 보내 조공하였다. 378년 9월, 거란이 북쪽 국경을 침범하여 8개 마을을 함락시켰다. 383년 9월, 서북쪽에 혜성이 나타났다. 384년 11월, 왕이 세상을 떠났다.

18) 고국양왕(故國壤王 / 384년~391년 / 즉위 7년간)

제18대 왕. 소수림왕이 아들이 없자 아우 이련이 왕위에 올랐다.

385년 6월 군사 4만으로 요동을 습격하여 요동과 현도를 함락시키고 포로 1만 명을 사로잡아 왔다. 그해 지진이 일어났다. 386년, 백제를 공격하였다. 9월, 백제가 다시 공격해와 변방의 마을을 약탈하고 돌아갔다. 390년 9월, 백제의 진가모가 도압성을 공격하여 200명을 사로잡아갔다. 391년, 신라에 사신을 보냈는데 신라왕(내물이사금)이 조카 실성(훗날 실성이사금)을 볼모로 보내왔다. 391년, 교서를 내려 불법을 숭배하여 복을 구하도록 하였고 5월, 왕이 세상을 떠났다.

19) 광개토대왕(廣開土大王 / 391년~413년 / 즉위 22년간)

제19대 왕. 고국양왕의 태자로서 왕위에 올랐으며 휘는 담덕(談德)이다.

391년 7월, 백제를 공격하여 10여 개의 성을 빼앗았고 9월에 거란을 공격하여 500명을 사로잡아 왔으며 10월에 백제의 관미성을 함락시켰다. 394년 8월, 백제와 패수에서 싸워 8천 명을 사로잡았다. 399년 1월, 연나라로 사신을 보내 조공하였다. 400년, 연나라로 사신을 보내 화친을 청했지만 오만하다고 멸시하며 모용희가 공격해오자 이에 반격하여 연나라의 신성과 남소를 점령하였다. 404년, 연나라를 공격하는데 남쪽에서는 일본이 신라를 침공하므로 군사 5만을 보내 구원하였다. 408년, 북연과 수호를 맺었다. 409년, 독산성등 6개 성을 신축하였다. 410년, 동부여를 공격하여 64개 성을 빼앗았다. 411년, 연나라를 공격하자 모용귀가 성을 버리고 달아났다. 이 무렵 광개토대왕은 북쪽으로 가장 넓은 영토를 구축하였다.

20) 장수왕(長壽王 / 413년~490년 / 즉위 79년간)

제20대왕. 광개토대왕의 태자로서 왕위에 올라 부왕의 유지를 받들어 진(晋), 송(宋), 위(魏)나라와 국교를 맺었고 425년부터 492년까지 67년 동안 위나라에 매년 조공하였다. 중요한 시기에는 봄가을로 1년에 2회 조공하며 국가의 안위를 보장받기 위해 지극히 노력하였다.

427년, 국내성(통구)에서 도읍을 평양으로 천도하였다. 475년, 백제를 공격하여 한성을 함락시키고 백제 21대 개로왕을 무너뜨려 선대의 한을 풀었다. 480년, 말갈과 함께 신라의 고명성 등 7개 성을 빼앗았다. 고구려는 광개토대왕 때 북진 정벌을 하였고 장수왕은 남진 정벌을 함으로써 충주와 죽령까지 영토를 확장하였다. 492년 12월, 98세에 왕이 세상을 떠났다.

21) 문자명왕(文咨明王 / 491년~519년 / 즉위 27년간)

제21대 왕. 장수왕의 손자로서 아버지가 일찍 세상을 떠나자 왕위에 올랐다. 492년부터 519년까지 매년 위나라에 조공하였다.

493년 10월, 지진이 있었다. 502년 10월, 지진이 일어나 민가가 무너지고 사망자가 발생하였다. 503년 11월, 백제 우영장군이 군사 5천 명을 거느리고 수곡성을 침범하였다. 506년 11월, 군사를 동원하여 백제를 공격하였는데 큰 눈이 내려 회군하였다. 507년, 고로 장군은 말갈과 함께 백제의 한성을 치기 위해 횡악에 머물렀는데 백제의 선제 기습을 받고 물러났다. 512년 9월, 백제를 공격하여 가불과 원산을 함락시키고 1천여 명을 사로잡아 왔다. 519년, 왕이 세상을 떠났다.

22) 안장왕(安臧王 / 519년~531년 / 즉위 12년간)

제22대 왕. 문자명왕의 태자로서 왕위에 올랐다.

520년 1월, 양나라에 조공하였고 2월에 양고조가 영동장군도독으로 책봉하여 사신 강주성에게 전하려 했으나 도중에 위나라 군사에게 붙잡혀 낙양으로 압송되었다. 그해 9월, 다시 양나라에 조공하였다. 522년 9월, 양나라에 조공 하였다. 526년 3월 양나라에 조공하였다. 527년 11월, 양나라에 조공하였다.

529년 10월, 백제와 오곡에서 싸워 1천여 명을 살획하였다. 531년 5월, 왕이 세상을 떠났다.

23) 안원왕(安原王 / 531년~545년 / 즉위 14년간)

제23대 왕. 안장왕이 아들이 없어 아우가 왕위에 올랐다.

532년 3월, 위나라는 왕을 요동군 개국공으로 책봉하였다. 4월과 6월, 사신을 위나라에 보내 조공하였다. 그해 10월, 지진이 있었다. 537년 12월, 위나라에 조공하였다. 539년 5월, 위나라에 조공하였다. 541년 12월, 542년 3월, 543년 12월, 544년 11월 사신을 동위(東魏)로 보내 조공하였다. 545년 3월, 왕이 세상을 떠났다.

24) 양원왕(陽原王 / 545년~559년 / 즉위 14년간)

제24대 왕. 안원왕의 태자로서 왕위에 올랐다.

545년 12월, 546년 11월, 547년 7월, 549년, 동위에 조공하였다. 550년, 백제가 공격해와서 도달성을 함락시키고 다시 금현성을 공격하자 신라가 틈을 타서 두 성을 모두 빼앗았다. 그해 6월, 사신을 북제(北齊)로 보내 조공하였다. 551년, 돌궐이 침범하여 신성을 포위하였으나 이기지 못하였고 다시 백암성을 공격하였지만 고흘 장군이 군사 1만을 거느리고 맞아 싸워 천여 명을 살획하였다. 554년, 백제의 웅천성을 공격하였으나 이기지 못하였다. 555년 11월, 낮에 태백성이 나타났고 북제에 사신을 보내 조공하였다. 559년 3월, 왕이 세상을 떠났다.

25) 평원왕(平原王 / 559년~590년 / 즉위 31년간)

제 25대 왕. 양원왕의 태자로서 왕위에 올랐다.

561년 11월, 사신을 진(陳)나라로 보내 조공하였다. 562년 2월, 진나라 문제가 왕에게 영동장군을 제수하였다. 564년, 사신을 북제에 보내 조공하였다. 566년 12월, 570년 11월, 571년 2월, 진나라에 조공하였다. 573년, 사신을 북제로 보내 조공하였다. 576년 사신을 후주(後周)로 보내 조공하였는데 주나라 고조는 왕에게 요동군 개국공을 봉하였다. 81년 2월 그믐에 별이 비처럼 떨어졌다. 그해 12월, 수(隋)나라로 보내 조공하였는데 수문제는 왕에게 대장군 요동군공을 제수하였다. 582년 1월과 11월, 583년 1월과 4월, 584년 1월, 585년 12월, 수나라에 조공하였다. 586년, 수나라는 장안성으로 도읍을 천도하였다. 590년 조공을 바치던 진나라가 망했다는 소식을 듣고 두려워하면서 곡식을 저축하고 무기를 수리하였다. 그해 10월, 왕이 세상을 떠났다. 슬하에 평강공주가 있었으며 온달을 사위로 맞이한 일화가 있다. (충북 단양군 온달산성 유적지)

26) 영양왕(嬰陽王 / 590년~618년 / 즉위 28년간)

제26대 왕. 평원왕의 태자로서 왕위에 올랐으며 수나라 문제는 사신을 보내 부왕의 요동군공을 계승하도록 하였고 옷 한 벌을 하사하였다.

591년 1월, 사신을 수나라에 보내 표(表)를 올려 사은하였다. 592년 1월, 597년 5월, 수나라에 조공하였다. 598년, 영양왕은 무모한 도전을 감행하여 만여 명의 말갈군과 함께 요서를 침범하였으나 영주 총관 위충에게 패배하였다. 이 소식을 전해 들은 수나라 문제는 대노하여 한왕 양(諒)과 왕세적을 원수로 제수하고 수군과 육군 30만 명을 거느리고 고구려 정벌에 나섰으며 동시에 영양왕의 작위를 삭탈하였다. 수나라 군대는 장마철의 무리한 출동으로 군량이 떨어지고 유행병이 돌았으며 평양성으로 출동하다 태풍을 만나 80%의 병력을 잃고 승산 없이 돌아갔다. 왕이 두려워하며 사신을 보내 사죄를 청하자 수문제는 용서하고 받아들였다. 600년 1월, 사신을 보내 조공하였다. 608년 2월, 신라의 북쪽을 습격하여 8천 명을 사로잡았고 4월, 우명산성을 빼앗았다.

607년, 황문 시랑인 배구가 수양제에 말하기를 고구려는 본래 기자가 책봉

받았던 땅으로 한나라, 진(晉)나라 때 군현이 되었으나 지금은 신하 노릇을 하지 않기에 선대 왕들이 정벌하려고 한 지가 이미 오래전이었다고 부추겼고 수양제도 여러 이유를 들어 고구려를 정벌하기로 하였다. 그리하여 좌군 12군(누방, 장잠, 명해, 개마, 건안, 남소, 요동, 현도, 부여, 조선, 옥저 등)은 낙랑길로 진군하고 우군 12군(점선, 함자, 혼미, 임둔, 후성, 제해, 답돈, 숙신, 갈석, 동이, 대방 등)은 양평의 길로 진군하여 평양에 총집합하기로 명령을 내렸으며 113만 대군이라 불리었다. 40일 만에 출병이 시작되었고 깃발이 960리를 이어졌다고 한다. 612년 2월, 수양제가 요수에 당도하자 고구려군이 강을 막고 저항하여 건널 수 없어 마침내 부교를 이틀 만에 만들고 건너와 공격하므로 군사 1만 명을 잃었다.

이때 고구려 영양왕은 을지문덕 장군을 강 건너 적군 진영으로 보내 거짓으로 항복하게 하였는데 적정을 살펴보기 위한 술책이었다. 수양제는 장군 우중문에게 밀지를 내려 영양왕이나 을지문덕이 오면 사로잡으라 하였다. 그러나 우중문은 유사룡의 만류로 을지문덕을 진영 밖으로 내보내었고, 다시 사람을 보내 의논하자고 꾀하였지만 을지문덕은 이를 눈치 채고 급히 압록수를 건너왔다. 좋은 기회를 놓친 우중문과 우문술은 내심 불안하였고 우문술은 군량이 부족하니 강을 건너지 말자고 했으나 우중문은 100만 대군으로 작은 적을 깨뜨리지 못한다면 무슨 낯으로 황제를 뵐 수 있겠냐며 공격을 감행하였다.

우문술은 별동대 30만 명을 거느리고 12만 명을 거느린 을지문덕과 싸워 7회나 승리하면서 평양을 30리 앞두고 진지를 구축하였다. 을지문덕이 또 꾀를 내어 우문술에게 사자를 보내 거짓 항복하면서 만약 장군이 군대를 돌이킨다면 황제가 머무는 행재소로 가서 조회하겠다고 설득하였다. 우문술은 원거리의 오랜 출병으로 병사들이 지쳐있어 혹시 싸운다 해도 승리를 장담할 수 없다고 생각하게 되었고 또 평양성이 워낙 험준한 요새여서 단시일에 함락시킨다는 것은 더욱 어렵다고 판단하여 철수하기로 하였다.

7월, 수나라 철수군이 살수(청천강)를 반쯤 건너가고 행렬이 반쯤 남았을 때 막았던 둑을 터놓고 을지문덕 복병들이 후미를 공격하였다. 적장 신세웅이 죽고 군졸 대오가 무너져 전열이 사방으로 흩어지며 철수군은 대패하였다. 흩어진 장병들은 밤낮으로 달아나 450리의 기나긴 압록수를 건너갔으며 우문술의 별동대가 압록수를 건너 진영에 집결했을 때는 겨우 2700명 정도라고 하였으니 태반은 도망치고 태반은 죽었으리라 집작된다. 수양제는 12만밖에 되지 않는 고구려군과의 참패 책임을 물어 우문술 장군을 쇠사슬로 묶어 돌아가야 했다.

613년 1월, 수양제는 1년 만에 조서를 내려 병력을 징발하여 탁군에 집합 시켰고 군량미를 대량으로 준비하여 4월에 다시 요하를 건너 요동성을 공격 하였으나 고구려군의 완강한 저항으로 20일 동안 공방전만 계속되었다. 이때 도성에서 양현감이 반역을 일으키려 한다는 급보를 듣고 수양제는 불안한 나머지 방중에 장수들을 불러모아 회군을 결정하고 은밀하게 물러갔다. 영문을 알지 못한 고구려군은 늦게서야 철군하였음을 알고 되돌아가는 수나라 군대를 추격하면서 수천 명을 죽였다.

614년 7월, 수양제는 다시 고구려 정벌을 명령하고 회원진에 당도하였지만 징발한 군대가 약속한 기일에 오지 않았고 고구려 역시 해마다 수나라 대군의 침략에 지칠 대로 지쳐 있어 전쟁을 감당할 수 없었다. 한편 수나라의 내호아 장군이 평양성으로 진격해 오자 고구려 영양왕은 급히 수양제에게 사신을 보내어 항복을 청하였다. 수양제는 내심 기뻐하면서 영양왕에게 입조(入朝)하라 명을 내리고 회원진에서 회군하였다. 그러나 영양왕은 입조하지 않고 버티다가 618년 9월, 세상을 떠났다.

※ **을지문덕(乙支文德)** : 612년, 수양제가 수군, 육군 113만 명을 거느리고 고구려를 공격하려고 압록강 건너 대치하고 있을 때 단신으로 적진에 건너가 적정을 살피고 돌아왔다. 적병과 소모전을 하면서 평양성 30리 밖으로 유인하였고 거짓으로 항복하겠노라고 우문술을 설득시켜 철군하도록 한 후 살수를 반쯤 건너갔을 때 막았던 둑을 터놓고 후미를 공격하여 살수대첩을 승리했으며 적병은 겨우 2700여 명만 돌아갔다고 한다.

을지문덕이 수나라 우중문에게 보낸 시

신통한 묘책은 천문을 연구하였고
오묘한 승산은 지리를 모두 탐구하였네
전투마다 승리하여 전공이 높아졌으니
만족한 줄 알고서 전쟁을 그만두기 바라오

27) 영류왕(榮留王 / 618년~641년 / 즉위 23년간)

제27대 왕. 영양왕의 이복 아우로서 왕위에 올랐다.

619년 2월, 621년 7월, 당나라에 조공하였다. 622년 2월, 당나라에 조공하자 당고조가 말하기를 수나라 말년에 잦은 병란으로 백성들이 서로 헤어져 원한이 있을 터이니 화친하자고 하였다. 그리하여 영류왕은 고구려의 당나라 사람들을 찾아 돌려보냈는데 무려 1만 명 가까이 되었다고 한다. 수년 동안의 전쟁 중에 도망한 병사가 많았던 것으로 보인다.

623년 12월, 624년 12월 당나라에 조공하였다. 626년, 왕은 사람을 당나라에 보내 불(佛)과 노자의 가르침을 청하자 황제가 허락하였다. 629년 8월, 신라 김유신 장군이 동쪽 국경을 침범하여 낭비성을 무너뜨렸다. 9월, 당나라에 조공하였다. 638년 10월, 신라의 칠중성을 공격하여 신라 알천 장군과 맞아 싸웠으나 고구려가 패하였다. 640년 9월, 해가 빛이 없다가 3일 뒤에 밝아졌다. 642년 1월, 당나라에 조공하였다. 10월, 연개소문이 영류왕을 시해하자 당태종은 조서를 내려 물품 300단을 지절사에게 보내어 조문하였다.

28) 보장왕(寶臧王 / 642년~668년 / 즉위 26년간)

제28대 왕. 영양왕 셋째 아들의 아들로서 연개소문이 영류왕을 시해하고 추대하여 왕위에 올랐으며 연개소문은 모든 정사를 관장하는 대막리지가 되었다. 연개소문은 보장왕에게 백성을 교화하려면 유(儒)·불(佛)·도(道)가 균형을 이루어야 하므로 사신을 당나라로 보내 도교를 도입하여야 한다고 제안하였다. 보장왕이 표(表)를 올리자 당태종은 도사, 숙달(叔達) 등 여덟 사람을 통해 노자의 도덕경을 전해옴으로써 승사에 머물도록 하였다. 668년, 고구려는 신라와 당나라 연합군의 침략을 받고 항복하여 28대, 705년 만에 멸망하였다.

642년 처음 보장왕이 즉위한 윤 6월경, 당나라 조정에서 당태종이 말하기를 연개소문이 영류왕을 시해하고 국정을 좌지우지하고 있으니 좌시할 수 없어 고구려를 멸망시켜야 하지만 다만 백성들이 걱정될 뿐이다. 그러므로 거란과 말갈에게 힘을 빌리면 어떠할지를 묻자 장손무기가 대답하기를 지금 연개소문은 자기 죄가 크다는 것을 알고서 수비를 단단히 하고 있을 것이니 조금 시간을 두고서 점점 교만하고 방자해지기를 기다리자고 하였다.

644년 7월, 마침내 당태종은 홍(洪)·요(饒)·강(江) 3주에 칙명을 내려 병선 400척과 군량을 준비하고 영주도독 장검에게 유(幽)·영(營)의 도독 군사와 거란, 말갈의 군사를 거느리고 요동으로 진격하여 형세를 살피도록 하였다. 그해 9월, 막리지 연개소문이 당태종에게 백금을 바쳤지만 저수량 등의 대신들이 토벌을 추진 중인데 받지 말자고 하여 외면당했다.

644년 11월, 당태종이 낙양에 당도하여 의주 자사 정천도에게 계책을 묻자 대답하기를 요동 지역은 길이 멀어 군량 수송이 어렵고 또 동이족들은 성을 수비하는 능력이 뛰어나 쉽게 항복시키기 어렵다고 하자 당태종은 오늘날의 당나라 군대는 수나라 군대 때와는 비교가 되지 않는다며 일축했다.

당태종은 형부상서 장량(張亮)을 평양도 행군 대총관으로 삼아 강희, 영협의 군사 4만과 장안, 낙양의 군사 3천과 전함 5백 척을 거느리고 내주에서 바다를 건너 평양으로 달려가게 하였고 이세적을 요동도 행군대총관으로 삼아 보기병 6만과 난(蘭)·하(河) 2주의 항복한 호병(胡兵)을 거느리고 요동으로 달려가게 하였다.

당태종은 출정에 앞서 말하길, 수양제는 병사들에게 잔학하였지만 고구려 영양왕은 백성을 사랑하였으므로 잔학을 증오하는 군대로 나라를 사랑하는 고구려를 공격하는 것이 성공할 수 없었다. 하지만 지금의 상황은 첫째, 대로써 소를 치는 것이고 둘째, 순리로써 역리를 토벌하는 것이며 셋째, 다스림의 도로써 난을 평정하는 것이고 넷째, 평안을 도모함으로써 고통을 제거하는 것이며 다섯째, 희망으로써 원한을 종식시키는 것이니 대의명분임을 조금도 의심하지 말라며 승리할 것을 독려하고 출정 명령을 내렸다.

645년 1월, 이세적의 군대가 유주를 경유하여 요하를 건너 건안성에 당도하여 고구려군 수천 명을 죽였다. 이세적과 도종은 개모성을 함락시키고 1만의 군사와 10만 석의 군량을 빼앗은 후 그곳을 개주(蓋州)로 만들었다. 한편 장량은 수군을 거느리고 동래에서 바다를 건너 비사성을 습격하여 5월에 성이 함락되고 8천 명이 몰락하였다. 이세적은 요동성에 당도하였고 당태종은 요택에 당도하였는데 진흙벌이 200리나 이어져 말들이 통행할 수 없어 오랫동안 흙을 실어다 펴고 나서야 겨우 통과하였다.

그 후 당태종은 요동성을 지나 백암성을 함락시키고 이세적에게 말하기를 '내가 들으니 안시성은 험한 지역이고 성주와 군사들이 단결하여 용감하며 영류왕 때에 막리지 난에도 굴복하지 않았고 성을 지켰으므로 우선 건안성을 먼저 공격하면 군대도 약화되고 군량도 소비될 것이므로 쉽게 승리할 수 있을 것이'라고 하였다. 병법에 성도 공격할 수 있는 곳과 공격해서는 안 될 곳이 있다고 하였다. 하지만 자만했던 이세적은 이를 무시하고 안시성을 공격하였다. 그 결과 고구려의 완강한 저항으로 항복시키지 못하였다.

뒤에 당태종의 명재상 장손무기가 말하기를 이세적의 책략대로 안시성을 무너뜨린 후에 건안성을 공격하는 것이 만전의 계책이라고 내세워 당태종도 마침내 안시성을 공격하게 되었지만 결과는 당태종의 생각이 옳았다. 오랜 공방전에도 안시성의 저항은 완강하여 무너뜨릴 수 없었고 더욱이 요동지방에 겨울이 다가와 풀이 마르고 추위가 더해져 병마가 버리기 어렵고 장기전에 의

한 군량도 소진되어 철군을 명령하지 않을 수 없었다. 안시성 성주가 성에 올라 철군하는 당태종에게 사례의 절을 올리자 신하로서 성을 굳게 지키는 용기를 아름답게 여기고 합사비단 100필을 주고서 임금 섬기는 도리를 칭찬하고 돌아갔다.

요하의 진흙뻘은 철군마저 쉽지 않았다. 풀을 베어 뻘에 깔고 흙을 메워 겨우 10월에 요하를 건너 철군하였으며 출정했던 성과는 현도, 횡산, 개모, 마미, 백암, 비사, 곡, 은산, 후황 등의 10개 성을 빼앗고 요동, 개모, 백암 3주의 백성들을 중국으로 이주시켜 7만여 명에게 새로운 삶을 찾게 하였지만 끝내 안시성을 무너뜨리지는 못했다.

646년 2월, 당태종은 장안(서안)으로 돌아왔으며 5월에 연개소문은 사신을 보내 사죄하고 미녀 두 사람을 보냈으나 받지 않고 돌려보냈다. 당태종이 연개소문에게 궁(弓)복을 보냈는데도 사례 하지 않았고 사신을 거만히 대하였으며 칙령으로 신라를 공격하지 말라 당부했는데도 듣지 않았으니 다시는 연개소문의 조공을 받지 말라고 명하면서 고구려 정벌을 논의 중인 참이었다.

마침내 647년, 당태종은 우진달을 청구도 행군 대총관으로 삼고 이해안을 부관으로 삼아 군사 1만을 이끌고 내주에서 누선(樓船)을 타고 바다로 진군하게 하였다. 동시에 이세적을 요동도 행군 대총관으로 삼고 손이랑을 부관으로 삼아 군사 3천을 이끌고 영주 도독부와 함께 신성도로 진군하게 하였다. 7월에 우진달과 이해안이 석성을 공격하여 무너뜨리고 다시 적리성을 공격하므로 고구려는 군사 3천 명을 잃었다.

648년, 당태종은 만철장군에게 바다를 건너 압록강으로 들어가 박작성 남쪽에 진을 치고 배행방 장군에게 박작성을 포위하고 공격하여 무너뜨렸다. 또 내주의 자사 이도유에게 명하여 장비와 군량을 운반하여 오호도에 저장하도록 명하였으며 다시 대군을 동원하여 고구려 정벌을 계획하고 준비하였으나 649년 4월, 당태종이 붕어하면서 2차 정벌계획은 취소되었다.

655년 1월, 백제와 말갈과 같이 신라 북쪽을 침공하여 33개 성을 빼앗자 신라왕 김춘추가 당나라로 사신을 보내 구원을 요청하였고 당고종은 영주도독 정명진과 좌위중랑장 소정방을 보내 1천여 명을 살획하고 돌아갔다.

658년 6월, 영주도독 정명진과 우령군 중랑장 설인귀가 쳐들어와 황산 싸움에서 고구려가 패전하였다. 660년, 또다시 공격해와 7월경 평양 강물이 3일 동안 핏빛으로 물들었다. 661년 1월, 당고종은 67개 주의 군사를 모집하고 소정방을 평양도 행군총관으로 삼아 35군(軍)을 거느리고 바다와 육지로 진군하였다. 소정방은 8월에 패수에서 마읍산을 빼앗고 평양성을 포위했다가 물러갔다. 662년 1월, 옥저도 총관 방효태가 연개소문과 싸웠으나 대패당하였고 그의 아들 13명도 모두 전사하였다. 소정방이 거느린 군사들도 평양을 포위하였으나 눈이 많이 오는 관계로 물러갔다. 666년, 고구려 보장왕은 태자 복남을 당나라로 보내 태산에 제를 올렸다.

666년, 연개소문이 죽고 장자인 남생이 막리지에 올라 국정을 관장하며 부재 시에는 동생 남건과 남산에게 내정을 보살피도록 하였다. 남생에게 불만을 갖고 있던 자가 남건과 남산에게 이간책을 써서 남생을 궁궐로 들어오지 못하게 막았다. 남생은 사람을 궁궐로 보내서 내부의 동정을 파악하려 하였으나 실패하자 당나라로 달아났다. 668년 8월, 보장왕은 남생을 대신하여 남건을 막리지로 삼았다. 당고종은 9월, 도망쳐온 남생에게 요동 도독겸 평양도 안무대사를 제수하고 현도군공으로 봉했다.

667년 9월, 당고종은 군사를 일으켜 이세적을 요동도 행군대총관으로 삼아 신성을 빼앗았고 설인귀는 금산에서 고구려군 5만 명을 죽이고 남소, 목저, 창암 3성을 빼앗았으며 곽대봉은 수군을 거느리고 평양으로 출동하였다. 668년 1월, 당고종은 유인궤를 요동도 부총관으로 삼고 신라 무열왕의 둘째 왕자 김인문을 부장으로 삼아 백제의 도읍인 부여성을 함락시켰다. 669년 9월, 이세적은 고구려 평양성을 공격하여 한 달 동안 성을 포위하였고 마침내 보장왕은 98명의 수령들과 백기를 들고 항복한다. 이로써 고구려는 28대 705년 만에 멸망한다.

수양제의 2차에 걸친 공격과 당태종의 2차에 걸친 공격으로 국력이 급속히 쇠약해진 고구려는 당고종의 끊임없는 침략에 끝내 무너지고 만다. 당은 정복한 고구려 땅에 9도독부 42주 100현을 만들고 평양성에 안동도호부를 만들어 통치하기 시작하였다. 설인귀에게 안동도호부 검교를 삼아 군사 2만으로 치안을 유지하면서 전쟁으로 피폐해진 백성들을 위로하도록 하였다.

※ **연개소문(淵蓋蘇文)** : 고구려 말엽의 장군으로 아버지의 대를 이어 대대로(大對盧)가 되었다. 631년, 장성을 쌓아 당나라 침공에 대비하였으며 성품이 호탕하고 안하무인이어서 주변 사람들이 두려워하였다. 영류왕과 대신들은 연개소문을 제거하기로 모의하였으나 밀고로 발각, 연개소문은 영류왕을 시해하고 보장왕을 추대하여 왕위를 계승하도록 하였다.

이후 연개소문은 대막리지(국정총괄)에 올라 백제와 연합하여 신라의 당항성을 빼앗았다. 643년에는 당나라의 숙달(叔達)을 초청하여 도교를 도입하였다. 고구려의 침략에 신라는 당나라에 도움을 요청하였고 당나라는 중재를 위해 고구려로 사신을 보냈으나 연개소문은 당나라 사신을 가두었다. 이에 격분한 당고종은 부왕의 유업을 받들어 고구려 정벌에 집착하게 되었으며 이 때문에 결국 고구려는 멸망하게 된다. 대국과의 분쟁 유발에 신중을 기해야 하는 것은 바로 이런 연유에서이다.

3. 백제(百濟 / B.C. 18~660년 / 총 31대 / 678년간)

삼한(三韓)은 한강 유역에서부터 그 이남의 비옥한 토지를 기반으로 형성되었다. 마한, 변한, 진한의 소국은 모두 78개에 달했는데 그 중 삼한 전체의 왕인 목지국(目支國)의 진왕(辰王)은 마한의 부족 소국(小國)에서 추대되어 대대로 계승되었다. 기원전 18년 고구려에서 내려온 비류와 온조 형제는 각각 미추홀(인천)과 하남(위례)에 터전을 잡았으나 뒤에는 비류 유민이 하남으로 와서 합쳤다. 국호를 백제라 하고 온조는 시조왕으로 즉위하여 세력을 넓혀 갔다. 제2대 다루왕과 제5대 초고왕을 거치는 동안에 54개의 마한 부족 소국은 차츰 백제로 귀속되어 4세기 중엽에 이르러 백제 왕국을 이루었다.

비류와 온조의 아버지 우이는 북부여왕 해부루의 서손(庶孫)이었고 어머니는 졸본 토착인 연타발(延陀勃)의 딸 소서노(召西奴)였다. 소서노는 우이와 살면서 비류와 온조를 낳았는데 우이가 일찍 죽자 과부로 살다가 부여에서 내려온 주몽을 만나 고구려를 세울 때 많은 내조로 주몽의 총애를 받았다. 후에 왕후가 되어 대접을 후하게 받았으며 주몽은 비류와 온조를 친아들 같이 거두었다.

그러나 부여에서 주몽의 부인 예씨와 아들 유리가 내려오자 소서노는 비류와 온조가 왕위를 계승할 수 없을 것으로 판단하고 오려와 마간 등 신하들을 이끌고 남하하여 하남에 정착하게 된다.

1) 온조왕(溫祚王 / B.C.18년~A.D.28년 / 즉위 46년간)

제1대 왕. 소서노의 둘째 아들로 왕위에 올랐으며 미추홀에 있던 비류의 유민들을 하남 위례성으로 맞아 세력을 넓혀 갔다. 선대의 연고지 부여를 따서

성을 부여(扶餘)라고 하였다.

기원전 11년 2월, 말갈이 3천의 군사로 위례성을 포위하였으나 10일 동안 성문을 닫고 나가지 않았다. 군량이 소진된 적군이 돌아가려 할 때 추격하여 500명을 죽이거나 사로잡았다. 기원전 9년 10월, 말갈이 북쪽 경계를 침범하여 노략질을 하자 군사 200명으로 막아 싸웠으나 패하였다. 기원전 8년 4월, 낙랑이 말갈로 하여금 병산책을 습격하게 하여 100여 명을 죽이고 약탈하였다. 기원전 6년 2월, 왕모(소서노)가 61세 나이로 세상을 떠났다. 그해 8월, 사신을 마한에 보내 천도할 것을 알리고 북쪽으로는 패하(浿河), 남쪽으로는 웅천, 서쪽은 바다, 동쪽은 주양(走壤)으로 경계를 정하여 성 궁궐을 세우고 기원전 5년, 정월에 남한산성으로 도읍을 옮겼다. 기원전 3년, 낙랑이 침범하여 위례성을 불태웠고 기원전 2년 10월, 말갈이 습격해와 추장 소모를 사로잡아 마한으로 압송하였고 나머지는 모두 죽였다.

서기 6년 7월, 온조가 웅천에 책(울타리)을 세우자 마한 왕이 책망하기를 처음 마한으로 왔을 때 발붙일 곳 100리의 땅을 주었는데 보답은커녕 오히려 우리 지역까지 침범하는 것은 도리가 아니라고 꾸짖자 부끄러워하면서 울타리를 헐어 버렸다.

7년 7월, 온조왕은 마한이 점점 쇠약해져 오래가지 못할 것이라 판단하고 혹시 다른 적들이 빼앗는다면 후환이 될 터이니 공격하기로 하였다. 10월에 마한을 습격하여 국읍을 합병하였고 원산과 금현성이 다음 해 항복함으로써 마한은 서기 8년 4월에 멸망하였다.

12년 5월과 6월, 지진이 일어났다. 22년 9월, 말갈이 술천성을 공격해 왔고 11월에 다시 부현성을 습격하여 100여 명을 죽이고 노략질하였다. 27년 10월, 지진으로 민가가 무너졌다. 28년 2월, 온조왕은 나라를 세운 지 46년 만에 세상을 떠났다.

2) 다루왕(多婁王 / 28년~77년 / 즉위 49년간)

제2대 왕. 온조왕의 태자로서 왕위에 올랐다.

30년, 31년, 34년에는 말갈이 습격해왔다. 37년 11월, 지진 소리가 천둥소리와 같았다. 63년, 다루왕은 국토를 넓혀 낭자곡성까지 이르게 하고 사신을 신라로 보내 회합을 청하였으나 대응하지 않자 64년, 신라의 와산성을 공격하여 기병 2000명으로 신라를 물리쳤다. 66년, 신라는 와산성을 공격하여 되찾았다. 74년, 신라를 침범하였고 75년, 신라의 와산성을 함락시키자 다음 해 신라는 와산성을 되찾았다. 77년 9월, 왕이 세상을 떠났다.

3) 기루왕(己婁王 / 77년~128년 / 즉위 51년간)

제3대 왕. 다루왕의 태자로서 왕위에 올랐다.

85년 정월, 신라의 변경을 침범하였다. 89년, 지진이 일어나 민가가 무너지고 죽은 사람이 많았다. 95년, 사신을 신라로 보내 화친을 청했다. 111년 3월과 10월, 지진이 있었다. 125년, 신라가 말갈의 침략을 받고 구원을 요청하자 5명의 장군을 보내 도왔다. 128년 11월, 왕이 세상을 떠났다.

4) 개루왕(蓋婁王 / 128년~166년 / 즉위 38년간)

제4대 왕. 기루왕의 태자로서 왕위에 올랐다.

155년 10월, 신라의 길선이 반역을 도모하다 탄로가 나자 도망 왔는데 신라왕이 돌려보낼 것을 요청했지만 보내주지 않았다. 이에 신라는 백제를 공격하였고 군량이 부족해지자 마침내 물러갔다. 166년, 왕이 세상을 떠났다.

5) 초고왕(肖古王 / 166년 214년 / 즉위 48년간)

제5대 왕. 개루왕의 태자로서 왕위에 올랐다.

167년 7월, 신라의 2성을 습격하여 남녀 1,000여 명을 사로잡아 왔다. 신라 왕이 흥선의 군사 2만 명과 왕의 군사 8,000명으로 공격해 오자 1,000여 명을 다시 돌려보냈다. 186년, 서북방에 혜성이 나타났다가 20일 만에 사라졌다. 199년 7월, 지진이 있었다. 210년 10월, 말갈이 사도성을 공격했으나 이기지 못하자 불을 지르고 달아났다. 214년 9월, 진과에게 명하여 군사 1,000명을 거느리고 말갈의 석문성을 공격하여 빼앗았다. 214년 10월, 왕이 세상을 떠났다.

6) 구수왕(仇首王 / 214년~234년 / 즉위 20년간)

제6대 왕. 초고왕의 태자로서 왕위에 올랐다.

216년 8월, 말갈이 적현성을 포위하였으나 이기지 못하고 물러갔다. 224년 7월, 신라의 연진이 침범해 왔다. 234년, 왕이 세상을 떠났다.

7) 사반왕(沙伴王 / 234년 / 즉위 후 폐위)

제7대 왕. 구수왕의 태자로서 왕위에 올랐으나 나이가 어려 정치할 수 없으므로 다시 초고왕의 아우 고이가 왕위에 올랐다.

8) 고이왕(古爾王 / 234년~286년 / 즉위 51년간)

제8대 왕. 4대 개루왕의 둘째 아들로서 왕위에 올랐다.

240년, 신라를 침범하였다. 246년 8월, 위(魏)나라 관구검이 낙랑태수 유무, 삭방태수 왕준과 함께 고구려를 공격하자 백제는 그 틈을 타 낙랑 변경을 침범하여 백성을 사로잡아 왔으나 유무가 격노하여 공격하려 하자 다시 돌려보냈다. 286년 11월, 왕이 세상을 떠났다.

9) 책계왕(責稽王 / 286년~298년 / 즉위 12년간)

제9대 왕. 고이왕의 태자로서 왕위에 올랐다.

298년 9월, 한나라가 예맥인과 함께 침범하자 왕이 나서서 막다가 세상을 떠났다.

10) 분서왕(汾西王 / 298년 304년 / 즉위 6년간)

제10대 왕. 책계왕의 태자로서 왕위에 올랐다.

304년 2월, 낙랑의 서현을 습격하여 빼앗았다. 10월, 낙랑 태수가 보낸 자객에 시해당했다.

11) 비류왕(比流王 / 304년~344년 / 즉위 40년간)

제11대 왕. 구수왕의 둘째 아들로서 분서왕의 아들이 너무 어리자 대신 왕위에 올랐다.

321년 7월, 대낮에 태백성이 나타났다. 333년 5월, 하늘에서 별이 떨어져 궁궐에 불이 났고 7월, 궁궐을 수리하였다. 344년, 왕이 세상을 떠났다.

12) 계왕(契王 / 344년~346년 / 즉위 2년간)

제12대 왕. 분서왕의 장자이다.

부왕이 세상을 떠났으나 나이가 어려 왕위에 오르지 못하였다가 비류왕의 뒤를 이어 왕위에 올랐다. 346년 9월, 왕이 세상을 떠났다.

13) 근초고왕(近肖古王 / 346년~375년 / 즉위 29년간)

제13대 왕. 비류왕의 둘째 아들로서 왕위에 올랐다.

369년 9월, 고구여의 고국원왕이 기병 2만 명을 거느리고 치양에 주둔하면서 민가를 침략하자 왕은 군사를 보내 5,000명을 사로잡아 왔다. 369년, 마한을 합병하였다. 371년, 고구려가 군사를 동원하여 공격해 오자 군사를 패수에 잠복시켰다가 고구려군을 격퇴하였다. 그해 겨울에 정병 3만 명을 거느리고 평양성을 공격하자 고구려 고국원왕이 화살에 맞아 죽었고 이에 철수하였다. 같은 해, 도읍을 한산(漢山)으로 옮겼다. 372년 정월, 사신을 진(晉)나라에 보내 조공하였다. 7월, 지진이 일어났다. 375년 7월, 고구려가 수곡성을 함락시키자 군사를 일으켜 보복하려다가 흉년이 들어 포기하였다. 11월, 왕이 세상을 떠났다.

※ 고기『古記』에 의하면, 백제가 개국한 이래 문자를 기록한 일이 없었다. 근초고왕에 이르러 박사 고흥(高興)을 만나 비로소 백제의 사기인 서기(書記)가 쓰이게 되었으며 다른 글에는 고흥이란 사람이 등장하지 않아 어떤 자인지 밝혀지지 않았다.

14) 근구수왕(近仇首王 / 375년~384년 / 즉위 9년간)
제14대 왕. 근초고왕의 태자로서 왕위에 올랐다.
376년 11월, 고구려가 침범해 왔다. 다음 해 10월, 3만 명을 거느리고 평양성을 침범하자 11월, 고구려가 다시 공격해 왔다. 380년, 괴질이 유행하였고 5월에 땅이 갈라지며 깊이 5길, 넓이 3길이 벌어졌다가 3일 만에 합쳐졌다. 384년 4월, 왕이 세상을 떠났다.

15) 침류왕(枕流王 / 384년~365년 / 즉위 1년간)
제15대 왕. 근구수왕의 태자로서 왕위에 올랐다.
7월, 사신을 진(晉)나라에 보내 조공하였다. 9월, 중국의 승려 마라난타가 진나라에서 오자 궁내로 맞이하여 예와 공경을 극진히 하여 불법이 시작되었다. 다음 해, 한산에 불사를 창건하여 승려 10여 명을 두었다. 11월, 왕이 세상을 떠났다.

※ 침류왕 384년, 중국의 불법이 백제에 처음 도입되었다.

16) 진사왕(辰斯王 / 385년~392년 / 즉위 7년간)
제16대왕. 침류왕의 아우로서 어린 태자를 대신해 왕위에 올랐다.

386년, 고구려가 침범해 왔다. 390년 9월, 진가모에게 고구려를 공격하도록 하여 도곤성을 빼앗고 200명을 사로잡았다. 392년 7월, 고구려 광개토대왕(담덕)이 군사 4만 명을 거느리고 침략하여 석현 등 10여 성을 함락시켰다. 392년 11월, 왕이 구원에 사냥을 나갔다가 행궁에서 세상을 떠났다.

17) 아신왕(阿莘王 / 392년~405년 / 즉위 13년간)

제17대 왕. 침류왕의 장자였지만 나이가 어려 숙부인 진사왕이 즉위하였다가 뒤에 다시 계승하여 왕위에 올랐다.

395년 2월, 혜성이 서북방에 나타났다가 20일 만에 사라졌다. 그해 8월, 진무 등에게 명령하여 고구려를 공격하였다. 광개토대왕이 7,000명의 군사를 거느리고 와서 패수에서 맞아 싸웠으나 대패하여 8,000명을 잃었다. 397년 5월, 왜국과 우호관계를 맺고 태자 전지를 볼모로 보냈다. 403년, 왜국이 사신을 보내와 후하게 대접하였다. 405년 9월, 왕이 세상을 떠났다.

18) 전지왕(腆支王 / 405년~420년 / 즉위 15년간)

제18대 왕. 아신왕의 태자로서 왕위에 올랐다.

부왕이 세상을 떠나자 둘째 숙부 훈해가 섭정하면서 왜국에 볼모로 잡혀있는 전지를 기다리던 중 막내 숙부 혈례가 형을 죽이고 왕위를 차지하였다. 그러나 백성들은 혈례를 죽이고 전지를 왕으로 맞이하였다. 406년 2월, 진(晉)나라에 사신을 보내 조공하였다. 420년 3월, 왕이 세상을 떠났다.

19) 구이신왕(久爾辛王 / 420년~427년 / 즉위 7년간)

제19대 왕. 전지왕의 태자로서 왕위에 올랐다.

427년 12월, 왕이 세상을 떠났다.

20) 비유왕(毗有王 / 427년~454년 / 즉위 28년간)

제20대 왕. 구이신왕의 태자로서 왕위에 올랐다.

429년 가을, 사신을 송나라에 보내 조공하였다. 그해 11월, 지진이 있었고 12월에 얼음이 얼지 않았다. 440년 10월, 사신을 송나라로 보내 조공하였다. 454년, 별이 비처럼 떨어지고 혜성이 서북쪽에 나타났는데 꼬리가 두 발 정도 되었다. 455년 9월, 한강에 흑룡이 나타나고 잠시 구름과 안개로 어두워지다가 사라졌는데 며칠 후 왕이 세상을 떠났다.

21) 개로왕(蓋鹵王 / 455년~475년 / 즉위 20년간)

제21대 왕. 비유왕의 태자로서 왕위에 올랐다.

469년 8월, 장수를 보내 고구려 남쪽의 국경을 침범하였다. 472년, 사신을 위나라로 보내 조회하였다. 고구려가 자주 국경을 침범하자 군사를 요청하였으나 위나라 효문제가 들어주지 않자 마침내 조공을 끊었다. 475년 9월, 고구려 장수왕이 승려 도림의 간계에 따라 군사 3만 명을 거느리고 한성을 포위하였으나 대응하지 않자 성문을 불태웠다. 개로왕은 서쪽 문으로 달아나다 붙잡혀 시해당했다.

22) 문주왕(文周王 / 475년~477년 / 즉위 3년간)

제22대 왕. 개로왕의 태자로서 왕위에 올랐다.

아버지 개로왕이 고구려군에 포위되어 있을 때 신라로 가서 구원을 요청하라는 명을 받고 1만 명의 지원을 받으며 돌아왔지만, 부왕은 세상을 떠났고 성은 부서진 상태였다. 10월에 마침내 도읍을 웅진(공주)으로 옮겼다. 477년 5월, 웅진에 흑룡이 나타났다. 478년 8월, 병관좌평 해구가 권력을 남용하고 법을 어지럽혔으나 왕은 제어할 수 없었다. 9월, 해구가 도적들을 시켜 사냥을 나간 왕을 시해하였다.

23) 삼근왕(三斤王 / 478년~479년 / 즉위 2년간)

제23대 왕. 문주왕의 태자로서 13세 나이로 왕위에 올랐다.

부왕의 시해를 주모한 해구에게 모든 정치를 위촉하였는데 해구가 대두성에서 왕을 배반하였다. 왕이 좌평 진남에게 명해 군사 2,000명으로 해구를 공격하였으나 이기지 못하였고 다시 진노에게 명해 정병 5,000명으로 해구를 공격하여 죽였다. 함께 배반했던 연신이 고구려로 달아나자 그 처자식을 웅진에서 베어 죽였다. 479년 11월, 왕이 세상을 떠났다.

24) 동성왕(東城王 / 479년~501년 / 즉위 22년간)

제24대 왕. 문주왕의 아우인 곤지의 아들로서 왕위 올랐으며 삼근왕의 사촌 아우이다.

482년 9월, 말갈이 한산성을 습격하여 300여 호를 노략질하고 돌아갔다. 486년 3월, 사신을 남제에 보내 조공하였다. 488년, 위나라가 적은 수의 군사로 공격해 왔지만 백제군에 패하였다. 493년 3월, 사신을 신라로 보내 혼인을 청하자 신라왕이 이찬 비지의 딸을 보냈다. 494년 7월, 살수 들판에서 신라와 싸우던 고구려가 수세에 몰리자 백제의 견아성을 포위하였다. 동성왕이 군사 3,000명으로 구원하자 고구려는 포위를 풀고 돌아갔다. 495년 8월, 고구려가 치양성을 포위하여 신라에 구원병을 요청하였는데 신라의 덕지 장군이 구원하므로 고구려는 물러갔다. 501년 정월, 왕도의 한 노파가 여우로 변하여 떠나버렸다. 11월, 사비(부여)의 서쪽으로 사냥을 나갔다가 큰 눈이 와서 마포촌에 묶었다. 이전에 왕이 백가에게 가림성을 지키게 하였으나 병약으로 사임을 청하였다. 왕이 청을 들어주지 않자 원망하고 있다가 이 무렵 사람을 시켜 왕을 시해하였다.

25) 무령왕(武寧王 / 501년~523년 / 즉위 22년간)

제25대 왕. 모대의 둘째 아들이라고 알려져 있으나 동성왕과의 관계가 분명치 않다.

502년 11월, 군사를 보내 고구려 국경을 침범하였다. 503년 9월, 말갈이 마수책을 불 지르고 고목성을 공격하자 군사 5,000명을 동원하여 격퇴했다. 506년 7월, 말갈이 고목성을 침범하여 600여 명을 죽이거나 사로잡아갔다. 507년 10월, 고구려 장군 고노가 말갈과 모의하여 한성 공격을 목표로 횡악 아래에 주둔하자 군사를 동원하여 물리쳤다. 512년 4월과 521년 11월, 사신을 양나라로 보내 조공하였다. 12월, 양나라 고조는 조서를 내려 무령왕을 '행도독 백제제군사 진동대장군'으로 책봉하였다. 523년 5월, 왕이 세상을 떠났다.

26) 성왕(聖王 / 523년~554년 / 즉위 31년간)

제26대 왕. 무령왕의 태자로서 왕위에 올랐다.

524년 양나라 고조가 성왕을 '사지절도독 백제제군사 유동장군'으로 책봉하였다. 529년 10월, 고구려 안장왕이 병마를 거느리고 침략하여 혈성을 함락시켰다. 연모에게 명하여 병사 3만 명을 거느리고 오곡 들판에서 맞섰으나 대패하여 2,000명이 전사 하였다. 532년 7월, 별이 비처럼 떨어졌다. 534년, 사신을 양나라로 보내 조공하였다. 538년 봄, 도읍을 사비(부소산)로 옮기고 한때 국호를 남부여(南扶餘)라고 하였다. 540년 9월, 연회 장군에게 명하여 고구려 우산성을 공격하였으나 실패하였다. 548년 정월, 고구려 양원왕이 예(濊)와 함께 모의하고 독산성을 공격하자 신라에 구원병을 요청하였다. 신라의 주진 장군이 3,000명의 군사를 거느리고 와서 물리쳤다. 550년 정월, 달사 장군에게 명해 군사 1만 명으로 고구려 도살성을 공격하여 빼앗았다. 3월, 고구려군이 금현성을 포위하였다. 553년 7월, 신라가 동쪽과 북쪽 국경을 빼앗고 신주(新州)를 설치하였다. 10월, 성왕의 딸을 신라로 시집 보냈다. 554년 7월, 신라를 습격하기 위해 5,000명의 군사를 거느리고 구천에 당도하였다. 신라의 복병을 만나 맞서 싸우다가 성왕이 난병에게 해를 입고 세상을 떠났다.

27) 위덕왕(威德王 / 554년~598년 / 즉위 44년간)

제27대 왕. 성왕의 태자로서 왕위에 올랐다.

10월, 고구려가 웅천성을 공격해 왔으나 패배하고 돌아갔다. 561년, 군사를 거느리고 신라의 국경을 침략했으나 패하고 1,000여 명이 전사했다. 567년 9월, 사신을 진(陳)나라로 보내 조공하였다. 570년 제나라 고제의 다음 임금이 위덕왕을 '사지절시 중거기대장군 대방군공'으로 책봉하였다. 572년, 사신을 제나라로 보내 조공하였다. 578년, 사신을 주나라로 보내 조공하였다. 579년 10월, 긴 별이 하늘에 뻗쳤다가 20일 만에 사라지고 지진이 일어났다. 581년, 사신을 수나라로 보내 조공하니 수문제가 위덕왕을 '상개부의 동삼사 대방군공'으로 책봉하였다. 582년, 정월에 사신을 수나라로 보내 조공하였다. 584년 11월, 사신을 진(陳)나라로 보내 조공하였다. 589년, 수나라가 진나라를 평정하고 통일 국가를 이루었다. 598년 12월, 왕이 세상을 떠났다.

28) 혜왕(惠王 / 598년~599년 / 즉위 1년간)

제28대 왕. 위덕왕의 둘째 아들로서 왕위에 올랐으나 다음 해에 세상을 떠났다.

29) 법왕(法王 / 599년~600년 / 즉위 1년간)

제29대 왕. 혜왕의 태자로서 왕위에 올랐다. 600년 정월, 왕흥사를 창건하고 승려 30명을 두었다. 그해 5월, 왕이 세상을 떠났다.

30) 무왕(武王 / 600년~641년 / 즉위 41년간)

제30대 왕. 법왕의 태자로서 왕위에 올랐다.

602년 8월, 군사를 거느리고 신라의 아막산성을 공격하였으나 완강한 저항으로 성과 없이 철수하였다. 605년 8월, 신라가 동쪽 국경을 침범하였다. 607년 3월, 연문진과 왕효린을 수나라로 보내 조공하고 고구려를 토벌할 것을 청하자 수양제가 승낙하고 우선 동정을 살피도록 하였다. 5월, 고구려가 석두성을 습격하여 3,000명을 사로잡아 갔다. 608년 3월과 611년 2월, 수나라에 조공하였다. 611년 10월, 신라의 가잠성을 포위하여 성주 찬덕을 죽이고 그 성을 없애버렸다. 612년, 수나라의 6군이 고구려를 공격하기 위하여 요수를 건넜다. 616년 10월, 백기에게 명하여 군사 8,000명을 거느리고 신라의 모산성을 공격하였다. 그해 11월, 사비에 지진이 있었다. 618년, 신라 장군 편품이 가잠성을 공격해와서 다시 빼앗겼는데 이때 신라 장군 해론이 전사하였다. 621년 10월, 사신을 당나라로 보내 말을 바쳤다. 623년 1월, 대신을 당나라로 보내 조공하자 당고조는 사신을 보내 '대방군왕'으로 책봉하였고 7월, 또 당나라에 조공하였다. 그해 10월, 신라의 6개 성(속함, 앵잠, 기잠, 봉잠, 기현, 용책 등)을 공격하여 빼앗았다. 625년 11월, 당나라에 조공하였다. 626년, 사신을 당나라로 보내 광채가 찬란한 갑옷을 바치며 고구려가 당나라로 가는 길을 막고 상국(上國)에 내조(來朝)하는 것을 허락하지 않는다고 호소하였다. 당고조는 주자사를 통해 고구려에 조서를 보내 백제와의 원한을 풀라고 권고하였다. 그해 12월, 당나라에 조공하였다.

627년 7월, 사걸 장군에게 명하여 신라 서쪽 국경의 2성을 함락시키고 300명을 사로잡아 왔다. 628년 2월, 신라의 단봉성을 공격하였으나 이기지 못하고 돌아왔다. 629년 9월, 631년 9월, 632년 12월, 당나라에 조공하였다. 633년 8월, 신라의 서곡성을 공격하여 13일 만에 함락시켰다. 636년 2월, 당나라에 조공하였다. 그해 5월, 우소 장군에게 명하여 군사 500명을 거느리고 신라의 독산성을 습격하였다. 옥문곡(玉門谷)에 이르러 날이 저물자 휴식하던 중에 신라 장군 알천이 엄습하였다. 우소 장군은 맞서 싸웠으나 화살이 떨어져 사로잡혀 갔다. 637년 2월과 3월, 사비에 지진이 일어났다. 그해 12월, 당나라에 조공하고 철갑과 조부를 바쳤다. 639년 10월, 당나라에 조공하고 금갑과 조부(雕斧)를 바쳤다. 641년 3월, 왕이 세상을 떠나자 당태종은 애도를 표하고 '광록대부'를 추증하였다.

31) 의자왕(義慈王 / 641년~660년 / 즉위 19년간)

제31대 마지막 왕. 무왕의 태자로서 왕위에 올랐다.

642년 1월, 당나라에 조공하였다. 그해 7월, 왕이 몸소 군사를 거느리고 신라를 공격하여 미후성 등 40여 성에게 항복을 받다. 8월, 윤충 장군에게 명해 1만 명의 군사로 신라의 대야성을 공격하자 성주 품석이 처자와 함께 항복하였다. 품석의 목을 베어 왕도에 보낸 후 1,000명을 사로잡아 서쪽 고을에 옮겨 살게 하고 군사들에게 성을 지키도록 하였다. 643년 1월, 당나라에 조공하였다. 그해 11월, 고구려와 화친하고 신라의 당항성을 빼앗아 당나라에 입조(入朝)하는 길을 막으려고 군사를 일으켰으나 신라 선덕여왕이 당나라에 구원을 요청하였다는 소식을 듣고 철군하였다. 644년, 당나라에 조공하였다. 그해 9월, 신라 김유신 장군이 군사를 거느리고 침범하여 7개 성을 빼앗았다. 645년 5월, 당태종이 직접 고구려를 정벌하려 신라의 군사를 징발한다는 말을 듣고 그 틈을 이용하여 신라의 7개 성을 빼앗자 김유신 장군이 침범해 왔다. 646년 10월, 의직 장군이 3,000명의 군사를 거느리고 신라의 감물성과 동잠성을 공격하였는데 김유신 장군에게 패하였고 의직 장군은 한 필의 말만 타고 돌아왔다. 648년 3월, 의직 장군이 신라 서쪽 국경의 요거성 등 10여 성을 습격하여 빼앗았다. 4월, 옥문곡으로 진격하였으나 김유신 장군에게 대적하여 대패하였다. 649년 8월, 은상 장군에게 명하여 정병 7,000명을 거느리고 신라의 석토성 등 7개 성을 공격하여 빼앗았다. 군사를 수습한 김유신 장군과 도살성에서 다시 싸워 백제가 패배하였다. 651년과 652년 1월, 당나라에 조공하였다. 655년 8월, 백제가 고구려, 말갈과 함께 신라의 30여 성을 격파하자 신라왕 김춘추는 당나라에 사신을 보내 조공하고 표(表)를 올려 이와 같은 사실을 당나라에 알렸다.

656년 3월, 의자왕이 궁녀들과 탐락하며 술을 마시고 그칠 줄 모르자 좌평 성충(成忠)이 그만둘 것을 간청하였다. 왕은 성충을 옥에 가두었다. 성충은 옥 중에서 큰 변란이 일어날 것이니 만약 적군이 쳐들어오면 육로는 남현을 지나오지 못하게 해야 하고 수로는 지벌포로 들어오지 못하게 하여 험한 요새에 웅거하면서 막아내야 이길 수 있다고 간청하였지만 의자왕은 살펴보지 않았다. 659년 4월, 태자궁 앞에서 암탉이 참새와 교미하는 일이 있었다. 그해 신라의 독산과 동잠성을 공격하였다. 660년 6월, 당고종이 소정방을 행군대총관으로, 유백영을 좌위장군으로, 풍사귀를 우무위장군으로, 방효공을 좌효위장군으로 삼아 군사 13만 명을 거느리고 정벌해 왔다. 신라왕 김춘추도 우이도 행군총관으로서 합세하였다. 당나라 대총관 소정방이 성산에서부터 서해를 건너 덕물도에 이르자 신라왕 김춘추가 김유신에게 명해 정병 5만 명을 거느리고 달려가게 하였다.

한편 의자왕은 계백(階伯) 장군에게 명해 결사대 5,000명으로 황산에서 신라와 맞섰다. 네 차례 승리했으나 수적으로 불리했고, 계백 장군은 결국 전사하였다. 당나라 소정방이 병사를 거느리고 도성으로 쳐들어오자 군사 모두가 항거하였지만 패전으로 전사한 사람이 1만여 명에 달했다. 백제의 종말을 깨달은 의자왕은 성충의 간청을 받아들이지 않은 것을 후회하면서 태자 효를 데리고 북쪽 국경으로 달아났고 둘째 아들 태가 스스로 왕을 자칭하며 성을 지켰다. 소정방이 성곽에 올라 당나라 기를 세움으로써 백제는 31대, 678년 만에 멸망하고 말았다.

소정방은 왕과 왕자들, 대신과 장수 88명, 그리고 백성 12,807명을 당나라로 압송하였고 당나라는 웅진, 마한, 동명, 금련, 덕안에 5도독부를 두고서 낭장 유인원(劉仁願)에게 도성을 지키게 하였다. 또 좌위낭장 왕문도을 웅진도독으로 삼아 백성들을 위로하도록 하였다. 후에 흑치상지가 백제의 패잔병을 수습하고 임존성에 들어가 백제의 부흥을 꾀하였으나 마침내 당고종에게 항복하였다.

4. 신라(B.C. 57년~935년 / 총 56대 / 992년간)

　진한(辰韓)은 경상도 낙동강 동남쪽에 위치한 12개의 부족 집단으로 마한과 함께 진왕(辰王)을 정치적 맹주로 받들었다. 진한의 대부족은 4~5천 호를, 소부족은 6~7백 호를 거느렸다. 그중 경주를 중심으로 한 사로(斯盧) 부족이 가장 강력한 세력을 형성하고 있었다.

　지리적 특성상 북쪽의 금속문화를 접할 기회가 적었기 때문에 삼국 중 가장 사회발전이 늦었다. 3세기 중엽부터 주변 부족들과 연맹체 형성을 위한 움직임을 보였고 제17대 내물마립간 때에 이르러서야 경상북도 일대를 지배하는 대부족 연맹체를 형성한 것으로 추정된다. 이때부터 김알지의 후손으로 왕위가 계승되었다. 발전 과정에 따라 왕의 칭호가 여러 차례 바뀌었는데, 16대까지는 부족장을 뜻하는 이사금(尼師今)으로 불리다가 17대부터 왕을 뜻하는 마립간(麻立干)을 사용하게 되었다.

1) 박혁거세(朴赫居世 / B.C.57년~A.D.4년 / 즉위 61년간)

　13세에 즉위하여 칭호를 거서간(居西干)이라 하고 국호를 서나벌(徐那伐)이라 하였다. 거서간(居西干)이란 귀인을 뜻하는 진한의 말로 왕을 칭한다.

　신라에는 6부촌이 있었는데 1부는 알천의 양산촌, 2부는 돌산의 고허촌, 3부는 취산의 진지촌, 4부는 무산의 대수촌. 5부는 금산의 가리촌, 6부는 명활산의 고야촌 이다. 박혁거세 설화에 의하면, 고허촌장 소벌공이 양산 기슭을 바라보자 우물 숲 옆에 말 한 마리가 무릎을 꿇고 울고 있었다. 다가가니 홀연히 말은 사라지고 큰 알이 있어 어린아이가 나왔다. 집에 돌아가 아이를 길렀는데 10세가 되자 장대하고 위엄이 있어 6부 촌장들은 그의 출생이 신기함을 공경해 오다가 13세 되는 해에 그를 임금으로 세웠다. 진한에서는 호(瓠)를 박이라 불렀기 때문에 성을 박이라 했다고 하기도 하고, 처음에 큰 알이 박만큼 컸기 때문에 박으로 불렀다고도 한다.

기원전 54년 4월, 일식이 있었다. 기원전 37년 1월, 변한(弁韓)이 항복해 왔다. 기원전 28년 4월, 일식이 있었고 26년 8월과 15년에도 일식이 있었다. 기원전 5년, 동옥저가 말 200필을 보내왔다. 기원전 2년 1월, 일식이 있었고 서기 2년에도 일식이 있었다. 서기 3년 4월, 거서간이 세상을 떠나자 사릉에 장사를 지냈다.

2) 남해차차웅(南海次次雄 / 4년~24년 / 즉위 20년간)

제2대 왕. 혁거세의 태자로서 왕위에 올랐으며 어머니는 알영부인이다.

4년 7월, 낙랑이 쳐들어와 금성을 포위하였다가 돌아갔다. 6년 10월, 일식이 있었다. 8년 1월, 탈해가 어질다는 말을 듣고 장녀를 시집보냈다. 14년, 왜국이 병선 100여 척을 이끌고 해변 민가를 침범하자 6부의 병사로 막았다. 이때 금성이 비었다는 것을 알아차린 낙랑군이 공격해와 매우 위급하였으나 유성(流星)이 적진에 떨어지자 군사들이 겁을 먹고 물러갔다. 16년 7월, 일식이 있었다. 22년, 괴질이 유행하여 사람이 많이 죽었다. 24년 9월, 왕이 세상을 떠났다.

3) 유리이사금(儒理尼師今 / 24년~57년 / 즉위 33년간)

제3대 왕. 남해의 태자로서 왕위에 올랐다.

32년 봄, 6부의 명칭을 고치고 7월 16일, 넓은 뜰에 6부의 여인들을 모이게 하여 두 편으로 나누고 한 달 동안 길쌈을 짜서 승부를 가리었다. 진 편에서 술과 밥을 장만하고 온갖 노래와 춤으로 즐기는 놀이를 하였는데 이것을 이름하여 가배(嘉俳)라 하였으며 바로 오늘날의 추석이다.

34년, 금성에 땅이 벌어지고 샘이 솟아올랐다(이는 2017년, 포항 지역에 지진과 동시에 물이 솟은 것과 유사하다). 36년 8월, 낙랑이 북쪽의 타산성을 함락시켰다. 37년, 고구려 대무신왕이 낙랑을 습격하자 그곳의 주민 5천여 명이 의탁해 왔다. 그들을 6부에 살도록 하였다. 57년 9월, 유리이사금이 노쇠하자 신하들에게 말하기를 탈해는 대신으로서 공로가 크므로 내가 죽으면 왕위에 오르게 하라. 나의 두 아들은 재질이 부족하므로 나의 유훈을 잊지 말라고 하였다. 10월에 왕이 세상을 떠났으며 사릉원에 장사를 지냈다.

4) 탈해이사금(脫解尼師今 / 57년~80년 / 즉위 23년간)

제4대 왕. 62세 나이에 왕위에 올랐으며 성은 석(昔)씨이다.

탈해는 본래 왜국 동북쪽 천리에 있던 다파나국 사람이다. 앞서 다파나국의 왕이 여국(女國)의 왕녀와 혼인을 하였는데, 왕비는 임신한 지 7년 만에 큰 알을 낳았다. 다파나국의 왕은 상서롭지 못하다 하여 알을 비단으로 싸고 항아리에 넣어 바다에 띄워 보냈다. 알이 금관국 해변에 이르자 금관 사람들은 괴이하다고 여겨 가져가지 않았고, 진한의 아진 포구에 이르렀을 때 어느 노파가 줄로 끌어당겨 독을 열어보니 아이가 있어 데려다 길렀다. 이때가 박혁거세 재위 39년(기원전 19년)이었다. 처음 독을 건질 때 까치가 울었으므로, 까치작(鵲)자에서 새조(鳥)자를 뺀 '석'씨라 하였고 독 안에서 풀려나왔으므로 '탈해'라고 부르게 되었다고 한다.

제2대 남해차차웅 5년, 석탈해의 기골이 장대하고 어질다는 말을 듣고 왕이 의 사위로 삼았다. 제3대 유리이사금이 세상을 떠날 때 대신들에게 유언을 남기면서 석탈해(유리의 고모부)를 왕위에 오르도록 하였으니 이때 석탈해는 62세의 나이였다.

59년 5월, 왜국과 우호를 맺고 서로 방문하였다. 61년 8월, 마한의 장수 맹소가 복암성을 바치면서 항복하였다. 64년 8월, 백제가 와산성을 공격 하였고 10월에 또 구양성을 공격하자 왕은 기병 2천으로 백제를 물리쳤다. 같은 해 12월, 지진이 있었다.

65년 3월, 왕은 서쪽 숲속에서 닭 울음소리를 듣고 다음 날 사람을 보내니, 금빛의 작은 독이 나뭇가지에 걸려있고 그 아래에서는 닭이 울고 있었다. 독을 가지고 와서 열어보니 사내아이가 있어 소중하게 길렀다. 장성하며 총명하고 지략이 많으므로 '알지(閼智)'라 이름하고 금독에서 나왔다 하여 '김'씨라 하였다. 또한 닭이 울던 숲을 계림(鷄林)이라 하고 국호를 계림으로 삼았다.

66년, 백제가 와산성을 빼앗고 군사 2천 명으로 지키고 있던 것을 다시 공격하여 되찾았다. 70년, 백제가 침범해 왔다. 75년 10월, 백제가 또 와산성을 빼앗았다. 76년 9월, 와산성을 다시 빼앗고 백제 사람 200명을 죽였다. 77년 8월, 길문에서 가야와 싸워 1,000여 명을 잡아왔다. 79년 2월, 혜성이 나타났다가 20일 만에 사라졌다. 80년 8월, 왕이 세상을 떠났다.

5) 파사이사금(婆娑尼師今 / 80년~112년 / 즉위 32년간)

제5대 왕. 유리왕의 둘째 아들로서 왕위에 올라 석씨에서 다시 박씨로 계승하였다.

85년 1월, 백제가 국경을 침범하였다. 93년 10월, 지진이 있었다. 97년 1월, 군사를 일으켜 가야를 치려 했으나 사신을 보내와 사죄하자 중지하였다. 100년 10월, 금성에 지진이 일어나 민가가 무너지고 사상자가 있었다. 101년 7월, 금성에서 월성으로 거처를 옮겼다. 105년 1월, 백제가 사신을 보내 화친을 청했다. 112년 10월, 왕이 세상을 떠났다.

6) 지마이사금(祗摩尼師今 / 112년~134년 / 즉위 22년간)

제6대 왕. 파사왕의 태자로서 왕위에 올랐다.

116년 8월, 정병 1만을 거느리고 가야를 공격하였으나 성문을 굳게 닫고 나오지 않았으며 큰비가 내리자 철군하였다. 125년, 왜국이 침범해 왔다. 123년 5월,

경주 동쪽의 민가들이 땅속으로 파묻혀 못이 되었고 연잎이 자랐다. 124년 9월, 일식이 있었다. 127년 1월, 말갈이 백성들을 죽이고 약탈해 갔다. 128년 10월, 지진이 있었다. 134년 8월, 왕이 세상을 떠났다.

7) 일성이사금(逸聖尼師今 / 134년~154년 / 즉위 20년간)

제7대 왕. 유리왕의 장자로서 왕위에 올랐으며 갈문왕의 아들이라는 설도 있는 등 명확하지 않다.

141년 9월, 일식이 있었다. 148년, 박아도를 갈문왕으로 봉하였는데 신라가 지역의 왕을 봉할 때마다 모두 갈문왕이라 하여 그 뜻을 알 수 없다. 154년 2월, 왕이 세상을 떠났다.

8) 아달라이사금(阿達羅尼師今 / 154년~184년 / 즉위 30년간)

제8대 왕. 일성이사금의 태자로서 왕위에 올랐다.

166년 1월, 일식이 있었다. 167년 7월, 백제가 두성을 습격하여 부수고 천여 명을 사로잡아 갔다. 8월, 기병 8천을 거느리고 백제를 공격하자 사로잡아 갔던 천여 명을 돌려보내고 화친을 빌었다. 170년 7월, 지진이 있었다. 184년 3월, 왕이 세상을 떠났다.

9) 벌휴이사금(伐休尼師今 / 184년~196년 / 즉위 12년간)

제9대 왕. 탈해왕의 아들인 구추 각간의 아들로서 석씨가 왕위에 올랐다.

186년 5월, 일식이 있었다. 193년 1월, 일식이 있었다. 6월, 기근으로 먹을 것을 구하러 온 왜인이 1천여 명이었다. 196년 4월, 왕이 세상을 떠났다.

10) 내해이사금(奈解尼師今 / 196년~230년 / 즉위 34년간)

제10대 왕. 벌휴이사금의 손자로서 왕위에 올랐다.

199년 7월, 백제가 국경을 침범하였다. 200년 9월과 다음 해 3월, 일식이 있었다. 209년 7월, 포상의 8개국이 모의하여 가라국을 침범하자 가라왕이 구원을 요청했다. 왕이 6부의 군사를 동원하여 구원하고 6천 명의 포로를 되찾아주었다. 229년 9월, 지진이 있었다. 230년 3월, 왕이 세상을 떠났다.

11) 조분이사금(助賁尼師今 / 230년~247년 / 즉위 17년간)

제11대 왕. 벌휴이사금의 둘째 손자로서 왕위에 올랐다.

232년 4월, 왜국이 쳐들어와 금성(경주)을 포위하자 맞아 싸워서 이기고 달아나는 적을 추격하여 천여 명을 살획하였다. 245년 10월, 고구려가 국경을 침범하여 맞아 싸웠으나 패배하고 물러났다. 246년 11월, 지진이 있었다. 247년 5월, 왕이 세상을 떠났다.

12) 첨해이사금(沾解尼師今 / 247년~261년 / 즉위 15년간)

제12대 왕. 조분이사금의 아우로서 왕위에 올랐다.

248년 2월 고구려에 사신을 보내 화친을 맺었다. 255년 9월, 백제가 침범하여 익종이 괴곡에서 싸우다가 전사하였고 10월에 또 봉산성을 공격해 왔으나 성공하지 못하였다. 256년 10월, 일식이 있었다. 261년 7월, 혜성이 나타났다가 25일 만에 사라졌다. 262년 3월, 백제가 사신을 보내 화친을 청하였으나 허락하지 않았다. 12월, 왕이 갑자기 병이 나서 세상을 떠났다.

13) 미추이사금(味鄒尼師今 / 262년~284년 / 즉위 22년간)

제13대 왕. 4대 탈해이사금이 데려다가 기른 김알지의 6대손으로 첨해이사금이 아들이 없자 김씨가 최초로 왕위에 올랐다.

266년 8월, 백제가 봉산성을 공격하였으나 성주 직선이 무찔렀다. 283년 9월, 백제가 괴곡성을 포위하였으나 양질이 물리쳤다. 284년 10월, 왕이 세상을 떠났다.

14) 유례이사금(儒禮尼師今 / 284년~298년 / 즉위 14년간)

제14대 왕. 조분이사금의 장자로서 왕위에 올랐다.

286년 1월 백제가 화친을 청했다. 288년 4월, 왜국이 일례부를 습격하여 성을 불태우고 천여 명을 잡아갔다. 292년 6월, 왜국이 사도성을 공격하여 위태하였으나 대곡에게 명하여 구원하였다. 294년 11월, 왜국이 장봉성을 공격하였으나 이기지 못하고 물러갔다. 295년, 왕은 신하들을 불러 모으고 왜국이 자주 침범하니 백제와 연합해서 바다를 건너 왜국을 소탕하는 것이 어떠한지를 묻자 홍건이 대답하기를, 수전에 익숙하지 못한 군대로 수전에 익숙한 왜국과 싸우는 것은 불리할 뿐 아니라 또 백제도 틈만 있으면 공격해오므로 믿을 수 없다 하여 그만두었다. 298년 12월, 왕이 세상을 떠났다.

15) 기림이사금(基臨尼師今/ 298년~310년 / 즉위 12년간)

제15대 왕. 조분이사금의 차자 손자로서 왕위에 올랐다.

306년 8월, 지진이 있었고 샘이 솟았다. 9월에 또 지진으로 민가가 무너지고 사상자가 있었다. 310년 6월, 왕이 세상을 떠났다.

16) 흘해이사금(訖解尼師今 / 310년~356년 / 즉위 46년간)

제16대 왕. 10대 내해이사금의 손자로서 왕위에 올랐다.

312년 3월, 왜국이 사신을 보내 아들의 국혼을 청하자 아찬 급리의 딸을 시집보냈다. 344년 2월, 왜국에서 청혼해 왔으나 이미 출가하였다고 사절하였다. 346년, 왜국이 금성을 포위하므로 오랫동안 시간을 끌다가 물리쳤다. 356년 4월, 왕이 세상을 떠났다.

1대부터 16대까지는 박씨가 7회, 석씨가 8회, 김씨가 1회 왕위를 계승하였고 17대부터는 계속 김씨가 왕위를 계승하였다.

17) 내물마립간(奈勿麻立干 / 356년~402년 / 즉위 46년간)

제17대 왕. 성은 김씨이고 구도 갈문왕의 손자로서 흘해이사금이 아들이 없어 왕위에 올랐다. 내물마립간에 이르러서는 김씨가 대대로 왕위를 계승하고 칭호도 이사금에서 마립간으로 바뀌게 된다.

364년 4월, 왜국이 침범해오자 부현에 복병하였다가 물리쳤고 달아나는 적을 추격하여 소탕하였다. 373년, 백제의 독산 성주가 300명을 거느리고 항복하자 6부에 나누어 살게 하였다. 379년 4월, 작은 새가 큰 새를 낳았는데 아마도 뻐꾸기가 기르는 작은 새를 처음 알게 된 듯하다. 388년 4월, 지진이 있었고 6월에 또 지진이 있었으며 겨울인데도 얼음이 얼지 않았다.

392년 5월, 왜국이 금성을 포위하고 5일 동안 풀지 않으므로 성문을 닫고 기다리다가 뒤에 물러가는 적을 추격하여 많은 적이 살해되었다. 395년 8월, 말갈이 공격해왔으나 실직 들판에서 대패시켰다. 401년 7월, 볼모로 잡혔던 실성이 고구려에서 돌아왔다. 402년 2월, 왕이 세상을 떠났다.

18) 실성마립간(實聖麻立干 / 402년~417년 / 즉위 15년간)

제18대 왕. 내물마립간의 어린 아들을 대신해 알지의 후손인 이찬 대서지의 아들이 왕위에 올랐다.

405년 4월, 왜국이 명활성을 공격해왔으나 독산의 남쪽에서 추격하여 300여 명을 살획하였다. 406년 10월, 지진이 있었다. 407년 3월, 왜국이 동쪽을 침범하였고 6월 또 남쪽을 침범하여 약탈하고 천여 명을 잡아갔다. 412년, 내물마립간의 아들 복호가 고구려에 볼모로 잡혔다. 415년 8월, 왜국과 풍도에서 싸워 이겼다. 416년 5월, 토함산이 무너지고 샘이 솟았는데 3길 정도로 높았다. 417년 5월, 왕이 세상을 떠났다.

19) 눌지마립간(訥祗麻立干 / 417년~458년 / 즉위 41년간)

제19대 왕. 17대 내물마립간의 아들로서 실성마립간을 시해하고 왕위에 올랐다.

419년 4월, 우곡에서 물이 솟았다. 421년 4월, 왜국이 동쪽을 침범하였다가 돌아갔다. 444년 4월, 왜국이 금성을 포위한 지 10일 만에 군량이 소진되어 돌아갔다. 455년, 백제와 동맹을 맺고 묵호자를 통하여 불교가 들어왔으나 반대가 심하여 공인은 받지 못했다. 456년 10월, 고구려가 백제를 침략하자 군사를 보내 구원하였다. 458년 2월, 지진이 있었다. 8월, 왕이 세상을 떠났다.

20) 자비마립간(慈悲麻立干 / 458년~479년 / 즉위 21년간)

제20대 왕. 눌지마립간의 태자로서 왕위에 올랐다.

459년 4월, 왜국이 병선 100여 척을 이끌고 월성을 포위하였다가 물러가자 추격하여 반수 이상이 물에 빠져 죽었다. 462년 5월, 왜국이 활개성을 습격하여 천여 명을 사로잡아갔다. 463년 2월, 왜국이 삽량성을 침범하였다가 돌아갔다. 468년, 고구려가 말갈과 함께 실직성을 습격하였다. 471년 3월, 경주에 땅이 갈라져 20길 정도 되었는데 흙물이 솟았다. 474년 7월, 고구려 장수왕이 백제를 공격하자 백제 개로왕이 아들을 보내 구원을 요청하였다. 구원병을 보냈으나 당도하기 전에 백제 개로왕은 이미 살해되었다. 475년 1월, 왕의 거처를 명활성으로 옮겼다. 478년 2월, 지진이 있었다. 479년 2월, 왕이 세상을 떠났다.

21) 소지마립간(炤知麻立干 / 479년~500년 / 즉위 21년간)

제21대 왕. 자비마립간의 태자로서 왕위에 올랐다.

481년 3월, 고구려가 말갈과 함께 공격해와서 호명성 등 7개 성을 빼앗았고 신라의 군사는 백제, 가야의 구원병과 합세하여 천여 명의 목을 베었다. 488년 1월, 왕의 거처를 월성으로 옮겼다. 500년 3월, 왜국이 장봉진을 공격하여 함락시켰다. 그해 11월, 왕이 세상을 떠났다.

22) 지증왕(智證王 / 500년~514년 / 즉위 14년간)

제22대 왕. 내물마립간의 증손이고 소지마립간의 육촌 아우이다. 소지마립간이 아들이 없었기에 64세에 왕위에 올랐다. 거서간(1대), 차차웅(1대), 이사금(16대), 마립간(4대)으로 변해오던 칭호도 지증왕 이후로는 왕으로 자리잡았다.

502년 3월, 지증왕은 순장제도를 금지하도록 명하였다. 21대 소지마립간까지는 왕이 승하하면 남녀 각각 5명을 순장하였다. 503년 10월, 여러 신하가 주청하기를 시조께서 나라를 창업한 이래 국호를 사라 또는 사로라 하였는데 덕업을 새롭게 한다는 신(新)자와 사방 여러 나라를 망라한다는 라(羅)자를 국호로 하여 신라라 하고, 나라 임금도 앞으로는 삼가 신라국 왕이라는 존호를 올린다고 하자 왕은 이를 허락하였다.

510년 5월, 지진으로 집이 무너지고 사상자가 있었다. 512년 6월, 우산국이 항복하고 해마다 토산물을 바치기로 하였다. 우산국(于山國)은 명주 동쪽의 섬인 지금의 울릉도로 천혜적인 지리만 믿고 그동안 항복하지 않았었다. 514년, 왕이 세상을 떠났으며 신라 최초로 지증이란 묘호를 받았다.

23) 법흥왕(法興王 / 514년~540년 / 즉위 26년간)

제23대 왕. 지증왕의 태자로서 왕위에 올랐다.

521년, 양나라에 사신을 보내 토산물을 바쳤다. 528년 이차돈(異次頓)의 순교 이후 불교를 정식 공인하였다. 본래 법흥왕도 불교를 흥기하고 싶었으나 대신들이 믿지 않았고 왕도 난처하여 결단하지 못하자 이차돈이 말하기를, "저의 목을 베어 중론을 모으십시오. 제가 불법을 위하여 형벌을 자청하오니 불법이 신령하다면 제가 죽은 뒤에 괴이한 일이 일어날 것입니다."라고 하였다. 급기야 목을 베자 하얀 피가 솟았고 그 후로는 사람들이 불사를 비방하지 않았다고 한다.

532년, 금관 가야국 10대 왕 김구해(金仇亥)가 왕비, 세 아들(노종, 무덕, 무력)과 함께 보물을 가지고 와 항복하니 법흥왕은 예를 다하여 상등(上等)의 지위를 제수하여 가야국 본국을 식읍으로 삼게 하였고 아들 무력(김유신의 할아버지)은 각간 벼슬에 올랐다. 540년 7월, 왕이 세상을 떠났다.

24) 진흥왕(眞興王 / 540년~576년 / 즉위 36년간)

제24대 왕. 법흥왕의 아우인 입종의 아들로서 7세에 왕위에 오르자 태후가 섭정하였다.

540년 10월, 지진이 있었다. 541년, 백제와 화친을 맺고 고구려를 견제하였다. 551년, 고구려가 내분으로 미약해진 틈을 타서 백제와 연합하여 한강 유역을 점령했다. 553년, 백제와 공동 작전으로 한강 유역을 점령했지만 한강 하류의 백제를 물리침으로써 중국을 왕래할 수 있는 거점을 확보하였다. 이로써 삼국통일의 기반을 마련하였지만 약 120년간 유지된 신라와의 동맹은 완전히 깨지게 된다.

562년, 고령의 대가야를 비롯한 가야 연맹을 정복하여 낙동강 유역을 완전히 차지하였고 북쪽으로는 함경도 마운령까지 진출하여 예속시킨 후 동예까지 차지하는 등 삼국통일의 기반을 구축하였다. 12월, 열두 줄 거문고를 만들고 우륵에게 곡조를 만들게 하였다. 우륵은 가야 출신의 악공으로 이 악기가 바로 오늘날의 가야금(加耶琴)이다.

567년, 사신을 북제로 보내 조공하였다. 567년, 사신을 진(陳)나라로 보내 토산물을 바쳤다. 575년 3월, 황룡사의 장륙상이 완성되었는데 구리 중량은 35,007근, 도금의 중량은 10,198푼이었다. 576년, 화랑도를 조직화하고 인재를 양성하는 등 삼국통일의 기반을 구축하였다. 576년 8월, 왕이 세상을 떠났다.

25) 진지왕(眞智王 / 576년~579년 / 즉위 3년간)

제25대 왕. 진흥왕의 태자가 일찍 죽자 둘째 아들이 왕위에 올랐다.

578년 7월, 사신을 진(陳)나라로 보내 토산물을 바쳤다. 579년 7월, 왕이 세상을 떠났다.

26) 진평왕(眞平王 / 579년~632년 / 즉위 53년간)

제26대 왕. 24대 진흥왕이 장손으로서 왕위에 올랐다.

589년 3월, 원광법사가 진(陳)나라로 들어가 불법을 구하였다. 594년, 수나라 황제가 조서를 내려 진평왕을 '상개부 낙랑군공'으로 제수하였다. 596년, 수나라로 사신을 보내 토산물을 바쳤다. 600년, 원광법사가 돌아왔다. 602년, 수나라에 토산물을 바쳤다. 603년 8월, 고구려가 북한산성을 침범하자 군사 1만으로 막았다. 604년 7월, 사신을 수나라로 보내 조공하였다. 608년 2월, 고구려가 국경을 침범하여 8천 명을 사로잡아서 갔고 4월에는 우산성을 빼앗았다. 609년 1월, 모지악 아래의 땅이 불이 붙어 넓이가 4보, 길이가 8보, 깊이가 5자에 달했는데 10월 15일 되어서야 없어졌다. 611년, 수나라로 사신을 보내 군사를 요청하자 수양제가 허락하였다. 10월, 백제가 단잠성을 100일 동안 포위하여 현령 찬덕이 죽고 성은 함락되었다. 616년 10월, 백제가 모산성을 공격해 왔다. 622년 7월, 당나라로 사신을 보내 토산물을 바치니 당고조는 비단 300필을 주었다. 623년 10월, 당나라에 조공하였다. 624년 당고조는 사신을 보내 왕을 '주국낙랑군공'으로 책봉하였다. 10월, 백제군은 속함, 앵잠, 기잠, 봉잠, 기현, 혈책 등 6개 성을 포위하였고 3개 성은 함락되었다. 625년 11월, 당나라에 조공하며 고구려가 자주 침략하여 당나라로 가는 길을 막는다고 하소연하였다. 626년 7월, 당나라에 조공하자 당고조는 고구려와 화친 하라고 권고하였다. 627년 6월과 11월, 당나라에 조공하였다. 629년 8월, 대장군 용춘, 서현과 부장군 김유신으로 고구려 낭비성을 공격하여 5천 명을 죽이고 항복받았다. 9월 사신을 보내 당나라에 조공하였다. 632년 1월, 왕이 세상을 떠나자 당태종은 '좌광록대부'로 추증하고 비단 200필을 부조하였다.

※ **신라의 갈문왕(葛文王)** : 왕실에서 추존하던 왕의 명칭. 그 범위는 진골 중에서도 왕의 아버지, 왕의 어머니, 왕의 아우 등으로 추정된다. 실제 왕은 아니지만 추존하는 명칭은 조선에도 있었다. 신라는 한결같이 모두를 갈문왕이라 칭한다는 특이점이 있으며 이는 신라 중기의 묘호와 연관이 있는 것으로 보인다. 갈문왕 제도는 신라의 통일 이후, 왕권전제화에 따라 사라지게 된다.

27) 선덕여왕(善德女王 / 632년~647년 / 즉위 15년간)

제27대 왕. 진평왕이 아들이 없자 장녀로서 왕위에 올랐으며 이름은 덕만(德蔓)이다.

632년 12월, 사신을 당나라로 보내 조공하였다. 633년 2월, 지진이 있었고 7월, 당나라에 조공하였다. 635년, 당나라는 사신을 보내 왕을 '주국낙랑군공'으로 책봉하여 부왕의 봉작을 계승하도록 하였다. 636년 5월, 개구리 떼가 옥문지(玉門池)에 모여들자 선덕여왕은 아마도 옥문곡(玉門谷)에 백제군이 있을지 모른다고 알천에게 명하였다. 과연 백제 장군 우소가 독산성을 습격하기 위해 잠복 중이었고 알천이 기습하여 모두 죽였다. 같은 해, 자장법사가 불법을 구하려 당나라로 떠났다.

642년 7월, 백제 의자왕이 군사를 일으켜 서쪽의 40여 성을 공격하여 빼앗았다. 8월, 백제가 고구려와 연합하여 당항성을 빼앗아 신라가 당나라로 가는 통로를 끊으려 하자 사신을 당나라로 보내 긴급함을 알렸다. 이때 백제의 윤충 장군이 대야성을 공격하여 함락시키자 신라는 김춘추를 고구려로 보내 군사를 요청하는 등 보복을 꾀했다. 이 무렵 대야성 도독인 품석, 죽죽과 용석이 전사하였고 품석의 부인도 죽었는데 품석 부부는 바로 김춘추의 사위와 딸이었다. 김춘추와 만난 보장왕은 죽령은 본래 고구려의 땅이므로 돌려준다면 군사를 보내주겠다고 조건을 달았다. 김춘추가 사신을 위협하여 땅을 돌려달라고 하는 것에 응할 수 없다고 하자 보장왕은 김춘추를 별관에 가두었다. 김춘추는 몰래 사람을 보내 신라에 구금 사실을 알렸고 선덕여왕은 김유신과 결사대 1만 명을 출병시킨다. 국경에 도달하자 김춘추를 돌려보냈으며, 이 무렵의 고구려 는 연개소문이 영류왕을 시해하여 보장왕을 왕위에 오르게 하고 국정을 총괄 하는 대막리지로 권력을 행사하는 시기였다.

643년 1월, 당나라에 토산물을 바치고 3월에는 자장법사가 당나라에 불법 을 구하고 돌아왔다. 9월, 다시 사신을 당나라로 보내 고구려와 백제가 공모하 여 대병을 일으킬 조짐이 있으니 구원을 요청한다고 하자 당태종은 당이 거란 과 말갈의 군사를 거느리고 요동을 공격하면 1년 동안은 고구려 공격을 늦출 수 있을 것이라 답을 보내왔다.

644년 1월, 당나라에 토산물을 바치고 당태종은 상리현장을 고구려로 보내 백제와 함께 싸움을 중지하지 않으면 명년에 고구려를 정벌할 것이라 경고한 다. 그러자 연개소문이 당나라 사신에게 대답하기를, 고구려와 신라는 틈이 생 긴 지 오래이며 지난날 수나라가 고구려를 공격해 올 때 신라는 그 틈을 이용 해 고구려 땅 500리를 빼앗아 성을 차지하고 돌려주지 않는다며 전쟁을 그칠 수 없다고 반박하였다. 그 후 9월, 김유신 장군은 백제를 공격하여 7개 성을 빼 앗았다.

645년 1월, 당나라에 토산물을 바쳤다. 3월, 자장법사의 요청으로 황룡사 석 탑을 창조하였다. 5월, 당태종이 고구려 정벌에 나서자 신라는 군사 3만으로 도왔으며 이때 백제가 틈을 타 신라의 서쪽 7개 성을 빼앗았다. 647년 1월, 비 담과 염종이 선덕여왕의 정치를 비판하면서 모반을 일으켰으나 이기지 못하였 고 그해 8월에 왕이 세상을 떠났다.

28) 진덕여왕(眞德女王 / 647년~654년 / 즉위 7년간)

제28대 왕. 진평왕의 아우이자 선덕여왕의 고모로서 왕위에 올랐으며 이름은 승만(勝曼)이다.

647년 1월 17일, 비담과 연루자 30명을 죽였다. 10월, 백제가 3개 성을 포위하자 김유신에게 명하여 1만여 군사로 맞서 싸우다. 아들 거진은 전사하였고 군사들은 격분하여 싸운 끝에 3천여 명의 목을 베었다.

648년 1월, 당나라에 조공하였다. 3월, 백제 장군 의직이 서쪽 국경을 침범하여 요거성 등 10여 성을 함락시켰다. 651년 2월, 김인문을 보내 당나라에 조공한 후 머물러 있게 하였고 652년 1월, 당나라에 조공하였다. 653년 11월, 당나라에 조공하고 금 총포를 바쳤다. 654년 3월, 왕이 세상을 떠나자 당고종이 영광문에서 애도식을 거행하고 채단 300필을 보내왔다.

29) 태종 무열왕(太宗武烈王 / 654년~661년 / 즉위 7년간)

제29대 왕. 휘는 춘추(春秋)로 아버지는 25대 진지왕의 아들인 용춘(龍春)이고 어머니는 진평왕의 딸인 천명 부인이다. 진덕여왕이 후사가 없자 신라 최초로 진골(眞骨, 아버지만 왕족) 출신이 왕위에 올랐다.

660년 나당연합군을 결성하고 왕자 법민과 김유신에게 명해 군사 5만으로 백제를 멸망시켰다. 이어 고구려 정벌 중에 세상을 떠났다.

※ 시조대왕부터 제28대 진덕여왕까지는 양부모 모두 왕족인 성골이 왕위에 올랐으나, 무열왕부터는 아버지만 왕족인 진골이 왕위를 계승했다.

※ 김유신(595~673) : 가야국 김수로왕의 12대손으로 무력의 손자이며 서현(舒玄)의 아들이다. 진덕여왕이 후사가 없자 알천과 상의하여 김춘추를 왕으로 추대했으며 당나라 소정방(蘇定方)과 연합하여 백제 의자왕을 멸망시켰다. 이후 문무왕 8년(668), 나당 연합으로 고구려를 멸망시켰다.

※ 김인문(629~694) : 무열왕 김춘추의 둘째 아들이며 문무왕 법민의 아우이다. 651년, 당나라에 머물던 중 무열왕이 왕위에 오르자 당나라에 원군을 요청하였고 당고종은 소정방을 대총관으로, 김인문을 부총관으로 임명하여 백제를 멸망시켰다. 그 후 고구려 정벌이 있을

때는 군량을 보급하기도 하였고 문무왕 8년(668)에 이르러 마침내 나당 연합으로 고구려를 멸망시켰다. 이후 신라가 당나라를 몰아내려고 할 때 당나라는 김인문을 신라의 왕으로 교체하고자 하였으며, 그는 당나라에서 벼슬하다 타국에서 죽었다.

655년 1월, 고구려가 백제, 말갈의 군사를 이끌고 국경을 침범하여 33개 성을 빼앗자 당나라로 사신을 보내 구원을 요청하였다. 657년 7월, 동쪽 토함산의 땅에 불이 붙어 3년 만에 사라졌다. 659년 4월, 백제가 자주 국경을 침범하자 당나라로 사신을 보내 군사를 요청하였다. 660년 3월, 당고종이 소정방을 대총관으로 김인문을 부총관으로 임명하고 수군, 육군 13만 명을 거느리고 백제를 공격하였다. 6월 21일, 무열왕은 태자 법민에게 명해 병선 100척을 거느리고 덕물도에서 소정방을 맞이하였다. 7월 9일, 김유신이 군사를 거느리고 황산들로 나아가 먼저 와서 기다리고 있던 백제 계백 장군과 맞서 싸웠다. 계백이 관창의 목을 베고 말안장에 매달아 신라 진영으로 돌려보냈다. 7월 13일, 의자왕은 밤에 도망하여 웅진성을 보전하였고 의자왕의 아들 융은 사비성에서 항복하였다. 7월 18일, 의자왕은 태자를 데리고 웅진성에서 나와 항복하였다.

한편 당나라는 9월 3일, 낭장 유인원에게 군사 1만으로 사비(泗沘)성을 지키도록 하였고 소정방과 김인문은 백제 의자왕과 왕족 및 관료 93명과 백성 만이천 명을 데리고 당나라로 돌아갔다. 10월 9일, 무열왕과 법민이 이례성을 공격한 지 9일 만에 성을 함락시키자 백제 20여 성이 모두 항복하였다. 661년 6월, 왕이 세상을 떠났다.

30) 문무왕(文武王 / 661년~681년 / 즉위 20년간)

제30대 왕. 태종 무열왕의 태자이며 어머니 문명왕후는 김유신의 누이 동생이다. 휘는 법민이다.

666년 2월, 지진이 있었다. 667년 12월, 당나라 유인원이 당고종의 고구려 정벌에 협조하라는 칙명을 문무왕에게 전달하였다. 668년 7월, 왕은 한성으로 행차하고 모든 총관에게 당나라 대군과 회합하라는 교서를 내렸다. 9월 21일, 당나라 대군과 합세하여 평양을 포위하자 고구려는 천남산(연개소문의 아들)을 보내 당나라 영공에게 항복하였다. 영공은 항복한 보장왕과 왕자 복남, 덕남 그리고 대신 20만 명을 데리고 김인문과 함께 당나라로 돌아갔다. 11월 5일, 왕은 사로잡은 고구려 사람 7천 명을 데리고 도성으로 돌아왔다. 670년 12월, 지진이 있었다. 673년 7월 1일, 김유신 장군이 세상을 떠났다. 676년 2월, 의상대사가 부석사를 창건하였다. 681년 1월, 하루종일 어두워 밤과 같았다. 5월, 지진이 있었다. 7월 1일, 왕이 세상을 떠났다.

31) 신문왕(神文王 / 681년~691년 / 즉위 11년간)

제31대 왕. 문무왕의 태자로서 왕위에 올랐다.

689년 6월, 국학(國學)을 설립하고 경(卿) 1명을 두었다. 692년 7월, 왕이 세상을 떠났다.

32) 효소왕(孝昭王 / 692년~702년 / 즉위 10년간)

제32대 왕. 신문왕의 태자로서 왕위에 올랐다.

694년 1월, 김춘추의 둘째 아들 김인문이 66세로 당나라에서 죽었다. 695년 10월, 지진이 있었다. 699년 2월, 혜성이 동쪽에 나타났고 당나라에 토산물을 바쳤다. 7월, 동해 바다가 핏빛(적조 현상)으로 물들었다가 5일 후 복구되었다. 702년 7월, 왕이 세상을 떠났다.

33) 성덕왕(聖德王 / 702년~737년 / 즉위 35년간)

제33대 왕. 효소왕이 아들이 없자 그 아우가 왕위에 올랐다.

705년 3월 당나라에 조공하였다. 706년 4월과 10월, 707년 12월, 당나라에 토산물을 바쳤다. 708년 2월, 지진이 있었다. 709년 6월, 당나라에 토산물을 바쳤다. 710년 1월, 지진이 있었고 당나라에 토산물을 바쳤다. 712년 2월, 당나라에 조공하였다. 713년 2월, 당나라에 조공하자 당현종이 누문에서 인견하였다. 715년 3월, 김풍후를 당나라로 보내 조공하였다. 716년 3월, 당나라에 토산물을 바쳤다. 717년 4월, 지진이 있었다. 9월, 당나라에서 돌아온 수충이 문선왕과 공문 10철 등 72제자의 도상(圖像)을 바치자 이를 태학에 안치하였다. 718년 3월, 720년 1월, 722년 2월에는 지진이 있었다. 723년 3월, 사신을 당나라로 보내 미녀 2명을 바쳤는데 당현종은 왕의 자매들을 타국에 머물게 하고 싶지 않다고 하며 선물을 주어 돌려보냈다. 아마도 양귀비가 있어서인 듯싶다. 725년 10월, 지진이 있었다. 729년 9월, 당나라에 조공하였다. 730년 10월, 당나라에 조회하고 토산물을 바쳤다. 736년 11월, 김상을 당나라로 보내 조회하도록 하였는데 도중에 죽었다. 737년 2월, 김포질을 당나라로 보내 신년을 하례하며 토산물을 바쳤다. 그해, 왕이 세상을 떠났다.

34) 효성왕(孝成王 / 737년~742년 / 즉위 5년간)

제34대 왕. 성덕왕의 둘째 아들로서 왕위에 올랐다.

5월, 지진이 있었고 12월, 사신을 당나라로 보내 토산물을 바쳤다. 742년 2월, 동북쪽에 지진이 있었는데 천둥소리와 같았다. 5월, 왕이 세상을 떠났다.

35) 경덕왕(景德王 / 742년~765년 / 즉위 23년간)

제35대 왕. 효성왕이 아들이 없자 아우가 왕위에 올랐다.

743년 8월, 지진이 있었고 12월, 아우를 당나라로 보내 신년을 하례하니 '좌부원외장사'를 제수하여 돌려보냈다. 746년 1월, 당나라에 신년을 하례하고 토산물을 바쳤다. 753년, 일본 사신이 왔는데 오만무례하여 박대하고 돌려보냈다.

757년 11월, 9주(州) 117군(郡) 등 모두 450군현으로 행정구역을 편성하였다.

759년 3월, 혜성이 나타나 가을에 사라졌다. 763년 4월, 당나라에 조공하였다. 765년 4월, 지진이 있었고 당나라에 조공하였다. 6월, 왕이 세상을 떠났다.

※ **신라의 행정구역(450군현)**

사벌주를 상주(尙州) 10군(상주)   삽량주를 양주(梁州) 12군(양주)
청 주를 진주(晉州) 11군(강주)   한산주를 광주(廣州) 27군(한주)
수약주를 춘천(春川) 11군(삭주)   하서주를 강릉(江陵) 9군(명주)
웅천주를 공주(公州) 13군(웅주)   완산주를 전주(全州) 10군(전주)
무진주를 광주(光州) 14군(무주)

※ **설총(薛聰)** : 원효의 아들로서 강수와 함께 9경을 강론하였고 이두(吏讀)를 집대성하였으며, 박사로 있으면서 후학을 가르쳤다.

36) 혜공왕(惠恭王 / 765년~780년 / 즉위 15년간)

제36대 왕. 경덕왕의 태자로서 8세에 왕위에 올라 태후가 섭정하였다.

766년 1월, 해가 두 개 나타났고 대사면령을 내렸다. 2월, 진주에 땅이 꺼지고 못이 되었는데 그 못의 세로 넓이가 15미터이고 물빛은 청흑색이었다. 767년 6월, 지진이 있었다. 768년 6월, 지진이 있었고 천둥소리가 났다. 9월, 당나라에 조공하였다. 770년 5월 11일, 혜성이 나타났다가 6월 12일, 사라졌다. 11월 지진이 있었다. 774년 4월, 당나라에 조공하였다. 775년 1월과 6월, 당나라에 조공하였다.

777년 3월과 4월, 지진이 있었다. 779년 3월, 지진으로 민가가 무너지고 100명의 사망자가 있었다. 780년 2월, 혜공왕이 장성하면서 여색에 빠져 세상이 어지러워지자 김지정이 모반하여 궁궐을 포위하였다. 4월, 상대등 김양상이 김경신과 군사를 일으켜 모반자 김지정을 죽이고 난을 평정하였으나 혜공왕은 난병들에게 시해되었다.

37) 선덕왕(宣德王 / 780년~785년 / 즉위 5년간)

제37대 왕. 상대등으로 난을 평정한 김양상(良相)은 17대 내물왕의 10대손으로 왕위에 올랐다. 왕위쟁탈전이 격화된 신라 하대(下代)의 첫 번째 왕으로 난을 함께 평정한 김경신을 상대등으로 삼았다.

782년 1월, 당나라에 조공하였다. 785년 1월, 당나라 덕종은 개훈을 지절사로 보내 선덕왕을 '검교대위 계림주자사 영해군사'로 책봉하였다. 1월, 왕은 조서를 내려 본래 왕위에는 마음이 없었지만 추대를 회피하기 어려워 즉위하였는데 덕이 부족하고 천심에 부합하지 못하여 갑작스러운 병으로 일어나지 못하게 되었으므로 내가 죽으면 화장해서 동해에 뿌려달라고 당부하였다. 그 후 13일, 세상을 떠났다.

38) 원성왕(元聖王 / 785년~798년 / 즉위 14년간)

제38대 왕. 선덕왕이 아들이 없자 상대등으로서 왕위에 올랐으며 내물왕의 12대손이다.

786년 4월, 당나라에 토산물을 바쳤다. 787년 2월, 지진이 있었고 대사면령을 내렸다. 789년 1월 1일과 792년 11월, 일식이 있었다. 791년 11월과 794년 2월에는 지진이 있었다. 799년 12월, 왕이 세상을 떠났다.

39) 소성왕(昭聖王 / 799년~800년 / 즉위 1년간)

제39대 왕. 원성왕의 태자가 죽고 그의 아들이 왕위에 올랐다.

7월, 9자나 되는 인삼을 얻어 당나라에 진상하였는데 인삼이 아니라며 받지 않았다. 800년 6월, 왕이 세상을 떠났다.

40) 애장왕(哀莊王 / 800년~809년 / 즉위 9년간)

제40대 왕. 소성왕의 태자로서 13세에 왕위에 올랐고 아찬 병부령 언승이 섭정하였다.

802년 7월, 지진이 있었고 8월, 가야산에 해인사를 창건하였다. 803년 10월, 지진이 있었다. 806년 8월, 당나라에 조공하였다. 808년 2월, 일본국 사신이 오자 후한 예로 대접하였고 같은 해, 김역기를 당나라로 보내 조공하였다. 809년, 왕의 숙부 언승이 왕을 시해하였다.

41) 헌덕왕(憲德王 / 809년~826년 / 즉위 17년간)

제41대 왕. 39대 소성왕의 아우로 휘는 언승이다. 애장왕을 섭정하다가 그를 시해하고 스스로 왕위에 올랐다.

815년 1월, 당나라에 조공하자 헌종이 인견하였다. 820년 11월, 당나라에 조공하자 목종이 인견하였다. 821년 12월 29일, 큰 천둥소리가 났다. 822년 4월 13일, 달빛이 피와 같은 붉은색이었다. 836년 10월, 왕이 세상을 떠났다.

42) 흥덕왕(興德王 / 826년~836년 / 즉위 10년간)

제42대 왕. 헌덕왕의 아우로서 왕위에 올랐다.

828년 2월과 12월, 당나라 문종에게 조공하였다. 830년 12월, 당나라에 조공하였다. 831년 1월, 지진이 있었고 2월, 왕자와 승려 9명을 당나라로 보내 조공하였으나 7월, 돌아오는 길에 풍랑을 만나 모두 바다에 빠져 죽었다. 11월, 다시 당나라에 조공하였다. 836년 1월 1일, 일식이 있었고 당나라에 조공하였다. 12월, 왕이 세상을 떠났다.

43) 희강왕(僖康王 / 836년~838년 / 즉위 2년간)

제43대 왕. 38대 원성왕의 손자로서 왕위에 올랐다. 흥덕왕이 세상을 떠나자 그의 사촌 아우인 균정과 왕위를 놓고 다투었다. 균정이 살해되고 희강왕이 즉위하였다.

838년 1월, 상대등 김명과 시중 이홍 등이 군사를 일으켜 왕의 측근을 죽이자 왕은 궁중에서 목을 매어 죽었다.

44) 민애왕(閔哀王 / 838년~839년 / 즉위 1년간)

제44대 왕. 38대 원성왕의 증손으로서 난을 일으켜 희강왕을 스스로 죽게 하고 왕위에 올랐다.

839년 1월, 왕은 김양이 군사를 거느리고 모반한다는 말을 듣고 이찬 대흔과 윤린으로 막게 하였으나 패하였다. 왕의 호위 군사들이 절반가량 죽었고 왕은 병사들에게 시해되었다.

45) 신무왕(神武王 / 839년 / 즉위 6월간)

제45대 왕. 휘는 우징으로 38대 원성왕의 손자이고 상대등 균정의 아들이며 희강왕의 사촌 아우로서 왕위에 올랐다.

7월, 당나라에 사신을 보내고 7월 23일, 등창으로 왕이 세상을 떠났다.

46) 문성왕(文聖王 / 839년~857년 / 즉위 18년간)

제46대왕. 신무왕의 태자로서 왕위에 올랐다.

844년 2월 1일, 일식이 있었다. 845년 12월 1일, 세 개의 해가 나타났다. 857년 9월, 몸이 쇠약해진 왕은 숙부 의정이 적임자임을 유언하고 세상을 떠났다.

47) 헌안왕(憲安王 / 857년~861년 / 즉위 4년간)

제47대 왕. 45대 신무왕의 아우이며 문성왕의 고명(顧命)으로 왕위에 올랐다.

861년 1월, 병환이 위중해진 왕은 측근들에게 '과인이 아들이 없고 딸만 있어 선대왕 중에 선덕여왕과 진덕여왕이 있었지만 여왕은 아닌 것 같다'며 '사위 응렴이 덕성이 있으니 잘 섬기면 유업을 계승할 것'이라 유언했다. 그 후 29일,

왕이 세상을 떠났다.

48) 경문왕(景文王 / 861년~875년 / 즉위 14년간)

제48대 왕. 헌안왕의 사위 응렴이며 43대 희강왕의 아들인 계명의 아들이다.

862년, 당나라로 부량을 보내 토산물을 바쳤으나 8월, 부량은 돌아오다 바다에 빠져 죽었다. 870년 4월과 872년 4월, 지진이 있었다. 873년 9월, 황룡사 9층석탑이 완성되었고 그 높이는 22장이었다. 875년 2월, 도성과 동쪽에 지진이 있었고 혜성이 동쪽에 있다가 20일 만에 사라졌다. 7월, 왕이 세상을 떠났다.

※ **최치원(崔致遠)** : 경주 최씨의 시조이며 자는 고운(孤雲)으로 경문왕 9년(869), 당나라에 유학하고 874년, 과거에 급제하여 승무랑시 어사 내공봉에 올랐다. 885년, 귀국하여 한림학사로 있다가 외직을 자청하여 대산, 천령, 부성 등의 태수를 지냈으며 그 후 난세를 비관하고 해인사로 들어가 여생을 보냈다.

49) 헌강왕(憲康王 / 875년~886년 / 즉위 11년간)

제49대 왕. 경문왕의 태자로서 왕위에 올랐다.

876년 7월, 당나라에 토산물을 바쳤다. 877년 1월, 고려 태조 왕건이 송악에서 태어났다. 878년 7월, 당나라로 사신을 보내려고 준비하였다가 황소(黃巢)의 난이 일어났다는 소식을 듣고 중지하였다. 882년 4월, 일본에서 사신을 보내황금 300냥과 명주 10상자를 진상하였다. 885년 3월, 최치원이 당나라에서 돌아왔다. 10월, 당나라로 사신을 보내 황소의 난 평정을 하례하였다. 886년 7월, 왕이 세상을 떠났다.

50) 정강왕(定康王 / 886년~887년 / 즉위 1년간)

제50대 왕. 경문왕의 둘째 아들로서 왕위에 올랐다.

887년 1월 김요가 모반하자 군사를 일으켜 죽였다. 5월, 왕이 병이 들어 시

중 준흥에게 말하기를 아들은 없지만 누이동생 만(蔓)이 장부와도 같으니 선덕·진덕 여왕처럼 왕위에 오르는 것이 마땅하다 유언했다. 그해 7월, 왕이 세상을 떠났다.

51) 진성여왕(眞聖女王 / 887~897년 / 즉위 10년간)

제51대 왕. 정강왕의 누이동생으로 왕위에 올랐다.

891년 10월, 북원지방 양길의 명을 받은 궁예가 100여 명의 기병을 거느리고 명주 관내의 주천 등 10여 군현을 습격하였다. 892년, 완산의 견훤이 완산주를 점거하고 후백제라 자칭하였다. 894년 10월, 궁예가 북원에서 하슬라로 들어가면서 600여 명의 무리를 이끌고 장군이라 자칭하였다. 895년 8월, 궁예가 저시와 생천군을 빼앗고 한주 관내의 부약과 철원 등 10여 군현을 부수었다. 897년 6월, 대신들에게 백성이 곤궁하고 도적이 봉기하니 모두가 나의 부덕이라 말하고 양위를 발표하여 헌강왕의 서자인 조카 요(嶢)에게 선양하였다. 그해, 사신을 당나라로 보내 표(表)를 올려 헌강왕의 아들인 요가 15세이지만 섭정하면서 국난을 진정시키기 위하여 천거한다며 유언했다. 12월, 왕이 세상을 떠났다.

52) 효공왕(孝恭王 / 897년~912년 / 즉위 15년간)

제52대 왕. 49대 헌강왕의 서자로서 왕위에 올랐다.

898년 7월, 궁예가 패서도 및 한산주 관내에 있는 30여 성을 빼앗고 마침내 송악을 수도로 정했다. 899년 7월, 북원의 양길은 궁예가 자신을 배반할까 의심하고 국원 등 10여 성주와 모의하여 비뇌성으로 진군하니 양길의 군사가 무너져 달아났다. 901년, 궁예는 왕이라 자칭하였고 8월, 견훤은 대야성을 공격하였으나 이기지 못하고 돌아갔다. 905년 7월, 궁예는 도성을 철원으로 천도하였다. 907년, 일선군 이남의 10여 성을 견훤에게 빼앗겼다. 911년 1월 1일, 일식이 있었다. 912년 4월, 왕이 세상을 떠났다.

53) 신덕왕(神德王 / 912년~917년 / 즉위 5년간)

제53대 왕. 효공왕이 아들이 없자 아달라왕의 먼 후손으로서 왕위에 올랐다.

913년 4월, 지진이 있었다. 916년 8월, 견훤이 대야성을 공격하였으나 이기지 못하였다. 10월, 지진이 있었고 천둥소리와 같았다. 917년, 왕이 세상을 떠났다.

54) 경명왕(景明王 / 917년~924년 / 즉위 7년간)

제54대 왕. 신덕왕의 태자로서 왕위에 올랐다.

918년 6월, 궁예의 휘하가 변심하고 왕건을 왕으로 추대하자 궁예는 달아나다 부하에게 피살되었다. 920년 10월, 견훤이 1만을 거느리고 대야성을 무너뜨려 왕건에게 구원을 요청하자 철수하였다. 924년 1월, 사신을 후당(後唐)에 보내 조공하였다. 8월, 왕이 세상을 떠났다.

55) 경애왕(景哀王 / 924년~927년 / 즉위 3년간)

제55대 왕. 경명왕의 아우로서 왕위에 올랐다.

927년, 왕건이 견훤을 공격하자 군사를 보내 도왔다. 9월, 견훤이 고울부를 침범하자 왕건에게 구원을 요청하였다. 왕건이 1만의 병력을 보냈으나 미처 도착하기 전인 11월, 견훤이 먼저 경주를 엄습하였다. 왕은 포석정에서 놀다가 도망하여 숨었는데 후궁들과 함께 붙잡혔다. 견훤은 왕을 자진하도록 하였고 왕비를 강음하였으며 후궁들도 부하들이 강음하였다. 그리고 왕의 집안에서 아우 항렬인 김부를 세워 국사를 대리하도록 하였는데 바로 신라의 마지막 왕인 경순왕이다.

56) 경순왕(敬順王 / 927년~935년 / 즉위 8년간)

제56대 왕. 문성대왕의 후손으로서 견훤의 천거로 즉위하였다.

928년 2월과 932년 1월, 지진이 있었다. 4월, 후당에 조공하였다. 935년 10월, 시랑 김봉휴에게 글을 보내 태조 왕건에게 항복하자 왕자인 마의태자는 개골산으로 들어가 일생을 마쳤다. 11월, 태조 왕건은 왕철을 보내 경순왕을 맞이하였고 장녀 낙랑 공주를 아내로 삼게 하였으며 1,000석의 녹을 주었다.

태조왕은 경순왕에게 '나라를 과인에게 맡기시니 우리 종실과 혼인을 맺어 정의를 돈독히 하자'고 제안하자 경순왕이 말하기를 '나의 백부의 딸이 덕망과 미모가 있다'고 천거하므로 태조가 맞아들여 아들을 낳았는데 훗날 그가 현종(顯宗)의 아버지이다. 현종은 신라의 외손으로서 보위에 올랐고 그후 대통을 이은 왕들이 모두 그 자손들로서 고려 왕족은 모두 신라 경순왕의 외손인 셈이다. 이로서 신라는 56대, 992년 만에 태조 왕건에게 평화적으로 항복하고 막을 내렸다.

5. 가야(伽倻 / 42년~532년 / 총 10대 / 491년간)

한강 유역에 마한이 있었고 낙동강 중부 유역과 동쪽에는 진한이 있었으며 낙동강 하류 유역과 서쪽에는 변한(弁韓)이 있었다. 사람들은 농사와 고기잡이로 원시적 생활을 하였고 아홉 촌락을 자치하는 9간(九干)의 추장들이 있었다. 이는 동북쪽 진한의 육부(六部) 촌장과 같은 제도이다.

이러한 원시적 촌락 사회가 지속되면서 인구와 호구가 늘고 생활 수단도 점차 발달하여 사회가 변화함에 따라 하나의 국가 형태를 갖춘 통합 조직이 필요하게 되었다. 이에 따라 유능한 지도자를 모셔야 할 역사적인 전환점에 이르니 이때가 바로 가락원년(AD 42년)인 임인년 3월 3일이다.

가락국 시조대왕 수로(首露)는 서기 42년 3월 3일 경남 김해의 귀지봉(龜旨峰)에 강림하여 그달 15일에 즉위하여 가락(駕洛)국을 세웠다. 고려 승려 일연이 저술한 삼국유사의 가락국 건국 신화를 요약하면 다음과 같다.

42년 3월 3일 구간(九干)들이 시냇가에 모여서 3월 상사(上巳)일에 재앙을 씻어 버리기 위하여 목욕재계(계욕禊浴)한 후 물가에서 회음(會飮)하고 있을 때에 북쪽 귀지봉에서 문득 이상한 소리가 들렸다. 귀지봉에는 오색 찬란한 서광이 하늘 높이 이어지고 서기가 감돌았으므로 구간들이 모두 올라가 하늘을 보았다. 잠시 뒤 하늘에서 자주색의 밧줄이 내려왔으며 분홍색 보자기에 금합(金盒)이 싸여 있었다. 구간들이 그 금합을 열자 둥근 황금빛 알 6개가 있어 정중히 금합을 싸서 아도간(我刀干)의 집으로 향했다. 금합을 탁자 위에 올려놓고 각자 집으로 돌아왔다.

다음날 구간들이 다시 모여 금합을 열어보니 황금알이 어느새 여섯 동자의 모습으로 바뀌어 있었다. 구간들은 모두 큰절을 올리고 극진히 공경하였다. 나날이 자라서 10여 일이 지나자 동자들의 신장은 9척으로 되었고, 그중 가장 먼저 사람으로 변한 동자가 마침내 3월 15일에 즉위하여 가락국의 임금이 되었다.

황금빛 알에서 화생하였으므로 성을 김(金)이라 하였고 6개 알 중에 첫 번째 출생하였다 하여 수로(首露)라 하였다. 국호는 대가락(大駕洛) 가야(伽倻)라 불렀으며 뒤에 다시 금관국(金官國)으로 고쳤다. 나머지 다섯 사람은 5가야의 임금으로 '아라(阿羅)'가야, '함안과 고령(古寧)'가야 '상주와 성산(星山)'가야 '성주와 비화(比火)'가야 '창녕과 소(小)'가야 '고성' 등 모두 6가야이다.

※ 가야뿐만 아니라 대부분의 건국 신화에는 나라의 시조 임금을 신격화하기 위한 설화가 등장한다. 북부여의 금와왕, 신라의 박혁거세, 석탈해와 김알지, 가락의 김수로왕 등의 난생(卵生) 설화가 그것이다.

수로왕은 6년이 지난 48년 7월 27일, 유천간(留天干)에게 명하여 배와 말을 준비하여 망산도에 대기하도록 하고, 신귀간(神鬼干)에게는 승점에 올라가 남쪽 바다를 바라보라고 명하였다. 그때 홀연히 바다 서남쪽에서 배 한 척이 붉은 돛을 달고 붉은 깃발을 펄럭이며 망산도 쪽으로 오고 있었다. 대기하고 있던 유천간이 횃불을 올려 배 안의 사람들을 내리도록 안내하였으며 승점에서 바라보던 신귀간은 대궐로 달려가 왕께 아뢰었다. 왕은 즉시 구간을 보내 모셔오라고 하였는데 그때까지 배 안에 머물던 공주는 어떻게 얼굴도 모르는 사람을 경솔하게 따라가겠느냐며 사양하였다. 마침내 왕이 몸소 관리를 거느리고 행차하여 공주를 모시고 궁궐로 돌아왔다. 비단과 금은보화를 싣고 온 공주 일행은 공주를 시종하는 신하 '신보'와 '조광', 뱃사공 등 모두 20명이었다.

하루는 공주가 왕에게 아뢰기를 저는 아유타국(阿踰陀國) 공주로서 성은 허(許)이고 이름은 황옥(黃玉)이며 나이는 16세로 5월에 부왕과 모후께서 분부하시기를, 꿈속에서 상제가 말씀하시기를 '가락국의 수로왕은 하늘이 보낸 사람으로서 신령하고 성스러운 사람이니 공주를 보내서 아직 배필을 정하지 못한 수로왕과 배필이 되도록 하라'고 하셨기에 지금 너를 보내는 것이라고 말씀하셨습니다. 그리하여 제가 감히 대왕님의 용안을 뵈었다고 아뢰자 수로왕은 사실 짐도 공주가 오실 것을 예감하고 기다렸다면서 혼인을 맺었다. 공주가 풍랑을 예방하기 위하여 배에 싣고 온 파사석탑(婆娑石塔)이 지금까지 귀지봉 남쪽 왕후릉(사적74호)에 보존되어 있으며 당시 함께 왔던 사공 15명에게는 쌀 10섬과 베 30필씩을 주어 본국으로 돌려보냈다고 한다.

다른 일설은 현재 남아 있는 허황후의 비석에 보주(普州)황후라 새겨져 있는데에서 유래한다. 공주가 중국 양자강 유역 무한 보주(普州)에서 출발했다는 설로 가장 설득력이 있다. 1세기 초, 우기에 해로로 인도에서 우리나라까지 항해하는 것은 거리나 일기 상으로 상상하기 어려운 일이기 때문이다. 당시의 중국은 전한 말엽으로 왕망의 왕위 찬탈을 척결하고 광무제 유수가 후한을 부흥시키기 위해 강력한 정치기반을 닦던 시기였다. 광무제가 즉위한 23년경 양자강 유역 보주 지역에 반란이 일어나자 부왕이 공주를 망명 보낸 것으로 추정할 수 있다.

아유타국에서 허황옥이 온 것은 48년의 일이고, 중국이 후한 명제 때 불교를 수용한 것은 67년의 일이다. 그러므로 중국보다 19년 앞서 우리나라에 허황옥이라는 불자(佛者)가 들어온 셈이 된다. 이는 고구려 승려 순도보다도 무려 324년이 앞선다. 가야국 김수로 왕이 허황옥의 오빠인 처남(보옥선사)과 아들 7형제의 성불을 기념하여 경남 하동군 쌍계사 부근에 7불암(七佛庵 7형제)을 세웠다는 기록도 남아 있다. 정리해보면, 우리나라 최초의 불교 도입은 1세기 가야국 시기가 되는 것이다. 2015년 한 TV프로그램에서 현지 촬영으로 이러한 내용을 다룬 일이 있는데, 이 설이 사실이라면 인도의 불교가 중국을 통하여 우리나라에 전파된 시기와 경로를 다시 연구할 필요가 있다.

※ **고구려 불교** : 17대 소수림왕 2년(372), 동진(東晉)의 부견(符堅)이 사신과 승려 순도(順道)를 보내면서 불상과 경문(經文)을 보냈다. 또 374년, 아도(阿道)가 들어왔고 375년, 초문사

(肖門寺)를 창건하여 승려 순도를 거주하게 하였으며, 이불난사(伊佛蘭寺)를 창건하여 승려 아도를 거주하게 하였다. 이것이 삼국사기에 등장하는 우리나라 최초의 불교 도입 기록이다.

※ **백제 불교** : 15대 침류왕 9년(392), 호승(胡僧) 마라난타(摩羅難陀)가 동진(晋)에서 왔는데 맞이하여 예로써 공경하였다. 393년, 새도읍 한산(漢山)주에 불사를 창건하고 승려 10인을 거주하게 함으로써 백제의 불교가 시작되었다.

※ **신라 불교** : 19대 눌지마립간 때 고구려의 묵호자(墨胡子)가 일선군(一善郡)에 왔는데 모례(毛禮)라는 사람이 굴속에 묵호자를 머물게 해주었다. 그 뒤 23대 법흥왕 527년에 이르러 이차돈의 순교로 신라는 불교를 승인하였다. 이에 앞서 또 21대 소지마립간(479년) 때 아도(阿道)가 일선군의 모례 집으로 세 사람을 데리고 함께 와서 몇 년 동안 머물다 아무 병 없이 죽었고 그 세 사람이 불경을 강독하였다고 한다. 아도는 모습이 마치 묵호자와 같았다고도 하였다.

1) 김수로왕(金首露王 / 42년~199년 / 158년간)

제1대 왕. 가락국의 시조대왕으로 슬하에 10남 2녀를 두었다.

태자 거등(居登)은 제2대 도왕이 되고, 둘째 거칠군(居漆君)과 셋째는 허(許)씨 성을 하사하였으며 넷째부터 10남까지는 허황후의 오빠(외삼촌)인 보옥선사(寶玉禪師)를 따라서 입산하여 성불(成佛)하였다. 수로왕은 이를 기념하기 위하여 하동 쌍계사 부근에 칠불암(七佛庵)을 지어 주었다고 전해진다.

첫째 공주는 태사 배열문에게 시집을 보내고, 둘째 공주는 신라의 석(昔)태자 비(妃)가 되었다고 한다. 199년 3월 23일, 보수(寶壽) 158세에 붕어(崩御)하여 납릉(納陵)에 사적 73호로 모셔져 있다.

2) 도왕(道王 / 199년~253년 / 즉위 54년간)

제2대 왕. 수로왕의 태자로서 왕위에 올랐으며 휘는 거등(居登)이다.

왕후는 모정(慕貞)으로 신보(申輔 허황후를 따라온 신하)의 딸이다.

3) 성왕(成王 / 253년~291년 / 즉위 38년간)

제3대 왕. 도왕의 태자로서 왕위에 올랐으며 휘는 마품(麻品)이다.

왕후는 조호구(趙好九)로 허황후를 따라온 조광의 손녀이다.

4) 덕왕(德王 / 291년~346년 / 즉위 55년간)

제4대 왕. 성왕의 태자로서 왕위에 올랐다.

휘는 거질미(居叱彌)이다.

5) 명왕(明王 / 346년~407년 / 즉위 61년간)

제5대 왕. 덕왕의 태자로서 왕위에 올랐으며 휘는 이시품(伊尸品)이다.

6) 신왕(伸王 407~421년 / 즉위 14년간)

제6대 왕. 명왕의 태자로서 왕위에 올랐으며 휘는 좌지(坐知)또는 금질(金叱)
이다.

7) 혜왕(惠王 / 421년~451년 / 즉위 30년간)

제7대 왕. 신왕의 태자로서 왕위에 올랐으며 휘는 취희(吹希)또는 질가(叱嘉)
이다.

8) 장왕(莊王 / 451년~492년 / 즉위 41년간)

제8대 왕. 혜왕의 태자로서 왕위에 올랐으며 휘는 질지(銍知)이고 질왕(銍王)
이라 불렀다.

9) 숙왕(肅王 / 492년~521년 / 즉위 30년간)

제9대 왕. 장왕의 태자로서 왕위에 올랐으며 휘는 겸지(鉗知)이고 겸왕(鉗王)

이라 불렀다.

10) 양왕(讓王 / 521년~533년 / 즉위 12년간)

제10대 왕. 숙왕의 태자로서 왕위에 올랐으며 휘는 구형(仇衡)또는 구해차휴(仇亥次休)이다.

※ **가락국의 신라 선양(禪讓)** : 신라 23대 법흥왕 10년(서기 523년), 가락국의 제10대 왕인 양왕(구해)은 신라와의 충돌로 고통받을 백성들을 생각하여 신라에 선양하기로 결심한다. 밀양 이궁대에서 선양절차를 마친 후에 지품천현 수창궁을 향하여 왕비 왕자 신하들을 거느리고 떠났다. 신라 법흥왕은 양왕의 백성 사랑을 높이 평가하고 국빈으로 예우하였으며 가야의 도읍지였던 김해를 식읍(食邑)으로 삼게 하고 신라에 출사(出仕)하여 대대로 번창할 것을 보장하였다.

양왕의 아들인 무력(武力 11대)은 각간(角干 1품관)을 지냈고 손자인 서현(舒玄 12대)은 양주도독이 되었으며 증손자인 유신(庾信 13대)은 신라의 명장으로서 삼국통일을 이룩하고 흥무대왕으로 추존되었다.

6. 고려(高麗 / 918년~1392년 / 총 34대 / 474년간)

1) 왕건(王建 / 918년~943년 / 재위 26년간)

성은 왕(王)이고 이름은 건(建)이며 자는 약천(若天)이다. 황해도 송악 사람으로 금성태수 융의 아들이다.

신라 49대 헌강왕(877) 때에 탄생하였고 당시 신라는 삼국통일 이후 쇠퇴하기 시작하여 각 지방에 호족들이 자기세력을 확장하면서 등장하는 계기가 조성되고 있었다. 이때 견훤(甄萱)은 반기를 들어 옛 백제 땅을 점거하며 후백제라 하였고, 궁예(弓裔)는 옛 고구려 땅을 점거하며 철원에 도읍을 정하고 태봉(泰封)이라 하였다. 이 무렵 왕건의 아버지 융은 송악군(개성)의 사찬 벼슬을 지내고 있었는데 태 봉국이 일어나자 궁예에게 귀의하였으므로 왕은 융에게 금성태수를 제수 하고 그의 아들 왕건에게 발어참성을 쌓게 하여 성주로 책봉하였는데 이때가 신라 51대 진성여왕(896)으로 왕건의 나이 20세에 성주가 되었다. 그 후 왕건은 잇따라 공을 세워 해군대장을 거쳐 시중(侍中)까지 올랐다.

22년이 지난 궁예 18년(신라 54대 경명왕 918년), 궁예의 폭정이 한계에 이르러 마침내 왕건의 부하인 홍유, 배현경, 신숭겸, 복지겸이 왕건을 추대 하기로 모의한다. 918년 6월 병진일, 철원의 포정전에서 왕위에 올라 국호를 고려(高麗)로 정하였다. 한편 궁예는 왕건이 도성을 침입해오자 미복 차림으로 북문을 빠져나가 계곡으로 도망쳤다가 평강 백성들에게 붙잡혀 살해되었다. 8월, 정국을 수습하고 고려 개국에 공을 세운 홍유, 배현경, 신숭겸을 1등공신. 견권, 능식, 권신, 염상, 김락, 연주, 마난을 2등 공신. 군사 2,000여 명에게 기타 공신으로 포상을 실시하였다.

919년 1월, 도읍을 철원에서 송악(개성)으로 옮겨 개주(개성)로 승격시키고 5부(部)로 나누어 6위(衛)를 설치하였다. 3월, 도성에 법왕사와 왕륜사를 창건하고 주변에 10여 개의 사찰을 건립하였다. 920년 1월, 신라 경명왕이 사신을 보내 예물을 가져왔다. 10월, 후백제 견훤이 신라의 협천과 초계를 공격하여 빼앗고 다시 금산으로 향하자 신라에서 구원병을 요청하므로 군사를 보내 구원하였는데 이때부터 견훤과 고려는 틈이 생겨 적대 관계로 접어들었다. 922년 2월, 거란에서 낙타와 모직물을 보내왔다. 924년 9월, 신라 54대 경명왕이 세상을 떠나고 그의 아우가 55대 경애왕으로 즉위하였다. 925년 10월, 조물군에서 견훤과 싸웠는데 불리함을 깨달은 견훤이 화친을 청해오자 10년 연상인 견훤을 상보(尚父)로 대우하였다.

12월 거란이 마침내 발해를 멸망(925)시켰다. 발해는 본래 말갈이었는데 당나라 무후 때 고구려 사람 대조영(大祚榮)이 요동군을 지키자 당나라 예종이 발해군 왕으로 책봉하였다. 그 뒤 부여, 숙신을 멸망시키고 사방 5천여 리의 거대한 땅을 차지하였으나 강성한 거란에 의해 결국 멸망하게 된 것이다. 이때 세자였던 대광현이 무리를 거느리고 고려로 도망해오자 왕계라는 성명을 하사하였다.

927년 9월, 후백제 견훤이 갑자기 신라 도성을 공격하여 경애왕을 사로잡아 궁중에 가두고 핍박하여 자살하도록 하였으며 경애왕의 먼 아우 벌인 김부(金傅)를 왕위에 즉위시키고 궁중에 보물을 챙겨 돌아갔다. 이 무렵 왕건은 견훤의 침공 소식을 듣고 기병 5천을 거느려 팔공산 동수에서 견훤과 싸웠으나 패전하여 장수 신숭겸과 김락이 전사하고 왕건은 포위되었다가 간신히 단신으로 탈출해 돌아왔다.

930년 12월, 서경(평양)에 행차하여 학교를 설치하게 하고 그 외에 6부(部)를 설치하여 생도를 가르치게 하였다. 931년 2월, 신라 56대 마지막 경순왕이 사신으로 겸용을 보내 고려에 귀순할 뜻을 알려왔다. 태조가 기병 50여 명을 거느리고 신라 도성에 당도하자 교외까지 맞이하였으며 임해전에서 잔치를 베풀었고 십여 일을 머물다가 돌아올 때 사촌 동생 왕유렴을 볼모로 삼아 태조를 따라가게 하였다.

935년 3월, 후백제 견훤의 아들 신검이 아버지 견훤을 전라도 김제 금산사에 가두고 자기 아우 금강을 죽였다. 견훤이 아우 금강에게 왕위를 물려주려 하자 형제들이 왕자의 난을 일으킨 것이다. 6월, 견훤은 도망하여 고려로 왔으며 태조는 상보(尚父)로 대우하고 양주를 식읍으로 삼도록 하였다.

11월, 신라 경순왕이 고려로 조회하러 왔으며 태조는 맏딸 낙랑공주(樂浪)를 경순왕에게 시집보낸 후 신라국 명칭을 없애고 경주(慶州)라 하여 김부(金傅 경순왕)에게 식읍으로 삼게 하였다. 또 김부는 백부의 딸(조카)을 태조에게 시집보냈는데 바로 신성(神成)왕후 김씨로 그의 손자가 고려 제8대 현종(顯宗)이다. 이때부터 신라의 외손이 왕통을 계승하게 되었다. 태조부터 현종까지 8대를 태조의 네 부인(총 26명)의 아들, 즉 이복형제들이 계승한 점은 매우 드문 일이다.

936년 9월, 견훤이 아들 신검을 공격하자고 청하여 군사 6만을 거느리고 일선군으로 가서 머물렀는데 신검도 대항하여 일이천을 사이에 두고 대치하였다. 태조가 3군(좌익·우익·중군)으로 신검을 협공하자 적병은 무너지고 마침내 신검은 아우 양검, 용검과 항복하므로 태조는 용서하여 신검에게 작위를 내렸고 양검과 용검은 진주로 귀양 보냈는데 얼마 뒤에 죽었다. 그러나 견훤은 아들 신검을 죽이지 못한 것에 분개하며 등창으로 고생하다가 황산의 절에서 죽고 말았다.

942년 10월, 거란이 사신을 보내 낙타 50필을 가져 왔으나 교류를 끊고 사신을 섬으로 귀양보냈다. 943년 4월, 대광 박술희에게 10조목의 훈요(訓要)를 전하여 후대의 왕들이 마음속에 간직하면서 보배로 삼게 하였다. 그해 5월, 태조가 67세에 세상을 떠났다.

신성대왕(神聖)은 사후의 시호(諡號)이고 태조(太祖)는 묘호(廟號)이다. 조(祖)

는 시조대왕이나 난국을 수습한 후 국권을 회복한 군주를 의미하며, 종(宗)은 순리적인 계승을 의미한다.

2) 혜종(惠宗 / 943년 5월~945년 9월 / 재위 2년간)
제2대 왕. 태조의 세자로서 왕위에 올랐다.

945년 9월, 왕이 34세에 세상을 떠났다.

3) 정종(定宗 / 945년 9월~949년 3월 / 재위 3년간)
제3대 왕. 태조의 둘째 아들로서 왕위에 올랐다.

949년 3월, 왕은 병이 위중하여 아우 소(昭)에게 왕위를 선위하고 27세에 세상을 떠났다.

4) 광종(光宗 / 949년 3월~975년 5월 / 재위 26년간)
제4대 왕. 정종의 아우로서 왕위에 올랐다.

958년 5월, 한림학사 쌍기에게 명하여 과거를 실시하고 진사를 뽑았으며 갑과 2명, 명경 3명, 복업 2명 등 7명에게 급제를 주었고 이때부터 과거 제도가 시작되었다. 960년 3월, 개경을 황도(皇都)라 하였고 서경을 서도(西都)라 하였다. 972년 8월, 서희를 송나라로 보내 공물을 바쳤다. 975년 5월, 왕이 병으로 51세에 세상을 떠났다.

5) 경종(景宗 / 975년 5월~981년 7월 / 재위 6년간)
제5대 왕. 광종의 세자로서 왕위에 올랐다.

4월 신라 마지막 왕이었던 김부가 세상을 떠났고 이때 고려 5대 왕 경종이 경순왕이라는 시호를 내렸다. 981년 7월, 왕이 병으로 사촌 동생 개령군 치(治)에게 선위하고 2일 후 27세에 세상을 떠났다.

6) 성종(成宗 / 981년 7월~997년 10월 / 재위 16년간)

제6대 왕. 태조의 일곱째 아들인 욱(旭)의 둘째이며 경종의 4촌 아우로서 왕위에 올랐다.

986년 1월, 거란이 궐열을 사신으로 보내 화친을 청하였다. 992년 12월, 교서를 내려 국자감을 세우고 전장(田庄 국자감의 논과 밭)을 내려 주었다.

993년 윤10월(거란군 1차 침입), 거란의 소손녕이 군사를 거느리고 침입하여 말하기를 거란이 이미 고구려 옛땅을 차지했었는데 지금 고려가 우리 강토의 경계를 침탈하므로 정벌하려는 것이니 와서 항복하라고 하였다. 성종은 이몽전을 거란 진영으로 보내 화친을 청하기로 하였고 그 후 다시 서희(徐熙)가 국서를 받들고 거란 진영에서 소손녕을 만났는데 서희에게 말하기를, "고려 나라는 신라 땅에서 일어났고 고구려 땅은 우리 소유인데 이를 점유하고 있으며 또 우리와 접경지역 임에도 바다길로 송나라를 섬기고 있으니 때문에 우리가 정벌하려는 것이다. 하지만 지금이라도 땅을 떼어 바치고 조빙한다면 아무 일이 없을 것이다."라고 하였다. 서희가 대답하기를 '우리나라는 고구려를 계승한 나라로서 국호를 고려라 하였으며 평양을 서도라 하여 도읍을 정한 것이다. 지금 압록강 밖에 여진이 접거하고 있으므로 조빙이 통하지 못하고 있으니 만약 여진을 쫓아버리고 압록강까지의 우리 땅을 돌려주고 길을 터준다면 조빙을 하지 않을 이유가 있겠는가'라며 소손녕을 설득하였다.

994년 6월, 지난해 거란이 고려를 침입했을 때 송나라로 사신을 보내 거란을 보복해 달라고 요청했지만 들어주지 않으므로 송나라와 국교를 끊었다. 8월, 평장사 서희에게 명하여 군사를 거느리고 여진을 공격하여 북쪽으로 쫓아내고 장흥진·귀화진·평북·정주와 귀성에 성을 쌓고 처음으로 압록강에 도구당을 설치하였다.

996년 4월, 철전(鐵錢)을 주조 하였다. 12월, 평장사 서희가 평북 선천 평남 맹산에 성을 쌓았다. 997년 10월, 왕이 병이 위중하여 조카인 계령군 송(誦)에게 선위하고 내천왕사로 거처를 옮긴 후 38세에 세상을 떠났다.

7) 목종(穆宗 / 997년 10월~1009년 2월 / 재위 12년간)

제7대 왕. 5대 경종의 맏아들이자 6대 성종의 조카로서 왕위에 올랐다.

999년 10월, 일본국 사람 도요미도 등의 20호가 의탁해오자 경기도 이천에 살도록 하였다. 1002년 6월, 탐라산(한라산)에 네 개의 구멍이 뚫리고 붉은 빛깔의 물(용암)이 5일간 솟았다가 그쳤는데 뒤에는 굳어져 지붕 기와로 쓸 수 있었다. 1007년 10월, 탐라(耽羅)에서 전해오기를 상서로운 산이 바다 가운데서 솟았다고 하여 태학박사 전공지를 보내 알아오게 하였는데 그곳 사람들이 말하기를 '산이 처음 솟아오를 때 구름과 안개로 어두웠고 땅이 흔들리고 천둥 소리가 났으며 7일 후에 구름이 걷혔다. 또 산의 높이는 백여 길이고 둘레는 40여 리로 풀과 나무가 없어졌으며 연기로 덮여있어 유황 냄새가 났으므로 사람들이 갈 수 없었다'는 내용과 산의 모습을 그림으로 그려 왕에게 올렸다.

1009년 1월, 강조(康兆)가 모반하여 궁 안으로 군사를 거느리고 난입하자 목종은 법왕사로 피신하였다. 강조는 목종을 폐위하고 김치양과 유행간 등 7인을 죽이고 천추태후의 친족 30여 명을 섬으로 귀양보냈다. 목종은 이모든 것이 나의 부덕이라 자책하며 시골에서 살기로 마음먹고 충추를 지나 적성현에 이르자 강조가 김광보를 시켜 독약으로 목종을 시해하여 화장한 후 묘호를 민종(愍宗)이라 하였다. 그때 목종의 나이 30세였다.

조정의 신하와 백성들이 모두 강조의 행동에 분개했으나 후계자 현종만은 그 사실을 모르고 있다가 거란이 문책하자 처음 알게 되었다. 현종 3년(1012)에 도성 동쪽에 목종의 무덤을 옮기고 묘호를 민종에서 목종(穆宗)으로 고쳤다.

8) 현종(顯宗 / 1009년 2월~1031년 5월 / 재위 22년간)

제8대 왕. 이름은 순(詢)이며 태조의 5째 부인 신성황후 김씨의 손자(태조의 손자)로서 대량원군(大良院君)으로 책봉되었다. 12살에 5대 경종의 왕비인 천추태후(7대 목종의 어머니)가 꺼리자 강제로 머리를 깎고 삼각산 진관사(은평구)에 살았으며 목종 12년(1009), 왕으로 추대되었다. 신라 56대 경순왕의 조카인 신성황후의 손자로서 신라 경주김씨의 외손들이 고려 8대 현종부터 계속 왕위를 계승하게 된 것이다.

1010년 11월(거란군 2차 침입), 거란이 군사 40만을 거느리고 압록강을 건너와 흥화진을 포위하였고 12월, 곽산군과 평안군을 함락시켰다. 1011년 1월, 거란군이 개경에 침입하여 태묘와 궁궐과 민가를 불태웠고 현종은 경기도 광주를 거쳐 전북 전주까지 몽진을 떠나자 거란군은 추격을 멈추고 퇴각하였다.

1018년 12월(거란군 3차 침입), 거란의 소배압이 군사 10만을 거느리고 개경으로 진군하였으며 현종은 강감찬(姜邯贊)을 상원수로 강민첨을 부원수로 삼아 대항하였다. 1019년 2월, 소배압이 귀주를 통과하자 강감찬이 맞아 싸워 대패시키고 거란군은 겨우 수천 명만 살아서 돌아갔으며 이를 '귀주대첩'이라 한다.

1020년 8월, 최치원(崔致遠 신라 유학자)을 내사령(內史令)으로 추증하여 공자의 문묘에 종향하였다. 1030년 5월, 강감찬을 문하시중으로 승진시켰다. 1031년 5월, 왕의 병이 위중하여 40세에 세상을 떠났다.

9) 덕종(德宗 / 1031년 5월~1034년 9월 / 재위 3년간)

제9대 왕. 현종의 세자로서 왕위에 올랐다.

1033년 8월, 평장사 유소에게 명하여 옛 국내성을 경계로 하여 압록강이 서해로 들어가는 곳에서부터 동해에 이르는 16개 성에 돌로 장성을 쌓았는데 그 길이가 천여 리, 높이와 넓이가 25척이었다. 1034년 9월, 왕의 병이 위중하여 19세에 세상을 떠났다.

10) 정종(靖宗 / 1034년 2월~1046년 5월 / 재위 12년간)

제10대 왕. 덕종의 아우로서 왕위에 올랐다.

1045년 4월, 비서성이 『예기정의』 70권과 『모시(毛詩)정의』 40권을 새로 인쇄하여 올리자 각 1권씩 어서각(御書閣)에 간직하고 나머지는 문관들에게 나누어 주었다. 1046년 5월, 왕의 병이 위중하여 33세로 세상을 떠났다.

11) 문종(文宗 / 1046년 5월~1083년 7월 / 재위 37년간)

제11대 왕. 현종의 태자는 덕종, 둘째는 정종, 셋째 문종이 왕위에 올랐으며 이는 형제간의 왕위 승계였다.

1066년 3월, 거란이 국호를 대요(大遼)로 정했으며 요나라는 곧 거란이다. 1068년 6월, 형제 또는 손자 항렬을 양자로 삼지 못하도록 했다. 1083년 7월, 왕의 병이 위중하여 65세에 세상을 떠났다.

12) 순종(順宗 / 1083년 7월~1083년 10월 / 재위 3개월간)

제12대 왕. 7월에 아버지 문종이 세상을 떠나자 왕위에 올랐다. 본래부터 지병으로 몸이 쇠약하였으며 부왕의 장례를 치르면서 더욱 악화되어 3개월 만에 37세로 세상을 떠났다.

13) 선종(宣宗 / 1083년 10월~1094년 5월 / 즉위 11년간)

제13대 왕. 순종의 아우이고 문종의 둘째 아들로서 왕위에 올랐다.

1087년 2월, 개국사에 행차하여 대장경(大藏經)의 완성을 경축하였고 현종 2년(1011)의 거란군 2차 침입을 계기로 부인사(符印寺) 소장 『대장경』이 76년에 걸쳐 570질, 5924권으로 완성되었다. 1094년 5월, 왕의 병이 위중하여 46세로 세상을 떠났다.

14) 헌종(獻宗 / 1094년 5월~1095년 10월 / 즉위 1년간)

제14대 왕. 선종의 세자로서 왕위에 올랐으나 병약으로 14세에 세상을 떠났다.

15) 숙종(肅宗 / 1095년 10월~1105년 10월 / 즉위 10년간)

제15대 왕. 헌종의 숙부이며 문종의 셋째 아들로서 왕위에 올랐다.

1101년 10월, 새로운 도읍지를 살펴보라는 명을 받고 떠났던 최사추(崔思諏)가 돌아와 보고하기를 '서울 노원역 부근과 도봉산 부근과 용산 일대를 살펴 보았지만 적합하지 않았고 다만 삼각산 청와대의 남쪽 지세가 옛 문헌에 부합하므로 임좌병향(壬坐丙向)인 북쪽을 등지고 남쪽을 향하여 도읍을 세우는 것이 좋다'고 아뢰자 숙종은 남경(서울)에 도읍을 창건하겠다고 종묘사직에 고하였다. 1104년 5월, 남경(서울)의 궁궐이 완성되어 왕이 행차하였다가 10월에 돌아왔다. 1105년 8월, 왕이 서경(평양)에 행차하였다가 10월, 황해도 금천군의 금교역에서 밤길을 떠나 장평문 밖에 도착할 무렵 수레 안에서 52세에 세상을 떠났다.

16) 예종(睿宗 / 1105년 10월~1122년 4월 / 즉위 17년간)

제16대 왕. 숙종의 세자로서 왕위에 올랐다.

1107년 12월, 윤관을 보내 여진을 물리치고 함경북도 길주군의 웅주·영주·복주·길주의 4개 성을 찾았다. 1115년 1월, 생여진(生女眞)의 아골타(阿骨打)가 스스로 황제라 칭하고 국호를 금(金)이라 하였다. 이들의 땅은 서쪽으로는 거란(요령성 서북쪽), 남쪽으로는 고려와 접경하였으므로 예로부터 거란과 고려를 섬겨왔던 부족 국가였다. 1122년 4월, 왕의 병이 위중하여 45세에 세상을 떠났다.

17) 인종(仁宗 / 1122년 4월~1146년 2월 / 재위 24년간)

제17대 왕. 예종의 세자로서 왕위에 올랐다.

1126년 3월, 이자겸은 왕을 협박하여 자기 집으로 거처를 옮기게 하였다. 이자겸(李資謙)은 16대 예종에게 둘째 딸을 왕비로 보냈으나 왕비는 인종(외손자)을 낳고 일찍 죽었다. 사위 예종이 45세에 세상을 떠나자 외손 인종을 왕위에 추대하고 다시 셋째 딸과 넷째 딸을 인종의 왕비로 세웠다. 말하자면 인종은 외손자이기도 하고 셋째, 넷째 사위가 된 것이다. 이자겸은 무소불위의 권력을 행사하였으며 고관대작은 물론 내시까지 이자겸의 눈밖에 벗어나면 가차 없이 쫓겨났고 관리 임면도 마찬가지였다.

4월, 금나라(길림성 동북쪽)는 고려에서 올렸던 표문에 회답을 보내왔으며 고려가 스스로 신하라 일컬으며 토산물과 폐백 바친 것을 잘 알았으므로 고려왕을 잘 대우하도록 할 터이니 의리를 잊지 말고 대가 바뀐다 해도 짐의 가르침을 명심하라는 내용이었다. 5월, 왕의 거처를 연경궁으로 옮겼으며 이자겸은 왕을 시해하려 떡 속에 독약을 넣어 인종에게 바치게 하자 왕비가 왕에게 알려주어 떡을 까마귀에게 주도록 하였는데 과연 까마귀가 죽었다. 이자겸은 다시 독약을 왕비에게 시켜 왕에게 올리도록 하자 또 역시 넘어진 척 쏟아 버렸다. 이 왕비가 바로 이자겸의 넷째 딸이었다.

외조부이자 장인인 이자겸이 왕을 시해하고 왕권을 빼앗으려는 한다는 것을 알아챈 인종은 척준경에게 명하여 이자겸을 팔관보에 가두었다가 전남 영광으로 유배 보내고 잔당들은 진도로 유배시켰으며 이자겸의 셋째와 넷째 딸인 왕비를 쫓아내고 임원후의 딸을 왕비로 삼았다. 그해 12월, 이자겸은 유배지 영광에서 죽었다.

1128년 8월, 정지상은 개경이 쇠락하여 궁궐이 불타 남은 것이 없으니 서경(평양)으로 옮겨가서 도성으로 삼아야 한다고 하였다. 1129년 1월, 서경에 새 궁궐이 지어졌고 2월, 새 궁궐로 옮겼다.

※ **묘청의 난** : 1135년 1월, 서경의 승려 묘청과 중앙의 관리인 정지상, 김안등이 중심이 되어 서경 천도가 이루어졌다. 이어 금나라 정벌을 주장하였으나 김부식(金富軾)의 반대에 부딪혀 관철되지 못하자 반란을 일으켰다. 왕은 김부식을 원수로 삼아 반란군 토벌에 나섰고

김안, 정지상, 백수한, 묘청, 유참등의 목을 베고 반란을 평정하였다.

1144년 5월, 김돈중(金敦中) 등 26명에게 급제를 주었으며 김돈중은 문하시중인 김부식의 아들이다. 김돈중은 섣달 그믐날 밤 나례(儺禮 귀신 쫓는 의식)를 행할 때 잘못하여 무장 정중부(鄭仲夫)의 수염을 태우고 만다. 화가 난 정중부는 김돈중을 구타하고 욕하였다. 이에 김부식이 대노하여 정중부를 결박하려 하였으나 왕이 비상하게 여기고 호위병에게 도망치도록 도왔다. 이 일로 정중부는 김돈중에게 원한을 갖고 있었다.

1145년 12월, 문하시중 김부식(金富軾)이 삼국사기를 편찬하여 인종에게 바쳤다. (우리나라 삼국시대와 고려사의 가장 소중한 역사서) 1146년 2월, 왕의 병이 위중하여 38세에 세상을 떠났다.

18) 의종(毅宗 / 1146년 2월~1170년 9월 / 즉위 24년간)

제18대 왕. 인종의 세자로서 왕위에 올랐다.

1147년 12월, 당고모 종자매 당질녀 형의 손녀와 서로 혼인하는 것을 금지하는 금령을 반포하였다. 1151년, 문하시중 김부식이 77세에 죽었다.

※ **정중부의 난** : 1170년 8월, 의종은 오래전부터 유흥을 즐기며 정사를 돌보지 않았고, 문관임종식과 한뢰 등이 왕의 총애를 믿고 오만하여 무장들을 업신여기자 대장군 정중부(鄭仲夫)와 이의방(李義方), 이고(李高) 등이 반역할 기회를 엿보고 있었다. 때마침 술에 취한 의종은 5명의 무신 병사들이 나와 주먹으로 대련하는 격투를 제안한다. 그동안 불평이 쌓였던 무신 병사들끼리 즐기게 하고 상을 내려 위로하려는 의도였다.

한편 대신 한뢰는 왕과 무신과의 화합에 대하여 시기심을 품고 있었다. 장군 이소응이 상대와 맞붙어 때리다가 이기지 못하고 물러나자 한뢰는 왕의 면전에서 이소응의 뺨을 때렸다. 화가 난 무장 정중부가 대신 한뢰를 꾸짖으며 이소응도 무관 3품(무신이 오를 수 있는 2번째로 높은 품계)인데 어떻게 이런 모욕을 주느냐며 대들었다.

날이 어두워 왕이 보현원으로 갔는데 먼저 도착해있던 이고와 이의방은 왕명이라며 순검군을 집합시켜 놓고 왕이 문을 통과한 후 뒤따르던 문관 임종식과 이복기를 쳐 죽였다. 왕에게 보현원에 이미 들어가 있던 문관 한뢰를 내보내 줄 것을 청했지만 한뢰는 왕의 옷자락을 잡고 버티다 이고의 칼에 죽었다. 이때 문관과 환관들의 시체가 산처럼 쌓였다고 한다.

1170년 9월, 정중부는 문관과 환관을 모두 찾아 죽였고 의종을 협박하여 군기감으로 옮기고 세자는 영은관으로 거처를 옮겼다가 다음날 다시 왕을 거제현으로, 세자는 진도현으로 추방했다. 김부식의 아들 김돈중은 감악산으로 도망쳤지만, 현상금을 탐낸 하인의 고변으로 냇가에서 죽었으며 이때부터 고려 왕조는 무신정권이 왕의 폐립을 자행하였다.

한편 정중부, 이의방, 이고 등은 의종의 아우 익양공 호(晧)를 맞이하여 명종으로 즉위시켰다. 의종은 2년 후 1173년 10월, 경주에서 47세에 시해되었다.

19) 명종(明宗 / 1170년 9월~1197년 9월 / 즉위 27년간)

제19대 왕. 인종의 셋째 아들이자 의종의 아우로서 정중부에 의하여 왕위에 올랐다.

1173년 10월, 이의민이 의종을 곤원사 연못가로 데리고 나와 몇 잔 술을 권하고 시해하였다.

1174년 12월, 정중부의 아들 정균이 이의방을 암살하였다. 1179년 9월, 경대승(慶大升)이 정중부와 송유인을 죽였다. 1196년 4월, 최충헌(崔忠獻)이 이의민을 죽였다. 1197년 9월, 최충헌 형제가 왕을 협박하여 창락궁에 유폐시키고 태자를 강화도로 내쫓았으며 평량공 왕민을 맞이하여 신종(神宗)으로 즉위시킨다. 명종은 4년 후 72세에 창락궁에서 세상을 떠났다.

20) 신종(神宗 / 1197년 9월~1204년 1월 / 7년간)

제20대 왕. 인종의 다섯째 아들이자 명종의 아우로 왕위에 올랐다. 인종의 장남은 의종, 3남은 명종, 5남이 신종으로 3명의 형제가 차례로 왕위에 올랐다. 최충헌이 아우 최충수와 함께 이의민을 제거한 후 국정을 임의대로 운영하기 위하여 명종을 폐위시키고 신종을 옹립하였다.

1202년 10월, 명종이 창락궁에 유폐되었다가 4년 만에 세상을 떠났다. 1204년 1월, 왕의 병이 위중하여 61세에 세상을 떠났다.

21) 희종(熙宗 / 1204년 1월~1211년 12월 / 즉위 7년간)

제21대 왕. 신종의 세자로서 왕위에 올랐다.

1211년, 최충헌이 희종을 폐위시켜 강화현으로 옮겼다가 얼마 뒤 영종도로 옮겼다.

22) 강종(康宗 / 1211년 12월~1213년 8월 / 즉위 2년간)

제22대 왕. 최충헌이 19대 명종을 폐위시키고 그의 세자를 강화도로 내쫓았는데 희종이 다시 불러들여 이름을 왕정(王貞)으로 고쳐주고 한남공으로 책봉한다. 최충헌은 다시 희종을 폐위시키고 왕정을 왕위에 오르게 하였다.

1213년 8월, 세자 왕진을 왕위에 오르도록 조서를 내리고 62세에 왕이 세상을 떠났다.

23) 고종(高宗 / 1213년 8월~1259년 6월 / 즉위 46년간)

제23대 왕. 강종의 세자로서 왕위에 올랐다.

1219년 9월, 최충헌이 죽었다. 1225년 1월, 몽고사신 저고여가 서경을 떠나 몽고로 돌아가다 도중에 도적에게 피살당했는데 몽고는 고려를 의심하고 국교를 단절하였다.

1231년 8월(몽고군 1차 침입), 몽고 원수 살례탑이 군사를 거느리고 침범해와 의주, 철산, 정평, 정주, 영변, 태천, 황주, 봉산, 선천, 곽산, 영흥, 경기도 광주, 충북 청주 등 몽고군이 향하는 곳마다 함락되어 피해는 이루 말할 수 없었다. 1232년 1월, 회안공을 몽고군에게 보내 항복하고 화의 조약을 성립시킨 후 몽고군이 철수하였다.

9월(몽고군 2차 침입), 살례탑이 경기도 용인을 공격할 때 김윤후가 죽였는데 장수를 잃고 당황한 몽고군은 서둘러 철수하였다.

1235년 윤7월(몽고군 3차 침입), 몽고군이 함경남도 안변을 침범하였다.

1237년 8월, 21대 희종이 법천정사에서 세상을 떠났다. 1238년 4월, 몽고군이 동경(경주)에 침입하여 황룡사탑을 불태웠다.

1247년 7월(몽고군 4차 침입), 몽고 원수 아무간이 군사를 거느리고 황해도 연안에 침입하여 약탈하였다.

1253년 8월(몽고군 5차 침입), 몽고군이 황해도 안악군을 함락시키고 함경남도 고원군, 영흥군에 주둔한 후 척후병 300여 기(騎)로 경기도 광주를 습격하였고 다시 몽고군이 철원을 함락시켰다.

야굴(也窟)이 충주에서 병들어 아무간에게 머물러 지키게 하고 정예병 천여 명을 거느리고 북으로 돌아가면서 꾸짖기를 '고려왕이 밖으로 나와 우리 사신을 맞이한다면 물러갈 것이다'라고 하여 고종이 승천부 새 궁궐에서 몽고 사신인 몽고대를 맞이하였는데 그가 왕에게 말하기를 '내 말이 야굴대왕의 말이고 야굴대왕의 말이 곧 황제의 말이니 앞으로는 만세토록 화친하여 잘 지낼 수 있을 터이니 오늘 즐겁게 마시자'고 하였다. 1254년 1월, 안경공이 몽고군에 잔치를 베풀어 풍악을 즐기게 하자 아무간은 군사를 이끌고 돌아갔다.

2월(몽고군 6차 침입), 몽고 병선 7척이 갈도를 침범하여 노략해갔다. 그해 7월, 차라대(車羅大)가 군사 5천을 거느리고 광주, 충주, 괴산, 상주를 침범하였는데 그동안 몽고군에 포로로 잡혀간 사람이 20여만 명이나 되었고 살해된 사람은 이루 말할 수 없었으며 몽고군이 지나간 고을은 모두 잿더미가 되어 고려사에 이때보다 더 심한 피해는 없었다.

1257년 1월, 해마다 봄철에 몽고에 보내는 공물을 중지하였다. 대신들이 의논하기를 섬긴다 해도 몽고의 침략은 여전하였으므로 폐지했던 것이다.

1257년 5월(몽고군 7차 침입), 김수강과 진세기를 몽고로 보냈고 도성에 군사 경계령을 내렸지만 몽고군의 노략질은 끊이지 않다. 1258년 6월, 몽고의 여수달이 천여 기마병을 거느리고 평북 박천과 곽산에 주둔하였고 이 해에는 각처에 몽고 군사가 주둔하면서 각 도의 벼를 수확해 갔다.

1259년 6월, 왕이 병이 위중하여 유경의 집에서 세상을 떠났다.

24) 원종(元宗 / 1259년 6월~1274년 6월 / 즉위 15년간)

제24대 왕. 고종의 태자로서 왕위에 올랐다.

1259년 4월, 고종의 태자 식(植)은 몸이 쇠약한 고종을 대신해서 몽고에 조공하고 6월, 고종이 세상을 떠나자 41세에 몽고에서 즉위하였다.

※ 원종 때부터 고려는 독립적인 주권을 완전히 상실한 채 원나라의 예속(隸屬)국이 되어 군사·재산·식량·가축 심지어 부녀자까지 원나라가 요구하는 대로 모두 바쳐야 하는 노예(奴隸)국으로 전락하고 말았다.

1260년 3월, 원종이 몽고 사신 속리대와 함께 개경으로 돌아왔다. 같은 해 3월 20일, 몽고에서는 쿠빌라이칸(忽必烈)이 원나라 황제에 올라 조서를 내려 고려 서경(평양)에 주둔하고 있던 몽고군의 철수를 명령하였다.

1268년 6월, 원나라 초대 왕제 쿠빌라이칸이 원나라에 머물던 이장용에게 명하기를 '경은 고려 본국으로 돌아가 군사의 규모를 사실대로 보고하라. 만약 그렇지 않으면 고려부터 정벌하겠다. 내가 우리 원나라에 조회하지 않는 나라를 치려고 하는 것이니 우리를 돕는 것이 마땅할 것으로 왕에게 말하여 전함 1천 척을 만들되 큰 배는 쌀 3천 섬을 실을 수 있도록 만들라'고 하였다. 10월, 원나라 명위장군 탈타이(脫朶兒) 등을 보내 군사 규모와 전함을 사열하고 일본으로 가는 수로인 흑산도를 시찰하여 또 탐라(제주도)에 배 100척을 만들도록 하였다.

1269년 5월, 원종의 세자 심(諶)이 몽골에 갔다. 1270년 2월, 원종이 북경에 가서 황제를 배알하고 세자를 데리고 돌아와서 개경을 거처로 정했으며 강화도에 머물던 비빈들도 돌아오도록 하였다.

※ **삼별초의 난** : 1270년 6월, 장군 배중손과 야별초 지유와 노영희 등이 거사를 일으켰고 8월, 삼별초(三別抄)가 진도에 머물면서 여러 고을을 침입한 후 거짓으로 황제의 명이라 하면서 전라도 안찰사에게 백성들을 독촉하여 곡식을 거둬들이고 섬으로 옮겨 살게 하였다. 11월, 삼별초가 제주도로 건너갔다. 12월, 원나라에게 조서를 보내 왔는데 고려왕은 군함과 군량을 준비하여 나의 명을 기다리도록 하라고 하였다. 1271년 5월, 원나라 장수 홍다구가 군사를 거느리고 진도로 삼별초를 토벌하러 떠났다.

12월, 원나라에서 사신에게 조서를 보내와 국호를 대원(大元)이라 포고하였다. 1272년 12월, 세자 심(諶 후일의 충렬왕)이 원나라로 갔다. 1273년 2월, 원나라에서 흔도와 홍다구에게 명하여 제주도를 치게 하였고, 또 한편 김방경이 기병 800명을 거느리고 제주도로 가서 삼별초를 쳤다.

1274년 1월, 원나라에서 총관 찰흘을 보내 감독하도록 하여 전함 300척을 만들도록 하였으며 목공과 인부 3만 5백여 명을 징집하라고 하였다. 3월, 원나라에서 사신을 보내와 군사 5천 명을 징발하여 일본 정벌을 돕도록 하였고 일본 정벌을 준비하는 원나라 사람에게 여인 140명을 모집하여 같이 살도록 해주었다. 5월, 원나라에 볼모로 있던 세자가 원나라 황제의 딸 홀도노게리미실 공주와 결혼 하였으므로 사실상 원나라 황제의 사위가 되었다. 원나라에서 일본을 정벌할 군사 1만 5천 명이 당도하였다.

6월, 원종이 제상궁에서 56세로 세상을 떠났고 바로 다음 날, 원나라에 머물던 세자 심(諶)을 고려 백관들이 본국에서 충렬왕으로 추대하였으며 7월, 원나라는 책봉하여 왕으로 삼았다.

이때부터 충렬왕, 충선왕, 충숙왕, 충혜왕, 충목왕, 충정왕 등 여섯의 왕이 원나라에 충성한다는 의미의 충(忠)자를 묘호로 받았으니 이는 우리 민족사에 치욕스러운 과거가 아닐 수 없다. 춘추전국시대부터 확실한 복속 확약을 담보하기 위하여 볼모(인질)를 잡는 관습이 관행으로 행하여졌다. 원나라도 고려를 확실히 복속시키기 위하여 세자를 볼모로 잡았고 더 나아가 관행적 정략혼인까지 강제하였다.

※ **쿠빌라이칸(칭기즈칸의 손자)** : 원나라 세조는 중국 북부의 북경에 도읍을 정하고 남쪽으로 밀려난 남송을 완전히 멸망시키지 못한 상태에서 원나라를 세웠다.
대몽고 제국은 몽골과 소련 남부, 터키 등 중앙아시아 전체를 통치하였던 제국이다. 2대 칸인 오고타이 사후, 4한국(차가타이한국, 오고타이한국, 일한국, 킵차크한국)과 대원으로 분리되었다. 그중 원나라는 지금의 중국 대륙만을 통치하였다. 이후 몽고 제국의 다섯 나라가 연합한다면 세계 그 어떤 나라도 온전하지 못할 정도의 강력한 힘이 약 1세기 반 동안 유지되었다.

25) 충렬왕(忠烈王 / 즉위 총 33년 6개월간)

① 1274년 6월~1298년 1월 선위

② 1298년 8월 복위~1308년 7월

제25대 왕. 충렬왕 어머니는 김약선의 딸 정순왕후이며 태자비 시절에 죽었다. 원종의 세자로서 왕위에 올랐으며 6월, 원종이 세상을 떠나자 7월, 원나라에서 책봉 받고 8월, 원나라에서 돌아와 조정 대신들의 하례를 받았다.

10월(1차 일본원정), 원나라 도원수 홀돈과 우부원수 홍다구, 좌부원수 유복형은 원나라 군사 2만 5천 명과 고려군 8천 명 등 모두 4만여 명을 거느리고 전함 900여 척에 올라 마산을 떠나 일본 대마도로 향했다. 11일 만에 대마도와 규수 사이 일기도에 이르러 일본군을 대패시키고 11월, 다시 마산으로 돌아왔는데 1만 4천여 명이 돌아오지 못했다.

1276년 3월, 원나라에서 양중신을 보내 폐백을 가지고 와서 남송 병사로 있다가 원나라에 부속된 500명을 위하여 아내를 구해줄 것을 청하므로 왕은 사신을 각도로 보내 처녀를 모집하도록 하였다. 1278년 4월, 왕이 원나라 공주와 세자를 데리고 원나라에 갔다가 9월, 고려로 돌아왔다. 1279년 6월, 원나라에서 전함 900척을 만들어 일본 원정을 준비하라고 명했다. 1280년 8월, 왕이 북경으로 가서 황제를 만났으며 이때 홍다구 흔도 장군은 군사 4만을 거느리고 합표를 출발하고 범문호 장군은 10만을 거느리고 강남을 출발하여 일본 일기도(一岐島)에 모인 다음 일본성을 공격하기로 명을 받고 떠났다.

1281년 5월(2차 일본원정), 흔도, 홍다구, 김방경 장군이 일본의 대명포에 이르러 먼저 일본과 싸웠는데 이기지 못하고 대패하였다 기다리던 범문호 장군이 그제야 전함 3천 5백 척에 군사 10만을 거느리고 도착하였지만 태풍을 만나 거의 바다에 빠져 죽어 시체가 항구에 막힐 정도였다. 결국 2차 원정도 실패하고 돌아왔는데 돌아오지 못한 병사가 무려 10만여 명이나 되었다고 한다.

1282년 11월, 원나라에서 하중겸을 보내 전함을 수리하도록 하였는데 다시 일본 원정을 준비하는 것이었다. 1284년 4월, 왕이 공주, 세자와 함께 원나라로 가는 데 호위하는 관료가 1천 2백여 명이었고 은 630근, 저포 2천 4백필, 저폐 1천 8백정을 싣고 갔다가 9월, 원나라에서 돌아왔다.

1286년(충렬왕12), 안향(安珦)이 왕을 따라 원나라에 갔다가 연경에서 주자 전서를 필사하고 공자와 주자의 영정을 그려 옴으로써 성리학(주자학)이 최초로 도입되었다.

1290년 5월, 합단적(몽고에서 반란 일으킨 군사)이 전남 광주에 군사 수만을 거느리고 침입하였고 왕은 김연수를 원나라로 보내 합단적 침입을 보고 하였다. 12월, 합단군은 화주와 등주를 함락시켰으며 다급한 왕은 강화도로 피난하였는데 개경을 지키던 송분도 서울을 버리고 도망해 왔으며 정인경도 평양에서 도망쳐 왔다. 1291년 1월, 합단적이 원주에 주둔하면서 소를 약탈해 갔다. 원나라에서 세자가 황제에게 합단(哈丹)적 토벌을 청하자 나만대에게 군사 1만으로 토벌할 것을 명하였다. 5월, 충남 연기군에서 합단적과 맞아 싸웠는데 공주강으로 추격하여 적을 대패시켰으며 시체가 30여 리에 이어졌다. 합단적은 북으로 달아나 강원도 북쪽 회양에 주둔하였다.

1294년 1월, 원나라 황제 세조(쿠빌라이칸)가 세상을 떠났다. 이 무렵 충렬왕은 홍군상을 통해 일본 원정이 성공하지 못할 뿐만 아니라 국력 소모가 이루 말할 수 없음을 말하고자 했는데 마침 황제가 죽어 승상 완택에게 고하니 마침내 일본 원정은 이때부터 중지하게 되었다.

4월, 충렬왕은 공주를 데리고 북경으로 가서 2대 황제(성종 티무르)의 즉위를 하례하고 8월에 돌아왔다. 1296년 9월, 왕이 공주와 함께 원나라로 가서 세자가 백마 81필을 황제에게 폐백으로 바쳤고 진왕(晉王) 감마랄의 딸 보탑실련 공주를 아내로 맞이함으로써 또다시 후일 충선왕의 왕비가 된다. 1297년 5월, 왕이 공주와 함께 원나라에서 돌아왔다. 1298년 1월, 세자가 원나라에서 돌아왔으며 충렬왕이 교지를 내려 여생을 편히 쉬고 싶다면서 세자에게 왕위를 선위(禪位)하였다.

26) 충선왕(忠宣王 / 즉위 총 5년 3개월간)

① 1298년 1월~8월 강제 퇴위
② 1308년 7월 복위~1313년 3월

제26대 왕. 충렬왕이 왕위를 세자에게 선위하였으나 충선왕의 왕비인 보탑실련 공주와의 불화로 인하여 7개월 만에 원나라로부터 왕위에서 쫓겨나고 충렬왕이 다시 복귀하였다. 충선왕은 1년 뒤에 다시 왕위에 올라 재위 기간 대부분을 원나라 수도 북경에서 보냈으며, 고려로의 귀국을 꺼렸다. 충숙왕에게 왕위를 물려주고 51세에 북경에서 세상을 떠났다.

1305년 12월, 충렬왕이 원나라로 들어가 선위 하였던 전 충선왕 저택에 거처하였다. 1306년 9월, 첨의중찬 안향(안유)이 죽었다. 1307년 3월, 원나라의 2대 황제 성종이 세상을 떠나자 황위 다툼이 있었는데 전 충선왕이 3대 무종(武宗)을 도와 황위에 오르는데 공을 세워 권력을 장악하게 되었고 이때부터 충렬왕은 다음 해 7월 세상을 떠날 때까지 허수아비 왕이나 다름이 없었다. 5월, 충렬왕이 원나라에서 돌아왔다. 9월, 원나라에서 사자가 와서 처녀를 요구하므로 26명을 선발하여 원나라로 보냈다. 1308년 7월, 충렬왕이 73세에 신효사에서 세상을 떠나자 충선왕이 10년 만에 다시 복위하였다.

1309년 1월 왕이 원나라에 체류하였다. 1310년 7월, 충선왕이 원나라 황제에게 부왕의 시호를 추증해 달라는 표문을 올렸는데 황제는 충렬왕 3대의 조상까지 시호를 추증하여 23대 고종에게 충헌, 24대 원종에게 충경, 25대 부왕에게 충렬이라는 시호를 내렸다. 이때부터 왕의 묘호를 종(宗)으로 사용하지 못하고 왕(王)으로 사용하도록 하였으며, 앞에는 충(忠)자를 붙였다. 심지어 묘호조차 원나라 황제의 결정을 요청하였다.

1313년, 원나라는 충선왕을 고려로 귀국시키려 하였으나 이를 회피하기 위하여 세자 도(燾)를 충숙왕으로 선위(禪位)하고 원나라에서 12년을 더 살다가 51세 나이로 원나라에서 세상을 떠났다. 충선왕은 5년 동안 재위하였지만 무책임하게 대신들에게 정사를 맡겨두고 거의 원나라에 머물렀다.

27) 충숙왕(忠肅王 / 즉위 총 24년간)

① 1313년 3월~1330년 2월 강제 퇴위
② 1332년 2월~1339년 3월

제27대 왕. 어머니는 몽골인 야속진이고 충선왕의 둘째 아들로서 왕위에 올랐다.

1325년 5월, 전 충선왕이 원나라에서 세상을 떠났다. 1329년 10월, 왕은 김지경을 원나라로 보내 세자(충혜왕)에게 왕위를 선양할 것을 주청하였는데 그 이유는 원나라 정치 상황이 좋지 않았기 때문이었다. 1330년 2월, 원나라에서 세자 왕정을 충혜왕으로 책봉하자 전임 충숙왕의 옥새를 원나라로 가져갔다.

28) 충혜왕(忠惠王 / 즉위 총 6년 10개월간)

① 1330년 2월~1332년 2월 강제 퇴위

② 1339년 3월~1344년 1월

제28대 왕. 충혜왕은 충숙왕의 큰아들이다. 원나라는 사실상 고려왕의 즉위와 폐위를 상황에 따라 마음대로 전횡(충렬왕, 충선왕, 충숙왕, 충혜왕)하였다. 1330년 2월, 충숙왕 폐위 → 충혜왕 즉위 → 1332년 2월, 충혜왕 폐위 → 충숙왕 복위 → 1339년 3월, 충숙왕 붕어 → 충혜왕 복위 과정은 모두 원나라에 의하여 이루어졌다.

3월, 왕은 관서왕 초팔의 딸 덕녕공주와 결혼 하였다. 윤7월, 원나라에서 충혜왕과 덕녕공주가 돌아왔다. 1332년 2월, 원나라는 충혜왕을 갑자기 폐위하고 얼마 후 다시 충숙왕을 폐위시켰다.

8월, 원나라의 문종(투크레무르)이 붕어하였다. 10월, 원나라 명종의 둘째 아들이 황제 위에 올라 영종이라 하였는데 12월, 두 달 만에 죽었고 영종의 형인 순제(토곤 테무르)가 황제 위에 올랐다.

1339년 3월, 충숙왕이 46세에 세상을 떠나자 충혜왕이 다시 복위하였다. 1343년 12월, 원나라에서 충혜왕이 방탕하여 정사를 돌보지 않는다는 이유로 함거에 태워 광동성 게양현으로 귀양 보냈는데 1344년 1월, 귀양을 가는 도중에 악양에서 세상을 떠났다. 이 무렵 대신 이조년(李兆年)의 간언이 있었지만 듣지 않은 결과였다.

29) 충목왕(忠穆王 / 1344년 2월~1348년 12월 / 즉위 4년 10개월간)

제29대 왕. 충혜왕의 세자로서 왕위에 올랐다. 부왕 충혜왕이 원나라에서 귀양 가던 도중 악양에서 세상을 떠나자 원나라 순제는 8살인 충목왕을 책봉하고 모후인 덕녕공주가 섭정하도록 하였다.

1347년 4월, 원나라 기(奇)황후의 친족인 기주가 기황후 세력을 빙자해 포악하므로 감옥에 가두었다. 1348년 12월, 충목왕이 12세에 세상을 떠났다.

30) 충정왕(忠定王 / 1349년 7월~1351년 10월 / 즉위 2년 3개월간)

제30대 왕. 충혜왕의 서자로서 12세에 원나라 순제로부터 책봉되었다. 1351년 10월, 원나라 순제는 2년 만에 왕을 폐위시키고 왕기(王祺)를 공민왕(恭愍)으로 세웠으며 폐위당한 충정왕은 강화도에 유배되었다가 다음 해 3월, 공민왕에 의해 15세에 독살되었다.

29대 충목왕과 30대 충정왕은 8살과 12살에 왕위에 올라 충혜왕비 덕녕공주의 섭정하에 아무 권한도 행사하지 못했다. 그후 또다시 공민왕이 원나라 순제의 책봉을 받았다.

31) 공민왕(恭愍王 / 1351년 10월~1374년 9월 / 즉위 23년간)

제31대 왕. 이름은 왕기(王祺)이고 28대 충혜왕의 아우로서 왕위에 올랐다. 충목왕과 충정왕을 섭정했던 충혜왕의 왕비 덕녕공주와는 시동생 관계이다.

1353년 4월, 왕이 노국공주와 함께 복령사로 행차하여 후사를 얻게 해달라고 기도하였다. 1355년 12월, 이자춘(李子春 이성계의 父)이 쌍성(雙城)의 1천 호로서 왕을 뵈었더니 왕이 이성계에게 명하여 맡아 다스리도록 하였다. 1356년 3월, 이자춘이 왕에게 와서 조회하자 쌍성 백성들을 잘 다스리라고 당부하였다.

5월, 원나라 순제의 둘째 황후인 기황후의 배경을 믿고 기철(奇轍) 가문이 횡포하였는데 왕이 궁중에서 연회를 베풀어 기철 등을 초청하고는 길목에 군사를 매복시켰다가 철퇴로 내리쳤다. 기철, 기유걸, 기세인, 권겸, 권화상 등이 모두 죽었고 이때부터 원나라를 멀리하게 되었다.

1357년 2월, 이제현에게 명하여 한양에 궁궐터를 보고 궁궐을 축조하라 하였다. 8월, 대장군 최영(崔瑩)을 동북면 최복사로 삼고 홍유귀를 동북면 병마사로 삼았다. 1359년 4월, 이제현의 딸을 왕비로 맞아들여 혜비로 봉했다. 1360년 7월, 개성에 있는 백악(白岳)산에 거동하여 도읍 자리를 보았는데 이곳은 임진현 북쪽에 있었다. 본래는 한양으로 옮기려 태묘에서 점을 쳤는데 그 결과가 불길하여 백악에 도읍하고 신경(新京)이라 했다.

10월, 정몽주(鄭夢周) 등 33명에게 급제를 주었으며 훗날 조선 시대에도 대과 급제를 33명으로 한정했다. 11월, 왕이 백악의 새 궁전으로 옮겼다. 1361년 2월, 이자춘을 동북면 병마사로 삼았는데 3월에 이자춘이 죽었다.

10월, 홍건적(紅巾賊)의 반성, 사유, 관선생, 주원수 등이 10여 만의 무리를 이끌고 압록강을 건너 삭주, 창성, 연변, 안주를 공격하였다. 다급해진 공민왕은 파천(播遷)길에 올라 경기도 이천을 거쳐 충북 음성을 지나 경북 안동에 이르러 정세운을 총병관으로 삼았다. 홍건적 300여 기(騎)가 원주를 함락시키고 송광언을 죽였다.

1363년 2월, 왕이 청주를 떠나 1년 4개월 만에 개경 근처 흥왕사로 돌아와 거처를 정했다. 윤3월, 원나라 기황후의 사주를 받은 김수, 조련 등이 밤중에 흥왕사를 침범하여 왕의 침전으로 들어갔는데 환관 안도치가 왕과 모습이 비슷하므로 왕 대신 침전에 누워 안도치는 죽고 공민왕은 화를 모면했다. 이때 밀직사 최영이 행궁으로 달려가 적 300여 명을 죽이고 난을 평정하였다.

6월, 원나라에서 보낸 이가노가 조서를 내려 공민왕의 옥새를 회수했으며 원나라는 기황후로 인하여 공민왕을 마땅치 않게 생각하고 덕흥군을 왕위에 즉위시키려 기회를 엿보고 있었다. 1364년, 이윽고 최유가 원나라 군사 1만을 거느리고 압록강을 건너오자 이성계가 맞아 싸워 원나라 군사는 달천에서 패전하고 강을 건너 달아났다.

10월, 원나라에서 한림학사 기전룡을 보내 왕을 복위시켰다. 원나라에서 고려 사람 최유를 잡아서 보냈는데 11월에 처형하였다. 1365년 1월, 김유를 원나라로 보내 덕흥군을 잡아 보내라고 요청하였으나 등창이 낫기를 기다렸다가 곤장을 쳐 돌려보내겠다는 말을 듣고 돌아왔다.

2월, 공주가 만삭이 되어 죄수를 사면하였고 얼마 후 난산으로 노국공주가 죽었다. 10월, 윤소종 등 28명에게 5년 만에 과거를 실시하여 급제를 주었다.

공민왕 14년(1365년 12월), 신돈(辛旽 25세)을 『수정이순논도섭리보세공신.벽상삼한삼중대광령.도첨의사.사사판감찰.사사취성부원군.제조승록사사겸.판사운관사』로 삼았다. 총 49자로 벼슬 이름치고는 참으로 괴이한 관명이며 이는 주역점을 칠 때 49개의 점대수와 관련이 있는 것으로 추정된다. 왕이 신돈에게 중을 그만두고 벼슬하여 세상일 구제하기를 청하자 신돈은 겉으로는 탐탁지 않은 체하면서 왕의 뜻을 사양하였으나 왕이 간절히 청하므로 신돈이 아뢰기를 '국왕과 대신들이 참소하는 말과 이간하는 말을 잘 듣는다고 하는데 이와 같은 일이 없어야 나라에 복과 이익을 가져올 수 있다'라고 말하였다. 왕이 답하기를 '그대가 나를 도와주고 내가 그대를 도와주는 것으로 부처와 하늘이 이를 증명할 것'이라 약속하였다. 이에 신돈이 국정에 참여하여 권력을 잡은 지 한 달 만에 훈구대신을 내쫓고 재상과 대간의 임명 제청이 모두 신돈의 입에서 결정되었다.

1366년 4월, 왕이 아들이 없자 덕풍군의 딸과 안극인의 딸을 왕비로 삼으려고 선을 보았는데 옆에 신돈도 함께 있었다. 9월, 왕이 낙산사에 행차하였는데 낙산사는 신돈의 원찰이었다. 신돈은 낙산사의 관음보살이 영이(靈異)하므로 축원문을 쓰게 하였는데 축원문의 내용은 다음과 같았다. 『모니노(牟尼奴)는 복이 많고 장수하여 나라에 오래도록 머물러 살게 하여 주십시오』

모니노는 신돈의 비첩인 반야(般若)의 소생으로 이름은 우(禑)이다. 우(禑)와 관련하여 전해지는 이야기는 다음과 같다. 신돈이 데리고 있던 반야를 맞아들여 임신한 후 얼치기 중 능우에게 부탁하여 능우의 어머니 집에서 반야는 아이를 낳는다. 7일 후에 반야가 돌아온 뒤에는 능우 어머니가 아이를 길렀는데, 아이는 채 1년이 안 되어 죽고 말았다. 능우 어머니는 신돈에게 야단맞을까 두려운 나머지 다른 아이를 훔친 뒤, 아이가 잔병이 많으니 성 밖에서 기르는 것을 허락받고 반야가 낳은 아이처럼 길렀다고 한다. 1년쯤 지난 다음 신돈이 그 아이를 데려다가 반야와 함께 길렀으나 신돈은 물론 반야도 이 사실을 전혀 알지 못했다. 아들이 없던 공민왕은 항상 대를 이을 양자를 찾고 있었는데 어느 날 신돈의 집에 갔을 때 신돈이 왕에게 양자를 삼아 뒤를 잇게 하시라 청하였다. 왕은 아무 말 없이 웃기만 하였고 이는 묵시적 허락이나 다름없었다.

1367년 8월, 왕은 신돈의 첩 반야에게 매월 쌀 30섬씩을 내려 주었다. 1368년 4월, 명나라 태조 주원장이 설사를 사신으로 보내 황제의 옥새를 찍은 친서와 비단을 내릴 때에 왕이 백관을 거느리고 숭인문 밖에 나와 맞이 하였다. 친서는 금년 정월에 백성들의 추대로 황제 위에 올라 천하를 평정하여 대명(大明)이라 하고 홍무(洪武) 연호를 세웠으므로 국서를 만들어 고려왕에게 알린다는 (1368년 명태조 주원장 즉위 홍무 원년) 내용이었다.

1371년 7월, 공민왕이 헌릉과 경릉을 다녀올 때 신돈은 양쪽 능에 군사를 매복시키고 왕을 시해하려 하였지만 뜻을 이루지 못하였다. 그 뒤로 이인이란 사람이 신돈의 문객으로 있으면서 이 사실을 왕에게 고변하고 달아났다. 왕은 신돈을 무고한다고 의심했으나 잔당을 국문한 끝에 사실로 판명이 나자 신돈을 수원으로 귀양 보냈다. 또 측근에게 말하기를 '내가 신돈의 집에 있는 여인과 관계가 있어 아들을 낳아 기르고 있으니 그 아이를 잘 보호하도록 하라' 하였다. 이 아이가 능우의 어머니가 훔쳐다 기른 모니노(牟尼奴)였다.

왕은 신하들의 주청을 받아들여 신돈을 수원에서 처형하고 그 목을 개경의 동문에 효수하였다. 왕은 모니노를 불러들여 태후의 궁전에 들여보내고 수시 중 이인임(李仁任)에게 사실은 아름다운 부인이 신돈의 집에 있었는데 그가 아들을 잘 낳는다는 말을 듣고 내가 관계하여 모니노가 태어났다고 하였으며 이

때 아이의 나이는 일곱 살이었다. 1373년 7월, 왕은 모니노에게 우(禑)라는 이름을 내려 주고 '강녕부원대군'에 책봉하였다.

1374년 9월, 왕은 홍륜에게 시켜 첩실인 익비를 임신시키도록 하였었다. 환관 최만생이 공민왕에게 익비가 임신한 지 5개월 되었다는 사실을 알리자 공민왕이 말하기를 '내가 내일 창릉에 행차하여 선조에 알리고 일부러 주정하는체하면서 홍륜을 죽여 입막음하겠다'고 하였다. 이 말을 들은 최만생은 자기까지화를 입을까 걱정하여 이 사실을 홍륜에게 알렸다.

이날밤 최만생이 홍륜, 권진, 홍관, 한안, 노선 등과 모의하여 술에 취한 공민왕을 시해하고서 괴한이 침입했다고 크게 소리 질렀다. 다음날 새벽 27대 충숙왕비였던 공민왕의 모후가 강녕대군 우(禑)를 데리고 내전에 들어와 잠시 상례를 숨기고 발표하지 않았다. 수시중 이인임은 최만생의 옷자락에서 핏자국을 발견하고 국문한 끝에 자백을 받아냈고 최만생과 홍륜을 옥에 가둔 뒤 국상을 발표하였다.

문하시중 이인임이 백관을 거느리고 우(禑)를 왕으로 세웠는데 이때 나이 겨우 10세였으며 이어 최만생, 홍륜, 한안, 권진, 홍관, 노선 등과 그의 아들까지 죽인 후 처첩들을 모두 관비로 삼았다.

32) 우왕(禑王 / 1374년 9월~1388년 6월 / 즉위 13년 9개월간)

제32대 왕. 어렸을 때 이름은 모니노(牟尼奴)이고 8세 때 우(禑)로 고쳤으며 출생은 신돈의 비첩(婢妾) 반야(般若)의 소생이다. 반야가 낳은 아이는 한 살에 죽었고 유모가 다른 아이를 훔쳐다가 대신 길었는데 공민왕이 자기 아들이라 자처했다는 설이 있다.

1374년 9월, 공민왕이 홍륜에게 시해되었고 문하시중 이인임의 추대로 우(禑)를 왕으로 세웠으며 이때 겨우 10세였다. 1376년 2월, 신돈의 첩 반야가 밤에 태후궁에 들어가 울부짖으며 '제가 주상을 낳았는데 어째서 한씨를 어머니로 하느냐'라고 항의하자 반야를 옥에 가두었다가 3월, 임진강에 던져 죽였다.

1388년 2월, 우왕이 최영과 함께 비밀리에 요동을 공격하기로 의논하였다. 명분이 없는 북벌 전쟁을 시도하고 있었던 것이다. 3월, 우왕이 최영의 딸을 왕비로 맞아들였다. 그러나 우왕은 차츰 자라면서 주색을 즐기고 방탕하였으며 날마다 사냥만 일삼고 정사는 돌보지 않았다. 이 때문에 장인 최영은 이성계의 막강한 세력 앞에서 사위인 우왕의 앞날을 걱정한 듯하다.

1388년 4월, 우왕이 황해도 봉산에 머물면서 약속한 대로 최영과 이성계를 불러 말하기를 '요동을 공격할 것이니 경들이 힘을 다해야 한다'고 하였다.

이에 이성계가 아뢰기를 첫째, 작은 나라가 큰 나라를 치는 것. 둘째, 여름철에 군사를 출동시키는 것. 셋째, 북벌 중에 남쪽에서 왜적이 침입하는 것. 넷째, 장마철에는 활줄에 아교가 녹아 풀리고 또 병사들이 전염병에 노출된다는 점을 말하자 왕이 그럴듯하게 생각하였다. 그러나 이성계가 나간 뒤, 최영은 왕에게 일체 다른 말은 받아들이지 말라고 하였다.

4월 12일, 우왕이 평양에 머물면서 최영을 8도 도통사로 임명한 후 조민수를 좌군 도통사로 삼고 이성계를 우군 도통사로 삼았다. 4월 18일, 조민수는 좌군을, 이성계는 우군을 거느리고 평양을 출발하니 그 수를 10만 대군이라 하였다. 5월 7일, 좌우군이 압록강을 건너 위화도(威化島)에 진을 쳤는데 도망자가 끊이지 않았다. 5월 13일, 좌우군 도통사가 우왕에게 사람을 보내 아뢰기를 '전하께서 각별히 회군을 명령하여 백성의 기대를 저버리지 마시라'고 하였으나 우왕과 최영은 전혀 듣지 않았다. 오히려 환관 김완(金完)을 보내 빨리 진군하도록 독촉했는데, 좌우군 도통사는 김완을 잡아 두고서 마침내 압록강을 건너 회군하기 시작하였다.

5월 22일, 우왕은 평안남도 성주 온천에 갔다. 5월 24일, 최유경이 달려가 우왕에게 회군 소식을 전하였고 한편 방과 방우, 이화상은 성주에서 이성계 군중으로 달려왔다. 5월 26일, 우왕이 평양에 이르러 재물과 보화를 거두어 대동강을 건너 밤에 중화군에 도착하였다. 5월 28일, 왕이 서경을 떠나 도성으로 돌아왔다. 6월 1일, 좌우군이 도성 근교에 진을 치고 붙잡아 두었던 환관 김완에게 글을 올려 왕에게 전하기를 '공민왕께서 명나라를 섬겨 천자는 고려를 공격할 뜻이 없었는데 지금 최영이 총재가 되어 대군을 몰아 명나라를 범하려고 군사를 움직이니 왜적이 빈틈을 이용해 우리 백성들을 죽이고 창고를 불태웠습니다. 더욱이 한양으로 천도하여 민심이 편안하지 못하므로 지금 최영을 제거하지 않으면 반드시 고려가 위태롭게 될 것입다.'라고 하였다. 우왕은 전혀 개의치 않고 조민수와 이성계를 잡아 오는 사람에게 후하게 상을 주겠다고 방을 붙였다.

6월 3일, 이성계가 승인문 밖 산대암에 진을 치고서 류만수를 보내 승인문으로 들어가도록 하고 좌군은 선의문으로 들어가도록 하였다. 최영이 막아 싸웠으나 모두 물리쳤다. 이성계가 승인문을 지나 좌우군이 나란히 성안으로 들어가자 사람들이 술을 대접하며 수레로 막혔던 길을 터놓았다. 조민수가 거느린 군사가 잠시 최영의 군사에게 쫓기기도 하였으나 이성계가 황룡기를 내세우고 선죽교를 지나 남산에 오르자 최영 군사는 흩어져 달아났다.

이때 우왕은 최영과 함께 팔각전에 있었는데 군사들이 담을 무너뜨리고 최영을 찾아냈으며 우왕이 최영의 손을 잡고 울면서 이별하자 최영은 두 번 절하고 곽충보를 따라나섰다. 이성계가 최영에게 말하기를 백성들의 원성이 하늘에 사무쳤기 때문이니 부디 잘 가시라며 눈물을 흘렸고 최영을 고양시로 귀양보냈다. 6월 6일, 우왕은 환관 80여 명을 데리고 갑자기 이성계, 조민수, 변안열 집으로 달려갔지만 문밖에 군사들만 주둔 시킨 채 집에 없어 해치지 못하고 돌아왔다. 6월 8일, 우왕을 영비, 연쌍비와 함께 강화도로 추방했다.

33) 창왕(昌王 / 1388년 6월~1389년 11월 / 즉위 1년 6개월간)
제33대 왕. 6월 8일, 우왕을 강화도로 추방하고 6월 9일, 조민수가 정비(定妃)

의 전교를 받들어 우왕의 아들 창(昌)을 세웠는데 당시 나이가 9세였다.

최영을 옥에 가두어 요동정벌에 대한 죄를 국문하고 충주로 귀양 보냈다가 12월, 최영의 목을 베었다. 1389년 11월, 김저와 정득후가 몰래 여주로 가서 우왕을 알현하자 김저에게 장사 몇 명만 구해주면 시중 이성계를 제거할 수 있을 것이니 곽충보를 찾아가면 도와줄 것이라고 하였다. 곽충보에게 알리자 바로 이성계에게 음모를 알렸다. 김저와 정득후가 이성계의 집을 찾아갔지만 군사에게 붙잡혀 정득후는 자살하였다. 김저를 옥에 가두어 신문하자 변안열 등과 공모하여 우왕을 복위시키기로 했다고 실토하므로 우왕을 강릉으로 옮기고 창왕은 강화도에 유폐시켜 서인으로 삼았다.

34) 공양왕(恭讓王 / 1389년 11월~1392년 7월 / 즉위 2년 8개월간)

제34대 왕. 20대 신종의 7대손으로 이름은 요(瑤)이며 이성계가 심덕부, 정몽주 등과 의논하여 종친 중에서 왕(왕요)으로 세웠다.

1389년 12월, 공양왕은 우왕이 죄 없는 사람을 많이 죽였으므로 교서를 내려 서균형을 강릉으로 보내 우왕을 베고, 유구를 강화로 보내 창왕을 베도록 하였다. 이때 최영의 딸이자 우왕의 아내인 영비는 밤낮으로 울면서 이 모든 것이 아버지 최영의 허물이라며 한탄하였다.

1390년 4월, 위화도 회군에 공이 많은 우대언, 조인옥, 조온 등 45인을 공신으로 표창하였다. 9월, 한양으로 도읍을 옮기고 안종원에게 개경을 지키도록 하였다. 12월, 조민수가 창녕에서 죽었다. 형조판서 안원이 아뢰기를 '도읍을 옮겼는데도 범이 사람을 해치고 변고가 그치지 않으니 술사의 말은 믿을 수 없다'라면서 본래의 개경으로 돌아가서 하늘의 뜻에 부응하고 백성의 기대를 위로하자고 청하여 왕이 그 말을 받아들였다.

1391년 1월, 이성계를 도총제사, 배극렴을 중군총제사, 조군을 좌군총제사, 정도전을 우군총제사로 삼았다. 1392년 3월, 이성계가 해주에서 사냥을 나갔다가 말에서 떨어져 위독하였다. 왕이 환관을 보내 병문안을 하였는데 정몽주는 이성계가 낙상한 소식에 전혀 상심하는 기색이 없었다. 4월, 이성계가 해주를 떠나 벽란도에 유숙하였는데 이방원이 달려와 고하기를 '정몽주가 반드시우리 집안을 해칠 것'이라고 하였으나 듣지 않다가 간곡한 요청에 마침내 밤중에 가마를 타고 사저로 돌아왔다. 성헌에서 번갈아 상소하여 조준, 정도전, 남은을 처벌하자고 하였는데 이는 이성계가 위독한 틈을 타 이성계 추대 움직임에 선수를 치고 제압하기 위한 것으로 정몽주의 뜻이었다. 이러한 움직임이 드러나자 이방원은 사태의 긴박함을 이성계에게 알리고 숙부의 사위 이제(李濟) 등과 함께 정몽주를 제거하기로 모의하였다.

반면 백부의 사위 변종랑은 이방원의 움직임을 정몽주에 누설하였다. 정몽주는 이성계를 문안한다며 사저로 찾아가 동태를 살폈지만, 이성계는 모르는척하고 예전과 똑같이 대하였다. 이방원은 정몽주가 돌아갈 때 선죽교에 잠복해 있다가 철퇴를 휘둘렀다. 이어 없는 일을 꾸며 대신들을 모함하고 국기를 문란케 했다는 죄목으로 효수하였다.

1392년 7월 12일, 공민왕의 정비 안씨 교서에 따라 공양왕 폐위가 결정되었다. 남은(南誾)이 정희계와 함께 교서를 궁궐로 받들고 가서 읽자 왕은 엎드려 명령을 들었다. 마침내 왕은 폐위되어 빈, 세자와 함께 강원도 원주로 추방되었다가 얼마 뒤 간성으로 옮겼으며 2년 후 1394년, 다시 삼척에서 50세로 세상을 떠났다.

공양왕이 즉위한 지 2년 8개월 만인 1392년, 고려왕조는 34대 474년 동안의 성쇠 부침을 거듭하다가 막을 내렸다. 1392년 7월 17일, 배극렴, 조준, 정도전, 남은 등 50여 대소 신료들이 옥새를 받들어 이성계는 조선왕조를 창업하고 수창궁에서 왕위에 올랐다.

※ **고려 왕비의 특징** : 고려왕은 근친혼(近親婚)을 하였으며 실제는 왕씨이지만 혼인할 때는 성씨를 바꾸었다. 25대 충렬왕, 26대 충선왕, 27대 충숙왕, 28대 충혜왕, 31대 공민왕은

왕실의 의사와 관계없이 원나라 공주와 혼인을 해야만 했다. 단 29대 충목왕과 30대 충정왕은 각각 12세, 15세에 세상을 떠나 왕비가 없었다.

고려 조정에서 충(忠)자 묘호를 받은 임금은 모두 원나라 부마(사위)였으므로 고려는 1세기 반 동안 원나라 요구를 들어주지 않을 수 없는 모욕을 겪어야 했다.

※ **고려 멸망의 원인** : 첫째, 왕실의 후계가 미약하여 왕자의 정통성이 모호하였고 그 틈을 이용하여 불자 신돈이 권력을 전횡하였다.

둘째, 최영의 무모한 요동 정벌로 이성계의 위화도 회군을 자초하였다.

셋째, 수구세력(이인임, 정몽주)과 개혁세력(정도전, 이방원)의 충돌이었다.

7. 조선(朝鮮 / 1392~1910년 / 총 27대 518년간)

※ **묘호(廟號)** : 임금이 붕어하면 왕조 국가에서는 선대왕의 위패를 종묘(宗廟)에 모시는데 바로 위패에 적힌 명칭(태조, 세종 등)이다. 즉 생전이 아닌 사후의 명칭이다. 묘호는 중국 당나라 때부터 사용되었고 우리나라는 고려시대에 도입되었다.

세종대왕의 정식 명칭은 '세종 장헌 영문예무 인성명효 대왕'으로 풀이해보면, 세종(묘호 : 종묘에 올리는 이름) 장헌(시호 : 중국 명나라 황제가 내려준 이름) 영문예무(존호: 신하들이 올린 이름) 인성명효(시호 : 아들 문종이 부왕에게 올린 이름) 대왕(왕을 높이는 접미사) 이다.

따라서 묘호는 종묘의 위패 이름, 시호는 후임 왕이 선대왕이나 대신에게 올리는 높임 이름, 존호는 신하들이 왕의 업적을 기리기 위한 칭송 이름으로 모두가 사후의 붙여진 명칭이다. 또한 묘호를 불일 때는 조(祖)와 종(宗)을 구분한다. 조(祖)는 나라를 처음 세운 왕이나 국가를 위기에서 구제한 왕을 뜻하고, 종(宗)은 선대왕의 왕위를 순리적으로 승계한 왕을 뜻한다. 연산군과 광해군은 왕위에서 쫓겨났기 때문에 대군으로 강등되어 종자를 붙이지 않았다.

※ **왕실의 호칭** : 왕의 정실부인을 왕비라 하고 왕비가 일찍 죽으면 다시 계비를 왕비로 세웠으며 때로는 빈이 왕비에 오르기도 하였다. 왕비와 왕후는 같은 말이며 왕의 부인은 '왕비(妃) → 빈(嬪) → 숙의 → 숙원 → 후궁' 등 5등급으로 구분된다. 왕후가 낳은 왕자를 대군(大君), 빈·숙의·숙원·후궁이 낳은 왕자를 군(君)이라 한다. 왕후가 낳은 왕녀를 공주(公主), 빈·숙의·숙원·후궁이 낳은 왕녀를 옹주(翁主)라 한다. 세자, 세제, 세손은 왕위를 계승할 사람으로 책봉하여 이루어진다. 선왕의 왕비를 대비(大妃), 선왕의 대비를 왕대비(王大妃)라고 한다.

※ **위화도 회군** : 1388년 우왕은 요동 공격을 위하여 군대를 소집하였다. 이때 최영은 팔도 도통사로 군권을 장악한 후 조민수를 좌군도통사, 이성계를 우군도통사로 삼아 4만의 군사를 거느리고 출병하도록 하였다. 이전부터 이성계는 출병의 부당성을 건의하였지만 받아들여지지 않았다. 위화도에 당도한 이성계는 명분과 실익이 없다고 판단하여 재차 서신을 전한다.

첫째, 작은 나라가 큰 나라를 공격하는 것. 둘째, 전염병이 염려되는 여름철에 출병하는 것. 셋째, 병역 징집으로 왜구의 침입이 우려되는 것. 넷째, 장마철이라 활줄의 아교가 풀어지므로 무기가 취약해지는 것을 들었으나 회답이 없자 마침내 회군을 결행하였다.

※ **정몽주와 이방원** : 위화도 회군 후 이성계의 야망과 세력을 경계하고 있던 정몽주는 이방원이 자신을 죽일 것을 예감하고 있었다. 그리하여 거사 준비를 마친 정몽주는 이성계의 문병을 핑계 삼아 분위기를 살피기 위하여 그의 집을 찾는다. 이보다 앞서 이방원은 정몽주를 집으로 초대하여 연회를 베풀면서 그의 마음을 떠보려 하여가(何如歌)를 읊으니,

> 이런들 어떠하리 저런들 어떠하리
> 만수산 드렁칡이 얽혀진들 어떠하리
> 우리도 이처럼 백 년까지 누리리라.

> 그러나 정몽주는 단심가(丹心歌)로 답하기를,

> 이몸이 죽고 죽어 일백번 고쳐 죽어
> 백골이 흙먼지 되어 넋이야 있고 없든
> 님 향한 일편단심 가실 줄이 있겠는가!

이방원은 정몽주의 굳은 뜻을 확실히 파악한 후 척살하기로 하고 심복인 조영규에게 지시를 내렸다. 이성계의 병문안을 마치고 돌아가던 정몽주가 선죽교에 당도했을 때, 기다리고 있던 조영규의 철퇴를 맞고 쓰러졌다. 이 사건이 일어나기 이전부터 정몽주와 이방원은 결코 함께할 수 없음을 알았고 서로가 제압할 기회를 엿보고 있었다. 이에 앞서 정몽주는 낙마로 심한 부상을 입은 이성계가 벽란도(황해도)에서 요양하고 있을 때를 기회로 삼았었다. 대간을 불러 이성계의 사람이었던 조준, 정도전, 남은, 윤소종, 청주목사 조박 등의 죄목을 적은 상소문을 공양왕에게 올린다. 도당에서 처리하라는 명을 받아낸 정몽주는 여섯 사람을 모두 귀양보낸다. 이에 위기감을 느낀 이방원은 어머니 묘역에서 여막살이를 하다가 벽란도에 있던 이성계를 모시고 급히 송도 집으로 돌아왔다. 이미 정몽주의 음모를 알고 대비했던 이방원의 선수에 정몽주의 뜻은 꺾이고 말았다.

※ **조선 국호(朝鮮 國號)** : 1393년 태조가 왕위에 오른 다음 해에 사신을 명나라로 보낸다. 조선(朝鮮)과 화영(和寧) 중, 어느 쪽을 국호를 사용하는 것이 좋을지 명나라 태조에게 청하여 조선이라 부르도록 명을 받았다.

1) 태조(太祖 1335~1408 / 재위 1392년 7월~1398년 9월, 6년 2개월간)

제1대 왕. 본관은 전주. 초명은 성계. 이름은 단(旦). 자는 군진(君晉)으로 선대는 전라북도 전주 사람이고 후에 함경남도 함흥으로 이주하였다. 고려시대 동북면 병마사로 있던 신흥 군벌 이자춘의 둘째 아들이다.

고려말 우왕시대에 최영 장군의 중국 요동정벌 정책에 따라 출정하였다가 조민수와 함께 위화도에서 회군하여 최영을 제거하고 우왕을 폐위시킨 뒤 창왕을 옹립하였다. 1년 5개월 뒤, 다시 창왕을 폐위시키고 공양왕을 옹립하여 스스로 문하시중이 되었다.

1391년, 삼군 도총제사가 된 후 다음 해인 1392년 7월 16일, 공양왕으로부터 왕위를 물려받아 수창궁에서 즉위하였으며 이때가 중국 명태조 홍무 25년이다. 당시에 배극렴, 조준, 정도전, 남은 등 대소 신료들이 옥새를 받들고 태조의 집으로 가서 왕위에 오르도록 청하는 절차를 밟았다. 왕위에 오른 태조는 고조부를 목조, 증조부를 도조, 부친을 환조로 추존하고 조준을 5도 병마도통사에 제수하여 문하시중을 겸직시켰으며 배극렴을 좌시중에 제수하였다. 또 익안대군 방의와 조준, 정도전, 배극렴, 윤소종, 이지란(퉁두란), 남재 등 39명을 공신으로 책봉하였다. 공양왕은 공양군으로 강등시켜 강원도 간성으로 보냈다.

1393년 3월, 명나라로 사신을 보내 국호를 조선으로 확정 지었다. 권근을 정몽주 일파로 간주하여 충주로 유배 보냈다가 『선릉지』를 편찬해 바치도록 하여 다시 예문관 학사로 제수하였다. 태조는 국호를 개정한 후 수도를 옮기기로 하고 정도전, 이직, 무학대사에게 새 도읍지를 물색하도록 한다. 무학대사의 의견에 따라 한양(서울)을 새 수도로 정하였다. 1393년 9월, 궁궐 공사를 시작하여 1396년 9월까지 계속되었으며 아직 완성되지 않은 1394년 10월에 개성에서 한양으로 도읍을 옮겼다.

한편 태조는 첫째 부인 신의왕후 한씨에게서 방우, 방과(정종), 방의, 방간, 방원(태종) 방연 6남과 경신, 경선 2녀를 두었고 한씨는 태조가 왕위에 오르기 1년 전

55세로 세상을 떠났다. 둘째 부인 신덕왕후 강씨에게서 방번. 방석(세자) 2남과 딸 하나를 두었다.

1394년, 정진(鄭晉)을 보내 공양왕 왕요를 목 졸라 죽이고 그의 아들 왕석도 죽였다. 1396년 8월, 신덕왕후 강씨가 세상을 떠나자 태조는 10일 동안 정사를 중지하고 애도하면서 15일 동안 명당을 찾다가 방화방으로 결정한 후 이듬해 안장하였는데, 이곳을 정릉이라고 하였다.

※ 1차 왕자의 난 : 1398년 8월, 태조의 와병으로 조정의 분위기는 어수선하였다. 조선왕조 건국의 일등 공신인 다섯째 아들 방원은 여덟째 왕자 방석이 세자로 책봉되자 불만을 품고 난을 일으켰다. 이에 앞서 둘째 부인 강씨는 태조의 총애를 받으면서 정도전, 남은 등을 앞세워 자신이 낳은 막내아들 방석(당시 11세)을 세자로 세운 후 병환으로 세상을 떠났다. 이때부터 방원은 심복인 하륜 등과 함께 세자 책봉에 앞장섰던 정도전, 남은 등의 대신들을 제거하려고 기회를 엿보고 있었다. 그때 하륜은 충청감사로 명을 받고 떠나는 날 안산군수 이숙번을 방원에게 천거하였다.

한편 남은과 심효생 등은 정도전의 집에 모여 앞날에 대해 논의를 하던 중 태조의 병이 위독할 때 서둘러 방원 형제들을 대궐로 불러들여 제거하기로 뜻을 모았다. 그날 초저녁이 되자 내관들이 왕자들을 찾아와 태조의 병이 위중하여 자리를 옮기려 한다며 모두 대전으로 들어오라고 하였다.

이에 앞서 방원은 하륜의 천거를 받은 이숙번을 몰래 불러놓고 정도전, 남은 등이 음모를 꾸밀지 모르니 내가 부르면 곧바로 달려오라고 약속을 해놓은 상태였다. 처남 민무구를 시켜 이숙번은 군사를 거느리고 신극례의 집에서 조용히 대기하고 있었다.

밤이 되어 방원이 궁궐로 들어가자 이상하게도 궁궐에는 불이 꺼져있었다. 방원은 뒷간으로 숨어들어 분위기를 살피다가 다시 말을 타고 서쪽 문으로 향해 나왔고 방의와 방간도 따라나섰다. 자신의 군영 앞에 도착하여 이숙번에게 대책을 물었고, 역적들이 모여있는 정도전 첩의 집을 포위하고 불을 지른 뒤에 뛰쳐나오는 데로 척살하기로 하였다.

이에 이거이, 조영무, 신극례, 민무구, 민무질 등과 군사 20여 명이 함께 집에 불을 붙이자 정도전과 남은은 재빨리 도망쳤고 심효생 등이 그 자리에서 죽임을 당했다. 정도전은 민부의 집에 숨었다가 체포되어 참형을 당했고 아들 정유와 정영도 죽었으며 정담은 자결하였다. 이 밖에 남은을 비롯해 정도전과 인연을 맺고 있던 모든 사람이 죽임을 당했다.

또한 왕자의 난에 불씨가 되었던 방석을 귀양보내는 척하면서 중간에서 죽였고, 그의 형인 방번까지 무참히 살해했다. 방원의 난동을 전해 들은 태조는 아픈 몸이지만 화가 치밀어 누워있지를 못하고 식음을 전폐하다가 둘째 아들 방과(정종)에게 왕위를 물려주고 함경남도 함흥으로 떠났다.

2) 정종(定宗 1357~1419 / 재위 1398년 9월~1400년 11월, 2년 2개월간)

제2대 왕. 태조의 2남으로 초명은 방과, 자는 광원이며 1398년 8월 방원의 난으로 세자 방석이 죽자 잠시 세자로 책봉되었다가 9월 5일, 태조의 선양을 받고 왕위에 올랐다.

1399년 3월, 한양의 지형에 문제가 있다 하여 한양에서 원래의 개경으로 도읍을 옮기고 집현전을 설치하여 장서와 경전 강론을 담당하도록 하였다. 1차 왕자의 난을 겪고 난 뒤 지중추원사 박포가 자신의 공과에 대하여 불평하고 다니자 방원은 정종에게 건의하여 죽주로 귀양 보냈다가 공과를 생각하여 다시 조정으로 불러들였다. 그러나 방원에게 불만을 품고 있던 박포는 넷째 회안군 방간을 찾아가 방원이 심상치 않다고 이간책을 썼다.

※ 2차 왕자의 난 : 박포가 말하기를 정안군 방원은 대군보다 군사도 많고

용맹하므로 선제공격을 하지 않으면 필경 화를 입게 될 것이라고 하였다. 방간은 처조카인 교서관 이래를 불러 대책을 논의하였는데, 이래는 이 사실을 곧바로 방원에게 알렸다. 이에 방원은 방간의 집과 거동을 염탐하도록 하여 수많은 사람이 왕래하며 무장한 군사들이 모여있는 것을 알게 되었다.

방원은 방간에게 사람을 보내 만나기를 요청하였으나 화를 내면서 들으려하지 않았다. 하는 수 없이 갑옷을 챙겨 입고 이천우와 함께 말에 올라 방간을 치기로 하였다. 한편 예조전서 신극례를 정종에게 보내 고하기를, 난동이 일어날지 모르니 폐하께서 만일을 위하여 대궐 문을 굳게 지키라고 하였는데 왕은 믿고 싶지 않았다.

얼마 지나지 않아 방간도 왕에게 부하 오용권을 보내 방원이 저를 해치려고해서 어쩔 수 없이 군사를 일으키게 되었다고 전한다. 정종은 화를 내면서, '이런 고약한 놈들 간신들의 말만 믿고 형제간이 서로 죽이려 하다니! 빨리 무기를 버리고 대궐로 들어오면 살려주겠다'라고 하였지만 끝내 양편 군사들은 맞붙어 싸우기 시작하였다.

두 왕자의 싸움에서 방원의 심복 이숙번이 앞장서서 방간의 군사를 제압하였고 싸움이 불리해지자 방간은 급한 나머지 갑옷을 버리고 성균관 골짜기로 달아났지만 이숙번의 군사에게 잡히고 만다. 방원은 형인 방간을 안타깝게 바라보면서 반란의 이유를 물었는데, 방간이 말하기를 '박포가 나를 찾아와 아우가 나를 해치려 한다기에 이렇게 되었다'라고 하자 방간을 토산으로 귀양보낸다. 방간은 그곳에서 죽었고 이간책을 썼던 박포는 귀양을 보냈다가 참형에 처한다.

방과 정종은 원래부터 왕위에는 뜻이 없었다. 조선을 개국하여 지금에 이르기까지 방원의 공로가 많다는 것을 익히 알고 있었기 때문에 더욱 그러했다. 1차 왕자의 난과 2차 왕자의 난을 겪고 난 정종은 방원을 세자로 책봉하였다가 1400년 11월, 마침내 방원에게 왕위를 양위하고 상왕으로 물러난다. 이후

격구와 사냥을 즐기면서 평온한 생활을 누리다가 19년 후 세종 원년에 63세로 세상을 떠났다.

3) 태종(太宗 1367~1422 / 재위 1400년 11월 ~1418년 8월, 총 17년 10개월간)

제3대 왕. 태조의 5남인 정안군 방원은 고려말 위화도 회군에서부터 태조가 왕위에 오를 때까지 아버지를 보좌하였다. 다른 어느 형제보다도 공로가 많았으나, 창업한 지 오래되지 않은 조선 왕권의 강화를 위해 지나치게 힘쓴 나머지 과격한 행동을 일삼아 태조의 인정을 받지 못했다. 11세 방석이 세자로 책봉되자 정치적 야망을 노골적으로 들어내어 1, 2차 왕자의 난을 일으켜 주도권을 잡았고, 정종의 선양으로 왕위에 올랐다.

왕위에 오른 태종은 왕권 강화를 위한 제도적 장치 마련에 착수한다. 중앙제도와 지방제도를 정비하여 고려 잔재를 완전히 청산하고, 군사제도를 정비하여 국방을 강화하였으며, 조세제도를 정비하여 국가 재정을 안정시켰다. 또한 노비제도와 교육과 과거제도 정착에도 역점을 두었다. 권근을 책임자로 하고 유학과 경학에 박식한 사람들을 선발하여 성균관과 5부 학당의 유생들을 교육했으며, 기술 교육을 위해 10학을 설치하고 제조를 두었다.

1402년, 신문고를 설치한 후 억울한 일을 당한 백성들이 자유롭게 청원하는 사회 정책을 시행하여 민심을 수습하였다. 1403년, 함흥에 있던 태조를 모셔오기 위하여 박순을 차사로 보냈으나 돌아오지 못하였다. 1404년, 도읍을 개성에서 다시 한양으로 옮겼다.

1407년, 권력을 남용하며 물의를 일으킨 처남 민무구, 민무질 형제를 서인으로 폐한 후 처형하였다. 그해 1차, 2차 왕자의 난을 도왔던 이숙번을 축출하였다. 1408년 5월, 태조가 승하한 후 하륜을 영의정으로 제수하였다.

1411년, 유학을 장려하여 권학사목과 국학사의를 정하고 4부 학당을 건축하였다. 1412년, 변계량을 예문관 대제학으로 제수하였다. 1413년, 행정구역 8도를 정하고 군현을 개정하였다. 1414년, 성균관에 행차하여 알성응제시를 시행하였다.

※ **양녕과 충녕** : 태종은 슬하에 양녕대군, 효령대군, 충녕대군, 성녕대군과 4공주를 두었다. 첫째 양녕은 1404년에 세자로 책봉되었으나 자유분방한 성격 때문에 궁중 생활에 잘 적응하지 못하고 궁 밖으로 몰래 나가 사냥이나 풍류를 일삼으며 소일하다가 태조의 신임을 잃은 나머지 1418년 마침내 세자에서 폐위되었다.

둘째 효령대군은 양녕이 세자에서 폐위되자 한때 자신이 세자가 될 것이라 생각하기도 하였으나 동생 충녕이 세자로 책봉되자 스스로 절로 들어가 불교에 전념하면서 세종부터 성종에 이르는 여섯 왕을 거치며 91세까지 장수 하였다.

※ **억불숭유(抑佛崇儒)** : 조선왕조 건국 세력인 신진 사대부들은 고려 말기에 전래된 주자학을 중심으로 공부하면서 우주의 근본 원리와 인간의 심성 문제를 기반으로 하는 성리학을 숭배하고 있었다. 성리학의 토대인 공맹사상은 본래 현실주의적 경향을 띠고 있었기 때문에 성리학 역시 현실주의를 지향할 수밖에 없었다. 이와 같은 성리학의 발달은 자연히 비현실적인 불교를 위협하게 되었다. 고려말 불교를 숭배하던 정치권이 쇠락하자 신진세력들은 개혁이라는 명분으로 더욱 불교를 탄압하기 시작했다.

태조와 정종은 불교에 호의적이었으나 태종이 왕위에 오르면서 1402년, 서운관에서 불교혁파론 상소를 받아들여 사찰의 토지를 군대에 예속시켰다. 1404년 12월, 사간원의 건의를 받아들여 부녀자들이 절에 가는 것을 금지하기도 하였고 1405년 8월, 폐사찰의 전답과 노비를 국가의 공용으로 귀속하였으며 11월에는 급기야 전국 모든 사찰의 토지와 노비를 혁파하였다.

이때까지 불교 종단은 11개였으나 7개 종단으로 통합하여 '조계종·천태종·화엄종·자은종·중도종·총남종·시흥종'만 남겨 두었다. 이렇게 강력하게 추진된 억불 정책은 세종 대에 더욱 강화되어 7개 종단을 다시 선종과 교종으로 정리한 후 사찰도 36본산으로 한정시켰다. 그 뒤 성종, 연산군, 중종 등은 불교의 중앙 기관을 철폐하고 고려 이후 실시하던 승과(僧科)와 승계(僧階)까지 폐지하였다.

※ **화폐개혁** : 정치·경제·사회·문화 전반에 걸쳐 제도 개혁과 동시에 화폐개혁을 단행하였으나 불협화음이 만만치 않았다. 고려시대에도 성종 996년, 철전을 주조하여 유통한 것을 비롯하여 해동통보(海東通寶) 등 각종의 동전을 보급한 일이 있지만 고려는 끝내 이 같은 명목화폐를 정착시키지 못하였다. 따라서 조선 개국 당시에는 물품 화폐가 상거래 수단으로 이용되고 있었다.

그리하여 저화(楮貨 닥나무 종이화폐)와 포화(布貨 삼베 또는 목면木綿 등의 물품화폐)의 사용을 번갈아 시도하였지만, 저화를 기피하는 경향이 계속되자 결국 저화는 자취를 감추게 되고 포화를 비롯한 물품화폐가 전용된다. 세종 대에 이르러 동전인 조선통보를 발행하여 법화(法貨)로 정착시키면서 비로소 정상적인 화폐 사용이 시작되었다.

1418년 6월, 태종은 세자 양녕대군이 절제 없이 방탕한 생활을 일삼는다는 이유로 세자를 폐하고 셋째 충녕대군을 세자로 삼아 8월에 왕권을 이양했다. 태종은 상왕이 된 뒤에도 심정과 박습을 치죄하였고 병선 227척과 군사 17,000여 명으로 대마도를 공략하는 등 군권에 참여했다. 1422년, 56세의 생을 마칠 때까지 세종의 왕권 안정을 위하여 노력을 아끼지 않았다.

4) 세종(世宗 1397~1450 / 재위 1418년 8월~1450년 2월, 총 31년 7개월간)

제4대 왕. 태종의 3남으로 휘는 도이고 자는 원정이며 태종 8년에 충녕군으로 봉해졌다. 1418년, 맏형 양녕대군이 세자위에서 폐위됨으로 인해 세자로 책봉되었다가 그해 8월 8일, 근정전에서 즉위하였다. 훗날 시호는 장헌이고, 존호는 영문예무 인성명효대왕이며, 묘호는 세종이고, 능호는 영릉(경기도 여주군 능서면 왕대리)이다.

왕위에 오른 세종은 장인 심온을 영의정으로 제수하였다. 그러나 상왕 태종은 평소에 외척이 득세하는 것을 경계하여 처남인 민씨 형제 4명을 죽인 전례가 있었다. 세종은 상왕의 이러한 견제심을 간과하고 심온을 명나라 사신으로 보냈는데, 떠날 때 도성이 떠들썩할 정도로 위세를 부린 것이 못마땅했던 상왕은 심온이 국경을 넘어오자마자 압송하여 마침내 어명을 받아 사사시켰다. 심온의 동생 심정도 고문을 받다 죽었으며 중전 심씨의 어머니는 관노비로 전락했다.

1419년 6월, 이종무에게 병선 227척과 군사 일만 칠천으로 대마도를 정벌하게 하여 왜적의 기세를 꺾고 평화시대의 기틀을 마련하였다.

1420년, 조정에 처음으로 집현전을 설치하고 성삼문, 신숙주 등 13인에게 명하여 학문을 연구하도록 하였다.

1423년, 고려 조정부터 청빈하기로 이름난 황희를 정승으로 삼았다. 황희는 무려 18년 동안 영의정을 지냈으며 한때 양녕대군의 세자 폐위를 반대하다 남원으로 귀양을 가기도 했다.

※ **천문학과 과학** : 세종 대에는 과학과 기술 분야에서도 혁신적인 발전을 이루었다. 천문학에서부터 농학, 인쇄술, 의학, 아악에 이르기까지 다양한 분야에서 변화가 시도되었다.

천문학을 주관하던 곳은 서운관으로 1432년부터 대규모 천문의상을 제작하였다. 1433년 완성된 경복궁 경회루 북쪽의 석축 간의대에는 혼천의, 혼상 그리고 규표와 방위 지정표인 정방안 등이 설치되었다. 1438년 3월부터 이 간의대에서 서운관 관원들이 매일 밤 천문을 관측한 것으로 기록되어 있다.

장영실을 통한 천문학의 발전은 시계의 발명을 가져왔고 해시계로는 앙부일구·현주일구·천평일구·정남일구 등이 있었으며, 물시계로는 자격루와 옥루가 있었다. 그러나 해시계는 흐린 날씨에는 무용지물이었으므로 물시계가 필요했다. 1434년 세종의 명을 받고 장영실, 이천, 김조 등이 자격루를 고안하였다.

1438년, 장영실이 독자적으로 천상시계인 옥루를 발명하여 경복궁 천추전 서쪽에 흠경각을 짓고 옥루를 설치하였다. 옥루는 중국 송·원 시대의 모든 자동시계와 중국에 전해진 아라비아 물시계에 관한 문헌들을 연구한 끝에 고안한 독창적인 것으로 당시 중국이나 아라비아의 것보다도 뛰어나다는 평가를 받고 있다.

1435년, 납활자인 병진자가 주조됨에 따라 금속활자와 인쇄술이 완성되어 서책 보급을 원활히 할 수 있었다.

1441년, 측우기가 발명된다. 이것은 갈릴레오의 온도계 발명이나 토리첼리의 수은 기압계 발명보다 2백 년이나 앞선 세계 최초의 기상 관측장비였다. 이처럼 천문 관측대와 해시계, 물시계, 측우기 등 세계 역사에 빛나는 업적이 세종대에 이루어져 과학 분야에 혁신을 가져왔다.

1443년, 화포 주조소를 짓게 하여 뛰어난 성능의 화포를 만들어 이듬해 화포를 전면 개주 하였고, 1447년 편찬·간행된 『총통등록』은 화포의 주조법과화

약 사용법 그리고 규격을 그림으로 표시한 책이다. 의학 서적으로는 『향약채집월령』, 『향약 집성방』, 『의방유취』 등이 편찬되었고 아악보로 조회아악, 회례아악 및 제례아악 등이 완성되었다.

1434년, 고려시대부터 끊임없이 침입해 오는 여진족을 토벌하기 위하여 김종서를 보내 두만강 유역의 육진(六鎭)을 개척하였다. 1437년에는 이무를 보내 압록강 유역의 여진(女眞)을 정벌하였다.

※ **훈민정음** : 한민족 역사에 가장 위대한 업적을 꼽는다면, 우리의 글(한글)을 만들어 사용하고 있다는 점일 것이다. 일본 문자는 독특하긴 하지만 중국 한자의 초서를 모방한 혼용 문자일 뿐이다. 한글은 모음 10자와 자음 14자로 모든 말을 표시할 수 있는 간단하고도 편리한 문자이며, 특히 컴퓨터 사용에도 적합한 표음 문자로 위대한 발명이 아닐 수 없다.

그러나 한글을 발명하여 반포하기까지는 우여곡절이 많았다. 당시 문자는 지식층과 지도층의 전유물로 인식되었고, 하류층은 문자를 몰라도 상관없다는 의식이 팽배했다. 특히 문자를 통해 권력을 지키고 권위주의를 유지하려는 양반과 관료들의 반대가 심했다. 당시 최만리의 훈민정음 반포 반대 상소의 내용을 요약하면 다음과 같다.

첫째 새 문자를 만들어 단독으로 사용한다는 말이 중국에 전해지면 황제로부터 비난을 받을 수 있고, 둘째 중국의 오랜 문자인 한자를 대신하여 훈민정음을 사용한다면 스스로 오랑캐를 자처하는 것이고, 셋째 신라시대 설총의 이두(吏讀) 문자로 가능한 것을 군이 훈민정음으로 대체할 필요성이 없다는 것이고, 넷째 훈민정음 창제 취지 중 훈민정음 보급이 억울한 사람을 줄일 수 있다는 논리가 옳지 않다.

이처럼 이러한 반대의 핵심 의도는 사대(事大)주의와 권위주의였다고 볼 수 있다.

훈민정음은 세종과 집현전 학자들이 공동으로 만든 것으로 전해지며 주도적 역할을 했던 학자로는 정인지, 신숙주, 성삼문, 최항, 박팽년, 이선로, 이개, 강희안 등 이었다. 훈민정음의 창제는 비밀리에 진행되었고 완성된 후 기습적으로 반포되었다. 반포(頒布)문에서 밝힌 훈민정음 창제 동기는 다음과 같다.

『우리나라의 발음이 중국(한문)과 달라서 문자로 의사소통이 어려웠기 때문에 백성들이 하고 싶은 말이 있어도 뜻을 전달하지 못하는 사람들이 많았다. 나는 이점을 안타깝게 생각하고 28자를 만들게 되었으니 백성들이 누구나 쉽게 익혀서 편리하게 사용하기를 바랄 뿐이다』

※ **황희와 맹사성** : 황희는 1392년 고려가 망하자 두문동에 은거하였지만 조정의 권유로 성균관 학관으로 돌아왔다. 태종의 신임을 받고 이조판서로 제수 되었다가 세종대에 영의정

에 올라 맹사성과 함께 태평성대를 도왔다.

맹사성은 태조 때부터 예조 의랑직을 제수받고 1408년에는 사헌부의 대사헌에 올랐다. 태종 대에 황희는 양녕대군의 세자 폐위를 반대했다가 유배 생활을 겪기도 하였지만, 세종은 자신의 세자 책봉을 반대했던 그를 다시 등용하였기 때문에 문민정치를 실현할 수 있었다. 또 상왕 태종의 왕권 강화에 힘입어 안정된 정치 기반 위에서 많은 업적을 남기고 54세로 세상을 떠났다.

5) 문종(文宗 1414~1452 / 재위 1450년 2월~1452년 5월, 총 2년 4개월간)

제5대 왕. 세종의 세자로 37세에 왕위에 올랐으며 휘는 향이고 자는 휘지이다. 문종은 건강이 좋지 않아 재위 기간 대부분을 병상에서 지냈으며 현덕왕후 권씨에게서 단종과 경혜공주를 두었다.

문종 대에 3정승으로 영의정 황보인, 좌의정 남지, 우의정 김종서가 꼽힌다. 병세가 악화되자 문종은 3정승을 불러놓고 '과인의 병세가 오래 살지 못할 것 같으니 어린 세자를 집현전 학사들과 함께 잘 보필해달라'고 부탁하였다. 세자에게는 강성한 삼촌들이 많았기에 죽기 전 세자의 안정된 보위를 걱정했던 것이다. 그러나 즉위 2년 4개월만인 39세 젊은 나이에 세상을 떠났다.

6) 단종(端宗 1441~1457 / 재위 1452년 5월~1455년 6월, 총 3년 2개월간)

제6대 왕. 1450년 문종이 즉위하면서 세자로 책봉되었다가 12세에 왕위에 올랐다. 휘는 홍위로 일찍이 조부 세종이 왕세손으로 책봉하여 사랑을 받았고 집현전 소장 학자들에게 은밀히 세손의 앞날을 부탁하기도 하였었다.

단종은 12세의 어린 나이에 왕위에 올랐지만, 모후 권씨가 산욕열로 일찍 세상을 떠났기 때문에 수렴청정조차도 받지 못했다. 모든 정사는 고명 대신인 황보인과 김종서가 대신하면서 문서 위에 황색 점을 찍어 올리면 단종이 다시 그 위에 낙점하는 방식으로 처리되었다.

이렇듯 왕권이 유명무실해지고 대신의 권력이 절대적인 위치에 이르자 세종의 아들(단종의 삼촌) 세력들이 팽창하기 시작하였다. 그리하여 수양, 안평, 임영, 금성, 영응 등의 왕숙 등이 서서히 왕권을 위협하기 시작하였다. 그 중에도 특히 둘째 수양대군과 셋째 안평대군이 세력의 경쟁자로 부각 되면서 서로를 경계하였고, 은연중 암투가 진행되고 있었다.

※ 계유정난 : 당시 대군들은 각기 군사를 거느리고 있었고 이때 가장 먼저 수양대군을 찾아온 사람은 권람으로, 그는 여러 번 과거에 낙방하다가 수양대군의 식객이 되었다. 권람은 수양대군에게 크게 알려지지 않았던 한명회를 추천한다. 한명회는 뛰어난 지략으로 첫 만남부터 수양대군의 마음을 사로잡는다. 1453년 4월, 수양은 명나라에 사신으로 갔다가 돌아온 신숙주를 끌어들이고 홍달손, 양정 등 심복 무사들을 양성한다. 권람, 한명회와 의기투합한 수양 일파는 거사의 기회를 엿보고 있었다.

1453년 10월 10일 밤, 수양은 몸소 양정과 유숙을 비롯한 수명의 장정을 거느리고 김종서의 집을 찾아 그의 아들 승규에게 김종서를 뵙자고 청했다. 김종서가 나와서 웬일로 밤에 누추한 저희 집까지 오셨느냐고 묻자 수양은 집 앞을 지나는 도중에 사모뿔을 잃었는데 한 개만 빌려달라고 하였고, 김종서는 그 자리에서 자신의 사모뿔을 빼서 건네주었다. 김종서 옆에는 윤광은과 신사면이 함께 있었지만 수양은 대감과 상의할 일이 있으니 물러가라고 한 후, 옷자락에서 편지를 꺼내 곁에 있던 자신의 노비 임어을운에게 전하라고 한다. 건네받은 김종서가 달빛에서 편지를 읽으려는 순간 임어을운이 숨기고 있던 철퇴로 그의 머리를 내리쳤다. 아들 김승규가 쓰러진 김종서를 껴안았을 때, 양정은 칼을 뽑아 김승규의 목을 베었다.

수양은 대궐로 달려가 최항을 불러 단종에게 김종서를 척살한 경위를 설명하도록 하고 만나 뵙기를 청했다. 잠에서 깨어난 단종은 울면서 제발 나를 죽이지 말라고 애원하였다. 수양은 '제가 전하를 지킬 것이니 염려하시지 말라'

고 하고는 왕명을 빙자하여 영의정을 비롯한 조정 대신들을 불러들였는데 이
것은 한명회가 작성해 놓은 살생부를 집행하기 위함이었다.

왕명을 받은 황보인, 이양, 조극관 등이 이날 밤 모두 척살되었다. 그러나
철퇴를 맞고 죽은 줄로만 알았던 김종서는 다시 깨어나 상처를 동여맨 채 여자
옷으로 변장하고 가마에 오른다. 한양 밖으로 통하는 돈의문, 서소문, 승례문
을 찾아가 열어줄 것을 청했지만 모두 거절당하고 아들 승벽의 처갓집에 몸을
숨겼다가 다음날 붙잡혀 참수당한다. 아들과 손자들도 모두 죽임을 당했으며,
안평대군은 김종서와 내통했다는 이유로 강화도로 유배됐다가 사약을 받고 죽
임을 당했다.

계유정난으로 왕권과 군권을 장악한 수양대군은 그 후 노골적으로 왕위를
위협한다. 마침내 두려움에 떨고 있던 단종을 상왕으로 밀어내고 1455년 윤6월,
39세로 왕위에 올랐다.

1453년, 이징옥이 종성에서 반란을 일으켰으나 진압되었다.

7) 세조(世祖 1417~1468 / 재위 1455년 윤6월~1468년 9월, 총 13년 3개월간)

제7대 왕. 세종의 둘째 아들로 휘는 유이고 자는 수지이다. 친형 문종보다 3년
아래로 어려서부터 자질이 영특하고 영민하여 학문에 뛰어났고 무예 또한 뛰
어나 성격이 대담하였다.

1466년, 좌부승지 성삼문 등 사육신으로 불리는 집현전 학사들의 단종 복위
계획이 발각되자 상왕을 노산군으로 강등시켜 영월로 유배 보냈다.

1457년 9월, 자신의 동생 금성대군이 다시 단종 복위 사건을 일으키자 사사
시키고 영월에 머물던 17세 노산군마저 관원을 시켜 죽였다. 그 시신을 산속에
서 화장했다는 설과 강물에 던졌다는 설이 있다.

1467년, 이시애가 함길도에서 난을 일으켰지만 진압되었다.

그동안 조선에서는 성리학이 대세였지만 세조는 궐내에 사찰을 두고 승려

를 궁으로 불러들여 죄책감을 씻으려 했던 것으로 보인다. 피부병에 시달리다가 1468년, 세자(둘째 예종)에게 왕위를 물려주고 52세에 세상을 떠났다.

※ **한명회** : 조선 개국 당시에 명나라로 파견되어 조선 국호를 확정 짓고 돌아온 한상질의 손자로서 과거에 실패하고 1452년, 경덕궁 궁지기를 담당했다. 친우였던 권람의 천거로 계유정난에 참여하였고 무사 홍달손을 끌어들여 김종서를 살해하고, 살생부를 집행하여 1등 공신에 올랐다.

　세조가 즉위하자 좌부승지에 제수되었고 그 뒤 계속 승진하면서 좌승지, 도승지, 이조판서, 병조판서를 거쳐 1463년에는 좌의정에 1466년에는 영의정에 오른다. 13년 만에 52세 나이로 조정의 권력을 완전히 장악한 것이다.

　또한 세조와 사돈을 맺어 딸을 예종비로 세웠고, 둘째 딸을 성종비로 세워 2대에 걸쳐 국구(임금의 장인)가 되었다. 공신 신숙주와도 인척 관계를 맺었고 친우 권람과는 사돈을 맺었다. 그렇지만 그에게도 시련은 있었으니 1466년 영의정에 제수되었을 때 함경도에서 이시애 난이 일어나 신숙주와 함께 하옥되었다가 석방되기도 하였다.

　1468년, 세조가 승하한 후 신숙주와 함께 정무를 담당하였고 1469년(예종2년) 다시 영의정에 복귀하였으나 그해 또 예종마저 승하한다. 이어 성종이 즉위하자 병조판서를 겸임하면서 막강한 국권을 행사하다가 1487년, 73세에 죽었다.

※ **신숙주** : 1417년생 세조와 동년으로 1438년, 진사시에 합격한 후 세종 대에는 집현전에 있으면서 훈민정음 정리 작업에 참여하기도 하였다. 1452년, 수양대군이 명나라를 다녀올 때 서장관으로 수행하면서 신뢰를 쌓았다.

　1453년에 신숙주는 승정원에서 동부승지, 우부승지, 좌부승지를 거쳤지만 김종서 등 권신의 경계를 받아 계유정난 당시에는 외직에 있었다. 오히려 더욱 용이하게 계유정난에 참여할 수 있었고, 난이 성공하자 1등 공신으로 도승지(비서실장)에 올라 세조의 정치를 이끌어 나갔다.

　한명회와 함께 세조의 좌우를 보필하면서 예문관 대제학, 병조판서, 좌찬성, 우의정, 좌의정을 거쳐 1462년 46세에 영의정에 제수되었다가 1464년에는 영의정을 사직하였다. 1468년, 세조가 승하하고 1469년, 예종이 승하한 후 다시 성종이 즉위하자 또다시 영의정에 올랐다. 그는 병약을 이유로 여러 차례 사직을 청했지만 성종이 윤허하지 않았고 1475년, 59세에 죽었다.

8) 예종(睿宗 1450~1469 / 재위 1468년 9월~1469년 11월, 총 1년3개월간)

제8대 왕. 세조의 둘째 아들로서 휘는 황이고 자는 명조이다. 1457년, 첫째 의경세자(덕종 추존)가 병약으로 일찍 죽자 해양대군이 세자로 책봉되었다가 왕위에 올랐다. 예종은 19세에 즉위하였지만 정희왕후가 수렴청정하였고 이는 조선왕조의 첫 수렴청정이었다. 정치는 한명회, 신숙주, 구치관 등 측근들이 보좌하였다.

1468년, 유자광의 계략으로 남이장군의 역모 사건이 발생하자 남이를 비롯한 강순, 조경치, 변영수, 문효량, 고복로, 오치권, 박자하 등이 사사되었다.

1469년, 삼포에서 왜적과의 개별 무역을 금지하였다. 6월에는 둔전(병영에 예속된 전답)을 일반 농민이 경작할 수 있도록 하였다. 9월에는 최항 등이 『경국대전』을 저술하였지만 반포하지 못한 채, 20세의 나이로 세상을 떠났다.

※ **남이장군** : 남이는 1441년 태종의 외손자로 태어나 17세에 무과에 급제하여 장수가 되었다. 1467년, 이시애 난을 평정하며 적개공신 1등에 올라 공조판서가 된 후 다음 해 오위도총부 도총관을 겸직했다.

1468년, 세조가 죽자 한명회와 신숙주의 사주를 받은 강희맹이 남이의 병조판서직이 부당하다고 비판하므로 예종은 병조판서를 해임하고 겸사복장을 임명하였다. 남이가 25세에 북방 건주위의 야인을 토벌하러 나갔을 때 시를 지어 읊었는데 뜻밖에도 이 시는 후에 역모의 단서로 이용된다.

백두산 암석은 칼을 갈아 다하고
두만강 흐르는 물은 말을 먹여 없애리라
남아로 태어나서 20대에 나라를 평정시키지 못한다면
후세에 그 누가 대장부라 하겠는가!

또 남이가 겸사복장으로 재임할 때 혜성이 나타나자 그는 혼자 말로 "묵은 것을 몰아내고 새로운 것이 등장할 조짐이구나!"라고 하였는데, 이때 병조참지였던 유자광은 이 내용을 예종에게 고변하여 국문이 시작되었다. 고문에 지친 남이는 영의정 강순과 역모를 꾀했다고 거짓 자백하여 처형되었다. 이에 앞서 권람은 친우 한명회에게 사위인 남이를 부탁했었지만, 권람은 일찍 죽었고 한명회는 오히려 남이를 제거하려고 했다.

9) 성종(成宗 1457~1494/ 재위 1469년 11월~1494년 12월, 총 25년 2개월간)

제9대 왕. 세조의 손자이고 예종의 조카이며 의경세자(덕종 추존)의 둘째 아들로서 왕위에 올랐다. 휘는 혈이며 자산군에 봉해졌다가 자을산군으로 고쳤다. 숙부 예종에겐 아들 제안대군이 있었지만 너무 어렸고 또 성종에게도 형인 월산대군이 있었지만 제외되었다.

1469년 11월 27일, 예종이 갑자기 세상을 떠나자 세조의 맏아들인 의경세자의 둘째 아들 자을산군이 13세로 즉위하여 할머니 정희황후의 섭정을 받았다. 본래 정희황후는 세조의 장손인 월산군으로 왕위를 계승하려 했지만 한명회의 반대에 부딪힌다. 자을산군은 1467년 11세에 한명회 딸과 가례를 올려 일찍이 정략결혼을 하였고, 한명회는 월산군이 병약하다는 이유로 명분을 세워 사위인 자을산군이 왕위에 오르도록 한 것이다.

1469년 12월, 호패법을 폐지하여 민간에 대한 감시를 줄였고 『경국대전』의 교정 작업을 완료하였으며 억불숭유(抑佛崇儒)정책을 강화하여 장례 시 화장 풍습을 없애고 사대부 집안의 부녀자가 비구니가 되는 것을 금지했다.

1475년, 성균관에 존경각을 지어 경전을 소장하게 하였고 양현고에 관심을 기울여 학문 연구를 후원하였다.

1476년, 정희황후의 수렴청정을 끝낸 성종은 김종직 등 젊은 사림(士林) 출신 문신들을 가까이하면서 권신들을 견제하였다.

1478년, 참판 이하의 모든 문관·무관을 교차시켜 권력의 집중을 막았으며 임사홍, 유자광 등의 공신 세력을 유배시키고 사림 출신 신진 세력들의 진로를 열어놓았다.

1480년, 고려 말의 대표적 학자인 정몽주와 길재의 후손에게 녹을 내렸고 그들의 학맥을 계승하는 사림 세력들을 대거 등용하여 훈구 세력을 견제해나갔다. 이렇게 훈구대신과 사림 간의 균형을 이루어 왕권을 안정시켰으며 사림 정치의 기반을 조성했다. 사림 김종직의 문하에는 김일손, 김굉필, 정여창 등

당대의 석학들이 포진해 있었고 이때 사림파의 배척 대상은 권력을 남용해 부패를 일삼는 훈구 세력으로 유자광, 이극돈 등이었다.

1483년, 김종직은 우부승지에 오른 뒤 요직을 거치면서 단종을 폐위시킨 세조를 비판했고 계유정난을 일으킨 한명회와 신숙주 등을 멸시하였다. 그는 반발심으로 조의제문을 지었는데, 이는 세조를 중국 전국시대 초나라 의제(義帝)를 폐위시킨 항우에 비유한 내용이었다. 또 한편 유자광을 증오한 나머지 함양 군수로 부임할 때 유자광의 시문이 걸려 있는 현판을 떼어 불태웠는데 이 때문에 유자광은 김종직에게 항상 원한을 품고 있었다.

1484년, 성균관과 향교에 학전(學田 교육기관 경비용 전답) 제도를 시행하여 관학을 진흥시켰고 집현전의 후속인 홍문관을 창설하였다. 세조 때 시작했던 『경국대전』과 『국조오례』를 완성하였고 『동국통감』, 『동국여지승람』, 『동문선』, 『악학궤범』 등을 편찬하였다.

이에 앞서 1479년, 좌의정 윤필상을 도원수로 삼아 압록강을 건너 건주위 여진족을 정벌하였고 1491년, 함경도 관찰사 허종을 도원수로 삼아 두만강 건너 우디거 부락을 정벌하여 국경 변방을 안정시켰다.

1494년, 폐비 사건을 100년 동안 거론하지 말라는 유언을 남기고 38세에 일찍 세상을 떠났다. 성종은 25년간 많은 업적을 남겼지만 후기로 접어들면서 유흥에 빠져 규방 출입이 잦았다. 이 때문에 계비 윤씨가 용안에 손톱자국을 내는 사건이 발생하여 폐비 사건으로 비화되었는데, 이 일은 훗날 연산군 2차 갑자사화의 발단이 되었다.

※ **폐비 윤씨** : 성왕은 공혜왕후(한명회의 둘째 딸)와 가례(嘉禮)를 올렸지만 한씨가 일찍 죽자 1476년 8월, 후궁이었던 숙의 윤씨(폐비)를 왕비로 승격시킨다. 그 뒤 윤씨는 3개월 만에 연산군을 낳았다.

1477년, 윤비는 독약인 비상을 숨겨 두었다가 발각되어 빈으로 강등될 뻔했으나 성종의 선처로 무마된다. 1479년, 성종의 용안에 상처를 내자 성종과 모후 인수대비가 격분한 나머지 왕자를 낳은 왕비였음에도 폐비되고 만다. 사가로 쫓겨났다가 사약을 받고 죽었다.

※ **훈구 세력의 쇠퇴와 사림파의 등장** : 훈구 세력은 세조시대 공신을 주축으로 형성되었다. 유자광 등 남이 옥사에 관련된 공신과 인수대비의 친동생 한치인이 주축이 되었다.

　　사림파는 김종직을 거두로 도학 정치를 내세우는 신진 세력으로 형성되었다. 고려말 길재의 학풍을 잇는 영남 성리학파가 주축이 되어 김일손, 김굉필, 정여창, 유호인, 이맹전, 남효온, 조위, 이종준 등이 문하생들이었다.

10) 연산군(燕山君 1476~1506/ 재위 1494년 12월~1506년 9월, 총 11년 10개월간)

　　제10대 왕. 성종과 윤씨(폐비)의 사이에서 태어난 원자로서 이름은 융이며 비는 영의정 신승선의 딸이다. 부왕 성종 시대는 평화로운 시기였다. 성종은 도학을 숭상하고 왕도정치를 꿈꾸었지만 다른 한편으로 호색가여서 12명의 부인을 거느리고 30명의 자식을 두었다. 한때 왕비 윤씨를 총애하였지만 바깥 출입이 심해지자 윤씨의 질투심이 극에 달하여 마침내 폐비가 되기까지 이르렀다. 폐비 과정에는 한명회의 훈구세력과 김종직 등의 사림 세력이 결부되어 있었다. 그러나 당시 4살이었던 세자 융(연산군)은 이런 사실을 전혀 모른 체, 1494년 12월 19세로 왕위에 올랐다.

　　어린 시절을 고독하게 보낸 연산군은 내면에 숨겨져 있던 난폭한 성격을 어김없이 표출하기 시작하여 무오사화를 일으켰다. 사화(士禍)란 신진 사림(士林) 세력들이 피해를 본 것으로, 조선시대에는 무호사화·갑자사화(연산군)·기묘사화(중종)·을사사화(명종) 등 네 차례의 사화가 일어나 많은 사림이 억울하게 피해를 당했다. 다만 무오사화는 사초에 의한 것이기 때문에 사화(士禍)가 아닌 사화(史禍)라고 적는다.

　　※ **무오사화** : 1498년 무오년, 사림파의 거두 김종직에 대한 원한이 극에 달해 있던 유자광과 이극돈의 상소로 시작된다. 연산군에게는 사림 세력을 제거할 절호의 기회였다.

　　성종실록을 편찬하는 과정에서 이극돈은 실록작업 당상관으로 임명되어 김일손이 정리한 사초를 점검한다. 이 과정에서 김종직이 지은 「조의제문」과 자신을 비판하는 상소문을 발견하고 분노하면서 유자광을 찾아갔다. 유자광은 전부터 함양관청에 붙어 있던 자신의 글을 불태운 김종직에게 원한을 갖고 있었는데 때마침 기회가 왔다고 생각하고 옛 세조의 신임을 받았던 노사신, 윤필상 등과 모의하여 연산군에게 탄핵 상소문을 올렸다.

연산군은 사초를 쓴 김일손을 문초하여 김종직의 지시로 「조의제문」을 기록했다는 진술을 받아내고, 이미 죽은 김종직의 무덤을 파헤쳐 부관참시 형을 내렸으며 김일손, 권오복, 권경유, 이목, 허반 등은 능지처참 형을 내렸다. 강겸은 곤장 1백 대에 가산을 몰수하고 관노로 삼았다. 그 밖에 표연말, 홍한, 정여창, 강경서, 이수공, 정희량, 정승조 등은 불고지죄로 곤장 1백 대에 귀양 보냈고 이종준, 최보, 이원, 이주, 김굉필, 박한주, 임희재, 강백진, 이계맹, 강혼 등은 김종직의 문도로서 붕당을 이루어 국정을 비방하고 조의제문에 대한 방조죄로 곤장을 쳐서 귀양 보냈다. 어세겸, 이극돈, 유순, 윤효손, 김전 등은 사초를 보고서도 보고하지 않은 불고지죄로 파면하였고 홍귀달, 조익정, 허침, 안침 등도 같은 죄목으로 좌천되었다.

이 사건으로 대부분의 신진 사림들이 죽거나 유배당하고 상소문을 올렸던 이극돈 마저 파면되었다. 그러나 유자광만은 연산군의 신임을 받아 조정의 대세를 장악하여 노사신 등의 훈구 세력들이 다시 정국을 주도하게 되었다.

※ 갑자사화 : 1504년 3월부터 10월까지 7개월간 벌어진 갑자사화는 희생자 수뿐만 아니라 형벌의 잔인함까지 무오사화와는 비교가 되지 않았다. 무오사화가 훈구 세력과 신진 사림 간의 정치 투쟁이었다면 갑자사화는 훈구와 사림 모두를 겨냥한 연산군의 분노 표출이었다.

임사홍은 성종 때의 당상관으로 장남 임광재는 예종의 사위였고 차남 임숭재는 성종의 사위였다. 그러나 삼남 임희재는 김종직의 제자로 성종 때 대과에 급제하였지만 김종직의 제자라는 이유로 귀양살이를 했다. 임희재가 집안의 병풍에 시를 담았는데, 그 내용은 다음과 같았다.

『옛 요임금과 순임금을 본받으면 태평성대를 이룰텐데
진나라 진시황은 어쩌자고 백성을 괴롭혔나
환란이 자기집 담장에서 일어날 줄 모르고
공연히 흉노를 막겠다고 만리장성 쌓고 있네』

이 내용은 김종직이 조의제문을 지어 세조(수양대군)를 비방한 것처럼 진시황의 이름을 빌려 연산군을 조롱하는 내용이라 해석하기에 충분했다. 어느 날 연산군이 임사홍 집에 암행을 나왔다가 병풍에 쓰인 글을 보고 대노하면서 이 글을 누가 썼느냐고 물었고, 셋째 아들 임희재가 쓴 글임을 알게 된 연산군은 임희재를 의금부에 하옥시켰다가 참형하였다.

1504년 3월 20일, 연산군 옆에 아무도 없을 때 임사홍은 폐비 윤씨를 거론하면서 성종대왕의 미움으로 폐출된 것이 아니라 엄숙의와 정숙의 투기 때문에 폐출되어 사약을 받게 되었다고 고변하였다. 노기가 충천하여 괘씸하게 생각한 연산군은 엄숙의와 정숙의를 끌어내어 주먹으로 때려죽였다. 이 사건으로 대궐은 발칵 뒤집혔으며 인수대비는 부축을 받고 나와 연산군을 꾸짖었지만, 연산군은 인수대비의 가슴을 밀쳤고 이에 기절까지 했던 인수대비는 얼마 후 세상을 떠났다. 그후 정숙의의 아들 안양군과 봉안군 형제를 옥에 가두었다.

한편 폐비 윤씨의 어머니(외할머니) 신씨는 대궐을 자유롭게 출입하면서 연산군을 만났다. 신씨가 딸이 사약을 받고 흘린 피를 닦은 수건과 저고리를 연산군에게 보여주자 분노는 극에 달했다. 연산군이 춘추관에 폐비 윤씨 사건과 관련된 사람들을 모두 찾아내라 엄명하면서, 갑자사화가 시작되었다.

폐위와 사사에 찬성했던 윤필상, 이세좌, 이극균, 성준, 권주, 김굉필, 이주 등 10여 명이 사형당했고 이미 죽은 한치형, 한명회, 정창손, 어세겸, 심회, 이파, 정여창, 남효온 등은 부관참시에 처해졌으며 홍귀달, 이심원, 이유녕, 변형량, 이수공, 곽종번, 박한주, 강백진, 최부, 성중엄, 이원, 신징, 심순문, 강형, 김천령, 정인인, 조지서, 정성근, 성경온, 박은, 조위, 강겸, 홍식, 홍상, 김처선 등이 참혹한 화를 입었고 이들의 가족과 자녀에 이르기까지 연좌시켜 죄를 적용하였다.

※ **장녹수** : 연산군의 신임을 받고 있던 임사홍은 연산군의 큰아버지인 월산대군의 부인 박씨를 연산군에게 소개한다. 연산군은 박씨 부인을 궁으로 불러들여 주연을 베풀었으나 끝내 겁탈하였다. 이 소식을 들은 박씨의 동생 박원종은 이를 갈았다. 박씨 부인은 강원도 관찰사로 있던 박원종에게 원한을 갚아 달라는 유서를 남기고 자살하고 말았다. 바로 이 일은 훗날 박원종이 중종반정에 앞장서게 된 동기가 되었다.

이처럼 연산군이 난폭성을 노골적으로 드러낼 무렵, 김효손은 자신의 처제인 제안대군의 여종 장녹수를 연산군에게 천거하였다. 장녹수는 30세임에도 미모가 뛰어나고 가무에 능했다. 장녹수에게 첫눈에 반한 연산군은 그녀를 숙원으로 봉했고 그때부터 장녹수의 집에는 벼슬자리 청탁하는 사람들이 문전성시를 이루었고 보화가 줄을 서면서 백성들의 원성은 높아만 갔다.

1506년 9월, 마침내 박원종 등이 군사를 일으켜 연산군을 폐위시키고 성종의 둘째 아들 진성대군을 옹립하는 중종반정을 일으킨다. 그후 임사홍, 신수근, 신수영, 신수겸, 장녹수 등을 처형하였으며 연산을 군으로 강등시켜 강화도 교동으로 보낸다. 연산군은 역질을 앓다가 두 달만인 31세에 죽었고, 두 아들 역시 유배지에서 사사 되었다.

11) 중종(中宗 1488~1544 / 재위 1506년 9월~1544년 11월, 총 38년 3개월간)

제11대 왕. 성종의 셋째 왕비 정현왕후 윤씨의 1남인 진성(晋城)대군으로 있다가 이복형인 연산군을 반정으로 퇴위시키고 19세에 왕위에 올랐다. 휘는 역이고 자는 낙천이다.

※ **중종반정** : 반정을 주도한 박원종은 무과에 급제하고 우부승지를 거쳐 경기도 관찰사를 지내다가 연산군의 미움을 받아 그만두었다. 누이인 월산대군 부인 박씨가 연산군에게 능욕당하고 자살하자 원한을 품고 있었다. 뜻을 함께한 성희안은 형조참판을 거쳐 이조참판을 지냈으며, 시를 지으라고 하명한 연산군에게 『임금은 본래 청류를 즐기지 않는다』라는 시를 올렸다가 조정에서 쫓겨났다. 한마을에 살던 박원종과 성희안은 함께 연산군을 폐출할 기회를 엿보고 있었다.

거사를 가장 먼저 계획한 사람은 성희안으로 박원종에게 병력의 동원을 부탁했다. 무관 출신이었던 박원종은 무사 박영문과 홍경주를 합류시키고 이조판서 유순정과 신윤무, 장정 등을 섭외한다. 1506년 9월, 연산군이 장단의 석벽으로 유람 떠나는 날을 거사일로 정했지만 석벽 나들이가 취소되면서 난관에 부딪혔다. 하지만 거사일을 연기하면 누설로 인해 선수를 빼앗길 수 있다 염려하였다. 이에 예정대로 거사를 진행한 반란군은 먼저 진성대군에게 거사 사실을 통보하고 연산군의 처남인 신수근, 신수영 형제와 임사홍을 제거하는 데 성공한다. 이어 미리 약속해 두었던 신윤무 등의 도움으로 쉽게 궁궐을 장악하였다.

거사에 성공한 성희안과 박원종은 성종의 계비이자 진성대군의 어머니인 정현왕후를 찾아가 교지를 내려줄 것을 청한다. 연산군을 왕자 신분으로 강등시켜 강화도 교동에 유배시킴으로써 연산군 폭정은 종식되었고, 정치의 주도권은 다시 훈구 세력에게로 돌아갔다.

1510년, 영의정 박원종의 죽음으로 공신 세력이 위축되면서, 개혁의 분위기가 확산된다. 갑자사화로 정치 일선에서 밀려났던 사림들을 중심으로 정치혁신 여론이 높아져 갔다. 공신 세력의 견제를 꾀하고 있던 중종은 1515년, 급진 개혁파 사림인 조광조를 중용하여 성종 시대의 평화와 문치를 실현하고자 하였다.

도학 사상가인 조광조는 무오사화 때 유배되었던 김굉필에게 성리학을 배워 왕도정치를 염두에 두었다. 중종을 설득하여 백성들에게 유가적 도덕관을 장려하면서 여씨향약을 실시하였고, 전국에 『소학』을 보급한 후 도교적 요소가 강한 『소격서』를 폐지하였다. 『여씨향약』은 원래 송나라 여대충 형제의 저술이었는데 후에 주희가 첨삭하고 주석한 것이 널리 유포되었으며 이는 유가적 민간 자치 규약이라고 할 수 있다. 또한 천거 등용제인 현량과를 두어 신진 사림 28명을 등용하였다.

1516년, 주자도감을 설치하여 구리로 만든 활자를 만들어 각종 서적을 편찬하면서 최세진, 신용개, 이행 등이 『사성통해』, 『속동문선』, 『신증동국여지승람』을 간행하였다.

사림세력을 중심으로 한 급진 정책은 마침내 훈구 세력의 반발을 일으켰다. 중종 역시 스스로 뚜렷한 기조가 없는 상태에서 따라가기 급급한 나머지 오히려 조광조의 지나친 도학적 기준에 염증을 느끼게 된다.

1519년, 대사헌이 된 조광조는 유순, 김수동, 심정 등 20여 명과 54명의 4등 공신들을 공신록에서 삭제해 버렸다.

※ 기묘사화 : 같은 해 남곤, 심정, 홍경주 등은 공신 위훈 삭제 사건을 계기로 조광조 일파를 제거할 기회를 엿보고 있었다. 중종의 불편한 심중을 미리 알아차리고 상소문을 올리기를, '조광조는 붕당을 결성하여 요직을 독점하고 국정을 문란케 하였으니 마땅히 죄를 물어 바로 잡아야 한다'고 주청하자 중종은 기다렸다는 듯이 조광조, 이자, 김구, 김정, 김식, 유인숙, 박세희, 홍언필, 박훈 등을 구금 하라고 명했다.

이에 앞서 공신록에서 삭제된 70여 명에는 희빈 홍씨의 아버지 홍경주도 포함되어 있었다. 기묘년 어느 날 중종이 희빈 홍씨 처소에 들렀다. 그러자 홍씨는 주초위왕(走肖爲王)이라고 벌레 먹은 자국이 있는 뽕잎을 보여주며 후원에서 주었다고 말한다. 중종은 입직 승지를 불러 그 뜻을 물었는데 이는 바로 조씨가 왕이 된다는 내용이었다. 이 사건과 상소가 동시에 이어지며 기묘사화의 발단이 되었다. 많은 사람이 숙청되었고 조광조는 마침내 능성 유배지에서 사약을 받았다. 이처럼 훈구 세력의 힘을 빌려 조광조 등의 사림 세력을 제거하면서 중종의 개혁 정치는 큰 성과를 얻지 못했다.

1521년, 심정 남곤의 일파인 송사련의 신사무옥이 일어나 안처겸 등의 사림파가 다시 숙청되었다.

1524년, 정계에 복귀하였던 권신 김안로가 파직되었다.

1525년 3월, 윤세창 등의 역모 사건이 일어났다.

1527년, 김안로의 아들 김희가 심정 유자광을 제거하기 위해 작서의 변을 일으켰지만 아무 관련이 없던 경빈 박씨와 복성군이 쫓겨나 죽었다.

1531년, 정계에서 소외되었다가 다시 등장한 김안로가 집권하게 되자 중종의 외척인 윤원로 형제가 김안로와 대립하게 되면서 훈구대신과 척신 간에 권력 쟁탈전으로 이어졌다.

1538년, 명나라에서 천문 지리에 관한 서적을 들여와 연구 개발하도록 하였다.

한편 중종 대에는 왜구의 침입이 잇따랐다. 1510년, 왜구들이 대마도의 지원을 받아 세력을 넓히고 폭동을 일으켰다. 제포와 부산포를 함락시키고 웅천을 공격하는 등의 삼포왜란이 일어나 경상남도 해안이 큰 피해를 보았다. 1522년 5월, 추자도와 동래염장에서 왜변이 일어났고 1544년, 고성 사량진에서 또다시 왜변이 일어났다.

1544년 11월 14일, 중종은 세자에게 왕위를 넘겨주고 57세에 세상을 떠났다.

12) 인종(仁宗 1515~1545 / 재위 1544년 11월~1545년 7월, 총 9개월간)

제12대 왕. 중종의 세자로서 왕위에 올랐으며 휘는 호이고 자는 천윤이다. 중종 19년에 세자로 책봉되어 10세 때 가례를 올린다. 25년간 세자로 지내다가 1544년 왕위에 오른다.

성균관 진사 박근과 대간 시종신 등이 올린 조광조 복직 상소를 받아들여 기묘사화에 희생당한 사림들까지 복직시켰다. 1545년, 병약했던 인종은 즉위 9개월 만에 31세로 세상을 떠났다.

13) 명종(明宗 1534~1567 / 재위 1545년 7월~1567년 6월, 총 22년간)

제13대 왕. 중종의 차남이자 인종의 이복동생으로 12세에 왕위에 올랐으며 휘는 환이고 자는 대양이다. 어린 나이에 즉위했기 때문에 8년 동안 모후 문정황후의 수렴청정을 받았으며, 권력은 친정 동생인 윤원형 일파에게 돌아갔다.

중종 때부터 장경왕후의 오빠 윤임(인종의 외삼촌) 일파와 윤원형 일파는 왕권 계승권을 둘러싸고 치열한 권력 투쟁을 하였다. 중종의 왕비 장경황후와 둘째 비인 문정왕후가 모두 윤 씨였기 때문에, 세간에서는 윤임 일파를 '대윤', 윤원형 일파를 '소윤'이라고 하였다.

※ 을사사화 : 1545년, 왕실의 외척인 대윤 윤임과 소윤 윤원형이 중종 이후의 왕위 계승권을 두고 투쟁하다가 윤원형이 윤임을 몰아낸 사건이다. 중종에게는 3명의 왕비가 있었는데 첫째 신씨는 간신의 딸이라 하여 후사 없이 폐위되었다. 둘째 장경왕후 윤씨는 인종을 낳고 7일 만에 죽었다. 셋째 문정왕후 윤씨는 경원대군 훗날의 명종을 낳았다. 문정왕후의 형제인 윤원로와 윤원형은 경원대군을 세자로 책봉할 계획을 세웠고, 장경왕후의 오빠 윤임은 조카 인종을 세자로 책봉할 계획을 세웠다. 결국 윤임(대윤)의 뜻이 관철되어 인종이 왕위에 오른다.

그러나 9개월 만에 인종이 세상을 떠나자 세력이 반전되어 자연히 권력은 다시 윤원형(소윤)에게로 돌아갔다. 윤원형은 윤임 등이 역모를 획책하고 있다고 무고하여 윤임, 유관, 유인숙을 비롯하여 계림군 이휘와 나숙, 나식, 정희등, 박광우, 곽순, 이중열, 이문건 등의 사림 세력이 일거에 참변을 당했다.

1548년 9월, 수렴청정을 하던 문정왕후는 강원도 관찰사 정만종을 통해 승려 보우를 만났는데 당시 보우는 34세였고 문정왕후는 48세로 그를 신임하면서 불교를 진흥시키려고 하였다. 1552년, 봉은사를 선종의 본산으로, 봉선사를 교종의 본산으로 삼고 승과를 부활시키자 대신들은 반대 상소를 올렸다. 그러나 문정왕후는 뜻을 굽히지 않고 대신과 유생을 억압하였다. 승려 보우가 문정왕후와 내통한다는 소문이 돌자 명종은 그의 대궐 출입을 반대했는데, 문정왕후는 봉은사로 가서 보우를 만나기도 했다.

1553년, 명종이 20세가 되면서 수렴청정을 거두고 친정을 시작하였다.

※을묘왜변 : 1555년 5월, 전라도 강진과 진도에 왜구들이 70여 척의 배를 이끌고 침입하여 큰 피해를 끼친다. 이조판서 이준경을 도순찰사, 김경석과 남치훈을 방어사로 임명하여 왜구를 격퇴시켰다. 그러나 37년 후, 도요토미 히데요시가 일본을 통일하고 국가 차원의 전쟁인 임진왜란을 일으켰다.

※ 임꺽정의 난 : 1559년, 사회가 혼탁해지고 민심이 날로 흉흉해지자 도적떼가 일어났고 이때 의적이라는 임꺽정이 나타나 1562년까지 전국을 누비고 다녔다. 임꺽정은 양주의 백정 출신으로 알려졌을 뿐 자세한 기록은 남아 있지 않다. 당시 조정은 척족 윤원형 일파가 주도권을 행사하고 있었다. 명종의 권위는 추락하고 사회가 부정부패로 만연해 있어 민심이 흉흉해져 갔다. 흉년에 황해도에서 갈대를 베어 생계를 유지하던 임꺽정은 세력가에 조정관리들까지 가세하여 갈대밭 관리권을 착취하려 하자 분노가 폭발한다. 이에 조정 관아에 도전하는 양상으로 난폭해져 갔다. 처음에는 도당 몇 명과 민가를 습격하며 도둑질을 일삼았지만, 세력이 점점 커지자 황해도 구월산에 본거지를 두고 황해도 일대와 경기도까지 세력을 뻗쳤다. 관아를 습격하고 창고를 털어 어려운 백성들에게 나누어주는 의적으로 둔갑하였고, 1560년에는 한양 도성까지 출몰하였다.

이처럼 임꺽정의 횡포가 날로 심해지자 명종은 각도에 포도대장을 임명하여 체포하도록 엄명을 내렸으나 신출귀몰하는 임꺽정을 잡을 수 없었다. 1562년 정월, 마침내 정월 군관 곽순수와 홍언성으로부터 임꺽정을 체포했다는 보고를 받았는데 임꺽정은 체포된 지 15일 만에 처형당했다. 훗날 이익은 『성호사설』에서 임꺽정을 홍길동, 장길산과 더불어 조선의 3대 대도둑이라고 하였다.

※ **윤원형과 정난정** : 을사사화로 조정을 장악한 윤원형은 자신의 애첩 정난정을 궁중에 들여
보내 중종의 아들 봉선군이 역모와 연루되었다고 무고하여 사사시켰다. 윤원형의 권력이

강화되자 불만을 표출했던 친형 윤원로도 유배시켜 사사하였고, 정난정과 공모하여 정실부인 김씨까지 독살하면서 일거에 노비 출신 정난정을 정경부인으로 올려놓았다.

윤원형과 정난정의 횡포는 날로 심해져 부정부패는 극에 달했고 명종은 마침내 왕비 인순왕후 심씨의 외숙 이량을 중용하여 윤원형을 견제하기 시작한다. 그러나 예조판서, 공조판서, 이조판서를 거친 이량 역시 그 부정부패가 윤원형과 다를 바 없었다. 사회는 혼란해졌고 마침내 그 틈을 타고 임꺽정이 3년 동안 난을 일으키게 된 것이다. 문정왕후가 죽고 나자 승려 보우는 제주도로 유배된 후 죽었고, 윤원형과 정난정도 강음에 유배되었다가 죽고 말았다.

※ **조선 성리학의 영남학파 이황** : 퇴계 선생은 경북 안동에서 좌찬성을 지낸 이식의 막내아들이다. 27세에 진사시에 합격하고 성균관에 들어가고 다음 해 사마시에 합격하였다. 33세에 다시 성균관에 들어가 김인후 등과 교류하고 신덕수가 편찬한『심경부주』를 탐독하면서 심취하였다. 중종 대인 1534년, 34세로 대과에 급제하여 승문원 부정자가 된다. 이때부터 관계에 진출하여 39세에 홍문관 수찬이 되었다.

중종 말년에 조정이 어지러워지자 김인후가 낙향하는 것을 보고 병약을 핑계로 46세에 낙향하여 학문에 전념하면서 구도 생활을 했다. 그 뒤 조정으로부터 관직에 출사할 것을 권유받고 충청북도 단양군수와 경상북도 풍기군수를 지낸다. 풍기군수를 지낼 때는 전임군수 주세붕이 창설한 백운동 서원에 서적, 편액, 학전 등을 청원하여 융성하도록 하였다. 49세에 관직에서 물러나 퇴계(토계)의 서쪽에 한서암을 짓고 학문에 전념하다가 52세에 다시 성균관 대사성으로 부임하였다. 관직을 사양한 후 다시 낙향하여 도산서원을 짓고 학문에 정진하여 많은 제자를 양성하였다. 70세 되는 해 11월, 평소에 아끼던 매화에 물을 주게 하고 세상을 떠났다.

이황의 학풍을 계승한 학자로는 유성룡, 김성일, 기대승, 조목, 이산해, 이강이, 황준량 등의 영남학파와 성혼, 정시한, 이현일, 이재, 이익, 이항로 등이 있다. 1610년(광해 3년), 문묘에 종향된다.

한편 명종은 인순왕후 심씨에게서 순회세자를 얻었으나 세자는 13세 어린 나이에 죽는다. 왕은 후사 없이 1567년 6월, 34세에 병약으로 세상을 떠났다. 그리하여 중종의 아홉째 아들 덕흥군의 셋째 아들인 하성군이 명종의 양자로 입적되었다가 왕위를 계승하게 된다. 이는 처음으로 후궁에서 태어난 방계혈족 서손이 왕위를 잇게 된 것으로, 그 하성군이 바로 선조이다.

14) 선조(宣祖 1552~1608 / 재위 1567년 7월~1608년 2월, 총 40년 8개월간)

제14대 왕. 중종의 아들 인종과 명종 이복형제가 모두 후사가 없어 왕위를 계승하지 못하자 중종의 아홉째 아들 덕흥(추존)대원군의 셋째 아들 서손 하성군이 16세로 왕위에 올랐다. 초명은 균이었다.

당시 성리학의 거두로 일컬어지던 이황과 이이를 극진히 대우하면서 훈구와 척신 세력을 모두 밀어내고 사림들을 대거 등용하였다. 선조는 과거제도를 개편하여 현량과를 다시 실시하였고, 기묘사화 때 화를 입은 조광조를 영의정으로 증직하고 함께 억울하게 화를 당한 사림들을 사면하였다. 아울러 화를 주도한 남곤 등의 관작을 추탈하였으며 을사사화를 일으킨 윤임, 유관 등을 죽이고 녹훈을 받았던 이기, 윤원형 등을 삭훈시킴으로써 민심을 안정시켰다. 이어 사림들을 중용하여 문치에 힘을 기울였다.

※ 붕당의 출현(서인과 동인) : 그러나 조정의 평화는 오래가지 못했다. 사림 세력 김효원과 심의겸(명종비 인순왕후의 동생)의 대립으로 사림은 둘로 분열되고 만다. 동인과 서인이라는 명칭은 각각 정동(서쪽)이었던 심의겸의 집, 건천동(동쪽)에 있었던 김효원의 집에서 유래됐다. 단순히 집 위치뿐만 아니라 학문 역시 달랐다. '동인'은 주로 주리(主理)철학적 도학을 펼치는 조식과 이황의 제자들로 이루어진 영남학파를 형성하였고, '서인'은 주로 주기(主氣)철학적 도학을 펼치는 이이와 성혼을 따르는 기호(畿湖)학파를 형성하면서 또다시 당파 싸움을 예고하였다.

더욱이 조정 대신 우의정 박순은 서인 심의겸의 편을 들어 정철, 김계휘, 윤두수, 홍성민, 이해수, 구사맹, 신응시, 이산보 등이 활약하였다. 대사간 허엽은 동인 김효원의 편을 들어 김우옹, 허엽, 유성룡, 이산해, 이발, 우성전, 이성중, 허봉 등이 활약하였다. 이러한 분열이 을해년에 시작되었다고 하여 '을해분당'이라고도 한다.

당시에 부제학으로 있던 이이는 나라의 앞날을 걱정하면서 이를 차단하기 위해 심의겸을 북쪽 개성유수로, 김효원을 동쪽 삼척부사로 보내려 한다. 하지만 파벌 싸움이 점점 격화되자 이이는 관직을 사퇴하고 고향 파주로 낙향하였다. 그러나 선조는 이이를 다시 중용하여 대사헌과 병조판서의 중직을 맡겼고 선조 18년, 이이가 세상을 떠나자 선조는 상주에 있던 동인 노수신을 영의정으로, 이산해를 이조판서로, 유성룡을 예조판서로 제수한다. 이처럼 조정에 대거 등장하게 된 동인 세력은 서인 심의겸을 탄핵하여 파직시켰지만, 당파 싸움은 끝이 보이지 않았다.

1589년, 정여립의 역모 사건이 발각되어 자살하였고 기축옥사로 확대되어 동인 이발, 이길, 정언신, 백유양, 최영겸, 정개청 등이 처벌받은 후 서인들이 다시 권력을 차지하였다. 이에 앞서 정여립은 충청도 계룡산의 사찰에 들러 시 한 수를 지어 벽에 붙여놓고 『정감록』에 있는 '목자(木子)는 망하고 전읍(奠邑) 은 흥한다'는 참언을 목판에 새겨 의연스님에게 맡겨놓고 자기가 정도령 행세 를 하려 했다.

※ 붕당정치의 서막과 동인 분열(북인과 남인) : 1591년, 선조의 비 의인왕후 에게 아들이 없자 조정은 후궁 소생 중에서 세자를 옹립해야만 했다. 그때 서 인의 거두 좌의정 정철은 광해군을 세자로 책봉해야 한다는 발언을 했다가 선 조로부터 삭탈관직을 당했다. 이는 동인인 영의정과 이산해의 계략이었다.

이 사건으로 서인은 세력권에서 밀려나고 동인들이 다시 서인들을 몰아내 는데 몰두하였다. 이 과정에서 동인 내부는 또 정철을 사형시켜야 한다는 과격 파 '북인'과, 귀양을 보내야 한다는 온건파인 '남인'으로 분열한다. 북인과 남인 의 대립으로 조정은 다시 당파 싸움에 휘말리게 되고, 사회는 더욱 불안해졌으 며 국력도 점점 쇠약해져만 갔다.

※ 임진왜란(1592~1598) : 1590년, 왜국의 동태가 심상치 않다는 판단에 따라 통신정사 황윤길과 통신부사 김성일을 왜국에 파견하여 동향을 염탐하도록 하였는데, 이듬해 돌아온 두 사람은 상반된 보고를 올렸다. 통신정사 황윤길은 왜국이 한창 전쟁을 준비하고 있으므로 침략에 대비해야 한다고 보고하였다. 반면 통신부사 김성일은 도요토미의 인물됨이 보잘것없고 군사들의 움직임도 보이지 않으므로 확실하지 않은 전쟁에 대비한다는 것은 낭비일 뿐만 아니라 민심만 혼란스럽게 하는 일이라며 반대의 입장을 밝혔다. 서인들은 황윤길의 주장을, 동인들은 김성일의 주장을 각각 옹호하면서 대립하였고, 조정은 마침내 김성일의 주장을 받아들여 전란에 대비하지 않는다. 그러나 결과적으로는 황윤길의 주장이 옳았다.

황윤길과 김성일의 보고를 받은 바로 다음 해인 1592년 4월 13일, 일본을 통일한 히데요시(풍신수길)는 명나라로 갈 길을 빌려달라는 명분을 내세우고 20만 대군을 3군으로 편성하고 조총으로 무장한 채 침략을 감행한다. 가장 먼저 고시니 부대가 부산포를 습격하여 함락시킨 뒤 곧바로 북상하여 4월 17일에는 충주를 장악하였고 5월 2일에는 한양을 함락시킨 뒤 개성을 거쳐 6월 14일, 평양까지 함락된다. 선조는 평북 의주까지 피난(몽진)을 가야 했고 급기야 명나라에 구원을 요청해야만 했다. 이때 임진강을 건너기 위해 백성들이 집의 문짝을 떼어다 다리를 놓았다고 해서 판문점(板門店 널문리)이라는 명칭이 생겼다고 전해진다.

그러나 다행히도 수군 이순신의 항전과 의병 및 승려들의 봉기와 명나라의 구원에 힘입어 왜적을 남쪽으로 격퇴하고, 1593년 4월에는 한양을 수복하였다. 왜란은 잠시 소강상태를 유지하다가 명나라와 왜국 간의 상호 화의가 깨지며 재발한다. 1597년, 15만 병력으로 왜국이 재침하면서 정유재란이 일어났지만, 1598년 8월에 도요토미 히데요시가 돌연 병사하면서 왜국은 7년 만에 완전히 본국으로 철수하게 되었다.

1600년, 선조의 첫째 왕비인 의인왕후 박씨가 46세에 세상을 떠나자 1602년, 19세의 나이로 김제남의 딸인 인목왕후 김씨가 왕비로 책봉된다. 인목왕후는 1606년, 영창대군을 낳았다. 이 당시에는 셋째 공빈 김씨에게서 낳은 광해군이 세자 지위에 있었는데 당시 실권자인 유영경은 적통을 내세워 영창군을 세자로 책봉하려 하였다.

1608년, 선조는 임진왜란으로 피폐해진 정국을 수습하지 못한 채 59세로 갑자기 세상을 떠난다. 죽음에 앞서 대신들에게 영창대군의 등극을 부탁하였지만, 광해군이 즉위하게 되므로 오히려 환란의 불씨만 남기게 되었다.

※ **영웅 이순신** : 1576년, 무과에 급제하여 1586년, 사복시 주부가 되었다가 전라도 관찰사인 이광에게 발탁되어 전라도의 조방장 선전관 등을 거친다. 1589년, 정읍현감을 지내고 유성룡의 추천으로 고사리 첨사를 거쳐 진도 군수를 지낸 후 47세가 되던 1591년에 전라좌도 수군절도사가 되었다.

　다음 해 1592년 4월 13일, 임진왜란이 일어난 후 이틀이 지나서야 경상우수사 원균으로부터 전란 소식을 전해 듣게 되었다. 이미 경상좌수사 박홍과 우수사 원균이 남해의 주도권을 왜군에게 완전히 빼앗긴 상태였다. 이순신은 5월 4일 새벽, 선단 85척을 이끌고 한산도에서 원균 선단과 만났는데 그는 겨우 전선 3척과 협선 2척뿐이었다.

　5월 7일, 연합 함대를 구축하고 옥포에서 왜군과 싸워 왜선 26척을 격파하고 다음 날 다시 고성의 적진포에서 13척을 격파하였다. 이후 당포에서 왜선 20척, 전라우수사 이억기와 함께 당항포에서 20척, 또 가덕도에서 60여 척을 궤멸시킨다. 왜군의 본거지인 부산포 공략을 위하여 전라도 좌·우수사의 연합 선단 170여 척을 이끌고 9월 1일, 부산포 부근 절영도에 도착하였다. 이때 부산포에는 왜선 5백여 척이 정박해 있었다. 연합 선단이 급습하여 1백여 척을 격파시키자 왜군은 육지로 도주하였고 이때 아군 30여 명이 희생되었다. 제해권을 장악한 이순신은 1593년, 3도 수군통제사가 되어 한산도에 진영을 설치하고 명나라 수군과 합세하여 수차례 왜군을 섬멸시키면서 왜군의 서해안 진출을 봉쇄하였다.

　그 후 1594년부터 3년간 소강상태가 유지되었고, 1597년 명·일간의 강화 회담이 결렬되자 왜군은 다시 침략을 감행하였다. 이 무렵 이순신은 원균의 상소와 서인 세력의 모함으로 감옥에 갇히게 되었다. 동인 세력 류성룡과 이원익이 다시 상소를 올려 이순신의 치죄를 반대하였지만, 겨우 석방되어 백의종군해야만 했다. 3도 수군통제사를 맡고 있던 원균은 이순신이 거느리던 수군과 함대를 모두 잃고 나서 마침내 전사하고 말았다. 다시 이순신이 통제사로 임명되었을 때는, 함대 12척에 수군 120명뿐이었다.

　1598년 11월, 퇴로를 찾고 있던 왜적은 5백여 척의 선단을 이끌고 다시 노량진으로 진격해 왔다. 이 해전에서 왜적은 겨우 50여 척만이 탈출하여 도주하였고 이순신은 총탄에 맞아 54세로 전사하였다. 당시 조선은 승자 총통을 사용했지만, 왜국은 최신 조총(현대 방아쇠식 발사 장치)을 갖고 있었기 때문에 무기의 성능 면에서 상대가 되지 않았다.

※ **기호(畿湖)학파 이이** : 율곡 선생은 아버지 이원수와 어머니 신사임당의 아들로 1536년, 강릉시 오죽헌 외가에서 태어나 13세 때 진사시에 합격하였다. 16세 때 어머니가 돌아가시어 파주시 법원읍 두문리 자운산에 모셨다.

19세 때 성혼을 만나 학문을 토론하였고 그해 금강산으로 들어가 불교에 심취하기도 하였으며 23세 때, 도산으로 퇴계 선생을 찾아갔다. 그 무렵 별시에 참여하여 장원급제에 올랐고 26세 때 아버지가 돌아가신 후 29세 때에 처음으로 관직에 나아가 호조 좌랑을 거쳐 예조와 이조 좌랑을 지냈다.

47세 때 이조판서에 오른 후 1582년, 조정의 경연 자리에서 앞으로 머지않아 왜국의 침략이 있을 것이므로 10만 대군을 양성하여 대비해야 한다고 주장 하였지만 선조는 이를 받아들이지 않았다. 그러나 10년 후인 1592년, 일본을 통일한 히데요시가 대군을 이끌고 침략해온다. 조정에서는 그제야 이이의 양병설이 선견지명이라는 것을 깨닫게 되었고, 붕당 정치의 폐해는 고스란히 국가와 백성에게 돌아갔다.

양병설을 주장한 지 2년 후 1584년 1월 16일, 49세 나이로 세상을 떠나 파주시 법원읍 자운산 선영에 안장되었으며, 현재 사적 제525호로 지정된 자운서원은 이이, 김장생, 박세채 선생을 모시고 제향을 올리고 있다.

이이의 학풍을 계승한 학자는 송익필, 김장생, 김집, 송시열, 송준길, 이항로, 박세채 등으로 조선 중기의 학문을 대표 하였다. 이이는 성리학을 이기(理氣)일원론으로 주장하고 설명하였으며 저서로는 『성학집요』, 『격몽요결』, 『율곡전서』등이 있다. 1624년(인조 2년)에 문성(文成) 시호가 내려졌고 1681년(숙종 7년), 문묘에 종향되어 현재에 이르고 있다.

15) 광해군(光海君 1571~1641 / 재위 1608년 2월~1623년 3월, 총 15년 2개월간)

제15대 왕. 이름은 혼이며 선조의 셋째 비 공빈 김씨의 둘째 아들로서 형 임해군이 있었지만 왕위에 올랐다. 선조가 50세 되던 해, 첫째 의인 왕비가 일찍 죽자 다음 해 이조좌랑 김제남의 19세 딸 인목왕후(인목대비)를 맞이하여 아들(영창대군)을 낳았는데 정실 왕비에서 낳은 아들이라며 기뻐했다.

이때 이미 광해군은 세자로 책봉되어 있었지만 유영경 일파를 중심으로 영창대군을 세자로 책봉해야 한다는 움직임이 있었고, 또 광해의 형 임해군도 은근히 뜻을 두고 있다는 소문이 돌았다. 그렇게 항상 불안한 마음으로 세월이 흘렀다.

1608년 2월 1일, 병이 악화된 선조가 57세로 세상을 떠났다. 이 무렵 선조는 광해에게 선위한다는 교지를 내렸지만, 영의정 유영경이 이를 감추고 발표하지 않는다. 광해를 지지하는 대북파의 정인홍과 이이첨은 이 사실을 알아차리고 선조에게 죄로 다스려 줄 것을 청했으나, 인목대비의 만류로 성사되지는 못했다.

광해군은 34세에 즉위한 후, 남인 이원익을 영의정으로 제수하고 영창군을 세자로 책봉하려던 유영경과 동조 세력을 모두 죽였다. 1608년, 선혜청을 설치하여 경기도에 대동법을 처음으로 실시하고 세금 제도(근대 세법)를 일원화하여 세무 부담을 경감 하였다.

※ **대동(大同)법** : 선조때 좌의정 이원익에 의해 만들어진 현물 세법이다. 종래에는 생산품이나 토산물과 같은 공물(貢物)을 세금으로 바쳤으나, 대동법은 토지 평수에 따라 쌀이나 무명으로 바치게 하는 제도(근대 세법)이다. 광해군이 처음 시행하였다.

1608년, 창덕궁을 준공하고 1619년년에는 경덕궁(경희궁)을, 1621년에는 인경궁을 중건하였다.

1609년 3월, 명나라에서 웅화를 사신으로 보내 광해군을 왕으로 봉하는 조서를 내렸다.

1610년에는 정여창, 김굉필, 조광조, 이언적, 이황 등을 문묘에 종향하였다. 그러나 정인홍은 자신의 스승이었던 조식이 제외되었기 때문에, 문묘에 종향한 현인들에 대하여 불만을 가지고 있었다.

1611년, 정인홍이 이언적과 이황을 배척하는 상소를 올리자 성균관 유생들이 다시 상소를 올려 이황을 옹호하고 정인홍을 청금록에서 삭제한다. 광해는 강경하게 성균관 유생들을 쫓아내었고 이들과 반목하게 되었다.

1612년, 김직재의 옥사로 소북파 인사 1백여 명이 숙청당하며 역모 사건으로 결론이 났다.

1613년, 칠서의 옥사가 발생하여 인목대비의 아버지 김제남이 사사되고 영창대군을 폐서인하여 강화도로 보냈다.

1615년, 능창군 추대 사건이 발생하여 강화도에 유배되자 그는 자살하였고 신경희를 사형시켰으며 양시우, 김정익, 소문진, 김이강, 오충갑 등이 유배 되었다.

1617년, 인목대비 폐비론이 대두되어 반대론자 이항복, 기자헌, 정홍익 등이 유배되었고 1618년 인목대비를 폐하여 서궁에 유폐시켰다. 이로써 광해군과 대북파는 왕권에 위협이 되는 모든 세력을 제거하기에 이르렀지만, 많은 사람을 희생시키므로 오히려 반정의 명분을 제공하고 있었다.

1619년, 후금에 머물던 강홍립이 후금에 투항하였는데 사실은 광해군의 책략으로 후금의 동정을 광해군에게 알리고 대대적인 침략을 예방하기 위함이었다.

한편 광해군의 15년 재위 기간 동안 정권을 장악한 것은 대북파였으며 이들에게 희생된 사람들과 서인들은 광해군을 전복시킬 기회를 엿보고 있었다. 마침내 1623년 김류, 이귀, 김자점 등과 능창군의 형 능양군이 군사를 이끌고 창덕궁으로 진격하였다. 반정의 명분은 광해군이 사대(事大)를 거부하고 계모 인목대비를 유폐하였으며 서인들을 탄압하여 억울한 사람들을 수없이 희생시켰다는 것이었다. 광해군은 강화도에 유폐되었다가 다시 제주도로 옮겨 18년 동안 연명한 후 1641년, 67세로 죽었다.

16) 인조(仁祖 1595~1649/ 재위 1623년 3월~1649년 5월, 총 26년 3개월간)

제16대 왕. 인조의 휘는 종이고 자는 화백이며 선조의 다섯째 아들 정원군의 장남(능양군)이다. 반정으로 광해군을 몰아내고 29세에 왕위에 올랐다.

※ 인조반정 : 1623년 3월 12일, 반정이 성공하였다. 1615년 신경희 옥사 때

왕으로 추대하려 했다는 죄목으로 동생 능창군이 죽자 마음속으로 원한을 갖고 있었다. 능양군은 광해군과 대북 세력에게 피해를 당한 서인들과 접촉하면서 정변을 꾀하고 있다가, 1618년 인목대비 유폐 사건이 일어나자 이를 계기로 역모에 가담하기 시작했다. 이때 추진 세력은 서인으로서 이귀, 김자점, 김류, 최명길, 이괄 등 이었으며 군사 동원은 이귀, 김류, 이괄이 맡았다.

거사 전날 홍제원에 모여서 대비하고 있었으나 거사계획이 탄로 나고 만다. 훈련도감 이확에게 체포 명령이 떨어졌다는 소식을 들은 반란군 700여 명은 거사 시간을 앞당기기로 하였는데 대장을 맡은 김류가 오지 않자 이귀는 다시 이괄에게 지휘하도록 하였다. 김류는 망설이고 있다가 뒤늦게 합류했다.

반란군이 창의문을 뚫고 창덕궁에 도달하자 능양군이 먼저 와서 기다리고 있었다. 반란군은 금호문을 지나 돈화문에 이르러 불을 피우며 승리를 알렸다. 능양군은 손쉽게 대권을 장악하고 서궁으로 달려가 인목대비를 만난다. 인목대비는 광해군이 궁을 빠져나가 도망쳤다는 소식을 듣고 크게 반기며, 광해군을 폐위하고 능양군으로 왕위를 승계한다는 교지를 내린다. 이로써 반정은 성공하였다.

반정에 성공한 인조는 인목대비를 복위하고 정인홍과 이이첨을 사형시켰으며 대북 세력 200여 명을 숙청하였다. 또 인목대비 유폐를 반대하다가 여주로 귀양을 갔던 남인 이원익을 영의정에 제수하고, 반정에 공을 세운 서인의 김류, 이귀, 이괄 등 33명을 공신으로 책봉하였다.

※ 이괄의 난 : 1624년 2월 인조가 즉위한 지 1년도 못 되어 반정에 혁혁한 공을 세웠던 이괄이 난을 일으켰다. 겨우 2등 공신으로 한성 부윤이 되었고 또 외직으로 밀려나 평안 병사 겸 부원수로 임명되자 반감을 품은 것이다. 북방 수비대 15,000명 중에 1만 명을 거느린 이괄은 영변에 주둔하였고 5천 명을 거느린 장만은 평양에 주둔하고 있었다.

이 무렵 도성에서는 문회, 허통, 이우 등은 이괄과 그의 아들 이전 그리고 한명련, 정충신, 기자헌, 현집, 이시언 등이 역모를 일으키려 한다고 무고한다. 본래부터 처우에 불만을 품고 있던 이괄은 본격적으로 난을 일으켜 군사 1만을 이끌고 영변을 떠나 도성으로 진격하였다.

진격하는 도중에 황해도 황주 전투에서 정충신, 남이홍과 싸워 승리하고 평산에서 관군을 대패시켰다. 또 임진강 나루터에서 싸워 이기고 벽제를 지나 도성으로 다가오자 인조는 급한 나머지 한성을 떠나 공주로 피난을 떠났다.

도성을 점령한 이괄은 선조의 아들 흥안군을 왕으로 옹립하고 방을 붙여 민심을 수습하려 했다. 그러나 바로 뒤쫓아온 장만은 군사 5천과 흩어진 군사들을 모아 정충신, 남이홍 등과 함께 북산 길마재에 진을 치고 싸울 준비를 마친다. 이괄은 이들과 맞서 싸웠으나 유리한 지형을 차지한 장만 군대에게 대패하고 말았다.

이괄은 서울을 점령한 지 얼마 되지 않아 한명련과 패잔병을 이끌고 도성을 빠져나간다. 2월 14일, 이천에 당도했지만 이괄의 부하들은 이미 반란군이 뿔뿔이 흩어져 전세를 회복하기 힘들다고 판단한다. 이에 이괄과 한명련의 목을 베어 관군에게 투항하였고, 이괄의 난은 평정되었다.

※ 정묘호란(胡亂): 1627년 1월, 여진족 후금의 장수 아민이 심양에서 3만 대군을 이끌고 압록강을 건너 의주, 용천, 선천, 안주성, 평양성, 황주까지 점령하였다. 이때 인조는 장만을 도체찰사로 삼아 평산에 방어진을 구축하고 있었는데 3만 대군이 파죽지세로 남하하여 전세가 불리해지자 예성강 남쪽 개성에 진을 치고 적과 대치하였다.

위급한 인조는 강화도로 피신하고 소현 세자는 전주로 내려갔다. 각지에서 의병이 일어나 후금 군대를 괴롭히자 평산에서 더이상 남하하지 못하고 조선에 화의를 제의했다. 이 과정에서 왕자를 인질로 보내라는 후금의 요구에 따라 종친 이구를 왕제(王弟)라며 보냈으며, 병조판서 이정구와 이조판서 장유에게 화의를 교섭하도록 하였다.

조선과의 화의 조건은 첫째 후금군이 더는 평산을 넘지 않을 것, 둘째 화의가 체결되면 즉시 철군할 것, 셋째 철군 후에 압록강을 넘지 않을 것, 넷째 양국은 형제국으로 부를 것, 다섯째 명나라와 관계를 끊을 것 등이다. 후금군은 화친을 맺고 철군하였다.

후금은 1616년 누르하치가 심양에 나라를 세운 이래 명나라와 지리한 전쟁을 지속하는 시기였으므로 물러갈 수밖에 없었으며, 조선도 이괄의 난을 겪으면서 더이상 3만 대군과의 전쟁을 감당할 수 없었다.

※ 병자호란 : 1636년 10월, 정묘호란이 일어난 지 9년 만에 후금은 명나라와 전쟁 중임에도 불구하고 다시 조선을 침략하였다. 정묘화의 이후 후금은 조약 이외를 요구해왔다. 식량과 병선 등 군사적 지원을 강요하고 형제국을 군신 관계로 바꾸려고 하였으며, 황금과 백금 1만 냥, 말 3천 필, 정병 3만을 요청해왔다. 명나라의 북경을 압박하기 위해 감당할 수 없는 무리한 요구를 서슴지 않은 것이다.

조선 조정은 분개하였고 군사를 일으켜 후금을 공격하자는 의견이 대두되었다. 그 무렵 후금은 청나라로 명칭을 바꾸고 연호를 숭덕이라 하여 황제의 호칭을 사용하기 시작했다. 청나라는 사신을 보내 황제의 대관식에 왕자를 보내 사죄하지 않으면 조선을 다시 공격하겠다고 협박하였고, 조선 조정은 그 제의를 묵살한다. 그해 11월, 청나라는 재차 척화론으로 양국 관계를 가로막는 대신을 심양으로 압송하라는 최후통첩을 보내왔지만 그 역시 무시한다.

마침내 그해 12월 1일에 청나라 태종은 청군 7만, 몽고군 3만, 한족 12만의 대군을 이끌고 침략해 왔다. 12일에는 도원수 김자점과 의주 부윤 임경업으로부터 청군이 압록강을 건넜다는 장계가 도착했다. 14일, 개성까지 왔다는 급보에 따라 대군과 빈들은 강화도로 피난하였고, 인조는 길이 막혀 하는 수 없이 1만 3천의 군사를 거느리고 남한산성으로 피신하였다.

한편 청나라 군대는 12월 16일 남한산성에 당도하였으나 40여 일이 지나도록 큰 싸움은 일어나지 않았다. 하지만 청나라의 포위 속에 오래 버틸 수는 없었고 더욱이 강화도가 함락되었다는 보고가 올라왔으므로 인조는 항복을 결심하지 않을 수 없었다. 결국 홍서봉, 최명길, 김신국 등을 청나라 진영에 보냈고 청의 10가지의 요구 사항을 받아들이며 항복했다.

조약이 체결되자 1637년 1월 30일, 인조는 세자와 함께 한강 동쪽 삼전도에서 청태종에게 무릎을 꿇고 항복하여 신하의 예를 갖춘다. 이후 한성으로 돌아와 명나라와는 완전히 관계를 끊고 청나라에 복속하게 된다. 이렇게 시작된 상하관계는 1895년 청일전쟁(청나라가 일본에 패배)에 이르기까지 무려 58년간이나 지속된다. 청나라는 철군할 때에 소현세자와 빈궁, 봉림대군을 볼모로 잡았으며 반대파 오달제, 윤집, 홍익한을 심양으로 함께 끌고 갔다. 또 부녀자 50만 명도 끌고 갔다가 다시 돈을 받고 되돌려 주는 인질거래를 했다. 이 같은 굴욕은 권력을 장악한 서인들과 인조가 명나라에만 의존하는 사대주의에 빠져, 정확한 국제정세를 판단하지 못한 결과였다. 두 번의 호란은 비록 그 기간은 짧았지만, 7년간의 임진왜란보다 더 큰 피해를 안겨줬다.

고려 말기에 우왕과 최영의 계략대로 명나라를 공격했었다면, 만약 위화도 회군을 하지 않았다면 그때도 인조 대와 같은 굴욕을 당했을지 모른다. 소(小)로써 대(大)를 공격하는 것은 무모한 일로서, 고려는 원나라 몽고족에게 또 조선은 청나라 여진족에게 치욕을 당해야만 했다.

※ **상평통보(常平通寶)** : 1633년, 김신국과 김육의 건의에 따라 마침내 동전 화폐인 상평통보를 만들었다. 상평청은 원래 흉년에 굶주린 백성을 구제하기 위하여 곡물을 비축하거나 자금을 관리하던 관청으로, 고려 성종 대에 처음으로 설치되어 조선 세조 대까지 내려왔다. 여러 국난을 겪으면서 유명무실해졌으나 인조 대에 이르러 상평통보를 주조하게 된 것이다.

세종 시대에도 조선통보를 만들긴 하였으나 크게 유통되지 못했고 상평통보 역시 병자호란을 겪으면서 난관에 부딪쳤다. 그러나 효종, 현종 대를 지나 숙종 4년 1678년에 법화로 공포된다. 이후 널리 보급되어, 1894년 고종이 주조를 중단하기까지 조선의 화폐로 쓰였다.

1644년, 청나라가 명나라를 멸망시킨 후 심양에서 북경으로 수도를 옮겼다. 1645년 3월, 볼모로 잡혀 있던 소현세자가 9년 만에 귀국하였다. 그러나 소현세자가 갑자기 죽음으로 둘째 봉림대군을 세자로 책봉하였다.

1649년 5월 8일, 55세로 인조가 세상을 떠났다.

17) 효종(孝宗 1619~1659 / 재위 1649년 5월~1659년 5월, 총 10년간)

제17대 왕. 인조의 둘째 아들 봉림대군으로 휘는 호이고 자는 정연이다. 세자로 책봉되었다가 31세에 왕위에 올랐다.

1651년, 광양으로 유배되었던 김자점은 귀인 조씨와 짜고 역모를 꾀한다. 아들 김식에게 군사를 동원하게 하여 원두표, 김집, 송시열, 송준길 등을 제거한 후 숭선군을 옹립하려 했으나 발각된다. 결국 아들과 함께 죽었고 귀인 조씨도 사사되었다.

1653년, 네델란드 사람 하멜이 표류하다 제주도에서 도착한다. 후에 조선에 14년간 억류되어 있었다.

1654년 4월, 청나라는 조선의 조총부대 100명과 기타 군사 50명을 요청한다. 조선과 청의 연합군은 러시아군을 흑룡강 북쪽으로 격퇴했는데, 이것이 제1차 나선(羅禪)정벌이다.

1658년 6월, 또다시 청나라의 요청에 따라 조총부대 200명과 기타 군사 60여 명을 파견한다. 연합군은 흑룡강 주변에서 러시아군을 섬멸하는데, 이것이 제2차 나선(羅禪)정벌이다.

1659년, 효종은 41세로 일찍 세상을 떠났다.

18) 현종(顯宗 1641~1674 / 재위1659년 5월~1674년 8월, 총 15년 3개월간)

제18대 왕. 효종의 장자로 19세에 왕위에 올랐고 효종이 심양에 후금의 볼모로 잡혀 있을 때 태어났다.

※ 1차 예송사건 : 현종이 왕위에 오르는 순간부터 자의대비 조씨의 복상 문제로 서인과 남인의 정쟁이 일어났다. 서인 송시열과 송준길은 1년 복상을 주장하였고, 남인 허목과 윤휴는 효종이 비록 인조의 둘째 아들이지만 왕위를 계승하였기 때문에 3년 복상이 옳다고 주장하였다. 결국 허목의 상소가 무시 되고 1년 복상으로 결정되었다. 그러자 윤선도는 다시 상소를 올려 허목을 두둔하며 송시열과 송준길을 비판하고 나섰고 삼사에서는 다시 윤선도를 탄핵하여 삼수로 유배 보냈다.

※ 2차 예송사건 : 1674년, 효종의 후비 인선왕후가 죽자 또다시 복상 문제가 거론된다. 시어머니 항렬인 조대비가 살아 있었기 때문에 서인 측은 대공복(9월)으로 주장했고 남인 측은 1년 복을 주장한다. 이번에는 남인 측의 주장대로 1년 복으로 결정이 났다.

1674년, 조선에 14년간 체류하던 네덜란드 사람 하멜이 본국으로 돌아가기 위해 전라도 좌수영을 탈출한다. 하멜은 본국애서『하멜표류기』라는 책을 발간하는데 이로써 조선이라는 나라가 최초로 유럽에 알려지게 되며, 외국 함대의 조선 출몰이 시작되는 계기가 된다.

1674년 8월, 현종이 34세로 일찍 세상을 떠났다.

19) 숙종(肅宗 1661~1720 / 재위 1674년 8월~1720년 6월, 총 45년 11개월간)

제19대 왕. 현종의 외아들로 휘는 순이고 자는 명보로 14세에 왕위에 올랐다.

1688년, 숙종의 총애를 받고 있던 소의 장(희빈)씨가 왕자 윤을 낳자 5일 만에 원자로 정하고 생모 소의 장씨를 희빈으로 승격시켰다. 이에 서인 노론 측의 거두 송시열은 원자로 세우는 일이 급하지 않다고 상소를 올렸도, 숙종은 노론 대신들을 유배 보내고 송시열은 사사하였다. 이 과정에서 중전 민씨 인현왕후가 폐위되고 희빈장씨는 다시 종전에 올라 원자 윤이 세자로 책봉되었다.

서인 노론계가 정치에서 물러나자 남인이 득세하여 민암, 이의징 등이 정국 주도권을 장악하였다. 그러나 오래지 않아 숙종은 중전 장씨에 대한 감정이 악화하여 장씨를 다시 빈으로 강등시킨 후 폐비 민씨를 복위시킨다. 이어 소외되었던 노론계의 송시열, 민정중, 김익훈 등의 관직만을 복위시켰으며 아울러 소론계도 등용하여 정국의 안정을 꾀하였다.

1701년, 인현왕후 민씨가 죽은 뒤 장희빈의 거처 취선당 서쪽에서 민씨를 저주했던 신당이 발견된다. 이로 인해 옥사가 일어나 장희빈을 자진토록 하였으나 거절하자 사사하였다. 이때 소론들은 세자를 위해서라도 장희빈을 용서해 줄 것을 간청하였으나 남구만, 유상운, 최석정 등 소론 세력까지 유배 보내면서 다시 노론이 조정의 주도권을 잡게 되었다.

이에 앞서 숙종이 장희빈의 교만 방자한 행적에 분개하고 고심할 때 궁을 거닐다가 불이 켜진 궁녀 방에서 최씨 무수리가 폐비 민씨의 만수무강을 기원하는 것을 보게 된다. 숙종은 이를 갸륵히 생각하였고, 최씨 무수리는 성은을 입어 1694년 9월, 연잉군을 낳았다. 연잉군은 훗날 영조대왕으로 즉위하여 조선 후기시대를 계승하게 된다.

※ **장길산** : 이익의 『성호사설』은 홍길동과 임꺽정(명종 대), 장길산(숙종 대)을 조선의 3대 도적이라 기록하고 있다. 그 중 장길산은 광대 출신으로 황해도에서 활약하였는데 조정에서 체포를 명령하자 황해도를 떠나 평안도 양덕으로 갔다. 자신을 체포하는데 실패한 양덕 현감이 파직당하는 것을 본 장길산은 자취를 감췄고 그 뒤에는 잡힌 기록이 없다.

1696년 1월 10일, 역모 고변 사건이 있었는데 이절과 유선기라는 사람이 이영창을 고변했다. 고변의 내용은 다음과 같았다.

어느 날 이영창이 이절의 집에 와서 운부(雲浮)라는 스승님을 만나보지 않겠느냐고 하였다. 운부는 70세 되는 노승(老僧)으로 중국 명나라가 망한 뒤에 망명하여 금강산에 들어가 천문과 지리를 통달한 도사로서 8도의 대승들과 연결되어 비밀리에 큰 조직체를 움직이고 있다고 하였다. 운부라는 도사는 최씨와 정씨라는 진인(眞人)을 은둔시키고 있는데 정씨는 조선의 왕이 될 것이고, 최씨는 중국의 황제가 될 것이라고 하였다. 또한 운부 도사 휘하에는 수많은 승려 외에도 장길산을 비롯한 의적은 물론 병마사를 지냈던 최운서의 서자들인 최상중, 최상성과 용장, 정학, 정신과 장사 최현경, 유찬, 설유징과 지대호, 주비, 신건, 신일, 최흥복, 한이태, 조종석, 임필흥 등 전국 각지의 수장들이 포진하여 있고, 이들이 3월 21일에 도성을 공격하기로 했다는 내용이었다.

이런 자백을 받아낸 조정은 군사를 동원하여 체포하도록 하였지만 운부도사는 자취가 없었으며 겨우 풍열과 혜일 승려만 잡히고 나머지 승려와 장길산은 자취를 감췄다. 풍열과 혜일을 문초하였지만 운부도사를 아는 사람은 아무도 없어 다시 이영창을 문초하였다. 이영창은 모두가 꾸며낸 일이라고 하였고, 하는 수 없이 사건은 종결되었으나 진실은 알 수 없는 일이다. 더욱이 큰 도적 장길산이 자취 없이 사라졌기 때문이다.

20) 경종(景宗 1688~1724 / 재위 1720년 6월~1724년 8월, 총 4년 3개월간)

제20대 왕. 숙종과 희빈 장씨 사이에 태어난 큰아들로 휘는 균이고 자는 휘서로서 왕위에 올랐다.

1721년, 경종은 소론의 반대에도 불구하고 노론 측의 주장에 따라 무수리 최씨의 소생 연잉군(영조)을 세자로 책봉했다.

※ **노론과 소론의 배경** : 서인이 노장파 송시열을 중심으로 한 '노론'과 소장파 한태동을 중심으로 한 '소론'으로 분열한다. 이에 조정은 다시 남인·북인·노론·소론으로 분파되었다. 노론의 인물에는 송시열, 김만기, 김만중, 김석주, 김수항, 김수흥, 김익훈 등이 있다. 소론의 인물로는 남구만, 박세채, 박태보, 오도일, 윤증 한태동 등이 있다.

앞서 서인에서 분파된 노론이 주도권을 쥐고 있었다. 1689년, 노론과 소론이 함께 희빈 장씨의 소생인 윤의 세자 책봉을 반대하였다가 대거 숙청된다. 송시열, 김수항 등이 유배가서 죽었고 소론까지 정치에서 물러났다. 이로 인해 남인들이 주도권을 잡게 되었다.

그로부터 5년 후, 갑술옥사로 남인이 물러나고 다시 서인의 소론이 주도권을 잡는다. 그러나 1701년, 희빈 장씨와 관련된 무고의 옥사가 일어나면서 소론이 밀려나고 다시 노론이 등장하면서 서인의 노론과 소론이 서로 주고받듯이 대등하게 세력을 형성하게 된다.

경종 시대에는 소론이 득세하여 노론의 거두였던 김창집, 이건명, 이이명, 조태채 등이 사사되었다. 다음 영조 대도 노론과 소론이 정국을 양분하는 형국이었으나 초반에는 노론이 득세하여 민진원, 이관명, 정호, 홍치중 등이 세력을 주도하였다. 영조 대 중반기로 접어들면서 다시 장헌세자의 폐위와 사사 사건으로 벽파와 시파로 맞서는 등 당파 싸움은 그 끝이 보이지 않았다.

이와 같은 당파 싸움의 중심에는 항상 군주의 무능력한 판단력과 간신배들의 집단 이기주의가 있었다. 옥사와 유배가 반복되며 수많은 인재가 억울한 죽임을 당하거나 관직에서 물러나 부국강병을 이룰 수 없었다. 왕조는 너무나 무기력했고 인재손실은 안중에도 없었다. 이는 2,000년 전 춘추전국시대 각국의 인재영입 경쟁과는 너무도 다른 모습이었다.

1724년 8월, 경종은 즉위한 지 4년 만에 37세로 세상을 떠났다. 14세에 겪은 모친 희빈 장씨 사건은 평생 잊을 수 없는 한으로 남았다.

21) 영조(英祖 1694~1776 / 재위 1724년 8월~1776년 3월, 총 51년 8개월간)

제21대 왕. 숙종은 무수리 출신 숙빈 최씨에게서 금을 낳았는데, 희빈 장씨가 낳은 윤(경종)보다 6살 연하였다. 경종이 33세로 왕위에 오르긴 했지만 자식이 없었다. 1717년, 숙종은 노론 측 좌의정 이이명과 독대하면서 연잉군 금을 왕세제로 책봉할 것을 부탁하고 세상을 떠났다. 앞서 경종이 즉위한 지 1년 만에 연잉군이 왕세제로 책봉되었고 경종의 병약함을 이유로 노론 측은 대리청정을 들고나오기도 했다.

1722년, 노론과 소론이 대리청정 문제를 둘러싸고 충돌하는 과정에서 임인옥사가 일어났다. 소론 측의 주도로 임인옥사를 처리하면서 노론의 대신을 포함한 60여 명이 처형되고 170여 명이 유배되거나 퇴출당하였다. 왕세제(영조)마저 연루되었다고 의심되면서 위기가 닥쳤지만, 연잉군 외에는 계승할 왕자가 마땅치 않았다. 그리하여 임인옥사 중에서도 왕세제는 자리를 보전할 수 있었고 마침내 왕위(영조)에 오를 수 있었다.

1725년, 왕세제로 있는 동안 줄곧 붕당정치의 폐해를 지켜보았던 영조는 탕평책을 펼칠 것을 다짐하고 있었다. 우선 임인옥사를 주도한 소론 측 김일경과 남인 측 목호룡을 숙청하고 이진유 등 6명을 귀양 보냈으며, 영의정을 지낸 이광좌, 우의정을 지낸 조태억 등 소론 대신을 몰아내고 노론 측 민진원 과 정호를 기용하였다.

1729년, 영조는 마침내 노론과 소론 내의 탕평 세력들을 고르게 등용한다. 노론의 홍치중을 영의정으로, 소론의 이태좌를 좌의정으로 삼고 육조에서도 판서에 노론 김재로를 참판에, 소론 송인명을 참의에, 소론 서종옥을 전랑에, 노론 신만을 임용한다. 초기에는 재능과 관계없이 탕평론자를 중심으로 노론과 소론만을 등용하다가 탕평 정국이 궤도에 오르자, 탕평책을 제도적으로 정착시켰다.

※ 사도세자 : 1728년, 셋째 정빈 이씨 소생 효장세자가 10세에 갑자기 죽는다. 넷째 영빈 이씨 사이의 왕자인 선을 다시 세자로 책봉했는데 이때 영조는 42세, 세자의 나이는 2세였다.

사도세자는 1749년, 영조로부터 대리청정을 하명받고 정사를 관장하게 되었는데 남인, 소론, 소북 세력들이 그를 등에 업고 정권을 장악하려는 움직임을 보였다. 장래에 대한 불안감을 느낀 노론 세력과 동조하는 둘째 정순왕후 김씨와 여섯째 후궁 문씨가 세자와 영조 사이를 벌려놓기 위해 이간질을 시작하였다. 그리하여 영조는 사도세자를 불러 자주 질책하였고 정신적 고통을 받게 된 사도세자는 궁녀를 죽이거나 궁을 몰래 빠져나가는 등 비행을 일삼았다.

1762년, 세자를 끌어내릴 기회를 엿보던 노론 측 윤재겸 등이 세자의 비행을 담은 상소를 올렸고 중전 김씨의 아버지 김한구와 그의 일파인 홍계희, 윤급 등의 사주를 받은 나경언이 사도세자가 역적모의를 하고 있다고 무고했다.

휘녕전에 엎드린 사도세자는 끝까지 역모를 부인하였지만, 영조는 용천검을 주며 자결하라고 명했다. 전 영의정 홍봉한과 새로 임명된 영의정 신만도가 자결 명령을 거두어 달라고 간청했지만 쫓겨나고 말았다. 영조는 결국 28세인 세자를 폐위시켜 뒤주 속에 가두고 굶어 죽게 하였다.

오랜 붕당정치를 타파하고 탕평책을 써가며 당파 싸움을 종식 시키려 했던 영조마저 왕위 계승과 관련된 집단적 이기주의에 휘말려 돌이킬 수 없는 과오를 자초하고 만 것이다. 하지만 사도세자가 죽고 난 후 영조는 후회하였고 죽음을 애도한다는 뜻으로 사도(思悼)라는 시호를 내렸다.

이후 영조는 탕평책의 필요성을 더욱 실감하고 붕당의 근거지로 인식되던 서원 건립을 금지했으며 1772년, 과거시험으로 탕평과를 실시하였고 같은 당파에 속한 집안 간의 결혼까지도 금하는 '동색금혼패' 조치를 내려 대문 앞에 걸어 두도록 하였다.

1774년, 사가에서 형벌을 가하는 일과 얼굴에 문신을 새기는 자자형을 금지하고 태종 때의 신문고 제도를 부활하여 억울한 사람이 없도록 하였다.

1763년, 일본에 통신사로 갔던 조엄이 고구마를 가져오므로 흉년 등 곡물 수급에 획기적인 변화를 가져왔다.

1765년, 북학파 담헌 홍대용의 『연행록』이 편찬되었고 1769년, 유형원의 『반계수록』1770년, 신경준의『도로고』등이 편찬되었다.

1776년 3월, 83세(조선왕조 최고 장수)로 세상을 떠났다. 한편 영조의 두 번째 정비 정순왕후 김씨는 1759년 15세 나이로 66세의 영조와 가례를 올리고 왕비에 책봉되었다. 자식은 없었고, 아버지 김한구의 조종과 사주를 받고 사도세자를 궁지로 빠뜨리는 역할을 하고 말았다.

※ **실학(實學)** : 홍대용(1731~1783)의 자는 덕보이고 호는 담헌이다. 그는 지구가 움직인다는 지전(地轉)설과 우주 무한론을 주장하였고, 인간도 대자연 일부로서 다른 생물과 다를 바 없는 존재라 하였다. 그의 사상은 북학파의 실질적 모체인 연암 박지원에게도 많은 영향을

끼쳤다. 홍대용은 1774년 43세 때 종9품으로 관직에 나아가 1777년, 사헌부 감찰을 거쳐 태인, 현감, 영천 군수 등을 지내다가 1783년에 53세로 세상을 떠났다.

그는 1765년, 60일간 북경에 체류하면서 청나라의 국립 천문대인 흠천감을 방문하여 새로운 천문학 기술을 실감하였다. 북경을 방문했던 내용을 집약시켜 『연행록』을 편찬하였는데 이 책이 박지원에게 영향을 미쳐 『열하일기』를 펴내는 동기가 되었다.

『의산문답』 또한 북경 방문 60일 동안에 얻은 과학적 지식을 바탕으로 방문길에 들렸던 의무려산을 배경으로 하여 서술한 책으로, 오랜 세월 당파 싸움만 일삼던 조선에 경각심을 일으키기 충분했다. 홍대용의 과학 사상이 집약되어 있는 문집이 바로 담헌 『담헌서(湛軒書)』이다.

더욱이 그는 조선 사회의 계급과 신분적 차별에 반대하면서 누구에게나 균등한 교육 기회를 주고, 각자의 학식과 재능에 따라 직업이 주어져야 한다는 사회적 정치이론을 주장하였다. 이처럼 폐쇄된 조선 사회에 전개된 실학은 획기적이고 독창적이었다.

22) 정조(正祖 1752~1800 / 재위 1776년 3월~1800년 6월, 총 24년 4개월간)

제22대 왕. 영조 둘째 아들인 사도세자의 둘째 아들로 이름은 산이고 자는 형운으로 25세에 왕위에 올랐다. 정조는 즉위하기 1년 전부터 조부 영조가 대리청정을 시킴으로 인해 미리 정치를 경험하였다.

즉위 후에는 바로 정후겸, 홍인한, 홍상간, 윤양로를 파직하고 홍국영에게 도승지와 숙위대장을 겸직시켰다. 1776년, 규장각을 설치하고 활자를 만들어 『속오례의』, 『증보동국문헌비고』, 『국조보감』, 『대전통편』, 『동문휘고』, 『오륜행실』 등을 편찬하였다. 규장각은 문치의 산실로 처음에는 도서 출판을 담당하였지만 점차 확대되어 홍문관을 대신하는 학문의 상징적 기능을 주관 하면서 주요 정책을 기획하고 연구하는 중추 기관으로 운영되었다.

한편 정조는 조부 영조의 탕평책을 보완하고 계승하였으나 여전히 시파와 벽파가 번갈아 득세하였다. 정조는 남인 계열의 채제공과 실학자 정약용, 이가환 그리고 북학파 박제가, 유득공, 이덕무 등을 중용하였다.

※ **실학의 등장** : 정주학(성리학)은 국학으로서 조선의 문화와 교육을 융성하게 하였다. 그러나 세계와 주변 국가들은 이미 실학을 받아들이고, 발전에 발전을 거듭하며 변모해 가고

있었다.

실학이란 현실 학문에 입각한 새로운 현실의 개혁적 사상 체계를 말한다. 성리학이 인간의 성명(性命)과 도덕(道德), 성경(誠敬)에 관한 학문이라면, 실학은 다양한 현실 사회에 적합한 문물(文物)과 제도(制度), 과학(科學)과 관련된 학문이라고 할 수 있을 것이다.

조선 후기 붕당 정치의 폐해 속에 실학 사상이 싹트기 시작했지만, 무능하고 파당적인 정치 행태로는 이를 수용하고 개방하기가 쉽지 않았다. 이때 이수광, 유형원 등을 선두로 이익, 안정복, 박세당, 홍대용, 박지원, 정약용, 이덕무, 박제가 등의 실학자가 활약하기 시작하였다.

※ **담헌 홍대용** : 35세인 1765년(영조 41년) 6월, 중국 사신의 서장관이 된 숙부 홍억의 추천으로 자제군관 자격으로 옛 연나라 땅에 가는 기회를 얻었다. 숙부는 아홉 살 위로 홍대용에게 많은 가르침을 주었다.

그는 마침내 1765년 11월, 한양을 떠나 56일 만인 12월 27일에 꿈에도 그리던 북경에 도착한다. 3개월 동안 천주당을 방문하여 흠천정감인 유송령과 신부를 만나 필담을 나눴고, 항주의 선비였던 엄성 반정균, 육비 등을 만나 교제하기로 약속하고 돌아온다. 1773년, 의산문답『의산문답(醫山問答)』과『주해수용(籌解需用)』을 저술하였다.

※ **연암 박지원** : 1780년 3종형 박명원이 청나라 고종에게 사신으로 갈 때, 함께 수행하여 북경의 열하를 60일간 여행하고 돌아와『열하일기』,『과농소초』,『한민명전의』,『안설』등을 편찬하였다. 1789년, 평시서주부를 거쳐 한성부판관, 안의현감, 면천군수, 양양부사를 지냈으며 그의 실학사상은 담헌 홍대용의 영향을 많이 받았다고 할 수 있다.

※ **다산 정약용** : 1784년 23세 때 경연(經筵)에서 중용을 강의하고부터 정조의 신임을 받게 되었다. 1794년, 정5품의 성균관 직강에 임명되었다가 그해 10월, 경기도 암행어사를 거친 후 1795년, 정3품 병조참의를 지냈다. 이어 규장각 교서를 역임하였으며 1799년에는 병조참지를 지냈다.

1800년, 정조가 세상을 떠나자 조정은 다시 노론의 벽파(僻派 시류를 무시하고 당론에만 치우침)가 조정을 장악한다. 1801년, 신유옥사가 일어나 정약전, 이가환, 이승훈 등이 하옥되었다가 죽었고 정약용은 전라남도 강진에 유배되었다.

1808년부터 정약용은 다산에 있는 윤박의 별장에 11년 동안 기거하게 되었는데 그곳에는 천여 권의 장서가 있어 많은 책을 집필하는 데 도움이 되었다. 그리하여 초당은 다산초당으로 불리었고 그때부터 아호도 다산(茶山)이라 하였으며『목민심서』,『경세유표』,『시경강의보』,『춘추고징』,『논어고금주』,『맹자요의』,『대학공의』,『중용자잠』등 많은 책이 이때 편찬되었다. 1818년, 유배가 해제되자 남양주 고향으로 돌아와『흠흠신서』,『상서고훈』등을 을 집필하였다. 1836년, 75세로 세상을 떠났다.

※ **박제가** : 정조가 즉위하면서 규장각을 설치한 후, 많은 학자가 기용되며 출사 기회를 얻게 되었다. 1778년, 남인 채제공을 수행하는 사은사로 이덕무와 함께 3개월간 청나라를 다녀오게 되는데, 마침 홍대용의 소개로 이조원, 반정균 등의 청나라 학자들과 교류하게 된다.

1779년에는 이덕무, 유득공, 서이수 등과 함께 규장각 검서관이 되었고 13년간 재직하면서 많은 서적을 접하게 된다. 1790년, 청나라 건륭제의 팔순절에 정사 황인점을 따라 두 번째로 청나라를 다녀왔고 다음 해, 실학의 후원자였던 정조가 세상을 떠나자 정권을 잡고 있던 노론 벽파는 천주교 금지를 명분 삼아 남인들을 숙청한다. 천주교를 주장했던 실학자들도 탄압을 받았는데, 박제가도 그 대상에 포함되어 있었다.

※ **노비제도의 혁파** : 영조 대에 궁궐의 내시노비들을 조금씩 면천하기 시작하였다. 하지만 정조가 즉위하면서 남인과 시파(時派 시류에 영합하려는 파벌)의 반대로 내시노비 혁파론이 성공하지 못하였다. 1801년, 순조가 즉위하면서 노론 벽파가 정권을 장악한 후 전격적으로 내시노비를 혁파하게 되었다.

이때 전환된 노비는 궁내의 내노비 36,974명과 각 부서의 시노비 29,093명 등 모두 66,067명에 이르렀다. 이를 계기로 다른 공노비와 사노비의 신분까지 계속 거론되었고, 1894년(고종 31년) 갑오개혁과 동시에 신분 제도가 완전히 폐지되면서 노비제도는 사라지게 된다.

※ **천주교** : 17세기 홍대용이 청나라에 다녀오면서 알려지기 시작한다. 천주교에 대한 관심은 점차 높아져 마침내 권철신, 정약전, 정약용, 이벽 등의 신자들이 등장하였다. 1783년, 이승훈이 북경에서 영세를 받았고 1784년, 한양 명례동 역관 김범우의 집에 최초로 천주교가 창설되었다.

1791년, 조상의 신주를 불태운 윤지충, 권상연 등의 사건이 일어났다. 1975년, 중국 신부 주문모가 입국하여 포교 활동하자 정조는 금지하도록 하였지만 심하게 단속하지는 않았다. 이 때문에 정조 말년에는 신도가 1만여 명으로 불어났다.

1806년 6월, 정조는 48세의 나이로 세상을 떠났다.

23) 순조(純祖 1790~1834 / 재위 1800년 8월~1834년 11월, 총 34년 5개월간)

제23대 왕. 정조의 둘째 아들로 이름은 공이고 자는 공보이며 11세에 왕위에 올라 영조의 계비 정순왕후의 수렴청정을 받았다.

※ 천주교 박해 : 1801년, 수렴청정을 시작한 정순왕후는 교지를 내려 천주교 금지령을 선포한다. 교도들을 잡아들이기 위하여 오가작통법(다섯 집이 서로 감시)을 시행하여 많은 교도가 체포되었고 300여 명의 순교자가 생겨났다. 초기의 천주교 지도자는 주로 남인 시파 학자들이었는데 이승훈, 정약종(정약용 형), 이가환, 권철신 등이었다. 이로 인하여 실학자 박지원, 박제가 등이 관직에서 쫓겨나게 되는 신유옥사가 일어났고, 남인 시파들은 정권에서 물러나게 된다. 이에 벽파들이 등장하고, 이때부터 다시 외척의 세도정치가 시작된다.

※ 안동김씨의 세도정치 : 정조의 실학자 중용으로 북학이 전파되었고, 천주교와 서양 문명에 눈을 뜨기 시작한다. 새로운 문명을 기대하는 진보 시파 세력들의 활약상이 두드러지자 보수 벽파들은 위기감을 느끼게 되었다. 순조가 즉위하고 벽파들이 득세하면서 시파 실학 사상가와 천주교에 대한 탄압이 본격적으로 시작되었다.

1804년, 순조가 15세에 이르자 정순왕후는 수렴청정을 거두었다. 다음 해에 왕후가 세상을 떠나자 순조의 장인 김조순을 중심으로 하는 안동김씨가 시파의 풍양조씨, 남양홍씨, 나주박씨, 동래정씨와 손을 잡고 권력을 유지하기 위해 순조의 아들 효명세자빈으로 조만영의 딸을 간택한다. 그러나 세자가 일찍 죽고 효명세자의 아들인 환이 헌종으로 즉위하게 되자, 다시 순조의 왕비인 김조순의 딸이 수렴청정하게 되었다.

이때부터 본격적인 시작된 안동김씨 세도정치는 대원군이 등장하기까지, 60년 동안 이어진다. 헌종 대에는 그의 아들 김좌근이 득세하였고, 철종 대에는 김좌근의 양자였던 김병기가 득세하였다. 그 결과 관료 사회의 부정부패가 만연하여 백성들은 도탄에 빠졌고 더욱이 농민들이 반기를 들면서 홍경래 난 등 민란이 거듭된다. 이에 헌종의 모후 대비 조씨와 흥선대원군의 밀약으로 고종이 즉위하게 되면서 안동김씨의 세도정치는 막을 내린다.

※ **홍경래의 난** : 평안도 관서지방을 거점으로 활동하던 홍경래는 1811년 12월 20일을 거사 일로 잡았으나, 그 계획이 누설되자 18일로 앞당겨 출병한다. 평안도, 가산, 곽산, 정주, 선 천, 철산 등 청천강 이북의 10개 지역을 점령한 후 박천, 송림, 곽산에서 관군과 싸웠지만 패배하여 정주로 후퇴하게 되었다. 난을 일으킨 홍경래는 서북인에 대한 차별 종식과 안동 김씨 타파, 신진 세력의 진출을 목표로 거병했다. 농민들로부터 희망과 신뢰를 받으면서 농민 항쟁으로 이어갔다.

그러나 1812년 4월 19일, 화약 등 관군의 무력 우세로 성은 폭파되고 보급은 끊어졌다. 정주성에 머물던 홍경래와 농민군 1917명이 체포되면서 난은 진압되고 주모자는 처형 되 었다.

1834년 11월, 순조는 45세에 세상을 떠났다.

24) 헌종(憲宗 1827~1849 / 재위 1834년 11월~1849년 6월, 총 14년 8개월간)

제24대 왕. 이름은 환이고 자는 문응이며 순조의 손자로서 왕위에 올랐다. 어머니는 신정왕후 조씨로 조만영의 딸이다. 8살에 즉위하여 대왕대비 순원왕 후 김씨(순조의 왕비)의 수렴청정을 받았다.

1841년, 헌종이 15세가 되어 수렴청정을 거두고 친정체제가 시작되었다.

1837년, 김조근의 딸을 왕비로 맞이하였지만 갑자기 죽음으로 인하여 1844 년 10월, 다시 홍재룡의 딸을 계비로 삼았다.

1846년, 헌종의 외조부인 조만영은 훈련대장과 어영대장을 역임하면서 헌 종을 보호했다. 조만영의 동생 조인영과 조카 조병헌, 아들 조병구 등을 요직 에 앉히고 풍양조씨 세력을 형성하려 했지만, 그 해 조만영이 죽으면서 다시 안동김씨가 득세하게 되었다.

1849년 6월 6일, 헌종은 23세에 후사 없이 세상을 떠났다.

25) 철종(哲宗 1831~1863 / 재위 1849년 6월~1863년 12월, 총 14년 7개월간)

제25대 왕. 전계대원군 광의 셋째 아들로 정조의 이복동생인 은언군의 손자이며 이름은 원범이고 자는 도승이다. 철종의 할아버지 은언군은 사도세자의 서자로서 강화도에 체류하고 있었다. 철종 역시 강화도에 머물다가 헌종이 후사 없이 세상을 떠나자 왕위에 올랐다.

1851년, 대왕대비의 친족 김문근의 딸을 왕비로 맞이하고 1852년부터 친정을 했지만 안동김씨 영향권에서 정치가 이루어졌다. 원래 왕위 계승은 전왕의 동생이나 아들 또는 조카뻘로 이어지는 것이 통례였지만, 철종은 헌종의 7촌 숙부뻘이었다. 안동김씨 세력들은 강화도령 원범이 자신들의 권력을 유지하는 데 가장 적당하다 판단하여 그를 즉위시킨 것이다.

1862년, 탐관오리의 학정에 반발하여 진주에서 민란이 일어난다. 그후 민란은 전국적으로 확산하기 시작하여 사회는 극도로 혼란해져 갔다.

이렇듯 안동김씨의 세도가 전횡하면서 종친의 견제가 심화 되어 이하전은 죽임을 당했으며 대원군 이하응도 몸을 낮추고 한량 행세를 하면서 안동김씨의 관심을 차단하려고 부단히 노력하였다.

철종은 왕위에 올랐지만 아무 권한도 없었고 따르는 신하조차 없었다. 이에 국사에 관여할 생각 없이 술과 여색을 가까이하다가 병을 얻고는 1863년 12월 8일, 33세 나이로 세상을 떠났다. 8명의 부인에게 5남 1녀를 두었지만 모두 일찍 죽고 영혜옹주 1명만 남았다.

※ **동학 창시자 최제우** : 철종 말기에는 홍경래 난과 민란으로 사회가 혼란스러워졌다. 천주교가 실학파를 중심으로 확산될 조짐을 보이자 1860년(철종 11년) 4월 5일, 최제우는 동학을 창건하였다. 그는 몰락한 양반 가문 출신으로 의술과 점술에 관심을 두고 있다가 1856년, 천성산에서 구도하고 1859년, 구미산 용담정에서 수도하였다. 천주교를 서양으로부터 전래된 서학이라 간주하여 그와 상반되는 동학이라는 새로운 도를 제창하면서, 1861년부터 본격적으로 동학을 포교하고 나섰다.

그는 경주 일대를 중심으로 활동하면서 불교는 이미 고려 시대에 쇠퇴하였고 유교는 붕당정치의 폐해로 쇠운했으며, 도교는 현실과 동떨어져 실효성이 없다고 주장하였다. 유·불·선을 초월한 동학을 창설하고 신분과 관계없이 누구나 입문하여 군자의 길을 갈 수 있다고 포교하였다. 동학의 주요 핵심은 인내천(人乃天 사람이 곧 하늘이다) 사상으로 신분 사회에서 기를 펴지 못하던 농민들을 중심으로 농민혁명 양상으로 전개되었다.

　동학의 파급이 전국으로 확산되자 1862년 9월, 철종은 백성들을 혹세무민(惑世誣民)한 다는 구실로 금교령을 내리고 최제우를 체포하였으며 수백 명의 교도도 함께 구금하였다 가 다시 석방하기에 이른다. 1863년에는 교도가 3천 명까지 늘어났고 그해 8월, 최시형이 제2대 교주에 올랐다. 교세가 점점 확산될 조짐을 보이자 조정은 1863년, 최제우를 다시 잡아들이라는 명을 내려 11월 20일, 경주에서 체포한다. 한양으로 압송 중에 철종이 세상 을 떠나자 다시 다음 해 대구 감영으로 이송되었다가 1864년 3월 10일, 사도난정(邪道亂正) 의 죄목으로 41세에 효수되었다. 그러나 동학은 2세 교주 최시형에 의하여 다시 고종 대로 이어졌다.

26) 고종(高宗 1852~1919 / 재위 1863년 12월~1907년 7월, 총 43년 8개월간)

　제26대 왕. 흥선대군 이하응의 둘째 아들 명복이 12세로 왕위에 올랐다. 처 음에는 조대비가 수렴청정하였지만 사실상 국정은 흥선대원군이 주도하였다.

　고종이 즉위하기 전의 조정은 안동김씨가 모든 권력을 독점하고 있었다. 왕 실의 조대비는 그 세력을 견제하기 위해서 흥선군과 비밀리에 결탁해 놓았다. 어느 날 조대비, 헌종비, 철종비와 안동김씨, 풍양조씨, 남양홍씨와 중신들이 배석한 자리에서 갑자기 고종의 즉위가 거론되었고, 아무런 대안이 없었던 세 도가는 그저 당황할 뿐이었다.

　이에 앞서 흥선군은 안동김씨 세력의 화를 피하고자 시장 한량들과 어울리 면서 방탕한 생활을 하였고 심지어 안동김씨 집을 찾아다니며 술을 구걸하고 비웃음과 조롱을 자초했다. 이에 조정의 권신들은 흥선군을 한량이라 생각하 고 경계 인물로 평가하지 않았다.

　조대비로부터 섭정의 대권을 위임받은 흥선대원군은 가장 먼저 안동김씨 의 세도정치를 종식시켜 왕권을 되찾고 인재들을 등용하였으며 당쟁의 근원지 가 되었던 서원을 철폐하고 국정을 쇄신하였다. 한편 『대전회통』, 『육전조례』, 『양전편고』 등의 법전을 편찬하여 국법 제도를 확립하고 의정부를 부활시켰다.

※ 병인양요(1866) : 천주교 박해령에 따라 6년 동안 무려 8천여 명의 신도들이 학살당했다. 이러한 박해 속에 프랑스 신부 9명도 죽게 된다. 마침내 1866년 10월, 프랑스 로즈 제독은 군함 7척, 군사 1천여 명을 이끌고 강화도를 점령하였다. 이 사건이 병인년 병인양요이다.

※ 신미양요(1871) : 이에 앞서 1865년, 미국 상선 제너럴셔먼호가 대동강을 거슬러 올라가 통상을 요구하다가 평양에서 화공 습격을 받는다. 제네럴셔먼호는 불타고 선원들은 모두 죽는다. 이로부터 5년 뒤인 1871년 5월, 미국 로저스 사령관은 군함 5척에 함포 85문을 장착하고 군사 1,200여 명으로 강화도를 점령하였다. 그러나 흥선대원군의 강력한 쇄국 정책으로 미국 군함은 한달 만에 물러갔고, 대원군은 서양 오랑캐를 배척한다는 표식으로 종로 등 주요 도시에 척화비(斥和)를 세웠다.

※ 민비의 등장과 흥선대원군 퇴장 : 1866년, 민비가 왕실로 들어왔지만 15세의 고종은 후궁 이씨와 사랑에 빠졌고 1868년 4월, 후궁 이씨가 완화군을 낳았다. 민비는 대원군에게 쫓겨났던 풍양조씨 조영하와 안동김씨 김병기, 고종의 형 이재면을 끌어들인 후 서원철폐로 불만을 품고 있던 유림의 거두 최익현과도 손을 잡고 세력 확장에 힘을 기울였다. 1871년, 민비는 항문이 막힌 왕자를 낳았지만 5일 만에 죽었고 뒤이어 13세였던 완화군마저 죽자, 후궁 이씨를 궁밖으로 쫓아버렸다. 1874년, 민비는 두 번째로 왕자 척(순종)을 낳았고 다음 해 왕세자로 책봉하였다.

고종이 22세가 되면서 친정할 시기가 다가오자 민비는 유림 최익현을 앞세워 친정체제를 거론하며 퇴진 상소를 올린다. 마침내 1873년, 고종이 직접 정무를 처리하겠다는 결정을 내려 대원군은 일선에서 물러나고 조정은 민씨 일파가 장악하였다.

1875년, 운요호 사건(강화도 앞바다 불법 침투)을 계기로 무력시위를 벌이던 일본의 국교 요청을 받아들여 1876년 2월, 병자수호조약(일명 강화도 조약)을 체결하므로, 제물포·부산·원산항이 개방되었다. 일본과의 수교 이후 고종은 미국·프랑스·러시아 등과도 조약을 맺고 통상을 시행하였지만, 가까운 일본의 정치적·경제적 침투가 특히 가속화된다. 이즈음에는 국내 정치에도 전환점이 다가와 개화파와 수구파의 대결 양상이 전개되고 있었다.

※ 임오군란(1882) : 1881년 6월, 구식 군대의 월급이 13개월 동안 밀렸었는데 겨우 1개월분만 지급되었고 더구나 모래가 많이 섞여 있었다. 이에 불만이 폭발한 구식 군대가 선혜청 당상이던 민겸호 집으로 몰려가 난동을 부렸다.

이때 물러나 있던 대원군은 이를 계기로 민씨들을 몰아낼 계획을 세우고 배후에서 은밀하게 주동자를 조종하여 민씨들의 집과 일본 공사관을 습격한다. 민비를 찾기 위해 창덕궁으로 달려갔지만 이미 피신하여 찾을 수 없었다. 이 와중에 흥인군 이최응과 민겸호는 군인들에게 살해되었고, 민비는 대전별감 홍계훈의 등에 업혀 달아난 후 경기도 장호원 민응식 집에 숨어 있었다.

대원군은 군사들을 동원하여 장안을 샅샅이 뒤졌지만 그 종적이 없자 민비가 죽었다며 전국에 국상을 선포하였다. 그리고 청나라에 머물던 김윤식을 통해 청나라 군대를 요청하면서 일본군을 견제하자고 제의한다. 이에 마침내 청나라는 4,500여 명의 군대를 파병하였다. 한편 일본도 사태가 심각해지자 조선 군대가 일본 공사관을 습격했다는 이유로 1,500명의 병력을 이끌고 인천항을 거쳐 한성으로 들어온다. 대원군이 청군을 등에 업고 강력히 항의하자 일본군은 우선 인천으로 물러났다.

청군은 대원군과 일본의 협상을 중재하다가 마침내 대원군을 제거하기로 하였고 1881년 7월, 청나라 제독 우창칭(오장경)은 대원군을 청나라로 납치해 보낸 후 그날 밤 한성을 장악했다.

한편 민비는 청군의 보호를 받으며 궁궐로 돌아왔고 일본은 공사관 습격에 따른 피해 보상을 문제 삼아 마침내 1882년(고종 19년), 제물포 조약을 체결하여 조선 주둔을 합법화시킨다. 청나라 역시 조선 군대의 난을 진압했다는 명분으로 조선의 내정을 간섭하기 시작하였다.

※ 갑신정변(1844) : 1884년(고종 21년) 10월 17일, 우정국의 개국 축하연을 틈타 개화독립당 김옥균과 박영효가 정변을 일으켰다. 이때 민태호, 민영목이 죽었고 고종과 민비는 경우궁에 구금되어 일본군 1개 중대가 에워싸고 있었다. 개화파는 자신들의 개혁안을 공포하고 새로운 정부가 수립되었음을 국내에 알렸다.

한편 민비는 수구파인 경기감사 심상훈에게 사람을 보내 청나라 공사에게 도움을 요청한다. 다음 날 청나라 공사 위안스카이(원세개)는 6백 명의 군사를 이끌고 고종의 면회를 요청했지만, 김옥균이 저지하면서 시간을 끌었다. 청나라 군대는 다시 1,500여 명으로 늘어났고 시민들이 대궐을 공격하자 민비를 감싸고 있던 일본군은 싸우지 않고 달아났다. 이처럼 궁궐이 혼란스러운 와중에 고종과 민비는 홍영식, 박영교와 수명의 사관생도 호위를 받으며 청나라 진영으로 옮겨갔고, 홍영식과 박영교는 청군에게 죽임을 당했다.

일본과 개화독립당이 결탁했던 갑신년의 거사가 청나라의 개입으로 불확실해지자 개화파 김옥균, 박영효, 서재필, 서광범, 변수, 유혁로와 일본공사 다케조에 일행이 일본군의 호위를 받으며 궁궐 북문으로 도망쳐 인천을 경유하여 일본으로 망명길에 오르면서, 갑신정변은 3일 천하로 끝나고 말았다.

1885년 3월, 영국함대가 거문도를 점령하고 2년 동안 머물다가 청나라의 중재로 다시는 조선의 영토를 점령하지 않겠다는 조건을 수락한 후 물러갔다.

조선을 둘러싸고 청나라·일본·러시아 3국이 각축전을 벌이는 상황 속에서 민비는 해결책을 강구하지 못한 채 권력 유지에만 급급했다. 3각 외교를 벌이

느라 국정과 국가재정은 파탄 직전이었고 그런 와중에도 민씨 일족은 매관매직을 전횡하면서 농민들을 크게 실망하게 했다. 이에 급기야 정권을 타도하려는 민중운동이 싹트기 시작했다.

※ 동학농민운동(1894) : 전라도 고부군에 새로 부임한 군수 조병갑이 관개사업을 위하여 만석보를 개수하고 수리세를 강제 징수한다. 이 과정에서 전봉준의 지휘 아래 동학교도 농민들이 봉기하여 고부 관아를 습격하여 무기를 탈취한 후 이미 징수했던 곡식을 다시 농민들에게 나눠준 뒤, 동학군을 인솔하고 북상하여 전주까지 점령하였다.

1894년 3월, 민심의 이반은 전란으로 이어져 관군과 농민 사이의 전면전으로 전개되기 시작한다. 보국안민과 국정 개혁을 외치면서 전국에서 동시다발적으로 농민운동이 일어났고, 걷잡을 수 없이 확산하였다. 고종과 민비는 청나라에 원병을 요청하였고 청나라 위안스카이(원세개)가 군대를 동원하자 일본도 조약을 내세우며 군대를 동원하였다. 농민군은 정부를 상대로 기치를 들었지만 청·일 외세의 개입으로 엉뚱하게도 양국에 어부지리를 안겨주는 결과가 초래된다. 이에 농민군과 관군은 회담을 통해 화의를 약속하고 싸움을 중단하기로 하였다.

그러나 청·일 양국은 돌아가지 않았다. 일본은 청나라에 함께 조선의 내정을 개혁하자고 제의하였지만 청나라는 단호히 거절하였고, 조선 역시 지연 작전을 펴면서 청나라를 믿고 일본의 제의에 따르지 않았다.

이때 전봉준(녹두장군)은 손병희와 합세하여 대일 항전을 펼쳤으나 농민군은 일본군과 관군에게 패하여 진압되었다. 그 후 동학교도를 결집하여 재기를 노렸으나 전봉준은 체포되었고 1895년, 42세로 한양에서 사형당했다.

※ 갑오개혁(갑오경장 1894년) : 청일전쟁으로 청나라 세력을 압도한 일본은

조선 정부에 내정개혁을 강요하였다. 대원군을 입궐시켜 집정토록 하고 정무를 전담할 군국기무처를 설치하여 김홍집을 총재관으로 임명하고 오오토리 일본공사를 고문으로 앉혔다.

이리하여 정치·경제·사회 등 모든 분야에 걸쳐 조선의 근대화 개혁이 추진되었다. 그러나 이것은 일본군의 점령하에 강제로 이루어진 것으로, 일본 자본주의가 침투하는 경로를 개방하는 데 그 목적이 있었기에 집정을 맡은 대원군도 반대하였다. 대원군은 손자 이준용과 정변을 도모하다가 계획이 탄로나 실패하게 되었고, 또다시 정계를 은퇴하지 않을 수 없게 된다.

한편 일본은 일련의 과정들이 오오토리 공사의 통제력이 미약해서 벌어진 일이라 생각하여 본국으로 소환한 후, 이노우에카오루를 후임 공사로 파견하였다. 이노우에카오루는 미리 준비해온 새로운 내정개혁 강령으로 고종을 압박하였으며, 일본 망명 이후 환국한 김홍집과 박영효는 연립내각을 구성한 후 고종과 함께 문무백관을 거느리고 종묘에 나아가 14개 조항의 정치 기본 강령을 조종(祖宗)의 영전에 고유하였다. 이것이 바로 조선 최초의 헌법인『홍범14조』이다. 그러나 이는 일본 이노우에카오루 공사의 강압에 의한 것이므로 조선 조정은 계속적으로 치욕적인 국권 상실을 실감해야 했다.

※ 을미사변(1895) : 청일전쟁에서 승리한 일본은 친러 경향으로 기우는 민비를 제거하기로 결심하고 오오토리를 대신하여 군인 신분이었던 미우라를 공사로 부임시킨다. 그 후 대원군을 다시 추대하여 친러파를 몰아낼 계획을 세웠다.

1895년 10월 8일, 미우라 일당은 훈련대와 수비대와 낭인무사를 이끌고 경복궁으로 침입하여 마침내 민비를 찾았으나 민비는 궁녀 복장을 하고 건청궁의 곤녕각에 숨어 있었다. 그러나 낭인 무사들에게 발각되어 수비대장 홍계훈과 내부대신 이경직은 그 자리에서 죽었고 민비는 근처 녹산으로 옮겨져 불태워졌다.

한편 명성황후 민비의 시해 사건이 사방에 알려지자 전국 각지에서 의병이 일어나 일본군과 충돌하였다. 을미사변 후 신변에 위협을 느낀 고종은 은밀히 러시아와 내통하고 1896년 2월, 정동에 있는 러시아 영사관으로 조정을 옮길 수밖에 없었다. 친러 정권이 수립된 후 친일파 김홍집과 어윤중은 살해되었고 유길준, 조희연은 일본으로 망명을 떠났다. 그리고 1년 동안 조선의 모든 정치는 러시아 영사와 이범진, 이완용 등이 주도하였으며 이 과정을 아관파천(俄館播遷)이라고 한다.

　※청일전쟁(1894~1895) : 조선시장의 지배를 둘러싸고 청나라와 일본이 전쟁을 일으켜 일본이 승리한다. 이로써 일본의 조선 지배 및 중국의 반식민지화가 가속화되었고, 극동 지역에서는 주변 열강들의 제국주의적 세계 분할의 기초가 되었다.

　1876년 체결한 강화도조약 체결로 조선의 문호를 개방시키는데 성공한 일본은 점차 정치적·경제적 진출을 강화해 나갔다. 1884년, 친일적인 개화파의 개혁(갑신정변)이 실패로 끝나자 일본 세력은 잠시 후퇴하는 듯했다. 1886년의 무역비중은 청나라 83, 일본 17로 청이 일본을 크게 압도하였다. 그러나 1892년에는 55대 45로 일본과 근접하고 있었다.

　1894년, 청나라는 고종의 요청을 받고 동학농민운동 진압을 위해 출병한다. 그러자 일찍부터 조선의 지배를 꿈꾸고 있던 일본은 청나라와의 텐진조약을 구실로 일방적인 출병을 한다. 철군 문제와 조선의 내정 개혁을 둘러싸고 충돌한 두 나라는 1894년 8월 1일, 전쟁을 시작한다. 일본은 평양과 황해도에서 청나라를 격파시키고 1895년 3월, 전쟁에 승리한다. 이토히로부미와 이홍장이 일본에서 시모노세키 조약을 맺게 됨으로써 청나라는 서양과 일본에 의한 분할의 위기에 직면하게 되었다.

※ **엄 귀비와 황태자 영친왕** : 명성황후가 죽은 후 민비에게 쫓겨나 궁 밖에 있던 귀비(후궁) 엄씨는 5일 만에 고종의 명을 받고 입궐하였다. 그녀는 고종이 러시아 영사관(아관파천)에 있을 때 시중을 들다가 1897년, 1년 만에 궁궐로 돌아와 10월, 대한제국이 선포된 후 귀인으로 책봉되었다. 1900년 8월, 아들 은이 영왕으로 책봉될 때 다시 순빈으로 책봉되었고 1901년 10월, 빈에서 또 황후 비로 승격되어 마침내 고종의 계비가 되었다. 1907년, 순종이 즉위한 뒤 엄 귀비의 아들 영왕이 황태자로 책봉되면서 영친왕이라 불렸다. 그 후 고종의 계비인 엄씨는 1911년, 장티푸스로 58세에 죽었다.

영친왕(이은)은 10세가 되는 1907년, 이토히로부미에 의해 유학이라는 명분으로 볼모로 잡혀갔다가 1920년, 일본 황족 딸 마사코와 정략 결혼을 했다. 그는 일본에서 육사와 육군대학을 거쳐 육군 중장까지 지냈으며 1963년, 부인 이방자 여사와 함께 귀국하였다가 1970년, 74세로 세상을 떠났다.

※ **대한제국의 성립**(1897) : 러시아 영사관에서 1년 동안 러시아의 보호를 받으며 친러정책을 펼쳤던 고종은 독립협회의 여론 환기에 따라 조정을 경운궁으로 옮긴다. 1897년 8월에 조선 연호를 광무(光武)로 고친 후 10월 12일, 황제 즉위식을 거행하고 국호를 대한(大韓)으로 선포한다. 이로써 고종황제에 의해 현대적 국가의 모습을 갖춘 대한제국(大韓帝國)이 성립되었다. 독립협회는 서재필을 중심으로 이상재, 윤치호 등이 적극 참여하여 민중계몽과 조선의 자주독립을 위해 조직된 단체이다.

※ **을사늑약**(1905 광무 9년) : 일본이 한국을 보호한다는 명목으로 1905년, 강제 체결한 조약이다. 러시아·영국·미국 등의 승인을 받은 일본은 조선을 보호국으로 만들기 위해 이토히로부미를 파견하였다.

조약의 내용은 첫째 일본 외무성이 조선의 외교에 대한 관계 및 사무를 총괄 지휘한다는 것, 둘째 조선은 일본 정부의 동의 없이 국제적 조약이나 약속을 할 수 없다는 것, 셋째 조선의 황제 밑에 1명의 일본인 통감을 두어 조선의 외교를 관리 한다는 것이다. 그러나 사실은 완전한 외교권 박탈에 이어 내정까지 관장하려는 수순이었다.

※ 헤이그 밀사사건(1907 광무 11년) : 을사늑약 체결 2년 후, 이준·이상설·이 위종 등이 고종황제의 친서를 갖고 네덜란드 헤이그에서 열리는 만국 평화회의에 참석하여 일본과의 을사조약 체결이 무효임을 주장하려 했지만 끝내 참석이 용납되지 않았다. 이준 열사는 울분한 나머지 도중에 죽었고 이 사건으로 일본은 고종을 강압하여 양위하도록 한 후 고종의 둘째 아들 순종을 즉위시켰다.

27) 순종(純宗 1874~1926 / 재위 1907년 7월~1910년 8월, 총 3년간)

제27대 왕. 고종과 명성황후 사이에 태어난 둘째 아들로 이름은 척이고 자는 군방이다. 1897년, 대한제국이 수립되자 황태자로 책봉되었다가 1907년 7월, 고종의 뒤를 이어 대한제국의 제2대 황제로 즉위하였다. 연호를 광무에서 융희로 고쳤다.

1907년 7월, 헤이그 밀사사건의 책임 문제로 고종황제가 퇴위하고 순종이 즉위하였다. 일본은 이때부터 정부 부처의 장관을 일본인으로 임명하는 차관 정치를 시작하였고 더욱이 재정 부족을 이유로 조선 군대를 해산시켰다.

1909년(융희 3년) 7월에는 기유각서에 의해 사법권마저 강탈당했다. 일본은 이토히로부미 총독에 이어 소네 총독을 거쳐 군부 출신 데라우치 총독을 부임시키면서 대한제국 강점 계획을 강화해 나갔다.

일제는 1909년 7월 기유각서에 의한 각료 회의에서 한일합병 실행에 관한 방침을 통과시킨 뒤 러시아와 사전에 만주 문제를 협상하기 위해 이토히로부미를 만주로 파견하였다. 이 무렵 만주 흑룡강성 하얼빈으로 잠입한 안중근 의사가 이토히로부미를 살해하자, 이를 계기로 한반도 무력강점 계획을 더욱 앞당겨 실행에 옮겼다.

일제는 조정의 친일 세력인 이완용, 송병준, 이용구 등을 중심으로 형성된 일진회를 앞세워 조선의 요청에 따라 조선과 일본이 합병한다는 논리로 마침내 1910년 8월 29일, 한일 합병조약을 성립시키므로, 조선은 27대 519년 만에 일본에 의하여 완전히 국권을 상실하고 말았다.

그후 순종은 하루아침에 황제에서 이왕으로 강등되어 창덕궁에 살면서 16년을 지내다가 1926년 4월 25일, 53세로 세상을 떠났다.

순종이 3년간 황제위에 있었지만 실상은 일본인 장관들이 정책을 주관하고 조선인 차관들은 보좌만 할 뿐이었으므로 사실상 조선 역사는 1907년 7월 26일 고종황제가 마지막 정치를 한 것이나 다름이 없다.

순종은 성 기능이 좋지 않았고 후사도 없다. 명성황후는 계집종을 시켜 세자에게 성교육을 시키기도 하였다고 한다. 따라서 대궐 밖으로 내쫓았던 귀비 엄씨가 낳은 영친왕(은)이 고종의 후사가 되었고 귀인 이씨 소생의 완왕과 귀인 장씨 소생의 의친왕이 고종의 후손으로 남으면서 조선 왕조는 막을 내린다.

※ 내명부 : 궁궐 안에 있으면서 작위를 받은 여인들을 말하며 후궁들은 1품에서 4품의 품계를 받고, 궁녀들은 5품에서 9품의 품계를 받았다.

1	정1품 빈(嬪)	6	정6품 상침(尙寢)
	종1품 귀인(貴人)		종6품 상정(尙正)
2	정2품 소의(昭儀)	7	정7품 전빈(典賓)
	종2품 숙의(淑儀)		종7품 전설(典設)
3	정3품 소용(昭容)	8	정8품 전찬(典贊)
	종3품 숙용(淑容)		종8품 전등(典燈)
4	정4품 소원(昭媛)	9	정9품 주궁(奏宮)
	종4품 숙원(淑媛)		종9품 주치(奏徵)
5	정5품 상궁(尙宮)		
	종5품 상복(尙服)		

※ 외명부 : 궁궐 밖에 있으면서 작위를 받은 여인들을 말하며 공주와 옹주, 군주, 현주를 비롯한 왕 및 세자의 딸들과 왕의 종친 부인들과 대신 부인들이 모두 해당된다.

	종친의 처	문관. 무관의 처
1	정1품 부부인(府夫人)	정1품 정경부인(貞敬夫人)
	종1품 군부인(郡夫人)	종1품 정경부인(貞敬夫人)
2	정2품 현부인(縣夫人)	정2품 정부인(貞夫人)
	종2품 현인(縣人)	종2품 정부인(貞夫人)
3	정3품 신부인(愼夫人)	정3품 숙부인(淑夫人)
	종3품 신인(愼人)	종3품 숙인(淑人)
4	정4품 혜인(惠人)	정4품 영인(令人)
	종4품 혜인(惠人)	종4품 영인(令人)
5	정5품 온인(溫人)	정5품 공인(恭人)
	종5품 온인(溫人)	종5품 공인(恭人)
6	정6품 순인(順人)	정6품 의인(宜人)
	종6품 순인(順人)	종6품 의인(宜人)
7		정7품 안인(安人)
		종7품 안인(安人)
8		정8품 단인(端人)
		종8품 단인(端人)
9		정9품 유인(孺人)
		종9품 유인(孺人)

※ 일반 가정의 축문에 쓰이는 유인(孺人)은 외명부의 정9품 품계로 벼슬 명칭이 없는 일반 고인의 존칭으로도 사용한다.

8. 대한민국(大韓民國 / 1948년 8월 15일~)

　　※ 일제강점기(強占期) : 고종이 1897년 10월 12일, 조선을 대한제국으로 선포한 이후 1910년 8월 22일, 한일 합병에 관한 문서에 조인함으로써 대한제국의 주권은 완전히 상실되고 말았다. 이에 앞서 5월에 이미 조선통감 직책을 부여받고 파견된 데라우치가 부임한다. 데라우치는 우선 헌병 경찰 제도를 강화하고 언론기관을 탄압하여 대한일보를 정지시키고 대한매일신보의 발매를 금지했다. 이와 같은 사전 준비를 마치고 부임한 데라우치는 일본 정부의 정책에 따라 1910년 8월 16일, 총리대신 이완용을 만나 조약 조항을 제시하고 승인할 것을 요청하였다.

　　8월 17일, 내부대신 박제순, 탁지부대신 고영희, 농상공부대신 조중응 등의 개별 승인을 받은 후 8월 22일, 어전회의(御前會議)를 열어 합병 문서에 조인하였다.

　　이처럼 조약은 비밀리에 체결되었지만 국민의 여론이 두려워 발표를 미룬 채, 우선 애국단체를 해산시키고 애국지사들을 검거한다. 마침내 8월 29일, 순종에게 국가 통치권을 위임한다는 조서를 내리게 함으로써 1945년까지 36년 동안 암울한 일제강점기가 시작되었다.

　　※ 무단정치(武斷政治 무력억압) : 일제는 한국 강점(強占)과 동시에 조선총독부를 설치한다. 이어 무단정치를 강행하기 위하여 일본 헌병사령관을 경무총감으로 임명하여 헌병 경찰을 총지휘 하도록 하였다. 이 조직은 한민족의 항일운동을 감시하고 탄압하는 기관이다. 총독부 산하에는 중추원을 두었는데, 총

독 정치에 협조하도록 한국인으로 구성하였다.

※ 조선총독부 : 1910년 8월 29일에 한일합병을 단행한 일본은 대한제국을 다시 조선이라 개명하고 조선총독부 설치령을 공포하였다. 조선총독은 육군과 해군 대장을 겸임한 천황의 직속으로서 위임받은 범위 내에서 강력하고 광범위한 권한을 부여받았다. 총독부에는 정무총감을 두고 5부 9국과 중추원 및 경무총감부, 재판소, 13도 등을 모두 총괄하여 감독하도록 하였다.

※ 3·1독립운동 : 1919년 2월, 도쿄에 있던 한국 유학생들은 조국의 자유와 독립을 위한 투쟁에 돌입한다. 2월 8일, 도쿄유학생 독립선언을 하였으며 이를 계기로 국내에서도 비밀리에 전국적인 항일 운동이 추진된다. 민족대표 33인은 마침내 고종의 장례일인 3월 3일의 이틀 전인 3월 1일, 독립운동을 결행하게 된다.

3월 1일 오후 2시, 민족대표 33인은 인사동 태화관에 모이고 학생들과 시민은 파고다 공원으로 집결하였다. 민족대표는 태화관에서 조선독립선언을 선포하고 만세 삼창을 부른 뒤에 일본 관리에게 자진 통고한 후 즉시 구금되었다.

파고다 공원에 집결한 2만여 시민은 독립선언서를 낭독하고 독립 만세를 부르면서 시위행진에 들어갔다. 일본 총독은 헌병과 경찰을 동원하여 주동자 체포에 나섰고 만세운동은 전국 방방곡곡으로 확산하였다. 결국 일제의 무력 앞에 진압되긴 하였지만, 조국을 위한 독립운동은 한국 민족 운동사에 불멸의 저력을 보여준 강점기 최초의 강력한 항일 운동이었다.

※ 민족대표 33인 : 손병희, 길선주, 이필주, 백용성, 김완규, 김병조, 김창준, 권동진, 권병덕, 나용환, 나인협, 양전백, 양한묵, 유여대, 이갑성, 이명룡, 이승훈, 이종훈, 이종일, 임예환, 박준승, 박희도, 박동완, 신홍식, 신석구, 오

세창, 오화영, 정춘수, 최성모, 최린, 한용운, 홍병기, 홍기조 등이다. 특히 손병희는 최시형을 이은 동학의 3대 교주로서 1906년, 동학을 유·불·선을 초월한 천도교로 개명하였으며 이미 을사늑약 이전부터 민족운동을 전개하였던 독립운동가이다.

※ 유관순 : 충남 천안 출신으로 이화학당에 입학한 후 1919년 3월 1일, 16세 소녀로 서울에서 만세운동에 참가한다. 그 후 고향으로 내려가 천안, 연기, 청주, 진천 등의 학교와 교회를 순회하면서 음력 3월 1일, 병천장날을 기하여 궐기하기로 모의했다.

이 사건으로 아버지와 어머니가 총살당하고 유관순은 체포되어 공주 감옥에서 7년 형을 선고받는다. 다시 서대문 형무소로 옮겨진 뒤에도 옥중 만세를 부르다가 1920년 10월 17일, 서대문 형무소에서 순국하였다.

※ 임시정부 수립 : 3·1운동 독립 선언 후에는 서울, 만주, 상해 등 여러 지역에서 임시정부가 비밀리에 조직되었다. 3·1운동 이전부터 국외로 망명한 애국지사들이 많이 모인 곳은 바로 상해였다. 상해 임시정부는 의정원과 국무원을 두고 1920년, 상해에 육군 무관학교를 세워 만주의 독립군을 지원하였다.

※ 광주 학생운동 : 1929년 11월 3일, 광주 학교에서 고보생과 일본인 학생과의 충돌이 있었다. 이 사건과 그동안 쌓여왔던 반일 감정과 결부되어 대규모 학생 궐기가 일어난다. 1930년 3월까지 149개 학교가 참가하는 항일 운동으로 전개되어 조선총독부를 긴장하게 하였다.

※ 신흥 무관학교 : 1920년, 만주에 독립군 양성 학교를 세우고 신흥 학우단을 조직하여 독립운동을 전개하였다. 교장은 이시영, 대장은 지청천, 교관은

이범석이 맡았다.

※ 청산리 전투 : 1920년, 중국의 길림성 청산리에서 일본군의 공격을 받고
있던 김좌진, 이범석, 나중소 등은 일본군 2,200명을 사살한다. 2,500여 명의
독립군이 5만여 일본군을 상대하여 승리한 것으로, 독립군의 최대 전과로 기록
되었다.

※ 8·15해방 : 1939년 9월, 나치 독일의 폴란드 침공으로 시작된 제2차 세계
대전은 이탈리아가 독일 편에 참전하면서 소련·영국·프랑스 등 서유럽 전역으
로 전선이 확대되었다. 1941년 12월에는 일본이 마침내 기습적으로 미국 하와
이 진주만을 공격하며 전 세계를 전쟁의 소용돌이로 몰아넣었다.

제2차 세계대전은 독일·이탈리아·일본 3개국이 주변의 약소국과 그 민족을
상대로 제국주의적 침략을 감행한 전쟁이다. 특히 진주만 기습 공격은 동아시
아를 손에 넣은 일본이 서양의 대전을 틈타 무모한 야욕을 드러낸 것이다. 태
평양까지 지배하려던 야욕의 결과는 결국 원자폭탄 투하와 이에 따른 참혹한
패배였다.

1943년에 접어들면서 세계대전은 점차 연합군 측에 유리하게 전개된다. 이
에 미국·영국·중국·소련은 전후 처리에 대한 회담을 진행한다.

※ 카이로 선언 : 1943년 11월 27일, 미국(루스벨트)·영국(처칠)·중국(장제스)이
이집트의 수도 카이로에 모여 5일간에 걸쳐 회의한 끝에 카이로 선언을 발표하
였다. 연합국이 승리한 후 자국의 영토 확장을 도모하지 않을 것, 일본이 제1차
세계대전 이후에 강점한 타국 영토를 반환시킬 것, 특히 이미 강점하고 있는
한국을 자유 독립국으로 승인할 것 등을 선언하였다.

※ 테헤란 회담 : 1943년 12월, 이란의 수도 테헤란에서 미국(루스벨트)·영국(처칠)·소련(스탈린)이 모여 연합국의 전쟁 협력 강화 등을 논의했다. 전쟁에 적극협력하는 공동수행 선언과 동부전선의 소련군 반격에 협조하는 연합군 제2전선 구축 등이 약속되었다.

※ 얄타 회담 : 1945년 2월, 우크라이나 얄타에서 한국의 전후 감시 대책이 강구되었고, 독일이 항복할 경우 전후 처리 방침을 결정하였다. 동시에 소련군의 대 일본 참전을 확정한 후에 동쪽과 서쪽에서 독일군 압박 작전을 개시한다. 그 결과 미군과 소련군은 마침내 4월 25일, 엘베강에서 합류하여 승리의 악수를 나누게 되었다. 카이로 회담에서 논의한 한국 독립안을 얄타 회담에서 재확인하였다.

※ 포츠담 선언 : 1945년 7월 7일, 독일 베를린 교외에 있는 포츠담에서 미국(트루먼)·영국(처칠)·중국(장제스)이 회담한 후 13개 조항을 선언하였다. 일본에게 항복할 기회를 주고 민주정부 수립을 보장하여 카이로 선언이 이행되도록 하였고, 일본의 주권은 연합국이 결정하는 지역에 국한하기로 한다. 한 달 뒤에 참석하지 못했던 소련의 스탈린도 선언문에 서명하였다.

한편 포츠담 선언으로 한국의 독립은 확고해졌지만 한국에서의 일본군 무장해제 문제가 남아 있었다. 소련은 38도선 이북을, 미국은 이남을 감시하여 제2차 세계 대전을 완전히 종식시키기로 한다. 그러나 종전 후 단순히 군사적인 편의를 위해 책정된 38도선이 70여 년이 지나도록 남북분단의 장벽이 될 줄은 아무도 예상하지 못했다.

※ 독일과 일본의 항복 : 1945년으로 접어들면서 소련군은 총공격을 개시한다. 4월 독일의 베를린을 공격하였고 동시에 미국과 영국은 동·서 압박 작전

을 개시한다. 마침내 4월 25일, 연합군이 승리하면서 포위망이 좁혀오자 절망감에 빠진 히틀러는 패배한 지 5일 만에 벙커에서 자살하였다. 1945년 5월 7일, 독일이 무조건 항복하면서 유럽 전쟁은 막을 내렸다.

한편 유럽 전쟁을 종식시킨 미군은 본격적으로 일본 공격에 나선다. 1945년 8월 6일, 히로시마에 세계 최초로 개발한 원자폭탄을 투하하고 8월 9일, 나가사키에 다시 원자폭탄을 투하한다. 이에 전의를 상실한 일본은 원폭 투하 9일 만인 8월 15일, 무조건 항복하였다. 마침내 미군 전함에서 항복 문서에 조인함으로써 태평양 전쟁은 끝이 났고, 동시에 제2차 세계 대전은 6년 만에 막을 내리게 된다.

이에 앞서 독일 편에서 참전했던 이탈리아는 1943년 7월, 미국·영국 연합군의 시칠리아 상륙 성공으로 패색이 짙어진다. 무솔리니 정권은 혁명에 의하여 붕괴되었고, 무솔리니는 즉시 체포된다. 바드리오 원수의 혁명정부는 9월 3일, 연합군에 무조건 항복하였다.

1939년 9월부터 1945년 8월 15일까지 전개된 제2차 세계대전은 수많은 희생자를 내면서 6년 만에 막을 내렸다. 전쟁을 도발한 독일·이탈리아·일본은 비참한 전쟁의 폐허를 감당해야 했다.

이러한 세계열강들의 연합 및 공동 대응으로 제2차 세계대전은 종식되었고 우리나라는 8·15해방을 맞이하였다. 그러나 기쁨은 잠시였다. 또다시 한반도에서 미국과 소련이 공산주의·민주주의로 대립하면서, 새로운 사상대결과 냉전의 서막이 열린다.

※ 미군 군정 : 1945년 8월 15일, 일본이 연합국에 항복한 이후 8월 22일, 평양에 소련군이 진주하여 북위 38도선 이북에서 소련군 군정을 실시하였다. 9월 8일, 미군 하지 중장이 인천으로 진주한다. 9월 9일, 일본이 항복문서에 조인함으로써 일본의 통치는 끝이 나고, 대신 미·소 군정체제가 시작되었다. 9월 11일, 아

놀드 소장이 군정장관에 임명되며 본격적인 미군 군정이 시행된다. 미군 군정
은 1948년 8월 15일, 대한민국 정부가 수립될 때까지 3년간 지속되었다.

　미군 군정 당국은 한국인 지도자 28명으로 민주의원을 구성하여 자문하도
록 하였고, 주요 직책마다 미국과 한국 책임자 각각 1명씩을 두고 정무를 처리
하였다. 1946년 12월, 관선·민선 의원 90명으로 남한의 과도입법의원을 발족
시켜 당면한 법률을 제정하도록 하였다.

　1947년 2월, 미국인 군정장관 밑에 민정장관직을 두어 한국인 안재홍을 임
명하였고 1947년 6월, 군정의 명칭을 남한 과도정부로 바꾸었으며, 한 달 뒤 서
재필이 귀국하여 군정 내의 의정장관으로 취임하였다.

　※ 한국민주당 : 해방을 맞이하여 상해에서 귀국한 임시정부를 지지하는 세
력들이 결집하여 1945년 9월, 천도교 강당에서 한국민주당 창당식을 가졌다.
송진우, 김성수 등이 주선하여 김병로, 조병오, 장덕수를 합류시켰고 이승만과
김구를 민족의 대표로 추대하여 미군 군정에 적극적으로 협력하였다.

　1948년 5월 10일 총선 결과, 한국민주당은 소수당으로 전락하면서 정국 주
도권을 상실한다. 이후 민주국민당으로 개편되었다가, 1955년 9월에는 다시
민주당으로 개편되었다.

　※ 신탁통치 : 1945년 12월 27일 모스크바에서 개최된 미국·영국·소련 3국
의 외무장관 회의에서 미·영·중·소 4개국에 의한 최고 5년간 한국에 신탁통치
시행안이 결정되었다.

　남측에서는 신탁통치반대 국민 총동원 위원회가 조직되었고 미군 군정에
참여했던 한국인 직원들까지 모두 파업에 들어갔다. 북측도 처음에는 신탁통
치에 반대하는 반대입장이었으나 돌연 찬성으로 돌아선다. 이후 미·소 공동위
원회가 결렬될 때까지, 찬·반 운동은 점차 남측과 북측의 대결 양상으로 전개

되었다. 신탁통치안이 남측의 대대적인 반대에 부딪히자 미국까지도 손을 떼면서 미·소 공동위원회는 아무 성과 없이 마침내 결렬되고 말았다.

※ 남북협상 : 1948년 4월 11일, 남한 측 김구, 김규식, 조소앙은 평양으로 올라가 북한 측 조만식과의 남북협상을 통해 단일정부 수립을 협상하려 하였다. 그러나 북측은 이미 4월 19일, 조선정당과 사회단체 대표 등의 연석회의를 소집하여 28명의 주석단을 선출하였다. 이 주석단이 회의를 주도하게 되면서 남측은 회의에 참석하지 않은 채 4일 만에 귀환한다. 협상은 실패로 끝나고 결국 8월 15일, 남측에는 대한민국 정부가 수립되었고 9월 9일, 북측에는 조선인민 공화국이 성립되었다.

※ 김구(1876~1949) : 황해도 출신의 독립운동가이자 정치가로 호는 백범이다. 1909년, 이토히로부미 저격에 관한 혐의로 검거되었고 1910년, 안명근 사건으로 체포되어 17년 징역형을 받았다가 1915년 출옥한다. 그 후 중국 상해로 망명하여 임시정부 국무령을 역임하였다.

1932년, 이봉창·윤봉길 의사를 지휘하였고 1940년, 중경에서 임시정부 주석으로 취임하였다가 해방 후 귀국하여 한국독립당을 창설하고 당수가 되었다. 1947년, 남한 단독 과도정부 수립안에 반대하고 민족통일을 위해 남북협상에 나섰으나 실패하고 돌아온다. 1949년, 육군 중위 안두희에게 암살당했다.

※ 조소앙(1887~ ?) : 독립운동가이자 정치가로 경기도 출신이다. 3·1운동이 일어나자 상해로 망명하여 임시정부의 국무위원 겸 외무장관과 의정원 의원을 역임하였다. 김구, 이시영 등과 한국독립당을 창당하고 간부로 활동하다가 해방 후 귀국하여 다시 김구, 이승만 등과 국민회의를 설치하여 상무위원회 의장이 되었다. 1948년 4월에는 김구, 김규식과 함께 남북협상에 참석하기 위

해 평양에 갔다가 실패하고 돌아왔다. 그는 6·25전쟁 중 납북되었다.

※ 송진우(1890~1945) : 독립운동가이자 정치가로 전남 담양 출신이다. 3.1 운동을 기획한 민족대표 48인 중 한사람으로 지목되어 1년간 감옥 생활을 하였다. 1921년, 동아일보 사장에 취임하였다가 일제의 탄압으로 사임하였고 해방된 후 한국민주당을 조직하고 수석 총무를 지냈다. 그 후 한현우에게 암살당했다.

※ 여운형(1885~1947) : 경기도 양평 출신의 독립운동가이자 정치가로 호는 몽양이다. 1944년, 조선건국동맹을 조직하여 독립운동을 하였고 해방된 후 조선건국준비위원회를 조직하여 이를 기반으로 조선인민공화당을 결성하였다. 1946년, 다시 민주주의민족전선을 결성하였다가 탈퇴한 후 온건 좌파 세력으로 정치활동을 하다가 한지근에게 암살당했다.

※ 조만식(1882~ ?) : 민족운동가이자 정치가로 평남 강서 출신이다. 1924년에 김성수, 송진우와 민립대학 기성회를 조직하였으나 실패하였고 1926년, 신간회 결성에 참여하였다. 1932년, 조선일보 사장이 되었다가 해방된 후 평안남도 건국준비위원회와 인민위원회 위원장을 지냈다. 북측에서 조선민주당을 창당하고 반탁운동의 선봉에 나섰으며, 6·25전쟁 이후 생사 여부가 알려지지 않았다.

※ 안재홍(1891~1965) : 독립운동가이자 정치가로 경기도 평택 출신이다. 1925년, 신간회 사건으로 8개월간 투옥되었고 1942년, 조선어학회 사건으로 다시 투옥되었다. 해방된 후 건국준비위원회 부위원장을 역임하고 국민당을 조직 하였으며 한성일보 사장과 비상 국민회의 의원 등을 지냈다. 6·25전쟁 중 납북되었다.

※ 신익희(1894~1956) : 독립운동가이자 정치가로 호는 해공이며, 경기도 광주 출신이다. 1919년 3·1운동에 참여한 뒤 상해로 망명하여 임시정부 외무부장을 역임하였다. 해방된 후 귀국하여 국민대학을 창설하고 학장에 취임하였으며, 자유신문사 사장을 지냈다.

1948년, 제헌 국회의장을 거쳐 1950년, 민주국민당 최고의원으로 2~3대 의원에 당선되었다. 1955년, 민주당 공천으로 대통령에 입후보하여 호남 지방으로 유세가던 중 열차에서 병사했다.

※ 이승만(1875~1965) : 독립운동가이자 정치가로 호는 우남(雩南)이다. 본관은 전주이고 황해도 평산 출신이다. 1904년(광무 8년)에 미국으로 건너가 일제의 한국 침략에 대하여 미국의 협조를 탄원하다가 실패하였고, 이후 미국 프린스턴 대학에서 철학박사 학위를 받았다.

1919년, 상해 임시정부가 수립되자 초대 대통령으로 추대되었지만 임시정부의 불화와 분열로 대통령직을 사임하고 하와이에서 독립운동을 하였다.

해방된 후 귀국하여 독립촉성 중앙협의회 총재와 민주의원 의장, 제헌국회 의장을 역임하고 1948년 7월, 초대 대통령에 당선되었다. 6·25전쟁이 휴전되자 자유당을 조직한 후 수차의 개헌을 하면서 정적을 숙청하였다.

1960년 4·19학생 혁명으로 실각한 후 하와이에서 망명 생활을 하다가 서거하였고, 20세기 후반에 유해를 한국으로 옮겨와 국립묘지에 안장하였다.

※ 김규식(1881~1950) : 독립운동가이자 정치가로 서울 출신이다. 1944년, 임시정부 부주석에 추대되었으며 해방된 후 귀국하여 반탁운동의 선두에 섰다. 입법의원 의장직에 있으면서 1948년, 남한만의 단독선거를 반대하고 김구, 조소앙과 함께 평양에서 남북협상을 시도했다. 남북협상에 실패한 후에는 정계에서 은퇴하였다. 6.25 전쟁 중 납북되었다가 병사한 것으로 전해진다.

※ 제헌국회 : 1948년 2월, 유엔 소총회에서는 가능한 지역에서만이라도 선거를 실시하자는 미국의 제안이 통과된다. 그해 5월 10일, 한국 역사상 처음으로 남한만의 총선을 실시하여 198명의 국민대표를 선출한다. 5월 31일, 역사적인 국회 개원식을 거행하고 의장에 이승만, 부의장에 신익희와 김동원이 각각 선출되었다.

이 제헌국회는 바로 헌법 제정에 착수하여 7월 12일에 국회를 통과하고 7월 17일에 공포함으로써 마침내 대한민국의 헌법이 제정되었다.

※ 대한민국 정부수립 : 1948년 8월 15일, 대한민국 정부수립이 국내외에 선포되었고 12월, 유엔 총회의 승인을 얻음으로써 마침내 대한민국이 38년 만에 세계적인 합법 정부로 탄생하였다.

이에 앞서 북한은 1948년 2월부터 조선인민군을 창설하고 9월 9일, 김일성을 수상으로 추대한 후 박헌영이 부수상이 되었다. 남한의 정부수립을 2개월 앞둔 6월 29일, 주한미군은 고문단 500명만 남긴 후 철수하였다. 9월 19일, 북한의 소련군도 철수 계획을 발표하고 철수를 시작한다. 이 무렵 38도 선을 경계로 남북한의 산발적인 군대 충돌이 잦아졌다. 이미 1949년부터 한반도에서는 전쟁 위기설이 팽배하고 있었던 것이다.

※ 6·25전쟁 : 마침내 1950년 6월 25일, 옹진반도에서부터 개성·전곡·포천·춘천·양양의 38도선 동서전선에 걸쳐 전면전이 개시되었다. 3일만인 6월 29일, 서울이 점령되었다. 7월 6일에는 평택과 울진 전선, 7월 20일에는 군산과 대전 전선, 9월 14일에는 낙동강 전선까지 북한군이 남하한다. 242대의 T34 소련제 탱크와 무기에 대항할 준비도, 능력도 없었기에 일방적으로 밀릴 수밖에 없는 상황이었다.

전선은 낙동강 일대에서 교착 상태에 빠졌다. 이를 타개하고자 9월 15일, 맥아더 사령관은 인천 상륙작전을 개시한다. 9월 23일, 북한군에 전면 후퇴명령이 하달되었고 북한군은 모든 전선에서 후퇴하기에 급급하였다. 유엔군은 마침내 9월 28일, 수도 서울을 수복하고 10월 1일, 38도 선을 돌파하기 시작하였다.

그러나 10월 16일, 중공군 선발대가 압록강을 건너기 시작하였다. 10월 26일, 중공군 본대 제50군과 제66군이 압록강을 건너 주요 전략 요충지에 배치되기 시작하였지만, 유엔군은 이 사실을 파악하지 못했다. 특히 유엔군이 두만강 혜산진까지 진격하는 동안 중공군과 큰 충돌이 없었다는 것은 지상전에서 중공군 포위 전략에 말려든 면이 없지 않았기 때문이다.

10월 17일, 국군 수도사단은 함흥, 흥남을 탈환하였다.

10월 19일, 유엔군과 국군은 평양을 점령하였다.

10월 21일, 미국 제1군단이 평양에 군정을 실시하였다.

11월 21일, 동부전선 미군 제7사단은 두만강 국경의 혜산진을 점령하고 최북단까지 진격하였다.

11월 27일, 미군 제25사단과 제2사단은 서부전선에서 미군 제8군에 대한 중공군의 반격을 저지하였다.

11월 30일, 국군 제3사단도 두만강 혜산진에 진출하였다.

12월 1일, 동북부 전선의 미군 제7사단과 제1해병사단이 중공군의 포위망으로부터 장진호에서 후퇴하기 시작하였다.

12월 5일, 미군 제7사단에 혜산진으로부터 완전 후퇴명령을 하달하였다.

12월 6일, 유엔군은 장진호에서 중공군의 포위망을 돌파하고 후방전선과 통로를 연결하는 데 성공하였다.

12월 9일, 유엔군 사령관 맥아더는 1차로 흥남에서 미군 제10군단을 해상으로 철수시켜 울산과 부산으로 남하시켰다. 12월 10일, 동부전선의 유엔군은 장진호에서 중공군 포위망을 뚫고 흥남부두에 집결하였다. 12월 12일, 유엔군은 흥남에서 본격적인 해상 철수를 개시하였다. 12월 14일, 미군 해병대 2만5천

명과 미군 제7사단도 중공군 포위망을 뚫고 흥남부두에 집결하였다.

12월 24일, 국군을 포함한 10만 5천 명의 유엔군과 피란민 9만 1천 명 등 20여만 명이 132척의 수송선에 탑승하여 흥남철수를 완료하였다. 이때 만일 육로로 후퇴를 했었다면 더욱 많은 희생이 있었을 것으로 분명 수많은 중공군이 이미 퇴로 차단을 구축했을 가능성이 컸다.

1951년 1월 1일, 중공군 6개 군단이 38도 선을 넘어 총공격을 시작하였다.

1월 4일, 국군과 유엔군은 다시 서울에서 남하하기 시작하였다.

1월 5일, 중공군이 원주까지 1월 7일, 충주까지 진격하였다.

1월 14일, 국군과 유엔군은 평택·원주·강릉의 동서 전선에서 중공군과 대치하였다.

1월 21일, 유엔군은 원주를 재탈환하였다.

2월 23일, 중공군은 서울에서 다시 북쪽으로 퇴각하기 시작하였다.

4월 1일, 남하했던 피란민이 서울에 귀환하였다. 남북이 공방전을 반복하면서 발발 9개월 만에 전쟁은 다시 원점으로 돌아오고 말았다.

1950년 6월 25일 시작한 전쟁은 이때부터 38도선 원점에서 지루한 공방전으로 이어진다. 1953년 7월 27일, 판문점 천막에서 유엔군 사령관 클라크, 중공군 사령관 펑더화이(팽덕회), 북한군 사령관 남일이 휴전 협정문에 조인하면서 3년 1개월간, 수백만 명의 사상자를 낸 전쟁은 끝이 난다.

승자도 패자도 없이 원점의 상태에서 끝이 난 전쟁은 한반도 역사에 치유하기 힘든 민족상잔의 비극만을 남겼다.

※ 4·19학생혁명 : 이승만 정권은 집권 11년간 전횡을 일삼았고, 급기야 1960년 3월의 선거에서 부정을 자행하며 정권 연장을 꾀했다. 1960년 2월 28일, 대구에서 처음으로 학생 데모가 일어났다. 3월 15일, 제4대 정·부통령 선거일에 선거 실시 자체에 대한 학생들의 시위가 있었고 4월 11일, 또다시 학생들과 시민

들의 대규모 시위가 일어났다. 마산의 학생 데모가 점차 서울로 번지면서 4월 18일, 고려대학생의 데모가 일어났고 4월 19일에는 마침내 서울시 전역의 대학생과 고등학생들 합세하였다. 군중은 부정 선거를 규탄하면서 민주주의 사수와 이승만 정권의 타도를 외쳤다. 서울 시가지를 접거하고 경무대 앞으로 행진하자 경찰이 강경 대응으로 총탄을 발사하기 시작하면서부터 분위기는 점점 심각해졌다.

이에 당황한 이승만 정부가 계엄령을 선포하고 군대를 동원하자 사태는 잠시 소강상태로 접어들었다. 그러나 4월 25일에 다시 대학교수와 학생들, 시민들이 총궐기하자 이승만 대통령은 급기야 하야 성명을 발표하고 하와이로 망명길에 올랐다.

이에 앞서 4월 11일, 마산에서 제2차 데모가 일어났을 때 행방불명되었던 김주열 학생의 시체가 최류탄이 눈에 박힌 처참한 모습으로 바다에 떠올랐다. 이 사건이 전국적인 학생 혁명의 도화선이 되어 4·19학생 혁명이 일어났던 것이다.

※ 자유당 : 1951년 전쟁 중 임시수도 부산에서 국민회와 대한청년단 등을 통합하여 창당된다. 전쟁이 끝난 1954년 3월 전당대회에서 기구를 개편하고 이승만 총재와 이기붕 총무부장이 임명되면서 자유당의 주도권을 장악했다.

1954년 5월 20일 총선거에서 승리하여 재적의원 3분의 2선을 확보하자 정국은 자유당 전횡으로 의사 진행이 이루어져 갔다.

1954년 11월 29일, 장기집권을 위한 사사오입 개헌이 있었는데 재적의원 203명 중 3분의 2는 135명으로 충분하다는 결론을 내려 전날 발표했던 부결 선포를 번복한다. 다음날 다시 법안을 통과시키면서 헌정사에 오점을 남겼다. 주요 개헌 골자는 초대 대통령에 한하여 중임 제한을 철폐한다는 민감하고도 중대한 안건이었다.

※ 민주당 : 1955년 9월, 민주 국민당을 중심으로 조직된 정당이며 1956년

정·부통령 선거 도중 후보 신익희가 열차에서 병사한다. 이에 장면만이 부통령으로 선출되었다. 1960년 정·부통령 선거에서 대통령 후보에는 조병옥을, 부통령에는 장면을 공천하였지만, 조병옥 후보가 미국에서 병사하고 만다.

1960년 4·19혁명 후 실시한 7월 27일 총선에서 민주당이 압승하면서 대통령에 윤보선, 국무총리에 장면이 당선되었다. 그러나 민주당 정권은 새로 도입한 내각책임제를 제대로 정착시키지 못한 채, 1년 후 5·16군사정변으로 물러나야 했다.

※ 제2공화국 : 1960년 6월 15일, 민주당은 내각책임제를 골자로 하는 개헌안을 통과시키고 7월 29일, 신헌법에 따라 민의원·참의원 총선거를 실시한다. 국무총리를 선출한 민의원 중 172석이 민주당으로 압도적인 숫자였기에 자연히 장면이 총리에, 윤보선이 대통령에 당선되었다.

이렇게 제2공화국이 출범하면서 민주정치가 실현되는 듯하였다. 그러나 갑자기 개방된 민주 정치가 제대로 정착하기까지는 더 오랜 시간이 필요했다.

※ 5·16군사정변 : 장면 정권은 내각책임제로 국민에게 최대한의 자유를 보장하는 정책을 실시하였다. 그러나 이러한 정책 아래 급진적인 정당과 사회단체, 학생단체 등은 무질서한 활동을 이어간다. 학생혁명 이후, 자유라는 미명 아래 가열된 사회활동으로 인해 오히려 사회는 무질서해졌고, 사회적·정치적으로 불안감은 높아져 가고 있었다.

1961년 5월 16일 새벽, 박정희 소장을 중심으로 한 군부가 서울 시내 주요 관공서와 방송국을 점거하고 군사혁명위원회 명의로 전국에 계엄령을 선포한다. 포고령 제1호로 옥내외의 집회를 일체 금지하고 언론과 출판, 보도의 사전 검열을 시행하였다. 포고령 제4호로 장면 총리로부터 정권을 인수하고 민의원·참의원 및 지방의회 해산과 국무위원의 체포를 단행하였다.

5월 22일, 군사혁명위원회를 국가재건 최고회의로 개명하고 포고령 제9호로 모든 정당 및 사회단체의 해체를 단행하였다. 1961년 6월과 7월, 특수범죄 처벌 특별법과 반공법이 공포되었다.

4·19혁명이 학생층을 비롯한 지식층이 나약한 중산층을 대신하여 일으킨 것이라면 5·16군사정변은 강력한 정권을 탄생시켜 혁신적으로 국가 기강을 바로 세운다는 명분 아래 일으킨 군부의 군사 정변이었다.

※ 박정희(1917년~1979년 10월 26일) : 경북 선산 출신으로 1937년 대구사범 대학교를 졸업하고 1942년, 만주군관학교를 거쳐 1944년, 일본 육군사관학교를 졸업한다. 1946년, 한국 육군사관학교를 졸업하고 1953년, 육군준장 진급 후 미국 유학길에 오른다. 1957년 육군대학을 졸업하고, 1958년 육군소장 진급 후 제1군 참모장에 오른다. 후에 제6관구 사령관, 육군 군수기지 사령관, 육군 본부 작전참모 부장, 제2군 부사령관 등을 역임한다.

1961년 5월 16일, 군사정변을 일으켜 내각책임제 민주당 장면 정부를 종식시키고 군인 신분으로 7월 국가재건 최고회의 의장직을 맡고서 국정을 혁신해 나갔다.

1963년 8월, 육군에서 예편하고 민주공화당에 입당하여 총재가 된 후 10월, 제5대 대통령에 당선한다. 1967년 5월, 제6대 대통령에 1971년 4월, 제7대 대통령에 당선된 후 1972년 10월 27일, 유신 헌법으로 개헌한다. 이어 12월 15일, 제3공화국 제8대 대통령에 당선되었다.

1978년 12월, 다시 제9대 대통령에 당선된 박정희 대통령은 총 5대를 역임하고 18년간 재임하면서 수차의 경제개발 계획을 세운다. 경부고속도로를 건설하는 등 경제발전을 이룩하고 새마을 운동을 전개하여 국민들의 삶의 질을 향상시키는 데 공헌하였다. 유신헌법(10월 유신)은 긴급조치 9호까지 발령하면서 15년 만에 철폐되고 말았다.

※ 7·4공동성명 : 1972년 5월과 6월, 서울과 평양에서 남북 간의 정치협상이 열렸다. 그 결과 7개항의 합의를 이루어 1972년 7월 4일, 서울과 평양에서 동시에 성명서를 발표하였다. 7개 항의 주요 내용은 다음과 같다.

통일은 자주적·평화적으로 해결하기로 하며, 상호 비방과 중상모략을 중지하고, 군사적 충돌을 방지하는 조치를 취하기로 하며, 남북 간 모든 분야로 교류를 확대하고, 남북 간 적십자 회담에 적극 협력하며, 서울·평양 간 직통 전화를 가설하고, 남북 간 조절위원회를 구성하여 이상의 제반 협의 사항을 성실히 이행할 것을 민족 앞에 엄숙히 약속한다는 등이었다.

그 후 1973년 3월 14일부터 16일까지 남북 대표들이 평양에서 회담을 가졌고, 6월 12일부터 14일까지는 서울에서 회담을 가졌지만 남북 간 이견으로 큰 성과를 거두지 못했다. 특히 대한민국은 7·4공동성명을 발표한 지 6개월 만에 다시 유신헌법에 의해 8대 대통령이 임기를 시작하게 된다. 국내 정세는 이때부터 격변기로 접어들고 있었다.

※ 10월 유신(維新) : 1972년 10월 17일, 제7대 박정희 대통령은 대통령 특별선언을 발표하여 국회를 해산하고 정당 및 정치활동을 중지시켰으며 헌법의 일부 기능도 정지시킨 후 비상계엄령을 선포하였다.

계엄사령부는 포고를 통하여 정치활동 목적의 옥내외 집회와 시위를 일체 금지하고 언론 및 출판·보도를 사전 검열하도록 하였으며 각 대학교는 약 한 달간 휴교령을 내린다. 계엄령은 12월 24일 0시를 기하여 해제된다.

특별 선언에 따라 국회의 권한을 대행했던 비상국무회의는 10월 27일, 유신헌법안을 의결하여 공고하고 11월 21일, 국민투표에 부친다. 그 결과 91.5% 찬성으로 유신헌법이 확정 공포되었다.

이어 1972년 12월 15일, 통일주체국민회의 대의원 선거를 실시하여 2,350명을 선출하고 그 자리에서 개회식과 동시에 1차 회의를 열어 임기 6년의 제8대 대통령으로 취임한다. 7대 대통령으로 취임한 지 1년 반 만에 다시 제3공화국 대통령으로 당선된 것이다. 그 후 1978년 12월, 제9대 대통령으로 또다시 당선되었다가 1979년 10월 26일, 서거하였다.

제9대 대통령의 유고로 제10대 최규하 대통령이 당선되었지만 1980년 5·18광주민주화운동이 일어나자 사임하고 물러났다. 1981년, 제11대 전두환 대통령이 당선된 후 유신헌법 호헌 발표를 하였다가 1987년 6월, 민주항쟁에 부딪힌다. 유신헌법은 5대 전두환 대통령을 마지막으로 15년 만에 완전철폐된다.

※ 유신헌법 : 유신헌법의 특징은 아래와 같다.

1. 조국의 평화통일 지향과 통일주체국민회의 신설

2. 국민투표에 의한 국민주권 행사

3. 대통령의 지위 강화

4. 대통령의 긴급조치권 신설

5. 정당정치 경향의 지양

유신헌법에 의하여 신설된 통일주체국민회의는 국민으로부터 직접 선출된 2천 명 이상, 5천 명 이하의 민선대의원으로 구성된다. 국민회의의 기능은 다음과 같다.

1. 통일정책의 심의한다.

2. 대통령을 선출(간선제)하고 대통령이 추천한 국회의원 정수 3분의 1에 해당하는 국회의원(유신정우회. 약칭 유정회)을 선출한다.

3. 국회에서 의결된 헌법 개정안을 최종적으로 확정한다.

특히 대통령 임기를 6년으로 규정하고, 대통령의 긴급조치권을 신설하였다.

※ 대통령 긴급조치 선포 : 1974년 1월 8일, 대통령 긴급조치 1호와 2호를 선포하였고 1월 14일, 3호를 선포하였으며 4월 3일, 4호를 선포하였다.

1975년부터 유신헌법의 개헌 운동이 본격적으로 일어나기 시작하여 대학생들의 데모가 계속되었다. 이에 긴급조치 5, 6, 7, 8, 9호가 연달아 선포되었지만 유신헌법 개헌운동은 1979년까지 계속되어 급기야 부마 사태로 이어졌다.

※ 박정희 대통령 저격 사건 : 1974년 8월 15일, 서울 장충동 극립극장에서 거행된 제29회 광복절 경축 식장에서 재일교포 문세광이 경축사를 하고 있던 박정희 대통령을 향해서 권총을 발사하였다. 이때 단상에 있던 육영수 영부인이 총탄에 맞아 서울 대학병원에서 수술을 받았으나 그날 저녁에 세상을 떠났다. 저격범 문세광은 현장에서 체포되었고 대법원 재판에서 사형이 확정되어 1974년 12월 21일, 교수형으로 처형되었다.

※ 박정희 대통령 서거 사건 : 1979년 10월 26일, 저녁 청와대 주변 궁정동 안가에서 박정희 대통령은 경호실장 차지철, 비서실장 김계원, 중앙정보부장 김재규와 만찬 주연을 갖고 있었다. 잠시 밖에 나갔다 돌아온 정보부장 김재규는 갑자기 경호실장 차지철을 향해 권총을 발사하기 시작하였고, 아울러 박정희 대통령도 총탄을 맞고 서거하였다.

그리하여 1961년 5월 16일 군사정변 이후 시작된 박정희 대통령 시대는 5대, 18년 5개월 만에 끝이 난다. 60~70년대의 경제개발계획을 수립하여 고도성장을 이룩하였지만, 측근에 의하여 돌연 막을 내리게 된 것이다.

※ 대한민국 역대 대통령 : 1948년 7월 17일, 대한민국 헌법 공포

◎ 제1대 (제1공화국) 이승만
  1948년 8월 15일, 대한민국 정부수립 선포
  1950년 6월 25일, 6·25동란

1953년 7월 27일, 휴전협정(유엔군 클라크·중공군 펑더화이·북한군 남일)

◎ 제2대 이승만
　　1954년 8월, 2선 취임
　　1954년 11월 29일, 사사오입(四捨五入) 개헌

◎ 제3대 이승만
　　1956년 5월, 민주당 대통령후보 신익희, 선거유세 도중 열차에서 사망
　　1956년 8월, 3선 취임

◎ 제4대(제2공화국) 윤보선
　　1960년 6월 15일, 내각책임제 개헌. 윤보선 대통령과 장면내각 성립
　　1960년 3월 15일, 부정선거
　　1960년 4월 19일, 학생혁명 → 이승만 대통령 하야 후 하와이 망명
　　1961년 5월 16일, 군사정변 → 박정희 국가재건 최고회의 의장 취임
　　　　　　　　　　　　　　　　→ 6월, 중앙정보부 창설
　　1962년 6월 10일, 화폐개혁 단행
　　1962년, 윤보선 대통령 사임
　　　　　박정희 대통령 권한대행. 제1차 경제개발 5개년 계획발표.

◎ 제5대(제3공화국) 박정희
　　1963년 8월, 예편 후 10월, 대통령 당선
　　1965년 10월, 베트남 파병(총 31만 명 중 아군 4624명 전사)
　　1966년, 제2차 경제개발 5개년 계획발표

◎ 제6대 박정희

　　1967년, 대통령 취임

　　1968년, 주민등록제도 실시

　　1969년, 경인고속도로 개통.

　　1969년 9월, 3선 허용 개헌 통과

　　1970년 4월, 새마을운동 시작(1982년까지 지속)

　　1970년 7월, 경부고속도로 개통

　　1970년 10월, 다음 해 6월까지 전국 모든 동, 리에 시멘트 355포씩 지급

◎ 제7대 박정희

　　1971년, 김대중 후보와 근소한 차이로 당선 후 취임

　　1972년 7월 4일, 남북공동성명(이후락 정보부장)

◎ 제8대(제4공화국) 박정희

　　1972년 10월 17일, 헌법개정(⅓유신정우회)

　　1972년 11월, 유신헌법 공포 후 선거

　　1972년 12월, 8대 대통령 취임(유신헌법 1차)

　　1973년 8월, 일본에서 김대중 납치사건 발생

◎ 제9대 박정희

　　1978년 12월, 취임(유신헌법 2차)

　　1979년 10월, 부마사태

　　1979년 10월 26일, 대통령 서거 사건

　　1979년 12월, 12·12일 사태(정승화 계엄사령관 체포)

◎ 제10대 최규하

　　1979년 12월, 취임(유신헌법 3차)

　　1980년 5월 18일, 광주민주화운동

　　1980년 8월, 대통령 사임

◎ 제11대 전두환

　　1980년 9월, 취임(유신헌법 4차)

　　1980년 10월, 유신헌법 개정(7년 단임. 선거인단 간선제 개헌)

◎ 제12대(제5공화국) 전두환

　　1981년 2월, 취임(유신헌법 5차)

　　1987년, 유신헌법 호헌 발표 → 6월 10일 민주항쟁 → 6·29선언

　　1987년, 5년 단임 직선제 개헌(유신헌법 철폐)

　　1987년 12월, 중부고속도로 개통

◎ 제13대(제6공화국) 노태우

　　1988년 1월, 국민연금제 도입

　　1988년 2월, 취임

　　1988년 9월 17일, 제24회 서울 올림픽

◎ 제14대 김영삼 문민정부

　　1993년 2월, 취임

　　1993년, 금융실명제 실시

　　1997년 11월, IMF 외환위기(210억 불 국제기금투입)

◎ 제15대 김대중 국민정부

　　1998년 2월, 취임

　　2000년 6월 15일, 남북정상회담. 남북공동선언.

◎ 제16대 노무현 참여정부

　　2003년 2월, 취임

　　2007년 10월 4일, 남북정상회담. 남북공동선언.

◎ 제17대 이명박

　　2008년 2월, 취임

　　2009년, 경부고속철도 개통

◎ 제18대 박근혜

　　2013년 2월, 취임

　　2017년 3월 10일, 헌법재판소 박근혜 대통령 파면

◎ 제19대 문재인

　　2017년 5월 10일, 취임

　　2017년, 경강고속철도 개통

　　2018년 2월, 평창 동계 올림픽

　　2018년 4월 27일, 평화의 집 남북정상회담 판문점 선언

　　2018년 6월 12일, 북미정상회담 싱가포르 합의 선언

　　2018년 9월 19일, 남북정상회담 평양 선언

　　2019년 2월 27일, 북미정상회담 하노이 합의 선언

4장

동양고전의 요람

동양고전의 요람 편집취지

　동양고전을 완독 하려면 10여 년의 오랜 세월이 필요하다. 때문에 그토록 심오하고 방대한 경전을 모두 섭렵하는 일은 분권화 전문화 시대에 시간적 여건으로 볼 때 쉬운 일이 아니다. 그러므로 신진 유림들의 손 쉬운 입문을 장려하기 위하여 7개 고전 중에서 일부 긴요한 문장만을 선집하여 간략하나마 누구나 성현의 말씀을 접할 수 있도록 길잡이 편으로 편집하였기에 삼가 석학 존현의 양해를 부탁드린다. 또한 본 고전의 이해를 돕기 위해 책 앞부분에 수록한 내용과 제4장의 발췌본은 『논어』(유교문화연구소), 『맹자』(유교문화연구소), 『대학·중용』(유교문화연구소), 『논어강설』(이기동), 『맹자강설』(이기동), 『대학·중용강설』(이기동), 『대세계 백과사전』(조의설), 『삼국사기』(최호), 『삼국유사』(최호), 『고려왕조실록』(조병찬), 『조선왕조실록』(박영규), 『조선왕조실록』(채주희)을 참고해 정리했다.

　아울러 한자는 본음 표기 방법을 택하였으므로 두음법칙으로 읽어야 함을 말씀드리면서 성현의 소중한 가르침과 말씀이 이 경전요람에 모두 게재되어 있으므로 책상 위에 두고서 인용한다면 강의 자료나 숙독에 다소의 도움이 있지 않을까 사료된다. 지금의 유림 현실에 당면하여 무엇보다도 경전 계승이 가장 시급하다고 말씀드리고 싶다.

편집자 강원도 향교재단 이사장 김인규 드림

1. 명심보감(明心寶鑑)

　『명심보감』은 마음을 밝혀주는 보배스러운 거울이라는 뜻으로 명나라 때부터 어린이들에게 윤리와 도덕성을 가르쳤던 유학의 기초 교재이다. 당시에 명나라는 원(몽고족)나라를 물리쳐 북방으로 몰아내고 한족을 재결집하여 국가 부흥을 이룩해야 하는 국민적 단결과 교양이 절실하였다.

　명나라 초기에 역대 성현의 가르침과 말씀을 모은 범립본(范立本) 저술『명심보감』을 초학자 들에게 익혀 오다가 홍무(명태조 주원장 연호) 26년 2월 16일 무림 후학 범립본이 명심보감 서문을 기재함으로써 공식적으로 알려지게 되었다.

　우리 나라도 고려말부터 도입하여 1910년 일제 강점기까지『천자문』『계몽편』『동몽선습』『명심보감』『소학』순서로 모든 사람들이 기초교재로 학문을 닦아 왔다. 따라서 유학은 정치 사회 문화 윤리 도덕 성리 교양 시편 등 종합 학문이라고 볼 수가 있을 것이다.

1 莊子曰 一日不念善이면 諸惡皆自起니라
  장 자 왈 일 일 불 념 선　　제 악 개 자 기

장자가 말하기를 하루라도 선행을 생각하지 않게 되면 여러 가지 악행이
저절로 생기게 마련이다.

※ 증자가 임종 직전에 제자들에게 말하기를 덮고 있는 이불을 젖히고 나의 수족을 보
　거라 지금까지는 평생 동안 전전긍긍하면서 선행만을 생각하고 사람의 도리를 실천
　하면서 살았는데 이제야 손과 발을 펼 수 있게 되었으니 너희들은 평생 동안 명심하
　기를 바란다.

2 馬援曰 終身行善이어도 善猶不足이요
  마 원 왈 종 신 행 선　　선 유 부 족
  一日行惡이어도 惡自有餘니라
  일 일 행 악　　악 자 유 여

마원이 말하기를 평생 동안 선행을 실천하여도 선행은 오히려 부족할 것
이고 하루만 악행을 저질러도 악행은 저절로 남아 있게 된다.

※ 평생 동안 선행을 한다고 해도 끝이 없겠지만 악행은 겨우 한 번만 저질러도 오래도
　록 남아 있어 지울 수가 없는 것이다.

3 景行錄云 恩義를 廣施하라 人生이
  경 행 록 운 은 의　광 시　　인 생
  何處不相逢이라 讐怨을 莫結하라
  하 처 불 상 봉　수 원　막 결
  路逢狹處면 難回避니라
  로 봉 협 처　난 회 피

『경행록』 내용에 은혜와 의리를 널리 베풀어야 한다. 사람이 어느 곳이
든 서로 만나지 않겠는가! 원수와 원한을 맺지 말아야 한다. 좁은 길에서

만나게 된다면 회피하기 어렵지 않겠는가!

4 東嶽聖帝 垂訓曰 一日行善이면 福雖未至나
   동 악 성 제 수 훈 왈 일 일 행 선   복 수 미 지
   禍自遠矣요 一日行惡이면 禍雖未至나
   화 자 원 의   일 일 행 악   화 수 미 지
   福自遠矣라
   복 자 원 의

『동악성제 수훈』 내용에 하루 선행을 실천하면 복은 아무리 오지 않는다
해도 환난은 저절로 멀어지고 하루 악행을 저지르면 환난은 아무리 오지
않는다 해도 복은 저절로 멀어진 것이다.

※ 선행을 한다고 해서 즉시 복이 오는 것은 아니지만 주위에서 도와 주고 칭송하므로
  저절로 복이 되는 것이고 악행을 한다고 해서 즉시 환난이 오는 것은 아니지만 주위
  에서 멀리 하고 싫어하므로 저절로 환난이 되는 것이다.

5 孟子曰 順天者는 存하고 逆天者는 亡이라
   맹 자 왈 순 천 자 존   역 천 자 망

맹자가 말하기를 천명(순리)에 순종하는 사람은 생존하고 천명(순리)에 역
행하는 사람은 멸망한다.

6 子曰 獲罪於天이면 無所禱也니라
   자 왈 획 죄 어 천   무 소 도 야
   死生이 有命이요 富貴在天이라
   사 생 유 명   부 귀 재 천

공부자 말씀하시기를 하늘(순리)에 죄를 지으면 기도할 곳이 없게 된다.

사람이 죽고 사는 것은 운명에 달려 있고 큰 부자와 존귀한 지위는 하늘 (순리)에 달려 있다.

7 詩曰 父兮生我하시고 母兮鞠我하시니
시 왈 부 혜 생 아   모 혜 국 아

哀哀父母여 生我劬勞셨다
애 애 부 모   생 아 구 로

欲報深恩인데 昊天罔極이로다
욕 보 심 은   호 천 망 극

『시경』 내용에 아버님이시여 나를 낳아주시고 어머님이시여 나를 길러 주셨으니 애처로우신 부모님이시여 나를 낳아 기르시느라 애쓰고 고생 하셨도다. 깊은 은혜를 갚으려 하는 데 하늘같이 높고 넓어서 다 갚을 수 가 없구나!

8 太公曰 孝於親이면 子亦孝之하니
태 공 왈 효 어 친   자 역 효 지

身旣不孝면 子何孝焉이리오
신 기 불 효   자 하 효 언

태공이 말하기를 부모님께 효도하면 내 자식 역시 효도할 것이니 내 자 신이 효도하지 않는다면 자식인들 어떻게 효도 하겠으리요.

勿以貴己而賤人하고 勿以自大而蔑小하며
물 이 귀 기 이 천 인   물 이 자 대 이 멸 소

勿以恃勇而輕敵이라
물 이 시 용 이 경 적

자기가 존귀하다고 해서 남을 천하게 여기지 말고 자신의 것이 크다고 해서 남의 작은 것을 업신여기지 말며 자신의 용맹만 믿고 적을 가볍게 여기지 말아야 한다.

勤爲無價之寶요 **愼是護身之符**니라
근 위 무 가 지 보   신 시 호 신 지 부

근면함은 값을 정할 수 없는 보배이고 조심하는 것은 자신을 보호해 주는 부신과도 같은 것이다.

9　**太公曰 瓜田**에 **不納履**하고 **李下**에 **不正冠**이라
　　태 공 왈 과 전   불 납 리   이 하   부 정 관

태공이 말하기를 오이 밭에서 신끈을 다시 매지 않아야 하고 오얏나무 아래서 갓을 고쳐 쓰지 않아야 한다.

※ 어떤 장소나 어떤 경우에도 남들이 오해할 수 있는 일은 피하는 게 좋다.

10　**蔡伯喈曰 喜怒**는 **在心**하고 **言出於口**하니
　　 채 백 개 왈 희 노   재 심   언 출 어 구

不可不愼이라
불 가 불 신

채백개가 말하기를 기뻐하고 화내는 것은 마음에 달려 있고 말은 입에서 나오므로 마음과 입을 조심하지 않으면 안 된다.

※ 사람의 7정(기쁨 분노 슬픔 두려움 사랑 증오 탐욕)과 생각을 표현하는 말은 항상 너무 지나칠 때 문제가 발생하므로 때에 적절하도록 신중히 하지 않으면 안 된다.

11 紫虛元君 誠諭心文曰 福生於淸儉하고
자 허 원 군 성 유 심 문 왈 복 생 어 청 검

德生於卑退하며 道生於安靜하고
덕 생 어 비 퇴 도 생 어 안 정

命生於和暢하며 患生於多慾하고
명 생 어 화 창 환 생 어 다 욕

禍生於多貪하며 過生於輕慢하고
화 생 어 다 탐 과 생 어 경 만

罪生於不仁이니 戒眼하여 莫看他非하고
죄 생 어 불 인 계 안 막 간 타 비

戒口하여 莫談他短하며 戒心하여 莫自貪嗔하고
계 구 막 담 타 단 계 심 막 자 탐 진

戒身하여 莫隨惡伴하며 無益之言을
계 신 막 수 악 반 무 익 지 언

莫妄說하고 不干己事를 莫妄爲하라
막 망 설 불 간 기 사 막 망 위

尊君王孝父母하고 敬尊長奉有德하며
존 군 왕 효 부 모 경 존 장 봉 유 덕

別賢愚恕無識하라 物順來而勿拒하고
별 현 우 서 무 식 물 순 래 이 물 거

物旣去而勿追하며 身未遇而勿望하고
물 기 거 이 물 추 신 미 우 이 물 망

事已過而勿思하라 聰明도多暗昧요
사 이 과 이 물 사 총 명 다 암 매

算計도 失便宜라
산 계 실 편 의

損人終自失이요 依勢禍相隨라
손 인 종 자 실 의 세 화 상 수

戒之在心하고 守之在氣라 爲不節而亡家하고
계 지 재 심　　　수 지 재 기　　　위 불 절 이 망 가

因不廉而失位니라 勸君自警於平生하니
인 불 렴 이 실 위　　　권 군 자 경 어 평 생

可歎可驚而可思라 上臨之以天鑑하고
가 탄 가 경 이 가 사　　　상 림 지 이 천 감

下察之以地祇라 明有三法相繼하고
하 찰 지 이 지 기　　　명 유 삼 법 상 계

暗有鬼神相隨하니 惟正可守요
암 유 귀 신 상 수　　　유 정 가 수

心不可欺니 戒之戒之하라
심 불 가 기　　　계 지 계 지

자허원군 성유심문 내용에 복은 청렴하고 검소함에서 생기고 덕은 자신을 낮추고 겸손함에서 생기며 도는 편안하고 안정함에서 생기고 생명은 화창함에서 생기며 근심은 욕심이 많아서 생기고 환란은 탐욕이 많아서 생기며 과오는 경솔하고 거만해서 생기고 죄는 착하지 못해서 생기는 것이니 눈을 조심하여 남의 그릇된 점을 보려하지 말고 입을 조심하여 남의 단점을 말하지 말며 마음을 조심하여 탐내거나 화내지 말고 자신을 조심하여 나쁜 친구들과 어울리지 말며 유익하지 않은 말을 함부로 말하지 말고 나와 관계없는 일을 함부로 하지 말라.

군왕을 존경하며 부모님에 효도하고 웃어른을 공경하여 덕망이 높은 분을 받들며 현명함과 어리석음을 분별하여 잘 알지 못하는 사람들을 용서하라 사물이 이미 떠나버리면 따르려 하지 말며 자신이 대우받지 못한다고 해서 바라지 말고 일이 이미 지났으면 생각하지 말라. 총명한 사람도 어두운 면이 많고 셈한 것과 계획한 것도 편의점을 잃는 수가 있다.

남을 손해보게 하면 마침내 자신이 잃게 되고 권세에 의존하면 환란이

뒤 따른다. 조심이란 마음먹기에 달려 있고 지킴이란 용기에 달려 있다. 절약하지 않아서 집안이 망하고 청렴하지 않기 때문에 지위를 잃는 것이다. 그대들에게 평생 동안 자신의 경계를 권고 하는 것이니 감탄하여 깨닫고 생각해야만 한다. 위로는 하늘이 거울처럼 굽어보고 있고 아래로는 땅이 신명으로서 살펴보고 있다. 마음이 밝으면 세 가지 법이 서로 이어줌이 있고 마음이 어두우면 마(나쁜일)가 서로 뒤 따르니 오직 올바른 마음으로 지켜야 할 것이요. 마음이란 속일 수 없으므로 경계하고 조심하여야 한다.

※ 자허원군은 위진 남북조시대에 진(晉)나라의 사도 벼슬을 하던 위서의 딸로서 이름은 화존(華存)이라고 하며 남자 도인을 진인(眞人), 여자 도인을 원군(元君)이라고 한다. 사람의 마음이란 잡고 있으면 보존되고 놓아 버리면 잃게 되므로 항상 조심하면서 마음을 굳게 지켜야 함을 강조한 것이다.

12 景行錄云 知足可樂이요 務貪則憂니라
　 경 행 록 운 지 족 가 락 　　 무 탐 즉 우

知足者는 貧賤亦樂이요 不知足者는
지 족 자 　 빈 천 역 락 　 부 지 족 자

富貴亦憂니라 知足常足이면 終身不辱하고
부 귀 역 우 　 지 족 상 족 　 종 신 불 욕

知止常止면 終身無恥니라
지 지 상 지 　 종 신 무 치

『경행록』 내용에 만족함을 알면 즐겁고 탐욕을 힘쓰면 근심하게 된다. 만족함을 아는 사람은 빈천해도 즐거워할 수 있지만 만족할 줄 모르는 사람은 부귀해도 근심하게 된다. 그러므로 만족할 줄 알고서 항상 만족하다면 평생 동안 오욕은 당하지 않을 것이고 그만둘 줄 알고서 항상 그만 둔다면 평생 동안 부끄러운 일이 없을 것이다.

※ 행복은 만족할 줄 아는 사람만이 느낄 수 있다. 만족함을 모르는 사람은 만족 조건

을 갖추지 못하였으므로 항상 걱정하게 마련이다. 그러므로 분수에 맞게 만족하는 마음을 길러야 한다.

그리고 그만둘 줄 아는것도 중요하다. 대부분의 사람들이 잘못임을 알았을 때 그만두지 못하고 계속할 때 부끄러운 일을 당하게 된다. 때문에 과오인 줄 알면서도 고치지 못하는 것이 과오 중에도 가장 큰 과오라고 한다.

13 范忠宣公이 戒子弟曰 人雖至愚나
　　 범 충 선 공　　계 자 제 왈　 인 수 지 우

責人則明하고 雖有聰明이나 恕己則昏이니
책 인 즉 명　　 수 유 총 명　　 서 기 즉 혼

爾曹는 但常以責人之心으로 責己하고
이 조　 단 상 이 책 인 지 심　　 책 기

恕己之心으로 恕人이면
서 기 지 심　　 서 인

則不患不到聖賢地位也니라
즉 불 환 불 도 성 현 지 위 야

범충선공이 자제들을 경계하며 말하기를 사람이 아무리 어리석어도 남을 질책하는 데는 분명 하고 아무리 총명해도 자신을 용서하는 데는 어두우니 너희들은 항상 남을 질책하는 마음으로 자신을 질책하고 자신을 용서하는 마음으로 남을 용서한다면 성현 지위에 도달하지 못하는 일은 걱정하지 않아도 될 것이다.

※ 남을 질책하는 대신에 용서를 해야 하고 자신을 용서하는 대신에 질책을 한다면 자신의 과오는 적어지고 남과의 관계는 돈독해져 누구에게나 존경받을 수 있는 것이다.

14 子曰 聰明思睿여도 守之以愚하고
　　 자 왈 총 명 사 예　　 수 지 이 우

功被天下여도 守之以讓하며 勇力振世여도
공 피 천 하　　　수 지 이 양　　　용 력 진 세

守之以怯하고 富有四海여도 守之以謙이라
수 지 이 겁　　　부 유 사 해　　　수 지 이 겸

공부자 말씀하시기를 총명하고 생각이 슬기로워도 고지식함으로 지켜야
하고 공덕이 세상을 덮을 만해도 양보하는 마음으로 지켜야 하며 용맹이
세상에 떨친다 해도 겁내는 마음으로 지켜야 하고 부유함이 온나라를 소
유했다 해도 겸손한 마음으로 지켜야 한다.

※ 사람은 항상 자신을 낮추고 뒤로 한 발 물러설 때에 덕망이 있다고 한다. 모든 사람
들이 자신을 높이고 앞서려 하므로 낮추거나 물러선다는 일은 쉽지 않기 때문에 겸
손함만이 덕망에 가장 가까운 길이다.

15 景行錄云 責人者는 不全交요
　　경 행 록 운 책 인 자　　부 전 교

自恕者는 不改過니라
자 서 자　　불 개 과

以愛妻子之心으로 事親이면 則曲盡其孝요
이 애 처 자 지 심　　　사 친　　　즉 곡 진 기 효

以保富貴之心으로 奉君이면 則無往不忠이며
이 보 부 귀 지 심　　　봉 군　　　즉 무 왕 불 충

以責人之心으로 責己면 則寡過요
이 책 인 지 심　　　책 기　　즉 과 과

以恕己之心으로 恕人이면 則全交니라
이 서 기 지 심　　　서 인　　　즉 전 교

『경행록』 내용에 남을 질책하기 좋아하는 사람은 교제가 원만하지 못하
고 자신을 용서하기만 하는 사람은 과오를 고치지 못한다. 때문에 처자

식을 사랑하는 마음으로 부모님을 섬기면 효도가 극진할 것이고 부귀를 지키려는 마음으로 군왕을 받들면 어디가나 충성할 수 있으며 남을 질책하는 마음으로 자신을 질책한다면 과오가 적을 것이고 자신을 용서하는 마음으로 남을 용서한다면 교제가 원만해질 것이다.

※ 자신의 과오를 적게 해서 성실한 사람이 되고 남을 배려해서 서로의 관계가 원만해지면 곧 경이직내(敬以直内)와 의이방외(義以方外)가 완성된 것으로 이것이 바로 공부자께서 말씀하신 인(仁)의 실천이다.

16 景行錄云 人性이 如水하여
경 행 록 운 인 성　 여 수

水一傾則不可復이요 性一縱則不可反이니
수 일 경 즉 불 가 복　 성 일 종 즉 불 가 반

制水者는 必以堤防하고 制性者는 必以禮法이라
제 수 자　 필 이 제 방　 제 성 자　 필 이 예 법

『경행록』내용에 사람의 성품이 물과 비슷해서 물이 한번 기울게 되면 회복할 수 없고 성품이 한번 방종하게 되면 되돌릴 수 없으니 물을 통제할 때는 꼭 제방을 막아야 되고 성품을 통제할 때는 꼭 예법을 통하여 다스릴 수가 있다.

※ 사람의 성품은 한번 방종하게 되면 되돌리기 어려우므로 방종하기 이전에 예법으로 수양하여 온화하고 후덕한 성품을 길러야 한다.

忍一時之忿이면 免百日之憂니
인 일 시 지 분　 면 백 일 지 우

得忍且忍하고 得戒且戒하라
득 인 차 인　 득 계 차 계

不忍不戒면 **小事成大**니라
불 인 불 계   소 사 성 대

한때에 분함을 참으면 백일 동안의 근심을 면할 수 있으니 참을 수 있으면 또 참고 경계할 수 있으면 또 경계하여야 한다. 참지도 못하고 경계하지도 못한다면 작은 일이 큰 일이 된다.

17 **子曰 百行之本**이 **忍之爲上**이라
    자 왈 백 행 지 본   인 지 위 상

공부자 말씀하시기를 모든 행실의 근본은 참는 것이 가장 으뜸이다.

※ 세상에는 참아야 할 일이 너무도 많다. 만약 참지 못한다면 사소한 일이 확대되어 복잡한 일로 귀결된다. 때문에 근심이 따르게 되므로 편안함을 생각한다면 참지 않을 수 없는 것이다.

18 **景行錄云 屈己者**는 **能處重**하고
    경 행 록 운 굴 기 자   능 처 중
    好勝者는 **必遇敵**이라
    호 승 자   필 우 적

『경행록』 내용에 자신을 굽힐 줄 아는 사람은 중요한 지위에 오를 수 있고 다른 사람 이기기를 좋아하는 사람은 반드시 적수를 만난다.

凡事에 **留人情**이면 **後來**에 **好相見**이라
범 사   유 인 정   후 래   호 상 견

모든 일에 있어 인정을 유의하면 후일에 서로의 만남이 좋게 된다.

※ 자신을 굽힐 줄 아는 사람은 겸양지심이 있는 사람이다. 모든 사람이 신임하고 추천하기 때문에 요직에 오를 수 있는 것이고 모든 일을 처리함에 있어 인정을 베푼다면

상대방이 후덕으로 생각하기 때문에 만날 때마다 잊지 않게 된다.

19 **子夏曰 博學而篤志**하고
　　자 하 왈 박 학 이 독 지

切問而近思면**仁在其中矣**니라
　절 문 이 근 사　　인 재 기 중 의

자하가 말하기를 광범위하게 배우고서 의지를 독실히하고 간절히 질문하면서 가까운 (대상)부터 생각해 나간다면 인(仁)이 그 속에 있을 것이다.

※ 가능하면 모든 분야에 많이 알수록 남에게 의존하지 않고 헤쳐나갈 수 있다. 분명히 알기 위하여는 의문점을 간절히 질문하여야 하고 가장 근접한 대상과 가장 기초적인 것부터 생각해 나간다면 추구하려는 인(仁)이 그 속에 있겠지만 만약 원대한 것과 결과적인 것부터 생각한다면 기본을 갖추지 못하였기 때문에 오래가지 못한다.

20 **論語曰 學如不及**이요 **猶恐失之**니라
　　논 어 왈 학 여 불 급　　유 공 실 지

『논어』내용에 학문이란 도달하지 못했다고 생각해야 하고 더욱이 배운 것을 잃지나 않을까 걱정하여야 한다.

※ 배움은 끝이 없어 평생 동안 배워야 하므로 자만해서는 안 되고 이미 배운 것이지만 잃지 않을까 염려하면서 더욱 정진하여야 한다.

21 **漢書云 黃金滿籯**이 **不如敎子一經**이요
　　한 서 운 황 금 만 영　　불 여 교 자 일 경

賜子千金이 **不如敎子一藝**니라
　사 자 천 금　　불 여 교 자 일 예

『한서』 내용에 이르기를 황금을 상자에 가득 채우는 것이 자식에게 경서

한권 가르치는 것만 못하고 자식에게 천금을 물려주는 것이 자식에게 기술 한 가지 가르치는 것만 못하다.

※ 황금이나 재산은 물질이기 때문에 없어지거나 잃을 수 있지만 그러나 학문과 기술은 자기 몸 속에 간직한 것이기 때문에 잃지 않고 평생 동안 간직하면서 사용할 수 있도록 더욱 소중하게 배우고 익힐 필요가 있다.

22 景行錄云 得寵思辱하고 居安慮危하여
    경 행 록 운 득 총 사 욕   거 안 려 위
    榮輕辱淺하고 利重害深이라
    영 경 욕 천   이 중 해 심

『경행록』내용에 총애를 받으면 모욕을 생각해봐야 하고 편안히 있을 때 위태로움도 염려해서 영화가 적다면 모욕도 작을 것이고 이익이 너무 많으면 손해도 깊게 될 것이다.

※ 총애를 받거나 영화를 누릴 때 겸손해야 한다. 항상 총애를 시기하는 사람이 있고 항상 영화를 부러워하는 사람이 있게 마련이다. 만약 겸손하지 못하면 상황이 어려울 때 비난의 빌미가 되고 또 이익이 너무 많으면 분명 손해를 보는 사람이 있으므로 손해본 사람이 좋게 생각하지 않을 것이다.

23 景行錄云 木有所養이면 則根本固而
    경 행 록 운 목 유 소 양   즉 근 본 고 이
    枝葉茂하여 棟樑之材成하고 水有所養이면
    지 엽 무   동 량 지 재 성   수 유 소 양
    則泉源壯而流派長하여 灌漑之利博하고
    즉 천 원 장 이 유 파 장   관 개 지 리 박
    人有所養이면 則志氣大而識見明하여
    인 유 소 양   즉 지 기 대 이 식 견 명

忠義之士出이니 可不養哉아
충 의 지 사 출   가 불 양 재

『경행록』 내용에 나무를 기르면 뿌리가 튼튼해지고 나뭇가지와 잎이 무성하게 자라 기둥과 대들보 재목이 되고 물을 관리하면 물이 많이 모여 물줄기가 길게 이어져 관개의 이용이 넓고 인재를 양성하면 의지와 용기가 크고 지식과 견해가 밝아 충의의 선비가 배출되는 데 양성하지 않을 수 있겠는가!

※ 나무나 물을 양성하면 중요하게 사용할 수 있듯이 인재를 양성하면 국가 경영과 백년대계의 가장 중요한 인적 자원이 되기 때문에 교육 사업은 더욱 연구하고 발전시켜야 한다.

24 梓潼帝君 垂訓曰 花落花開開又落하고
    재 동 제 군 수 훈 왈 화 락 화 개 개 우 락
    錦衣布衣更換着이라 豪家도 未必常富貴요
    금 의 포 의 경 환 착   호 가   미 필 상 부 귀
    貧家도 未必長寂寞이라 扶人에 未必上青霄요
    빈 가   미 필 장 적 막   부 인   미 필 상 청 소
    推人에 未必塡溝壑이라 勸君凡事를
    추 인   미 필 전 구 학   권 군 범 사
    莫怨天하라 天意於人에 無厚薄이라
    막 원 천   천 의 어 인   무 후 박

재동제군 수훈 내용에 꽃이 졌다 꽃이 피고 피었다가는 또 지고 비단 옷과 삼베옷도 바꾸어 입을 수 있다. 호화로운 가문이라도 꼭 항상 부귀한 것만은 아니고 가난한 집안이라도 꼭 오랫동안 쓸쓸한 것만은 아니다. 남을 부축해 준다고 해서 꼭 하늘에 올려보낼 수는 없고 남을 밀친다고 해서 꼭 구렁에 빠뜨릴 수는 없다. 그대 들에게 권고하는 것이니 모든 일

에 하늘을 원망하지 말아라 하늘은 인간에게 후하거나 각박한 법이 없는 것이다.

※ 세월이 흘러 가고 다시 오듯이 부귀와 빈천도 돌고 도는 것으로 자만하지 않아야 지킬수 있고 노력해야 얻을 수 있는 것이다. 존귀하거나 천박해지는 것도 모두가 나에게 달린 것이므로 하늘을 원망할 필요가 없다. 하늘은 누구에게나 똑같은 혜택과 기회를 주기 때문이다.

25 神宗皇帝御製曰 遠非道之財하고
　　신 종 황 제 어 제 왈 원 비 도 지 재

戒過度之酒하며 居必擇隣하고 交必擇友하며
계 과 도 지 주　　거 필 택 린　　교 필 택 우

嫉妬를 勿起於心하고 讒言을 勿宣於口하며
질 투　물 기 어 심　　참 언　물 선 어 구

骨肉貧者를 莫疎하고 他人富者를 莫厚하며
골 육 빈 자　막 소　　타 인 부 자　막 후

克己는 以勤儉爲先하고 愛衆은 以謙和爲首하며
극 기　이 근 검 위 선　　애 중　이 겸 화 위 수

常思已往之非하여 每念未來之咎하라
상 사 이 왕 지 비　　매 념 미 래 지 구

若依朕之斯言이면 治家國而可久니라
약 의 짐 지 사 언　　치 가 국 이 가 구

송나라 신종황제(북송6대) 시문의 내용에 도의 아닌 재물을 멀리하고 정도에 지나친 술을 경계하며 거처를 정할 때는 반드시 이웃을 가리고 교제할 때는 반드시 벗을 가리며 질투심을 마음에 일으키지 말고 비방하는 말을 입에 담지 않으며 빈곤한 친척을 소원하게 대하지 말고 부유한 사람이라고 해서 너무 후하게 대하려 하지 말며 자신을 극복할 때는 근면과 검소함을 첫째로 삼고 대중을 사랑할 때는 겸손과 화목을 첫째로 삼

으며 항상 지난날의 잘못된 점을 생각하여 늘 앞으로의 과오를 염려해야
한다. 만약 나의 이말을 따른다면 가정이나 국가의 다스림을 오래 할수
있을 것이다.

※ 정호(명도)는 북송 신종황제로부터 권감찰어사이행에 제수된 후 왕도정치와 패도정치
　에 관한 글을 올려 왕도정치를 하면 요임금 순임금 정치 도의에 입문할 수 있다고 하
　였다. 때문에 공자 맹자 이후에 송조6현이 출현하여 유학을 성리학으로 발전시켜 번영
　할 수 있었던 것은 고종 진종 신종 황제 등이 학문에 깊은 조예가 있었기 때문이었다.

26　周易曰 德微而位尊하고 智小而謀大면
　　주 역 왈 덕 미 이 위 존　　　지 소 이 모 대

　　無禍者鮮矣니라
　　무 화 자 선 의

『주역』내용에 덕성이 적으면서 지위만 높고 지혜는 적으면서 꾀만 크다
면 환란 없을 사람이 거의 없을 것이다.

※ 지위가 높은 사람은 덕성이 있어야 아래 사람을 잘 다스릴 수 있고 원대한 일을 하
　려면 지혜가 있어야 한다. 만약 그렇지 않으면 과오와 근심이 이어지게 된다.

27　子曰 立身有義하니 而孝爲本이요
　　자 왈 입 신 유 의　　　이 효 위 본

　　喪祀有禮하니 而哀爲本이요 戰陣有列하니
　　상 사 유 례　　　이 애 위 본　　전 진 유 렬

　　而勇爲本이요 治政有理하니 而農爲本이요
　　이 용 위 본　　치 정 유 리　　　이 농 위 본

　　居國有道하니 而嗣爲本이요 生財有時하니
　　거 국 유 도　　　이 사 위 본　　생 재 유 시

　　而力爲本이니라
　　이 력 위 본

공부자 말씀하시기를 자립하는 데 도의가 있으니 효도가 근본이고 상례
와 제사에 예가 있으니 애도가 근본이고 전투에 대오가 있으니 용맹이
근본이고 정치에 이념이 있으니 농업이 근본이고 국가를 지키는 데 도의
가 있으니 후계 가 근본이고 재물을 생성하는 데 시기가 있으니 노력이
근본이다.

※ 모든 일에는 근본과 본질이 있으므로 근본과 본질이 확립되어야 목적을 달성할 수
  있는 것이다. 만약 근본과 본질이 뚜렷하지 않으면 지엽적인 문제만 난무하다가 마
  침내 근본이 흩어지고 본질은 퇴색되어 목적한 일이 무너지고 만다.

28 景行錄云 爲政之要는 曰公與淸이요
   경 행 록 운 위 정 지 요   왈 공 여 청
   成家之道는 曰儉與勤이라
   성 가 지 도   왈 검 여 근

『경행록』 내용에 정치의 요점은 공정성과 청렴성이고 집안을 일으키는
도는 검소함과 근면성이다.

※ 정치에 공정성과 청렴성이 결여되면 부패한 정치가 이어지고 가정에 검소함과 근면
  성이 없다면 가난하고 궁핍한 생활을 면할 수 없을 것이다.

29 張思叔 座右銘云 凡語를 必忠信하고
   장 사 숙 좌 우 명 운 범 어   필 충 신
   凡行을 必篤敬하며 飮食을 必愼節하고
   범 행   필 독 경   음 식   필 신 절
   字劃을 必楷正하며 容貌를 必端莊하고
   자 획   필 해 정   용 모   필 단 장
   衣冠을 必肅整하며 步履를 必安詳하고
   의 관   필 숙 정   보 리   필 안 상

居處를 必正靜하며 作事를 必謀始하고
거처   필정정   작사   필모시

出言을 必顧行하며 常德을 必固持하고
출언   필고행   상덕   필고지

然諾을 必重應하며 見善如己出하고
연락   필중응   견선여기출

見惡如己病하라 凡此十四者는
견악여기병   범차십사자

皆我未深省으로 書此當座隅하여
개아미심성   서차당좌우

朝夕視爲警하노라
조석시위경

장사숙 좌우명 내용에 모든 말을 반드시 진실하게 하고 모든 행실을 독실하고 삼가며 음식을 알맞게 삼가고 글자획을 바르게 쓰며 용모를 단정히 하고 의관을 엄숙하게 하여 걸음을 안정되게 하고 거처하는 곳을 정숙하게 하며 일할 때는 시작부터 도모하고 말을 할 때는 실천할 수 있는지를 돌아보며 떳떳한 덕성을 굳게 지내고 승낙할 때는 신중하게 응답하며 선행을 볼 때는 내가 그렇게 했어야 된다고 생각하고 악행을 볼 때는 나의 지병처럼 생각하라. 대체로 이 열네 가지는 내가 아직 성찰하지 못했던 것으로 이글을 당연히 자리 오른쪽 벽에 붙여놓고 아침 저녁 보면서 경계의 글로 생각하노라.

※ 장사숙은 북송 대의 유학자로 이름은 역이고 사숙은 자이며 이천(정이) 선생의 제자이다.

30 童蒙訓曰 當官之法이 唯有三事하니
   동몽훈왈   당관지법   유유삼사

日淸日愼日勤이니 知此三者면
왈 청 왈 신 왈 근

則知所以持身矣니라
즉 지 소 이 지 신 의

『동몽훈』내용에 관직을 담당하는 방법이 오직 세 가지가 있는데 청렴성 신중성 근면성이다. 이 세 가지를 알고서 일한다면 몸가짐의 방법을 알게 될 것이다.

31 子曰君子가 有勇而無禮면 爲亂하고
자 왈 군 자 유 용 이 무 례 위 란

小人이 有勇而無禮면 爲盜니라
소 인 유 용 이 무 례 위 도

공부자 말씀하시기를 군자가 용기만 있고 예의가 없다면 난을 일으키고 소인이 용기만 있고 예의가 없다면 도둑이 될 것이다.

※ 용기는 안정된 마음을 일으켜 행동으로 옮겨지는 것인데 이때 예의로 단속하지 않으면 사욕이 앞서 도의를 잃게 된다. 때문에 용기는 반드시 예의의 제제를 필요로 한다.

32 曾子曰 朝廷엔 莫如爵이요 鄕黨엔
증 자 왈 조 정 막 여 작 향 당

莫如齒요 輔世長民엔 莫如德이라
막 여 치 보 세 장 민 막 여 덕

老少長幼는 天分秩序니
노 소 장 유 천 분 질 서

不可悖理而傷道也니라
불 가 패 리 이 상 도 야

若要人重我면 無過我重人이라
약 요 인 중 아　무 과 아 중 인

증자가 말하기를 조정에는 직책보다 더한 것이 없고 고을에는 나이보다
더한 것이 없고 세상을 도와 백성을 잘살게 할 때는 은덕만한 것이 없다.
노인 젊은이 어른 어린이는 하늘이 나누어 놓은 질서이므로 윤리에 어긋
나거나 도리를 해쳐서는 안 될 것이다. 만약 남들이 나를 소중하게 생각
해주길 바란다면 내가 남을 소중히 대하는 것을 지나치지 말아야 한다.

33 君平日 口舌者는 禍患之門이요 滅身之斧也니라
　　군 평 왈 구 설 자　화 환 지 문　　멸 신 지 부 야
利人之言은 煖如綿絮하고 傷人之語는
이 인 지 언　난 여 면 서　　상 인 지 어
利如荊棘하여 一言利人에 重値千金이요
이 여 형 극　　일 언 이 인　중 치 천 금
一語傷人에 痛如刀割이라
일 어 상 인　통 여 도 할
口是傷人斧요 言是割舌刀니
구 시 상 인 부　언 시 할 설 도
閉口深藏舌이면 安身處處牢니라
폐 구 심 장 설　　안 신 처 처 뢰

군평이 말하기를 입과 혀는 근심의 문이고 참형하는 칼날과 같다. 남에
게 유리한 말은 따뜻하기가 솜과 같고 남에게 상처주는 말은 예리하기가
가시나무 같아서 남에게 유리한 말 한마디는 소중한 천금 값어치요 남에
게 상처주는 말 한마디는 아픔이 칼로 도려내는 것 같다.
입은 남을 해치는 칼과 같고 말은 혀를 자르는 칼과 같으니 입을 다물고

혀를 깊히 감추고 있으면 몸은 편안하고 곳곳마다 조용할 것이다.

※ 군평은 전한 무제 때 사람이다. 사람의 모든 표현은 말로부터 시작된다. 말로 인하여 남을 기쁘게도 하지만 한편 남을 분노하게 하기도 하며 나 자신을 우러러보게 하기도 하고 멸시하게 하기도 하므로 언행을 신중히 하지 않으면 안 되는 것이다.

34 君子之交는 淡如水하고
　　군 자 지 교　　담 여 수

小人之交는 甘若醴니라
소 인 지 교　　감 약 례

路遙知馬力이요 日久見人心이라
로 요 지 마 력　　　일 구 견 인 심

공부자 말씀하시기를 군자의 교제는 맑은 물 같고 소인의 교제는 단술과도 같다. 길이 멀면 말의 힘을 알 수 있고 날짜가 오래되면 사람의 마음을 알 수 있다.

35 朱子曰 少年易老學難成하니
주 자 왈 소 년 이 로 학 난 성

一寸光陰不可輕이라 未覺池塘春草夢하여
일 촌 광 음 불 가 경　　　미 각 지 당 춘 초 몽

階前梧葉已秋聲이라
계 전 오 엽 이 추 성

주자가 말하기를 소년은 늙기 쉽고 학문은 완성하기 어려우니 1시간의 시간이라도 가볍게 생각해서는 안 된다. 연못가에 봄풀은 아직 꿈에서 깨어나지 않았는데 뜰 앞에 오동잎은 벌써 낙엽이 지는구나!

36 荀子曰 不積蹞步면 無以至千里요
순 자 왈 부 적 규 보　무 이 지 천 리

不積小流면 無以成江河니라
부 적 소 류　무 이 성 강 하

순자가 말하기를 반걸음이라도 모으지 않으면 천리길에 도달할 수 없고
작은 시냇물이 모이지 않으면 강하가 될 수 없다.

※ 낮은 곳에서 시작해야 높은 곳에 오를 수 있고 가까운 곳에서 시작해야 먼 곳에 이
　를 수 있는 것이다. 때문에 인간의 노력에 의한 기반이나 기초 없이도 저절로 이루
　어진 것은 오직 대자연뿐이다.

2. 효경(孝經)

효경은 중용과 함께 기원전 6세기경 춘추 시대에 증자(증참)가 스승이신 공부자에게 배운 말씀과 또 증자의 제자들이 증자에게 배운 말씀을 참고하여 저술한 것으로 추측될 뿐 저자는 명확하지 않다.

효경이 우리나라에 도입된 시기는 신라 제38대 원성왕 4년(788)에 『논어』와 함께 필수 교양 과목으로 선정되고부터 고려 시대에도 국자감(國子監)의 교과 과목으로 선정되었다. 그후 조선 후기(1910)까지 1100여 년 동안 효행 지침서로 익혀 왔던 동양고전이다.

37 子曰 夫孝는 德之本也로 敎之所由生이라
　　 자 왈 부 효　덕 지 본 야　교 지 소 유 생

　　 身體髮膚는 受之父母니 不敢毁傷이
　　 신 체 발 부　수 지 부 모　불 감 훼 상

　　 孝之始也요 立身行道하고 揚名於世하여
　　 효 지 시 야　입 신 행 도　양 명 후 세

　　 以顯父母가 孝之終也니 夫孝는
　　 이 현 부 모　효 지 종 야　부 효

　　 始於事親이요 中於事君이요 終於立身이라
　　 시 어 사 친　중 어 사 군　종 어 립 신

공부자 말씀하시기를 대체로 효도는 덕행의 근본으로 교화가 따라서 생겨나게 되는 것이다.

우리 몸의 모발과 피부는 부모에게 받은 것으로 감히 훼손하거나 다치지 않는 것이 효도의 시작이고 독립하여 도리를 실천하고 후세에 명성을 떨쳐 부모님을 드러나게 하는 것이 효도의 끝이니 대체로 효도는 부모님 섬김이 시작이고 임금 섬김이 중간이고 독립하는 것이 끝이라고 볼 수 있다.

※ 부모님이 항상 자식에게 바라는 것은 아무 사고 없이 건강하게 성장하는 것이고 다음은 독립하여 훌륭한 사람이 되는 것이다. 그러므로 가장 바라는 것을 충족한다면 그것이 곧 효도이며 봉양과 같은 효행은 더불어 사는 세상에서 도리인 동시에 의무일 뿐이다.

38 子曰 教民親愛는 莫善於孝요
자 왈 교 민 친 애   막 선 어 효

教民禮順은 莫善於悌요 移風易俗은
교 민 예 순   막 선 어 제   이 풍 역 속

莫善於樂이요 安上治民은 莫善於禮니라
막 선 어 악   안 상 치 민   막 선 어 례

禮者는 敬而已矣故로
예 자   경 이 이 의 고

敬其父則子悅하고 敬其兄則弟悅하며
경 기 부 즉 자 열   경 기 형 즉 제 열

敬其君則臣悅이니 敬一人而千萬人悅이라
경 기 군 즉 신 열   경 일 인 이 천 만 인 열

所敬者寡이나 而悅者眾으로 此之謂要道니라
소 경 자 과   이 열 자 중   차 지 위 요 도

공부자 말씀하시기를 백성들에게 친화력과 사랑을 가르치는 데 효도보다 더 좋은 것이 없고 백성들에게 예의와 공손함을 가르치는 데 공경보다 더 좋은 것이 없으며 국기(國紀)를 고치고 민속을 개선하는 데 예악보

다 더 좋은 것이 없고 윗사람을 편히 모시고 백성을 다스리는 데 예법보다 더 좋은 것이 없는 것이다.

예절이란 공경심으로 조심하는 것이기 때문에 남의 부모님을 공경하면 자식들이 기뻐하고 남의 형님을 공경하면 아우들이 기뻐하며 임금을 공경하면 신하들이 기뻐하므로 한 사람을 공경하여 모든 사람이 기쁘게 된다. 공경한 사람은 적지만 기쁜 사람이 많아지는데 이것이 남을 즐겁게 하는 중요한 도의라고 할 수 있다.

39 曾子曰 甚哉라 孝之大也여 子曰 夫孝는
    증자왈 심재   효지대야   자왈 부효

    天之經이요 地之義요 民之行으로
    천지경   지지의   민지행

    天地經을 而民是則之하니 則天之明하고
    천지경   이민시칙지   칙천지명

    因地之義하여 以順天下라
    인지지의   이순천하

    是以로 其敎不肅而成하고其政不嚴而治니라
    시이   기교불숙이성   기정불엄이치

증자가 말하기를 심대하다 효도의 중대함이여! 공부자 말씀에 의하면 대체로 효도란 하늘의 법도이고 땅의 대의이며 백성의 행실로서 천지간의 법칙을 백성들이 본받아야 된다고 하셨으니 하늘의 공명한 진리를 본받고 땅의 대의를 따라야 세상이 순조로워지는 것이다.

그렇기 때문에 가르침이 엄숙하지 않아도 성취되고 정치가 엄격하지 않아도 다스려지게 된다.

40 曾子曰 敢問 聖人之德은 其無以加於孝乎아
증자왈 감문 성인지덕 기무이가어효호

子曰天地之性은 人爲貴하고 人之行은
자왈천지지성 인위귀 인지행

莫大於孝니라 孝莫大於嚴父하고
막대어효 효막대어엄부

嚴父莫大於配天이니 則周公이 其人也라
엄부막대어배천 즉주공 기인야

昔者에 周公이 郊祀后稷하여 以配天하고
석자 주공 교사후직 이배천

宗祀文王於明堂하여 以配上帝라 是以로
종사문왕어명당 이배상제 시이

四海之內가 各以其職으로 來助祭하니
사해지내 각이기직 래조제

夫聖人之德에 又何以加於孝乎아
부성인지덕 우하이가어효호

故로 親生之膝下하여 以養父母가 日嚴이라
고 친생지슬하 이양부모 일엄

聖人이 因嚴以敎敬하고 因親以敎愛하니
성인 인엄이교경 인친이교애

聖人之敎는 不肅而成하고 其政은 不嚴而治하여
성인지교 불숙이성 기정 불엄이치

其所因者本也니라
기소인자본야

증자가 말하기를 감히 여쭈오니 성인의 덕행 중에 효행보다 더 중요한
것은 없습니까?
공부자 말씀하시기를 천지가 부여하신 천성 중에는 사람이 가장 귀중하
고 또 사람의 행실에는 효행보다 더 중요한 것은 없다.

효행은 부모님을 존경하는 것보다 중대한 것은 없고 부모님 존경함은 천리(진리)에 부합하는 것보다 중대한 것은 없으므로 바로 주공이 그런 사람이다.

옛적에 주공이 후직(시조)을 제사할 때 하늘과 배향하여 제사 올리고 문왕(부친)을 명당에서 제사할 때 상제와 배향하여 제사 올렸다. 그러므로 온 나라 제후들이 각각 직분에 해당하는 조공을 바치며 제사를 도왔으니 성인의 덕행 중에 무엇이 효행보다 더할 것이 있겠는가!

그러므로 친애하는 마음이 어릴 때 생겨나서 부모님을 봉양할 때 이르면 날로 존엄해진다. 성인이 존엄하게 여기는 마음으로 공경심을 가르치고 친근하게 여기는 마음으로 사랑심을 가르치셨으니 성인의 교화가 엄숙하지 않아도 성취되고 정치가 엄격하지 않아도 다스려졌으므로 그렇게 된 원인은 효행을 근본으로 삼았기 때문이었다.

41 子曰 孝子之事親에 居則致其敬하고
    자 왈 효 자 지 사 친   거 즉 치 기 경

養則致其樂하며 病則致其憂하고
양 즉 치 기 락   병 즉 치 기 우

喪則致其哀하며 祭則致其嚴이니
상 즉 치 기 애   제 즉 치 기 엄

五者備矣然後에 能事親이라
오 자 비 의 연 후   능 사 친

事親者는 居上不驕하고 爲下不亂하며
사 친 자   거 상 불 교   위 하 불 란

在醜不爭이라 居上而驕則亡하고
재 추 부 쟁   거 상 이 교 즉 망

爲下而亂則刑하며 在醜而爭則兵이니
위 하 이 란 즉 형   재 추 이 쟁 즉 병

三者不除면 雖日用三牲之養이어도
삼 자 부 제   수 일 용 삼 생 지 양

猶爲不孝也니라
유 위 불 효 야

공부자 말씀하시기를 효자가 부모님을 섬길 때에 거처하시면 공경심을
다하고 봉양할 때에 즐거움을 다하며 병이 나시면 걱정을 다하고 돌아가
시면 슬픔을 다하며 제사할 때에 엄숙함을 다해야 하니 이 다섯 가지를
갖춘 다음에 부모님을 섬길 수 있는 것이다.

부모님을 섬기는 사람은 윗자리에 있어도 교만하지 않고 아랫자리에 있
어도 난폭 하지 않으며 여럿이 있어도 다투지 않는다.

만약 윗자리에 있으면서 교만하면 망하고 아랫자리에 있으면서 난폭하
면 처벌받으며 여럿이 있으면서 다투면 싸우게 되므로 이 세 가지를 버
리지 못한다면 아무리 소·양·돼지고기 등으로 봉양한다 해도 도리어 불
효가 된다.

42 子曰 昔者에 明王이 事父孝故로 事天明하고
  자 왈 석 자   명 왕   사 부 효 고   사 천 명

事母孝故로 事地察하며 長幼順故로 上下治하니
사 모 효 고   사 지 찰   장 유 순 고   상 하 치

天地明察이면 神明彰矣라 故로 雖天子도
천 지 명 찰   신 명 창 의   고   수 천 자

必有尊也하여 言有父也하고 必有先也하여
필 유 존 야   언 유 부 야   필 유 선 야

言有兄也라
언 유 형 야

宗廟致敬은 不忘親也요 修身愼行은 恐辱先也라
종묘치경　 불망친야 　수신신행　 공욕선야

宗廟致敬이면 鬼神著矣니 孝悌之至가
종묘치경　 귀신저의 　효제지지

通於神明하고 光于四海하여 無所不通이라
통어신명　 광우사해 　무소불통

공부자 말씀하시기를 옛적에 현명한 임금이 아버지를 효성으로 섬겼기 때문에 하늘도 세상을 밝혀주셨고 어머니를 효성으로 섬겼기 때문에 땅도 세상을 살펴주셨으며 어른과 어린이를 공손으로 가르쳤기 때문에 위와 아래가 다스려졌으니 천지가 밝혀주고 살펴주면 신명의 보살핌으로 나타난다.

그러므로 아무리 천자의 지위라도 반드시 존중해야 할 아버지가 계시고 반드시 우선해야 할 형님이 계신 것이다.

종묘에서 공경을 극진히 하는 것은 부모님을 잊지 않기 위함이고 자신을 수양하고 행실을 신중히 하는 것은 선조를 욕되게 할까 두려워함이다. 종묘에 공경을 극진히 하면 조상의 보살핌으로 나타나서 효성과 공경의 지극함은 신명과도 통하고 온나라에 빛나므로 통하지 않는 곳이 없을 것이다.

43　曾子曰 若夫慈愛恭敬과 安親揚名은
　　증자왈 약부자애공경 　안친양명

參이 聞命矣나 敢問從父之令을 可謂孝乎아
참 　문명의 　감문종부지령 　가위효호

子曰 是何言歟오 是何言歟오 昔者에
자왈 시하언여　 시하언여 　석자

天子有爭臣七人이면 雖無道나 不失其天下하고
천자유쟁신칠인 　수무도 　불실기천하

諸侯有爭臣五人이면 雖無道나 不失其國하며
제후유쟁신오인　　수무도　불실기국

大夫有爭臣三人이면 雖無道나 不失其家하고
대부유쟁신삼인　　수무도　불실기가

士有爭友면 則身不離於令名하며
사유쟁우　즉신불리어영명

父有爭子면 則身不陷於不義 故로
부유쟁자　즉신불함어불의고

當不義면 則子不可以不爭於父하고
당불의　즉자불가이부쟁어부

臣不可以不爭於君 故로 當不誼則爭之이니
신불가이부쟁어군고　당불의즉쟁지

從父之命을 又焉得爲孝乎아
종부지령　우언득위효호

증자가 말하기를 대체로 자애하고 공경하는 것과 부모님을 편안히 모시고 명성 떨치는 것은 들은 적이 있지만 감히 여쭈오니 부모님의 명령 따르는 것만을 가지고 효도라고 말할 수 있습니까?

공부자 말씀하시기를 그 무슨 말인가! 그 무슨 말인가!

옛적에 천자가 간청하는 신하 일곱 사람만 있으면 아무리 도의가 없다 해도 세상을 잃지 않았고 제후가 간청하는 신하 다섯 사람만 있으면 아무리 도의가 없다 해도 나라를 잃지 않았고 대부가 간청하는 신하 세 사람만 있으면 아무리 도의가 없다 해도 가문을 잃지 않았고 선비가 간쟁하는 친구가 있으면 자신의 좋은 명예가 떠나질 않았고 아버지가 간청하는 자식이 있으면 자신이 불의에 빠지지 않았으므로 불의를 당한다면 자식이 아버지에게 간청하지 않을 수 없고 또 신하가 임금에게 간청하지 않을 수 없기 때문에 불의를 당하면 당연히 간청해야 하는 것인데 오직 아버지 명령 따르는 것만을 가지고 어떻게 효도라고 말할 수 있겠는가!

3. 대학(大學)

『대학』은 본래『예기』의 49편 중 42번째 편으로 송대 주자(1130~1200)가 말하기를 경문(經文)은 공자의 말씀을 제자인 증자가 기술한 것이며 전문(傳文) 10장은 증자의 뜻을 그 문인들이 기록한 것이다라고 하였고 또 증자의 문인 중에서 자사가 도통을 전하였다 하여『대학』을 자사가 기술하였을 것으로 추측 하기도 하였다.

주요 내용은 3강령 명 명덕(明 明德) 친민(親民) 지어지선(止於至善)과 8강령 격물(格物) 치지(致知) 성의(誠意) 정심(正心) 수신(修身) 제가(濟家) 치국(治國) 평천하(平天下)로서 수기치인(修己治人)을 목표로 자기 수양을 하고 난 뒤에 대인관계를 정립하고 윤리와 도덕을 실천하는 처세학이라고 말할 수 있을 것이다.

1) 經文 三綱領

44 大學之道는 在明明德하고 在親民하며
대 학 지 도 재 명 명 덕 재 친 민
在止於至善이니라
재 지 어 지 선

대학의 길은 공명한 성덕을 밝혀주는 데 있고 백성의 삶을 새롭게 하여주는 데 있으며 최선의 경지에 머무르면서 오래도록 실천하는 데 있다.

※ 송대의 정자가 말하기를 명덕이란 사람이 천부적으로 태어난 본성의 영특함이 어둡

지만은 않아서 여러 가지 모든 이치(천리 섭리 원리 진리 사리 도리 윤리 성리 심리 물리 문리 법리 순리 역리 생리 병리 등)를 구현하여 모든 일에 대응하여야 하는 것이다.

다만 기질과 품성에 구애를 받거나 인욕에 폐색되면 때로는 어둡게 마련이다. 그러나 본성의 총명함은 종식되지 않기 때문에 학자들은 마땅히 일으켜야 할 곳에 따라 덕성을 밝혀서 순수했던 최초의 본성을 회복하여야 한다.

군주는 공명한 성덕을 밝혀서 백성들의 삶을 새롭게 하여 주기를 마땅이 최고의 경지에 머물면서 변하지 않아야 함을 말한 것으로 반드시 천리의 극진함을 다해서 털끝 만큼이라도 인욕의 사심이 없도록 해야 하니 이 세 가지는 대학의 큰 강령인 것이다.

45 知止而後에 有定이니 定而後에 能靜하고
　　지 지 이 후　　유 정　　　　정 이 후　　　능 정

靜而後에 能安하며 安而後에 能慮하고
정 이 후　　능 안　　　안 이 후　　능 려

慮而後에 能得이라
려 이 후　　능 득

머무를 곳을 안 다음에 정할 수 있으니 정한 다음에 안정할 수 있고 안정된 다음에 편안할 수 있으며 편안해진 다음에 생각할 수 있고 생각한 다음에 얻을 수 있는 결과가 있다.

※ 3강령의 실현 단계를 말함.

46 物有本末하고 事有終始하니 知所先後면
　　물 유 본 말　　　사 유 종 시　　　지 소 선 후

則近道矣니라
즉 근 도 의

사물에는 근본과 끝이 있고 일에는 시작과 마침이 있으니 어느 것이 먼저 이고 어느 것이 뒤에 할 일인지를 안다면 3강령 실천하는 방법을 알 것이다.

※ 명덕은 근본이고 친민은 끝이며 머물러야 함을 아는 것은 시작이고 얻어지는 것은 마침이다.

47 古之欲明明德於天下者는 先治其國하고
고 지 욕 명 명 덕 어 천 하 자　　선 치 기 국

欲治其國者는 先齊其家하며 欲齊其家者는
욕 치 기 국 자　　선 제 기 가　　욕 제 기 가 자

先修其身하고 欲修其身者는 先正其心하고
선 수 기 신　　욕 수 기 신 자　　선 정 기 심

欲正其心者는 先誠其意하고 欲誠其意者는
욕 정 기 심 자　　선 성 기 의　　욕 성 기 의 자

先致其知하니 致知는 在格物이라
선 치 기 지　　치 지　　재 격 물

옛적에 공명한 성덕을 세상에 밝혀주려고 하는 사람은 먼저 자기 나라를 다스렸고 자기 나라를 다스리려고 하는 사람은 먼저 자기 집안을 다스렸으며 자기 집안을 다스리려고 하는 사람은 먼저 자신을 수양하였고 자신을 수양하려고 하는 사람은 먼저 자기 마음을 바르게 하였으며 자기 마음을 바르게 하려고 하는 사람은 먼저 의지를 성실히 하였고 의지를 성실히 하려고 하는 사람은 먼저 지식을 지극히 하였으니 지식을 지극히 하는 것은 사물을 연구 하느냐에 달려 있다.

※ 3강령이 성취되는 전제조건.

48 物格而後에 知至하고 知至而後에 意誠하며
물 격 이 후　　지 지　　지 지 이 후　　의 성

意誠而後에 心正하고 心正而後에 身修하며
의 성 이 후　　심 정　　심 정 이 후　　신 수

身修而後에 家齊하고 家齊而後에 國治하며
신 수 이 후   가 제   가 제 이 후   국 치

國治而後에 天下平이라
국 치 이 후   천 하 평

사물의 이치를 연구한 다음에 지식이 지극해지고 지식이 지극해진 다음에 의지가 성실해지며 의지가 성실한 다음에 마음이 바르게 되고 마음이 바른 다음에 심신이 수양되며 심신이 수양된 다음에 가정이 평안해지고 가정이 평안한 다음에 나라가 다스려지며 나라가 다스려진 다음에 세상이 평화로워진다.

※ 3강령 성취의 단계.

49 自天子로 以至於庶人히 壹是皆以修身爲本이라
   자 천 자   이 지 어 서 인   일 시 개 이 수 신 위 본

군주로부터 서민에 이르기까지 일체 모두가 심신 수양하는 것을 근본으로 삼아야 한다.

※ 심신 수양은 모든 사람이 누구나 갖추어야 할 기본 인격임을 말함.

50 其本亂而末治者는 否矣며 其所厚者에
   기 본 란 이 말 치 자   부 의   기 소 후 자

薄하고 而其所薄者에 厚는 未之有也니라
박   이 기 소 박 자   후   미 지 유 야

근본(수신)이 혼란스러우면서 지엽적인 일(제가)이 다스려지는 사람은 없으며 후하게(집안) 해야 할 곳에 박(자기 반성)하게 하면서 박하게 해야 할 곳에 후하게 하는 사람은 별로 없다.

2) 傳文 1장 明德

51 康誥曰 克明德이라 하고
    강 고 왈 극 명 덕

    太甲曰 顧諟天之明命이라 하며
    태 갑 왈 고 시 천 지 명 명

    帝典曰 克明峻德이라 하니 皆自命也니라
    제 전 왈 극 명 준 덕   개 자 명 야

『서경』주서(周書)의 내용에 공명한 성덕을 밝혔다 하였고『서경』상서(商書)
의 내용에 이 하늘의 명(섭리)을 돌아본다 하였으며『서경』요전(堯典)의 내
용에 큰 성덕을 밝힌다 하였으니 모두 스스로 덕을 밝힌다는 뜻이다.

3) 傳文 2장 親民

52 湯之盤銘曰 苟日新이면 日日新하여 又日新이라 하며
    탕 지 반 명 왈 구 일 신   일 일 신   우 일 신

    康誥曰 作新民이라 하고
    강 고 왈 작 신 민

    詩曰 周雖舊邦이나 其命惟新이라 하니
    시 왈 주 수 구 방   기 명 유 신

    是故로 君子는 無所不用其極이라
    시 고   군 자   무 소 불 용 기 극

은나라 탕왕 욕조에 새긴 글 내용에 참으로 어느날 새로워졌으면 날마다
새롭게 하여 역시 날로 새로워지게 하라고 하였으며『서경』강고편 내용
에 새로워지는 백성을 더욱 진작시키라 하였고『시경』내용에 주나라가

옛 나라이긴 하지만 순리로 받은 명(命)이 새롭다 하였으니 그러므로 군자는 그 법도(표준)를 이용하지 않는 경우가 없다.

4) 傳文 3장 止於至善

53 詩云 邦畿千里여 惟民所止라 하고
　　시 운 방 기 천 리　　유 민 소 지

詩云 緡蠻黃鳥여 止于丘隅라 하니
시 운 민 만 황 조　　지 우 구 우

子曰 於止에 知其所止이니 可以人而不如鳥乎아
자 왈 어 지　知 기 소 지　　가 이 인 이 불 여 조 호

詩云 穆穆文王이여 於緝熙敬止라 하니
시 운 목 목 문 왕　　오 집 희 경 지

爲人君하여 止於仁하고 爲人臣하여 止於敬하며
위 인 군　　지 어 인　　위 인 신　　지 어 경

爲人子하여 止於孝하고 爲人父하여 止於慈하며
위 인 자　　지 어 효　　위 인 부　　지 어 자

與國人交하여 止於信이라
여 국 인 교　　지 어 신

『시경』 내용에 도성 천리여! 오직 백성들이 살만한 곳이라 하였고 또 꾀꼴 꾀꼴 우는 노란 꾀꼴새여! 높은 언덕위에 둥지를 틀었다 하였으니 공부자 말씀하시기를 머물만 한 곳에 머물 곳을 알아야 하는데 사람이 되고 나서 꾀꼴새만도 못해서야 되겠는가!

『시경』 문왕편에 거룩하신 문왕이여 아! 계속 명덕을 밝혀서 공경하는데 머무셨다 하였으니 임금이 되어서는 인정(仁政)에 머물러야 하고 신하가 되어서는 공경하는 데 머물러야 하며 자식이 되어서는 효도에 머물러

야 하고 아버지가 되어서는 인자함에 머물러야 하며 사람들과 교제할 때
는 신의에 머물러야 한다.

5) 傳文 4장 本末

54 子曰聽訟이 吾猶人也나 必也使無訟乎라 하시니
　　자 왈 청 송　　오 유 인 야　　필 야 사 무 송 호

　　無情者不得盡其辭는 大畏民志니
　　무 정 자 불 득 진 기 사　　대 외 민 지

　　此謂知本이니라
　　차 위 지 본

공부자 말씀하시기를 소송을 처리하는 일은 다른 사람과 똑같이 하겠지
만 반드시 백성들에게 소송하는 일이 없도록(왕도정치) 하겠다고 하셨으니
실정이 아닌 사람이 거짓말을 못하게 되는 것은 백성들의 마음을 크게
두렵게 하는 것이니 이런 것을 본질을 안다고 하는 것이다.

※ 소송을 해결하는 것보다 백성들을 교화하고 덕치로 잘 다스려서 분쟁이 될 만한 요
　인을 근복적으로 제거해서 말단적인 쟁송이 일어나지 않게 하는 근본을 말씀하신
　것이다.

6) 傳文 5장 格物致知

55 間嘗竊取程子之意하여 以補하니
　　간 상 절 취 정 자 지 의　　이 보

　　曰所謂致知가在格物者는 言欲致吾之知면
　　왈 소 위 치 지　재 격 물 자　　언 욕 치 오 지 지

在卽物而窮其理也라 蓋人心之靈이
재 즉 물 이 궁 기 리 야　개 인 심 지 령

莫不有知하여而天下之物는 莫不有理나
막 불 유 지　이 천 하 지 물　막 불 유 리

惟於理에 有未窮故로 其知가 有不盡也라
유 어 리　유 미 궁 고　기 지　유 미 진 야

是以로 大學始敎에 必使學者로
시 이　대 학 시 교　필 사 학 자

卽凡天下之物하여 莫不因其已知之理以
즉 범 천 하 지 물　막 불 인 기 이 지 지 리 이

益窮之하여 以求至乎其極이니
익 궁 지　이 구 지 호 기 극

至於用力之久而一旦에 豁然貫通焉이면
지 어 용 력 지 구 이 일 단　활 연 관 통 언

則衆物之表裏精粗가 無不到하고
즉 중 물 지 표 리 정 조　무 불 도

而吾心之全體大用이 無不明矣라
이 오 심 지 전 체 대 용　무 불 명 의

此謂物格이며 此謂知之至也니라
차 위 물 격　차 위 지 지 지 야

근간에 정자의 뜻을 외람되이 취하여 보충하였는데 말하자면 지식을 지극하게 하는 것이 사물을 연구하느냐에 달려 있다고 한 것은 우선 나의 지식을 지극하게 하려고 한다면 모든 사물에 나아가 이치를 연구함에 달려 있음을 말한 것이다. 사람 마음의 신령함이 알지 못하는 것이 없어서 본래 모든 사물에 이치가 있는 것인데 다만 이치를 연구하지 않았기 때문에 아는 것이 극진하지 못한 것이다.

이리하여 『대학』에서 처음 가르칠 때 반드시 배우는 사람들에게 세상의 모든 사물에 나아가 이미 알고 있는 이치를 바탕으로 더욱 연구해서 극진한 경지까지 이르기를 구하도록 한 것이니 오래도록 노력하여 어느날 활연히 관통하게 되면 모든 사물의 이치(진리)에 있어 겉과 속이나 정밀한 것과 간략한 것에 두루 도달할 수 있고 내 마음의 전체에 대하여 크게 쓰임이 명백할 것이다. 그러므로 사물을 연구하라고 하는 것이며 이리하여 지식이 지극하게 된다고 하는 것이다.

7) 傳文 6장 誠意

56 　所謂誠意者는 毋自欺也니
　　　소 위 성 의 자　무 자 기 야

　　如惡惡臭하며 如好好色이 此之謂自慊이니
　　여 오 악 취　　여 호 호 색　차 지 위 자 겸

　　故로 君子는 必愼其獨也니라
　　고　군 자　필 신 기 독 야

의지를 성실히 한다고 하는 것은 자신을 속이지 말아야 함을 말한 것으로 악취를 싫어하듯 하며 아름다운 색깔을 좋아하듯 하는 것을 스스로 만족해하는 것이라고 하는데 그러므로 군자는 반드시 혼자만이 알고 행동하는 것도 조심한다.

57 　小人은 閒居에 爲不善하며 無所不至하다가
　　　소 인　한 거　위 불 선　　무 소 불 지

　　見君子而後에 厭然掩其不善하고
　　견 군 자 이 후　염 연 엄 기 불 선

而著其善이나 人之視己가 如見其肺肝然이면
이 저 기 선   인 지 시 기   여 견 기 폐 간 연

則何益矣리오 此謂誠於中이면 形於外故로
즉 하 익 의   차 위 성 어 중   형 어 외 고

君子는 必愼其獨也니라
군 자   필 신 기 독 야

소인은 혼자 한가롭게 있을 때 착하지 못한 일을 하면서 도달하지 않는
곳이 없다가 군자를 본 뒤에 부끄러워하면서 착하지 못함은 가리우고 착
함만을 드러내지만 남들이 자기를 볼 때 마치 폐와 간을 보는(확연함)것
같다면 무슨 도움이 되겠는가!
이리하여 속 마음이 성실하면 밖으로 드러나기 때문에 군자는 반드시 혼
자 만이 알고 행동하는 것도 조심한다.

58 曾子曰 十目所視며 十手所指니
   증 자 왈 십 목 소 시   십 수 소 지

其嚴乎여 富潤屋이요 德潤身이라
기 엄 호   부 윤 옥   덕 윤 신

心廣體胖故로 君子는 必誠其意니라
심 광 체 반 고   군 자   필 성 기 의

증자가 말하기를 열 사람 눈이 보는 것이며 열 사람 손이 지적하는 것이
니 엄중하지 않은가! 부유함은 집안을 윤택하게 하고 덕성은 자신을 윤
택하게 한다. 마음이 넓어지고 몸이 편안해지므로 군자는 반드시 의지를
성실히 한다.

8) 傳文 7장 正心 修身

59 **所謂修身**이 **在正其心者**는 **身有所忿懥**면
소 위 수 신　　재 정 기 심 자　　신 유 소 분 치

則不得其正하고 **有所恐懼**면 **則不得其正**하며
즉 불 득 기 정　　　유 소 공 구　　즉 불 득 기 정

有所好樂면 **則不得其正**하고 **有所憂患**이면
유 소 호 요　　즉 불 득 기 정　　　유 소 우 환

則不得其正이라
즉 불 득 기 정

자신을 수양함이 마음을 바르게 하는 데 있다고 하는 것은 자신이 분하
거나 화내는 일이 있으면 마음이 올바르지 못하고 두려워하는 일이 있으
면 마음이 올바르지 못하며 좋아하는 일이 있으면 마음이 올바르지 못하
고 근심하는 일이 있으면 마음이 올바를 수가 없다.

60 **心不在焉**이면 **視而不見**하고
심 불 재 언　　시 이 불 견

聽而不聞하며 **食而不知其味**라
청 이 불 문　　식 이 불 지 기 미

此謂修身이 **在正其心**이라
차 위 수 신　　재 정 기 심

마음이 그곳에 있지 않으면 보아도 보지 못하고 들어도 듣지 못하며 먹
어도 맛을 모른다. 이리하여 자신을 수양하는 것이 자기 마음을 올바르
게 하는 데 달려 있다고 하는 것이다.

9) 傳文 8장 修身 齊家

61 所謂齊其家在修其身者는
소 위 제 기 가 재 수 기 신 자

人之其所親愛而僻焉하고
인 지 기 소 친 애 이 벽 언

人之其所賤惡而僻焉하며
인 지 기 소 천 오 이 벽 언

人之其所畏敬而僻焉하고
인 지 기 소 외 경 이 벽 언

人之其所哀矜而僻焉하며
인 지 기 소 애 긍 이 벽 언

人之其所敖惰而僻焉 故로
인 지 기 소 외 타 이 벽 언 고

好而知其惡하고 惡而知其美者는
호 이 지 기 악　오 이 지 기 미 자

天下에 鮮矣니라 故로 諺有之曰
천 하　선 의　고　언 유 지 왈

人莫知其子之惡하고 莫知其苗之碩이라 하니
인 막 지 기 자 지 악　막 지 기 묘 지 석

此謂身不修면 不可而齊其家니라
차 위 신 불 수　불 가 이 제 기 가

말하자면 집안을 평안하게 하는 일이 자기 심신을 수양하느냐에 달려 있다
고 하는 것은 사람들이 친하거나 사랑하는 것에 치우치고 사람들이 천하
게 여기거나 미워하는 것에 치우치며 사람들이 두려워하거나 공경하는 것
에 치우치고 사람들이 애처로워하거나 가엾게 여기는 데 치우치며 사람들
이 거만하거나 게으른 데 치우치기 때문에 좋아하면서 그 사람의 나쁜 점

을 알고 미워하면서 그 사람의 좋은 점을 아는 사람은 세상에 드물 것이다. 그러므로 속담에 사람들이 자기 자식의 나쁜점을 모르고 자기 밭에 곡식 싹이 남의 것보다 크다는 것(욕심때문)을 모른다고 하므로 이리하여 자신이 수양되어 있지 않으면 자기 집안을 평안히 다스릴 수 없다고 하는 것이다.

10) 傳文 9장 濟家治國

62 所謂治國이 必先齊其家者는 其家를
   소위치국   필선제기가자   기가

不可敎요 而能敎人者는 無之故로
불가교   이능교인자   무지고

君子는 不出家而成敎於國하니 孝者는
군자   불출가이성교어국   효자

所以事君이요 悌者는 所以事長也요
소이사군   제자   소이사장야

慈者는 所以使衆也니라
자자   소이사중야

말하자면 나라를 다스리는 일이 반드시 먼저 집안을 평안하게 해야 된다고 하는 것은 자기 집안을 가르칠 수 없으면서 남을 가르칠 수 있는 사람은 없기 때문에 군자는 집밖을 나가지 않고도 나라에 가르침을 베푸니 충효는 임금을 섬기는 일이고 공경은 어른을 섬기는 일이며 자애는 여러 사람을 부리는 일이다.

63 康誥曰 如保赤子라하니 心誠求之면
　　강 고 왈　여 보 적 자　　　심 성 구 지

雖不中이나 不遠矣니 未有學養子而後에
수 불 중　　불 원 의　　미 유 학 양 자 이 후

嫁者也니라 一家仁이면 一國興仁하고
가 자 야　　일 가 인　　일 국 흥 인

一家讓이면 一國興讓하며 一人貪戾면
일 가 양　　일 국 흥 양　　일 인 탐 려

一國作亂하니 其機如此라 此謂一言이
일 국 작 란　　기 기 여 차　　차 위 일 언

僨事며 一人이 定國이라
분 사　　일 인　　정 국

『서경』 강고편의 내용에 갓난아이를 보호하듯 하라고 하였으니 성심으로 찾는다면 아무리 맞지 않는다 해도 멀지 않을 것으로 자식 기르는 법을 배운 다음에 시집가는 사람은 없을 것이다. 그리하여 한 가정이 인을 실천하면 한 나라가 인을 일으킬 것이고 한 가정이 사양심을 일으키면 한 나라가 사양심을 일으킬 것이며 한 사람이 탐욕하여 포악하면 한 나라가 난을 일으키게 되니 그 동기가 이와 같은 것이다. 이리하여 말 한마디가 일을 그르치고 임금 한 사람이 나라를 안정시킨다고 하는 것이다.

64 堯舜이 帥天下以仁하시니 而民從之하고
　　요 순　솔 천 하 이 인　　　이 민 종 지

桀紂가 帥天下以暴하니 而民從之로
걸 주　솔 천 하 이 포　　이 민 종 지

其所令이 反其所好면 而民不從이라
기 소 령　반 기 소 호　이 민 불 종

是 故로 君子는 有諸己而後에 求諸人하며
시 고 군 자 유 저 기 이 후 구 저 인

無諸己而後에 非諸人하니 所藏乎身이
무 저 기 이 후 비 저 인 소 장 호 신

不恕요 而能喻諸人者未之有也니라
불 서 이 능 유 저 인 자 미 지 유 야

故로 治國이 在齊其家니라
고 치 국 재 제 기 가

요임금과 순임금이 세상을 사랑(인정)으로 거느리셨는데 백성들이 따랐고 걸왕과 주왕이 세상을 폭정으로 거느렸는데 백성들이 따랐다고 하므로 명령하는 것이 그 사람의 본심과 반대되면 백성들이 따르지 않는다. 이런 이유로 군자는 선행이 자기에게 있는 다음에 다른 사람에게 요구하며 악행이 자기에게 없는 다음에 다른 사람에게 잘못이라고 말하는데 자신에게 갖춘 것이 어질지 못하면서 다른 사람을 깨우칠 수 있는 사람은 없다. 그러므로 나라 를 다스리는 일이 자기 집안부터 평안하게 하는데 달려 있다고 하는 것이다.

11) 傳文 10장 治國 平天下

65 所謂平天下가 在治其國者는 上이 老老에
소 위 평 천 하 재 치 기 국 자 상 로 로

而民興孝하고 上이 長長에 而民興悌하며
이 민 흥 효 상 장 장 이 민 흥 제

上이 恤孤에 而民不倍하니 是以로 君子는
상 휼 고 이 민 불 배 시 이 군 자

有絜矩之道也_{니라} 所惡於上_{으로}
유 혈 구 지 도 야   소 오 어 상

毋以使下_{하고} 所惡於下_로 毋以事上_{하며}
무 이 사 하   소 오 어 하   무 이 사 상

所惡於前_{으로} 毋以先後_{하고} 所惡於後_로
소 오 어 전   무 이 선 후   소 오 어 후

毋以從前_{하며} 所惡於右_로 毋以交於左_{하고}
무 이 종 전   소 오 어 우   무 이 교 어 자

所惡於左_로 毋以交於右_{이니}
소 오 어 좌   무 이 교 어 우

此之謂絜矩之道也_{니라}
차 지 위 혈 구 지 도 야

말하자면 세상을 평화롭게 하는 것이 자기 나라를 잘 다스리는 데 달려 있다고 하는 것은 왕이 노인을 노인으로 섬기면 백성들이 효심을 일으키고 왕이 어른을 어른으로 모시면 백성들이 공경심을 일으키며 왕이 외로운 사람을 구호하면 백성들이 배반하지 않으니 이런 이유로 군자는 척도로서 헤아려 이루게 하는 방법(혈구지도) 이 있는 것이다.

위에서 싫어하는 일로 아래를 시키지 말고 아래서 싫어하는 일로 위를 섬기지 말며 앞에서 싫어하는 일로 뒤를 앞세우지 말고 뒤에서 싫어하는 일로 앞을 따르지 말며 오른쪽에서 싫어하는 일로 왼쪽을 사귀지 말고 왼쪽에서 싫어하는 일로 오른쪽을 사귀지 말아야 하니 이러한 것을 척도로서 헤아려 이루는 방법(혈구지도)이라고 하는 것이다.

66 詩云 殷之未喪師_{에는} 克配上帝_{니라}
   시 운 은 지 미 상 사   극 배 상 제

儀(宜)監于殷이라 峻命不易라하니
의 감우은 준명불이

道得衆則得國하고 失衆則失國이니라
도 득중즉득국 실중즉실국

是故로 君子는 先愼乎德이니 有德이면
시고 군자 선신호덕 유덕

此有人이요 有人이면 此有土요 有土면
차유인 유인 차유토 유토

此有財요 有財면 此有用이라
차유재 유재 차유용

『시경』 내용에 은나라가 민심을 잃지 않았을 때에는 상제와 나란히 할
수 있었다. 마땅히 은나라를 귀감으로 삼을지어다. 하늘의 큰 명을 보존
하기가 쉽지만은 않다고 하였으니 그리하여 민심을 얻으면 나라를 얻고
민심을 잃으면 나라를 잃는다고 말한 것이다.

이런 이유로 군자는 먼저 공덕을 신중히 쌓으니 공덕이 있으면 이리하여
인재가 있고 인재가 있으면 토지가 있으며 토지가 있으면 재물이 있고
재물이 있으면 이에 맞는 쓰임이 있다.

67 德者는 本也요 財者는 末也니 外本內末이면
덕자 본야 재자 말야 외본내말

爭民施奪이라 是故로 財聚則民散하고
쟁민시탈 시고 재취즉민산

財散則民聚니라
재산즉민취

공덕은 근본이고 재물은 말단으로서 근본을 밖에 두고 말단을 안에 둔다
면 백성들을 경쟁시켜 약탈을 시행하는 것이다. 이런 이유로 재물을 모

아들이 면 백성들이 떠나가고 재물을 나눠주면 백성들이 모여든다.

是 故로 言 悖 而 出 者는 亦 悖 而 入하고
시 고　언 패 이 출 자　역 패 이 입

貨 悖 而 入 者는 亦 悖 而 出이라
화 패 이 입 자　역 패 이 출

이런 이유로 말이 도리에 거슬리어 나간 것은 다시 거슬리어 들어오고
재물이 거슬리어 들어온 것은 다시 거슬리어 나가게 된다.

68　康 誥 曰 惟 命은 不 于 常이라 하니
　　　강 고 왈 유 명　불 우 상

道 善 則 得 之하고 不 善 則 失 之 矣니라
도 선 즉 득 지　　불 선 즉 실 지 의

『서경』 강고의 내용에 천명이 항상 돕지만은 않는다 하였으니 선정을 베
풀면 얻고 선정을 베풀지 않으면 잃는다고 말한 것이다.

69　見 賢 而 不 能 擧하고 擧 而 不 能 先이
　　　견 현 이 불 능 거　　거 이 불 능 선

命('慢)也요 見 不 善 而 不 能 退하며
명　　야　견 불 선 이 불 능 퇴

退 而 不 能 遠이 過 也니라
퇴 이 불 능 원　과 야

好 人 之 所 惡하고 惡 人 之 所 好를
호 인 지 소 오　　오 인 지 소 호

是 謂 拂 人 之 性으로 菑 必 逮 夫 身이라
시 위 불 인 지 성　　재 필 체 부 신

是 故로 君子有大道하니 必忠信以得之하고
시 고　군 자 유 대 도　　필 충 신 이 득 지

驕泰以失之니라
교 태 이 실 지

현인을 만나고도 등용하지 못하고 등용했어도 앞세우지 못하는 것은 태
만함이고 불선을 보고도 물러서지 못하고 물러섰어도 멀리하지 못하는
것은 과오이다.

남이 싫어하는 것을 좋아하고 남이 좋아하는 것을 싫어하는 것이 남의
성정을 거스른다고 하는 것이므로 환란이 반드시 그 자신에게 미칠 것이
다. 이런 이유로 군자는 대도가 있으니 반드시 성실함으로 얻고 교만함
으로 잃는 것이다.

70　生財에 有大道하니 生之者衆하고
　　　생 재　유 대 도　　생 지 자 중

食之者寡하며 爲之者疾하고 用之者舒하면
식 지 자 과　　위 지 자 질　　용 지 자 서

則財恒足矣리라
즉 재 항 족 의

仁者는 以財發身하고 不仁者하고 以身發財니라
인 자　이 재 발 신　　불 인 자　　이 신 발 재

未有上好仁而下不好義者也요
미 유 상 호 인 이 하 불 호 의 자 야

未有好義而其事不終者也며
미 유 호 의 이 기 사 불 종 자 야

未有府庫財而非其財者也니라
미 유 부 고 재 이 비 기 재 자 야

재산을 형성하는 데 대개 방법이 있으니 생산하는 사람이 많고 먹는 사람이 적으며 만드는 사람이 빠르고 쓰는 사람이 느긋하면 재산이 항상 풍족할 것이다.

어진 사람은 재산으로 자신의 은덕을 일으키고 어질지 못한 사람은 망신스러운 수단으로 재산을 일으키려 한다.

윗사람이 인(仁)을 좋아하는데 아랫사람이 의(義)를 좋아하지 않는 경우는 없고 의를 좋아 하는데 그 일이 잘 종결되지 않는 경우는 없으며 국고의 재 산이 그 나라의 온전한 재산이 되지 않는 경우는 없다.

71 長國家而務財用者는 必自小人矣니
　　장 국 가 이 무 재 용 자　　필 자 소 인 의

彼不善之小人을 使爲國家면
피 불 선 지 소 인　　사 위 국 가

災害並至라 雖有善者도 亦無如之何矣니
재 해 병 지　수 유 선 자　　역 무 여 지 하 의

此謂國不以利爲利요 以義爲利也니라
차 위 국 불 이 리 위 리　　이 의 위 리 야

국가의 관리자로서 국고를 소비하는 일은 필연 소인에게 맡겨지는데 저 선량하지 않은 사람한테 국가의 재물을 다스리도록 한다면 환란과 폐해가 함께 이를 것이다. 아무리 잘하는 사람이 있더라도 또한 어쩔 수가 없을 것으로 이것을 두고 나라는 이익을 이익으로 생각하지 않고 도의를 이익으로 생각해야 한다고 하는 것이다.

※ 국가 재산의 관리와 인재 등용의 연관성을 말함.

4. 논어(論語)

『논어』는 공자(BC551~479)가 제자들을 가르치면서 문답한 내용을 공부자님이 돌아가신 뒤에 제자인 증자(증참)와 자유(유약)가 두루 모아서 편집하였다고 전해진다. 선진(先秦BC221)시대에는 노론(魯論), 제론(齊論), 고론(古論)이 있었지만 원본은 전해지지 않았고 전한 말기의 장우(張禹)가 노론과 제론을 비교하여 20편으로 엮은 것이 전해지고 있다.

『논어』를 간략하게 말한다면 성실(忠)로 자신을 성취하고 배려(恕)로 타인과의 관계 조화를 실현하는 인(仁)의 철학이라고 말할 수 있을 것이다. BC 1112년 주나라 무왕이 은나라 주(紂)의 서형(庶兄)인 미자계를 송나라에 책봉하였는데 그의 6대가 되는 양공(煬公)의 아들 불보하(弗父何)가 바로 공자의 조상으로서 그 불보하의 후손 목금보(木金父)가 노나라로 와서 살았는데 바로 불보하의 고손자가 공자의 아버지 숙량흘이다.

공자의 아버지 숙량흘과 시(施)씨 부인과의 사이에서 딸 9명이 태어났고 또 첩에게서 아들 맹피(孟皮)가 태어난 후 숙량흘이 다시 70세에 세 번째로 안징재(15세)와의 사이에서 공자가 태어났다. 아버지는 3세때 돌아가시고 공자는 19세에 결혼하여 아들 리(鯉 자는 백어)를 낳았다.

공자의 이름은 구(丘)이고 자(字)는 중니(仲尼)로서 중(仲)은 맹피(형)의 다음 둘째를 뜻하고 니(尼)는 노나라 추읍에서 기도했던 니구산을 뜻한다.

공자는 노나라 양공(襄公) 22년(경술년) 11월 경자일에 탄생하셨으며 주나라 연대로는 주영왕8년 음력 8월 27일(양력 기원전 551년 9월 28일)이다.

태어난 곳은 노나라 창평향 추읍으로 지금의 산동성 곡부현 노원촌이며 묘

역도 곡부에 있다.

『15세』학문에 뜻을 두고 어려서부터 제례 등을 익혔다.

『19세』위리(창고.관리)가 되어서는 저울(중량)을 공평하게 하였고 사직리(희생.관리)가 되어서는 가축이 번성하였다.

『34세』주나라로 가서 노자에게 예의를 질문하였고 돌아와서 제자들을 두루 양성하였다.

『35세』노나라 소공25년 정치가 혼란해지자 소공을 따라 제나라로 간 후 고소자의 가신으로 있다가 제경공에게 추천되어 니계의 땅을 봉하려고 하였지만 안영의 반대로 무산되었다.

『43세』다시 노나라 고국으로 돌아왔는데 대부 계씨가 왕을 참칭하였고 그의 가신 양호가 난을 일으켜 정권을 전횡하므로 벼슬하지 않고 시서와 예악을 익히면서 제자들을 양성하였다.

『51세』공산불뉴가 비읍에서 계씨를 배반하고 반란을 일으킨 후 공자를 모시려 했지만 가지 않았다. 정공이 중도의 총재로 임명하자 중도를 1년 만에 모범이 되게 하였다. 이어 사공(司空)이 되어 토지를 관리 하였고 대사구(大司寇)가 되어 법무를 관장하였다.

『52세』정공을 보좌하여 협곡에서 제후들이 회맹하였는데 이때에 제나라로부터 빼앗겼던 땅을 돌려받았다.

『54세』제자인 자로를 계씨의 총재로 삼게 한 후 삼도를 공격하여 그곳의 군대를 해산시켰다.

『56세』대사구와 총재를 겸직하면서 노나라 대부 소정묘를 죽인 후 노나라는 잘 다스려졌다. 제나라가 여자 악사를 보내 계환자에게 미인계를 써서 국정을 어지럽히자 공자는 마침내 노나라는 희망이 없음을 깨닫고 주유천하 길에 올라 위나라로 가서 자로의 처형 안락추집에 머물렀다.

진나라로 갈 때 광 땅을 지나다가 그곳 사람들이 양호로 오인하여 구금당했다가 풀려나서 위나라 거백옥의 집에 머물면서 남자(南子 위령공 부인)를 만났다. 그 후 정나라를 거쳐 송나라로 갔는데 사마환퇴가 또 죽이려 하므로 다시 진(陳)나라로 가서 사성정자의 집에 3년 동안 머물다 위나라로 돌아왔다.

『59세』 위나라로 왔지만 위영공이 등용하지 않았다. 진(晋)나라 조씨의 가신 필힐이 중모에서 모반하여 공자를 불렀지만 가지 않았다. 서쪽으로 가서 조간자를 만나고 다시 거백옥의 집에 머물다가 진(陳)나라로 갔다. 노나라의 계환자가 죽을 때 아들 계강자에게 유언하기를 훗날 공자를 부르도록 하였지만 신하 중에 반대하는 사람이 있어 공자의 제자 염구를 등용하였다.

『61세』 진나라를 떠나 채나라에 갔다가 다시 섭나라로 갔다. 초나라 소왕이 서사지를 봉토로 주고 공자를 모시려 하였으나 영윤자서가 반대하므로 그만두고 다시 위나라로 왔다. 이때 영공은 죽고 아들 첩이 왕위에 올라 공자를 등용하려 했지만 성사되지 않았다.

『68세』 제자 염구가 계강자의 장수가 되어 제나라와의 전투에서 공을 세운 후 공자를 모시므로 13년 만에 노나라 고국으로 돌아왔지만 벼슬은 하지 않았고 시경 서경 예경 악경을 다듬고 주역의 상전 단전 문언전 계사전 설괘전 잡괘전을 저술하였다.

『69세』 외 아들 백어가 죽고 다음해 수제자 안연이 죽었다.

『71세』 경신년 노나라 서쪽 숲에서 기린이 잡혔으며 그해 춘추(역사서)를 저술하였다. 다음해 제자 자로가 죽었다.

『73세』 4월에 세상을 떠나셨다. 제자들은 3년을 시묘하고 자공은 그 후 다시 3년을 시묘하였다. 그동안 가르침을 받은 제자가 3천 명에 달했으며 육예(六藝 예 악 사 어 서 수)를 통달한 제자가 72명이었다.

자손은 아들 리(鯉 자는 백어)가 있고 손자는 급(伋 자는 자사子思)이 있었으며 중용을 지으셨다.

※ **공부자의 시호** : 738년 당나라 현종은 공자를 왕으로 추봉하여 문선왕(文宣王) 시호를 내렸고 1008년 송나라 진종은 지성(至聖) 시호를 추증하여 지성 문선왕이 되셨으며 원나라 무종은 대성(大成) 시호를 추증하여 대성 지성 문선왕(大成 至聖 文宣王)으로 되신 것이다. 1645년 명나라 세종은 대성 지성 문선 선사(大成 至聖 文宣 先師)로 개칭하기도 하였지만 현재는 원나라가 추증했던 시호를 오늘날까지 전국 문묘에 모시고 있는 중이다.

※ **공부자의 교학사상** : 유학의 본산 이었던 중국은 1949년 10월 1일 중화인민공화국을 수립한 후 문화대혁명을 거치면서 공자의 유업을 폄훼하기도 하였지만 그러나 우리나라는 공부자의 교학사상을 오래도록 숭배하면서 계승하고 있으므로 후손들에게 길이 계승할 수 있도록 지금의 유림들이 '참' 유림답게 노력하지 않으면 안 될 것이다.

더욱이 공부자의 숭고한 학문적인 교학사상을 종교로 왜곡하는 일은 없어야 한다. 오직 만고에 스승님일 뿐으로 주왕조의 봉건 질서가 무너지고 춘추시대가 점점 전국시대로 변모해 가는 앞날을 걱정하시면서 왕도정치와 도덕사회 구현을 이루고자 하셨던 성인 임을 잊어서는 안 된다.

원래 유교란 교학사상을 실현하기 위한 유학(선비정신)의 가르침이란 뜻으로 신격화해서 숭배하기 위한 종교 교명은 아닌 것이다.

혹시라도 유교 창시자인 교주로 생각하지 않도록 올바른 사회 교화가 필요한 시점으로서 일제 강점기에 한민족 정신을 억압하여 번영하지 못하도록 제향만을 권고하기 위한 조치였음을 간과해서는 안 된다. 더욱이 유학은 중국과 우리나라의 모든 사람들이 옛부터 평생 동안 공부하면서 수기치인을 달성했던 학문이었기 때문에 타종교인은 참여할 수 없다는 논리는 오히려 우리 스스로가 일제의 책략을 상기하지 못한 채 전통학문과 유림의 길을 좁혀놓는 결과만 낳을 뿐이다.

더욱이 유도회란 명칭도 1945년 8월 15일 광복 이후에 일제 강점기 동안 격하시켰던 옛 성균관을 복원시키기 위하여 요즈음 주비위(籌備委)처럼 조직했던 유림 단체의 최초 명칭이다. 당시의 유림 단체는 친일파와 독립운동파(손병희 등)와 수구파(김창숙 등)가 있었는데 심산 김창숙 선생님께서 유도회를 조직하여 성균관대학교를 설립하고 성균관을 복원시켜 지금에 이르게 된 것이다(단 교육기능은 현대의 학교 제도로 바뀌었다).

그리고 제3공화국이 성립하면서 한글 전용화 정책이 시행되었고 행정기관 산하에 예속될 때 편의상 유교를 종교의 한 부류로 분류해 놓았다.

진정한 종교가 성립하기 위해서는 첫째 절대적인 교주가 있어야 되고 둘째 신앙심을 갖고 있는 신도가 있어야 하며 셋째 주기적인 예배와 교회가 있어야 하고 넷째 불안한 심리를 안정시켜줄 수 있는 궁극적인 내세관이 있어야 한다. 왜냐하면 변화

무쌍한 우주 자연 속에 지극히 미약한 인간의 두려운 심리를 신앙을 통해서 평온하고 올바르게 살기 위해서 발전하였기 때문이다.

그러나 유교는 19세기까지 3,000여 년 동안 동아시아의 전통 학문이자 의례이고 생활 문화로 자리잡았다. 오로지 유학을 통해서 지식을 쌓고 인재를 양성하였으며 선정을 펼쳤다. 그러므로 진정한 종교는 아니지만 종교성을 갖고 현실을 살아가는 교학사상이라고 인식하는 것이 옳지 않을까 사료된다.

孔夫子 廟庭碑文

天地는 吾知其至廣也니 以其無所不覆載요

日月은 吾知其至明也니 以其無所不照臨이며

江海는 吾知其至大也니 以其無所不容納이라

料廣以寸管하고 測景以尺圭하며 航大以一葦하니

廣不能逃其數하고 明不能私其質하며

大不能忘其險이니 偉哉라 夫子는 後天地而生하여

知天地之始하시고 先天地而歿하여 知天地之終하시니

非日非月이나 光之所及者遠이요 不江不海나

浸之所及者博이라 三代禮樂을 吾知其損益하고

百王憲章을 吾知其消息하니 君臣以位하고

父子以親하며 家國以肥하고 鬼神以享이라

道未可詮其有物하고 釋未可證其無生하니

一以貫之라 我先師夫子는 聖人也라

帝之聖子曰 堯요 王之聖者曰 禹요

師之聖者曰 夫子라 堯之德도 有時而息하고

禹之功도 有時而窮이나 夫子之道는 久而彌芳하고

遠而彌光하니 用之者昌하고 舍之則亡이라

昔否於周나 今泰於唐이니 不然이면

何被衰而垂裳하고 冕旒而王者哉리오

唐人 皮日休 撰

공부자 묘정비문

천지는 우리가 지극히 넓다고 아는데 그것은 덮어주고 실어주지 않는 것이 없기 때문이고 해와 달은 우리가 지극히 밝다고 아는데 그것은 비춰주고 다가가지 않는곳이 없기 때문이며 강과 바다는 우리가 지극히 크다고 아는데 그것은 포용하고 받아주지 않는 것이 없기 때문이다.

한 치의 대롱으로 넓은 천지를 관찰하고 한 자의 옥홀로 일월의 밝기를 관측하며 한 줄기 갈대를 모아 엮은 배로 강과 바다를 항해할 수 있으니 본디 천지는 넓다 해도 그 보살핌을 기피하지 않았고 해와 달은 밝다 해도 그 본질을 사사로이 하지 않았으며 강과 바다는 크다 해도 그 험난함을 잊지 않았으니 위대하지 않은가!

공부자께서는 천지창조 이후에 태어나셨지만 천지의 시초를 아셨고 천지보다 앞서 돌아가셨지만 천지의 종말을 아셨으니 해와 달은 아니지만 후광이 원대하였고 강과 바다는 아니지만 침윤이 넓다고 할 수 있다.

하나라 은나라 주나라의 예악을 우리들이 훼손될 때와 융성할 때를 알 수 있었고 제왕들의 헌장을 우리들이 소멸될 때와 안식할 때를 알 수 있었으니 그것은 군신간이 자기 직분을 다했고 부자간이 친애하였으며 국가가 부강하였고 천지신명이 기꺼이 흠향하셨기 때문이었다.

도학은 사물의 유위를 설명하지 않았고 불학은 생애의 무한을 실증하지 못했으니 오직 공부자의 유학으로 관통할 수밖에 없는 것이다. 우리의 선사이신 공부자는 성인이시다. 제왕 중의 성인은 요임금이셨고 군왕 중의 성인은 우임금이셨으며 스승 중의 성인은 공부자이시다.

요임금의 성덕도 종식된 때가 있었고 우임금의 공덕도 궁색할 때가 있었지만 공부자의 도만큼은 오랠수록 더욱 아름다웠고 멀어질수록 더욱 빛났으니 도를 따르는 사람은 창성하였고 외면하는 사람은 망하지 않았던가!

　　옛 주나라(춘추·전국시대) 때에는 도가 비색하기도 하였지만 지금 당나라에 와서 형통할 수 있었으니 그렇지 않았다면 우리 나라가 어떻게 곤룡포에 상을 두르고 면류관을 쓰고서 왕도를 실천할 수 있었겠으리오!

　　　　　　　　　　　　당나라 피일휴는 삼가 비문을 기록하다.

차 례

1) 학이(學而)

72 子曰 學而時習之면 不亦說乎아
    자왈 학이시습지   불역열호
    有朋이 自遠方來면 不亦樂乎아
    유붕   자원방래   불역락호
    人不知而不慍이면 不亦君子乎아
    인부지이불온   불역군자호

공자가 말씀하시기를 배우고 수시로 복습한다면 기쁘지 않겠는가! 어떤
도우가 먼 곳에서 찾아온다면 즐겁지 않겠는가! 남들이 알아주지 않는다
해도 서운해하지 않는다면 과연 군자가 아니겠는가!

73 有子曰 其爲人也가 孝悌요 而好犯上者는
    유자왈 기위인야   효제   이호범상자
    鮮矣니 不好犯上하고 而好作亂者는
    선의   불호범상   이호작란자
    未之有也니라 君子는 務本이니
    미지유야   군자   무본
    本立而道生으로 孝悌也者는 其爲仁之本歟아
    본립이도생   효제야자   기위인지본여

유자가 말하기를 그 사람됨이 효성스럽고 공경하면서 윗 사람에게 덤벼
들기 좋아하는 사람은 적을 것으로 윗 사람에게 덤벼들기 좋아하지 않으
면서 혼란 일으키기를 좋아하는 사람은 없다. 군자는 근본(孝悌)을 힘쓰
는데 근본이 정립되어야 도(仁)가 생기므로 효도와 공경이라고 하는 것은
인을 실천하는 데 있어 근본이 되는구나!

74 子曰 巧言令色이 鮮矣仁이라
자 왈 교 언 령 색　　선 의 인

공자가 말씀하시기를 말을 재주스럽게 하고 얼굴빛을 착한 듯 꾸미는 사
람은 어진 사람이 드물 것이다.

75 曾子曰 吾日三省吾身하니
증 자 왈 오 일 삼 성 오 신

爲人謀而不忠乎아 與朋友交而不信乎아
위 인 모 이 불 출 호　　여 붕 우 교 이 불 신 호

傳不習乎아니라
전 불 습 호

　증자가 말하기를 나는 날마다 세 가지로 내 자신을 반성하는데 남을 위
해 일을 도모하면서 충실하지 않았나! 벗들과 교제하면서 불신감을 주지
않았나! 스승에게 배운 것을 익히지 않았나! 하는 것이었다.

76 子曰 不患人之不己知요 患不知人也니라
자 왈 불 환 인 지 불 기 지　　환 부 지 인 야

공자가 말씀하시기를 남들이 나를 알아주지 않는 것은 걱정할 일이 아니
고 내가 남을 몰라주는 것을 걱정해야 한다.

2) 위정(爲政)

77 子曰吾十有五而志于學하고 三十而立하며
　　자 왈 오 십 유 오 이 지 우 학　　삼 십 이 립

四十而不惑하고 五十而知天命하며
사 십 이 불 혹　　오 십 이 지 천 명

六十而耳順하고 七十而從心所慾이나
육 십 이 이 순　　칠 십 이 종 심 소 욕

不踰矩니라
불 유 구

공자가 말씀하시기를 나는 15세에 학문에 의지를 가졌고 30세에 자립하였으며 40세에 모든 이치에 의혹하지 않았고 50세에 하늘이 부여하신 천명을 알았으며 60세에 남의 말을 들으면 순리로 받아들였고 70세에 마음하고 싶은 대로 하였지만 법도에 어긋나지 않았다.

78 子游가 問孝하니 子曰 今之孝者는 是謂能養인데
　　자 유　문 효　　자 왈 금 지 효 자　시 위 능 양

至於犬馬도 皆能有養이니 不敬이면 何以別乎아
지 어 견 마　개 능 유 양　　불 경　　하 이 별 호

자유가 효도를 질문하자 공자가 말씀하시기를 요즘은 효도는 그 봉양 잘하는 것만을 말하는데 개나 말도 모두 잘 길러주고 있으므로 공경심이 없다면 무엇으로 구별하겠는가!

79 子曰 溫故而知新이면 可以爲師矣니라
　　자 왈 온 고 이 지 신　　가 이 위 사 의

공자가 말씀하시기를 옛것(문물 제도 등)을 익혀서 새로운 법칙을 안다면 스승이 될 수 있을 것이다.

80 子曰 由야 誨汝知之乎아 知之爲知之요
　　자왈 유　회여지지호　지지위지지

不知爲不知가 是知也니라
부지위부지　시지야

공자가 말씀하시기를 유(자로)야 너에게 안다고 하는 것을 가르쳐주마! 아는 것을 안다고 하고 모르는 것을 모른다고 하는 것이 바로 아는 것이다.

81 哀公이 問曰 何爲則民服이니까 孔子對曰
　　애공　문왈 하위즉민복　　　공자대왈

擧直錯諸枉則民服하고 擧枉錯諸直則
거직조저왕즉민복　　　거왕조저직즉

民不服이니다
민불복

노나라 애공이 질문하기를 어떻게 하면 백성들이 복종합니까? 공자가 대답하시기를 정직한 사람을 등용하고 그 중에 굽은 사람들을 버려두면 백성이 복종할 것이고 굽은 사람을 등용하고 그 중에 정직한 사람을 버려두면 백성이 복종하지 않을 것입니다.

82 季康子問하기를 使民敬忠以勸이면
　　계강자문　　　사민경충이권

如之何니까 子曰 臨之以莊則敬하고
여지하　자왈 림지이장즉경

孝慈則忠하며 擧善而教不能則勸이니다
효 자 즉 충　　 거 선 이 교 불 능 즉 권

계강자가 질문하기를 백성들에게 공경심과 충성심을 힘쓰도록 하려면
어떻게 해야 됩니까? 공자가 말씀하시기를 백성 대하기를 정중히 하면 공
경할 것이고 부모에게 효도하고 자제들을 사랑하면 충성할 것이며 유능
한 사람을 등용하고 무능한 사람을 가르쳐주면 공경과 충성을 힘쓰게 될
것입니다.

83 子曰 非其鬼而祭之諂也요 見義不爲無勇也니라
　　　자 왈 비 기 귀 이 제 지 첨 야 　 견 의 불 위 무 용 야

공자가 말씀하시기를 받들어야 할 귀신이 아닌데 제사하는 것은 아첨하
는 것이고 옳은 일을 보고도 하지 않는 것은 용기가 없는 것이다.

3) 팔일(八佾)

84 林放이 問禮之本하니 子曰 大哉라
　　　임 방 　 문 예 지 본 　　 자 왈 대 재

問이여 禮與其奢也는 寧儉이요
문 　　 예 여 기 사 야 　 영 검

喪與其易也는 寧戚이라
상 여 기 이 야 　 영 척

임방이 예의 본질을 질문하자 공자가 말씀하시기를 큰 질문이구나! 예의
는 사치하기보다는 차라리 검소해야 하고 상례는 형식적이기보다는 차
라리 슬퍼하는 것이 본질이다.

85 　定公問하기를 君使臣하고 臣事君에 如之何니까
　　　정공문　　　군사신　　신사군　　여지하
　　孔子對曰 君使臣以禮하고 臣事君以忠이니다
　　공자대왈 군사신이례　　신사군이충

　정공이 질문하기를 임금이 신하를 부리고 신하가 임금을 섬길 때에 어떻
게 해야 합니까? 공자가 대답하시기를 임금이 신하를 부릴 때 예의로써
대하고 신하가 임금을 섬길 때 충성으로 하면 되는 것입니다.

86 　子曰 居上不寬하고 爲禮不敬하며
　　자왈 거상불관　　위례불경
　　臨喪不哀면 吾何以觀之哉리오
　　임상불애　　오하이관지재

　공자가 말씀하시기를 윗자리에 있으면서 너그럽지 못하고 예의를 실천
할 때 공경심이 없으며 상례를 당하여 슬퍼하지 않는다면 내가 무엇을
더 볼 것이 있겠는가!

4) 이인(里仁)

87 　子曰 里仁이 爲美하니 擇不處仁이면
　　자왈 이인 위미　　택불처인
　　焉得智리오 不仁者는 不可以久處約하고
　　언득지　불인자　불가이구처약
　　不可以長處樂이니 仁者는 安仁하고
　　불가이장처락　　인자　안인

智者는 利仁이라 唯仁者가 能好人하고
지 자　　이 인　　유 인 자　　능 호 인

能惡人이라 苟志於仁矣면 無惡也니라
능 오 인　　구 지 어 인 의　　무 악 야

공자가 말씀 하시기를 마을에 인후한 풍속이 아름다운 것인데 인후한 마을을 선택하여 살지 않는다면 어떻게 지혜롭다 할 수 있겠는가! 그리하여 어질지 못한 사람은 곤궁한 곳에 오래 머물지 못하고 즐거운 곳에 서도 오래 머물지 못하니 어진 사람은 인의를 편안히 생각하고 지혜로운 사람은 인의를 이롭다고 생각한다. 때문에 어진 사람만이 인의의 마음으로 사람을 좋아하고 인의의 마음으로 남을 미워할 수 있는 것이다. 그러므로 인의에 뜻을 둔다면 악의란 절대 없게 된다.

88　子曰君子는 懷德하고 小人은 懷土하며
　　자 왈 군 자　 회 덕　　소 인　 회 토

君子는 懷刑하고 小人은 懷惠니라
군 자　 회 형　　소 인　 회 혜

공자가 말씀하시기를 군자는 덕을 생각하고 소인은 정착할 곳을 생각하며 군자는 법을 생각하고 소인은 은혜 받기만을 생각한다.

89　子曰 放於利而行이면 多怨이라
　　자 왈 방 어 이 이 행　　다 원

공자가 말씀하시기를 이익만을 따라 행동하다 보면 원망이 많아진다.

90 子曰 不患無位요 患所以立하고
자왈 불환무위 환소이립

不患莫己知요 求爲可知也니라
불환막기지 구위가지야

공자가 말씀하시기를 지위 없는 것을 걱정할 일이 아니라 감당할 수 있는 능력을 걱정해야 하고 자기 알려짐이 없는 것을 걱정할 일이 아니라 알려질 수 있는 덕행을 찾아봐야 한다.

91 子曰 參乎아 吾道는 一以貫之니라
자왈 참호 오도 일이관지

曾子曰 唯요 子出하시니 門人이 問曰
증자왈 유 자출 문인 문왈

何謂니까 曾子曰 夫子之道는 忠恕而已矣니라
하위 증자왈 부자지도 충서이이의

공자가 말씀하시기를 증참아 우리의 도는 한 가지로 관철한다. 증자가 예라고 대답하자 공자가 밖으로 나가셨는데 동문들이 질문하기를 무슨 말씀입니까? 증자가 말하기를 공부자가 말씀하신 도는 충(자기완성)과 서(관계완성)일 뿐이라고 말씀하신 것이다.

92 子曰 君子는 喩於義하고 小人은 喩於利니라
자왈 군자 유어의 소인 유어리

공자가 말씀하시기를 군자는 정의에 깨닫고 소인은 이익에서 깨닫는다.

93 子曰 古者에 言之不出은 恥躬之不逮也니라
　　자 왈 고 자　　언 지 불 출　　치 궁 지 불 체 야

공자가 말씀하시기를 옛부터 말을 함부로 꺼내지 않았던 것은 자신이 내놓은 말을 실천하지 못할까 두려워해서이다.

94 子曰 君子는 欲訥於言하고 而敏於行이라
　　자 왈 군 자　욕 눌 어 언　　　이 민 어 행

공자가 말씀하시기를 말은 어눌하게 하고 행동은 민첩하게 해야 한다.

95 子曰 德不孤요 必有隣이라
　　자 왈 덕 불 고　　필 유 인

공자가 말씀하시기를 덕행은 외롭지 않아서 반드시 도와주는 이웃들이 있게 마련이다.

5) 공야장(公冶長)

96 夫子謂子貢曰 汝與回也는 孰愈오 對曰
　　부 자 위 자 공 왈 여 여 회 야　숙 유　대 왈
賜也何敢望回니까 回也聞一知十하고
　　사 야 하 감 망 회　　회 야 문 일 지 십
賜也聞一知二니다
　　사 야 문 일 지 이

공부자님이 자공에게 말하기를 너와 안회 중에 누가 낫다고 생각하느냐? 대답하기를 제가 어떻게 감히 안회와 같기를 바라겠습니까? 안회는 한 가지를 들으면 열 가지를 알고 저는 한 가지를 들으면 겨우 두 가지만 압니다.

97 **子貢曰 夫子之文章**은 **可得而聞也**어니와
자 공 왈 부 자 지 문 장　가 득 이 문 야
夫子之言性與天道는 **不可得而聞也**니라
부 자 지 언 성 여 천 도　불 가 득 이 문 야

자공이 말하기를 공부자님의 문장은 계속 들어봤지만 공부자님이 성과 천도에 대하여 말씀하신 것은 들어볼 수 없었다.

98 **子貢**이 **問曰孔文子**를 **何以謂之文也**니까
자 공　문 왈 공 문 자　하 이 위 지 문 야
子曰 敏而好學하고 **不恥下問**이라
자 왈 민 이 호 학　불 치 하 문
是以로 **謂之文也**니라
시 이　위 지 문 야

자공이 질문하기를 공문자(위나라 대부)를 무엇때문에 문이란 시호를 내렸습니까? 공자가 말씀하시기를 총명하면서도 배우는 것을 좋아했고 아랫사람들에게 질문하기를 부끄러워하지 않았다. 그래서 문이란 시호를 내린 것이다.

99 **夫子謂子産**하시되 **有君子之道四焉**하니
부 자 위 자 산　유 군 자 지 도 사 언

其行己也恭하고 其事上也敬하며
기 행 기 야 공　　기 사 상 야 경

其養民也惠하고 其使民也義니라
기 양 민 야 혜　　기 사 민 야 의

공부자님이 자산(정나라 대부)을 논평하시기를 군자의 도의가 네 가지가
있는데 자신의 행실을 공손히 하였고 윗분 섬김을 공경히 하였으며 백성
들을 부양하여 은혜를 베풀었고 백성을 부릴 때 도의로 하였다.

100　子曰 巧言令色으로 足恭을 左丘明이 恥之하니
　　　자 왈 교 언 영 색　　주 공 좌 구 명　 치 지

丘亦恥之라 匿怨而友其人을 左丘明이 恥之하니
구 역 치 지　닉 원 이 우 기 인　　좌 구 명　 치 지

丘亦恥之니라
구 역 치 지

공자가 말씀하시기를 말을 재주스럽게 하고 안색을 착한 듯 꾸미고서 지
나치게 공손한 것처럼 하는 것을 좌구명이 부끄러워했는데 나 역시도 부
끄럽게 생각한다. 원망하는 마음을 숨기고서 그 사람과 벗하는 것을 좌
구명이 부끄러워했는데 나 역시도 부끄럽게 생각한다.

101　子路曰 願聞子之志니이다 子曰
　　　자 로 왈 원 문 자 지 지　　　 자 왈

老者를 安之하고 朋友를 信之하며 少者를 懷之니라
노 자　 안 지　　붕 우　 신 지　　 소 자　 회 지

子曰 已矣乎라 吾未見能見其過하고
자 왈 이 의 호　 오 미 견 능 견 기 과

而內自訟者也니라
이 내 자 송 자 야

자로가 말하기를 스승님의 뜻을 들려주십시오. 공자가 말씀하시기를 연로하신 어른을 편안히 모시고 벗들을 신뢰하며 젊은이를 감싸주는 것이다. 다시 공자가 말씀하시기를 그만두자꾸나! 나는 그동안 자기 잘못을 보고서 속으로 자책하며 따져보는 사람을 보지 못했다.

6) 옹야(雍也)

102 **哀公**이 **問弟子孰爲好學**이니까 **孔子對曰**
애 공 　 문 제 자 숙 위 호 학 　 공 자 대 왈

有顏回者好學하여 **不遷怒**하고 **不貳過**하더니
유 안 회 자 호 학 　 불 천 노 　 불 이 과

不幸短命死矣라 **今也則無**이니 **未聞好學者也**니다
불 행 단 명 사 의 　 금 야 즉 무 　 미 문 호 학 자 야

노나라 애공이 질문하기를 제자 중에 누가 학문을 좋아한다고 생각하십니까? 공자가 대답하기를 안회라는 제자가 있었는데 학문을 좋아하면서 분노를 남에게 옮기지 않았고 잘못을 두 번 다시 하지 않았지만 불행하게도 단명해서 죽었습니다. 지금까지는 그런 사람이 없었고 아직 학문 좋아하는 사람을 들어보지 못했습니다.

103 **子曰 回也**는 **其心**이 **三月不違仁**하고
자 왈 회 야 　 기 심 　 삼 월 불 위 인

其餘則日月至焉而已矣니라
기 여 즉 일 월 지 언 이 이 의

공자가 말씀하시기를 안회는 자기 마음을 3개월(한철) 동안 인을 떠나지 않았고 나머지 다른 사람들은 겨우 하루에 한 번 한 달에 한 번 할 뿐이었다.

104 子曰 賢哉라 回也여 一簞食와 一瓢飮으로
    자 왈 현 재   회 야   일 단 사   일 표 음

    在陋巷을 人不堪其憂인데
    재 루 항   인 불 감 기 우

    回也不改其樂하니 賢哉라 回也여
    회 야 불 개 기 락   현 재   회 야

공자가 말씀하시기를 현자답구나 안회여! 대나무 그릇의 주먹밥과 표주박의 물 한 모금 마시면서 누추한 골목길에 사는 것을 사람들은 걱정하면서 인내하지 못하는데 안회는 안빈낙도를 바꾸려 하지 않으니 참으로 현자답구나 안회여!

105 夫子謂子夏曰 汝爲君子儒요 無爲小人儒니라
    부 자 위 자 하 왈   여 위 군 자 유   무 위 소 인 유

공부자님이 자하에게 말하기를 너는 군자다운 선비가 되어야지 소인다운 선비는 되지 말아야 한다.

106 子曰 質勝文則野하고 文勝質則史이니
    자 왈 질 승 문 즉 야   문 승 질 즉 사

    文質이 彬彬然後에 君子니라
    문 질   빈 빈 연 후   군 자

공자가 말씀하시기를 본질(도의)이 문식(꾸밈·예악)보다 나으면 단순하기

만하고 문식이 본질보다 나으면 화사하기만 할 뿐이니 본질과 문식이 조화를 이룬 다음에야 군자의 표본이다.

※ 주나라는 문(文)을 숭상하고 은나라는 질(質)을 숭상하였으므로 주왕조와 은왕조의 문물제도를 잘 조화시켜야 군자의 나라가 될 수 있다는 뜻으로 해석할 수도 있다.

107 子曰 人之生也直하니 罔之生也는 幸而免이라
자 왈 인 지 생 야 직   망 지 생 야   행 이 면

공자가 말씀하시기를 사람의 삶에는 정직해야 하는데 정직함도 없이 산다는 것은 환란을 요행으로 면한 것뿐이다.

108 子曰 知之者가 不如好之者요 好之者가
자 왈 지 지 자   불 여 호 지 자   호 지 자
不如樂之者니라
불 여 락 지 자

공자가 말씀하시기를 많이 안다고 하는 사람이 좋아서 하는 사람만 못하고 좋아서 한다고 하는 사람이 즐겁게 하는 사람만 못하다.

109 樊遲가 問智하니 子曰 務民之義요
번 지 문 지   자 왈 무 민 지 의
敬鬼神而遠之면 可謂智矣니라
경 귀 신 이 원 지   가 위 지 의
問仁하니 曰仁者는 先難而後獲이면 可謂仁矣니라
문 인   왈 인 자   선 란 이 후 획   가 위 인 의

번지가 지혜를 질문하자 공자가 말씀하시기를 백성들이 도의를 힘쓰도록 하고 신을 공경 하면서도 멀리 할 수 있다면 지혜롭다고 말할 수 있을

것이다. 인을 질문하자 말씀하시기를 어진 사람은 어려운 일부터 먼저하고 이득이 되는 일을 뒤에 하는데 이것을 인의라고 말할 수 있을 것이다.

110 子曰 智者樂水하고 仁者樂山하며
　　　자 왈 지 자 요 수　　　인 자 요 산

智者動하고 仁者靜하며 智者樂하고 仁者壽니라
지 자 동　　　인 자 정　　　지 자 락　　　인 자 수

공자가 말씀하시기를 지혜로운 사람은 물을 좋아하고 어진 사람은 산을 좋아하며 지혜로운 사람은 동작하고 어진 사람은 안정하며 지혜로운 사람은 낙천적이고 어진 사람은 장수한다.

111 宰我問曰仁者는 雖告之曰 井有仁焉이여도
　　　재 아 문 왈 인 자　　수 고 지 왈 정 유 인 언

其從之也니까 子曰 何爲其然也리오 君子는
기 종 지 야　　자 왈 하 위 기 연 야　　　군 자

可逝也이나 不可陷也며 可欺也이나 不可罔也니라
가 서 야　　　불 가 함 야　　가 기 야　　　불 가 망 야

재야가 질문하기를 어진 사람은 아무리 우물 속에 인의가 있다고 해도 따라 들어갑니까? 공자가 말씀하시기를 어떻게 그럴 리가 있겠는가! 군자는 가보게 할 수는 있지만 빠뜨릴 수는 없으며 속일 수는 있지만 속아 넘어가게 할 수는 없는 것이다.

112 子曰君子가 博學於文하고 約之以禮면
　　　자 왈 군 자　박 학 어 문　　　약 지 이 례

亦可以弗畔矣夫니라
역 가 이 불 반 의 부

공자가 말씀하시기를 군자가 학문을 널리 배우고 나서 예의로써 단속한
다면 역시 군자 도리에 어긋나지 않을 수 있을 것이다.

113 子曰 中庸之爲德也가 其至矣乎여 民鮮久矣니라
자 왈 중 용 지 위 덕 야   기 지 의 호   민 선 구 의

공자가 말씀하시기를 중용의 덕됨이 지극한 것인데 백성들이 덕성을 갖
춘 사람이 적은 지 오래이구나!

114 子貢曰 如有博施於民而能濟衆이면
자 공 왈 여 유 박 시 어 민 이 능 제 중

何如오 可謂仁乎니까 子曰 何事於仁이리오
하 여   가 위 인 호   자 왈 하 사 어 인

必也聖乎여 堯舜도 其猶病諸시니라
필 야 성 호   요 순   기 유 병 저

자공이 말하기를 만일 백성들에게 널리 베풀고서 많은 사람을 구제할 수
있다면 어떻습니까! 인의라고 말할 수 있겠습니까? 공자가 말씀하시기
를 어떻게 인의일 뿐이겠는가! 반드시 성인의 일이다 요임금 순임금도
도리어 그렇게 하는 것을 근심하셨던 일이다.

115 夫仁者는 己欲立而立人하고 己欲達而達人하니
부 인 자   기 욕 립 이 입   인 기 욕 달 이 달

能近取譬_면 可謂仁之方也已_{니라}
능 근 취 비　가 위 인 지 방 야 이

대체로 어진 사람은 자기가 서고 싶은곳에 남을 서게 하고 자기가 도달
하고 싶은 곳에 남을 도달하게 하는데 가까운 데서 취하여 비유할 수 있
다면 인을 실천하는 방법이라 할 수 있다.

7) 술이(述而)

116 子曰 述而不作_{하고} 信而好古_를 竊比於我老彭_{이라}
　　자 왈 술 이 부 작　　신 이 호 고　　절 비 어 아 노 팽

공자가 말씀하시기를 전술하기는 하였지만 창작하지는 않았고 믿음을
갖고서 옛것 좋아하기를 마음속으로 노팽(은나라 대부)에게 비교해본다.

117 子曰 德之不修_와 學之不講_과 聞義不能徙_와
　　자 왈 덕 지 불 수　　학 지 불 강　　문 의 불 능 사

不善不能改_가 是吾憂也_{니라}
불 선 불 능 개　 시 오 우 야

공자가 말씀하시기를 덕이 닦이지 못하는 것 학문이 익혀지지 않는 것
도의를 듣고도 실천하지 않는 것 악습을 개선하지 못하는 것 등이 바로
내가 걱정하는 일이다.

118 子曰 志於道_{하고} 據於德_{하며} 依於仁_{하고}
　　자 왈 지 어 도　　거 어 덕　　의 어 인

游於藝니라
유 어 예

공자가 말씀하시기를 도에 뜻을 두고 덕에 의거하며 인에 의존하고 예능에 능숙해야 한다.

119 子曰 飯疏食飮水하고 曲肱而枕之여도
자 왈 반 소 사 음 수   곡 굉 이 침 지

樂亦在其中矣니 不義而富且貴는 於我에
낙 역 재 기 중 의   불 의 이 부 차 귀   어 아

如浮雲이라
여 부 운

공자가 말씀하시기를 거친밥(잡곡)을 먹으며 물을 마시고 팔을 구부려 베게 삼는다 해도 즐거움 또한 그 속에 있는 것인데 불의로 부귀를 누리는 일은 나에게는 뜬구름과 같을 뿐이다.

120 葉公이 問孔子於子路하니 子路不對라
섭 공   문 공 자 어 자 로   자 로 불 대

子曰 汝奚不曰其爲人也가 發憤忘食하고
자 왈 여 해 불 왈 기 위 인 야   발 분 망 식

樂以忘憂하며 不知老之將至云爾아
낙 이 망 우   부 지 노 이 장 지 운 이

섭공(초나라. 윤)이 공자에 관하여 자로에게 물어봤는데 자로는 대답하지 않고 이것을 공자에게 말씀드렸다. 공자가 대답하기를 너는 어찌해서 나의 인간됨이 발분하면 먹는 것도 잊고 깨닫고 나면 즐거워서 근심도 잊으며 늙어가는 줄도 모르는 사람이라고 말하지 않았느냐!

121 子曰 我非生而知之者라 好古敏以求之者也니라
자왈 아비생이지지자 호고민이구지자야

공자가 말씀하시기를 나는 나면서부터 아는 사람이 아니라 옛것을 좋아
하면서 민첩하게 찾아서 배우는 사람이다.

122 夫子는 不語怪力亂神하시다
부자 불어괴력난신

공부자님께서는 괴상한 일과 만용과 난동과 귀신에 관하여는 일체 말씀
하시지 않으셨다.

123 子曰 三人行에 必有我師焉이니
자왈 삼인행 필유아사언

擇其善者而從之요 其不善者而改之니라
택기선자이종지 기불선자이개지

공자가 말씀하시기를 세 사람이 길을 가다 보면 반드시 나의 스승이 있
을 것으로 잘 아는 사람을 따르면 되고 잘 알지 못하는 사람의 언행은 고
쳐야 하므로 모두가 스승이 되는 것이다.

124 夫子以四教하시니 文行忠信이라
부자이사교 문행충신

공부자님은 네 가지 과목으로 제자들을 가르치셨는데 학문 행실 성실 신
의에 관한 것이었다.

125 子曰 仁遠乎哉아 我欲仁이면 斯仁이 至矣니라
자왈 인원호재 아욕인 사인 지의

공자가 말씀하시기를 인이 멀리 있다고 보는가! 내가 인을 실천하려고
한다면 곧 인이 앞에 있는 것이다.

126 子曰 奢則不遜하고 儉則固이니
자왈 사즉불손 검즉고

與其不遜也는 寧固니라
여기불손야 영고

공자가 말씀하시기를 사치하면 겸손하지 못하고 너무 검소하면 완고할
뿐이니 겸손하지 않은 것보다는 그래도 완고한 것이 조금 나을 뿐이다.

127 子曰 君子는 坦蕩蕩이요 小人은 長戚戚이라
자왈 군자 탄탕탕 소인 장척척

공자가 말씀하시기를 군자는 평탄하여 뜻이 넓고 소인은 마음속으로 늘
근심스러워한다.

128 夫子는 溫而厲하시고 威而不猛하시며 恭而安하시다
부자 온이려 위이불맹 공이안

공부자님은 온화하시면서도 엄격하셨고 위엄 있으면서도 혹독하지 않으
셨으며 공손하시면서 편하게 대하셨다.

8) 태백(泰伯)

129 子曰 恭而無禮則勞하고 愼而無禮則葸하며
   자 왈 공 이 무 례 즉 로   신 이 무 례 즉 시

   勇而無禮則亂하고 直而無禮則絞니라
   용 이 무 례 즉 란   직 이 무 례 즉 교

   君子가 篤於親則民興於仁하고
   군 자   독 어 친 즉 민 흥 어 인

   故舊를 不遺則民不偸니라
   고 구   불 유 즉 민 불 투

공자가 말씀하시기를 공손하지만 예의가 없다면 수고롭기만 하고 신중
하지만 예의가 없다면 두려워하며 용감하지만 예의가 없다면 난동을 일
으키고 정직하지만 예의가 없다면 성급하게 된다. 군자가 친족에게 예의
가 돈독하면 백성들도 인의에 대한 마음을 일으킬 것이고 옛친구를 버리
지 않는다면 백성들도 각박해지지 않을 것이다.

130 曾子가 有疾하여 召門弟子曰 啓予足하고
   증 자   유 질   소 문 제 자 왈 계 여 족

   啓予手하라 詩云戰戰兢兢하여
   계 여 수   시 운 전 전 긍 긍

   如臨深淵하고 如履薄氷이라고하니
   여 림 심 연   여 리 박 빙

   而今而後에 吾知免夫라 小子야
   이 금 이 후   오 지 면 부   소 자

증자가 병이 들어 제자들을 불러놓고 말하기를 내 발을 열어보고 내 손
을 열어보거라. 『시경』에 있지 않더냐! 전전긍긍하면서 깊은 못 가에 서

있는 것같이 생각하고 얇은 얼음 위에 서 있는 것같이 생각하라고 하였
는데 지금 이후부터는 이 모두를 벗어난 줄 알겠구나! 제자들아!

131 曾子가 有疾하여 孟敬子問之하니 曾子曰
증자   유질   맹경자문지   증자왈

鳥之將死에 其鳴也哀하고 人之將死에
조지장사   기명야애   인지장사

其言也善이라 君子所貴乎道者三으로
기언야선   군자소귀호도자삼

動容貌에 斯遠暴慢矣하고 正顔色에
동용모   사원포만의   정안색

斯近信矣하며 出辭氣에 斯遠鄙倍矣하고
사근신의   출사기   사원비배의

籩豆之事則有司存이라
변두지사즉유사존

증자가 병이 들어 맹경자(노나라 대부)가 문병을 갔는데 증자가 말하기를
새가 죽으려 할 때 울음 소리가 애절하고 사람이 죽으려 할 때 말이 착
해 진다고 합니다. 군자가 귀중하게 여기는 도가 세 가지인데 용모를 보
일 때는 곧 사납고 거만함을 멀리 해야 하고 얼굴빛을 바르게 할 때는 곧
믿음직함에 가까워야 하며 말을 꺼낼 때는 곧 천박하거나 위배되는 말을
멀리 하고서 나머지 제례에 관한 일은 담당자에게 맡기는 것입니다.

132 曾子曰 以能으로 問於不能하고 以多로
증자왈 이능   문어불능   이다

問於寡하며 有若無하고 實若虛하며
문어과   유약무   실약허

犯而不校를昔者에吾友嘗從事於斯矣니라
범 이 불 교   석 자   오 우 상 종 사 어 사 의

증자가 말하기를 능력이 있어도 무능한 사람에게 물어보고 많아도 적은
사람에게 물어보며 있어도 없는 듯하고 가득해도 빈 듯하며 자신에게 대
들어도 따지지 않는 것을 지난날 우리 벗들이 그렇게 종사해 왔다.

133 曾子曰 士不可以不弘毅니 任重而道遠이라
증 자 왈 사 불 가 이 불 홍 의   임 중 이 도 원
仁以爲己任이니不亦重乎아死而後已니
인 이 위 기 임   불 역 중 호   사 이 후 이
不亦遠乎아
불 역 원 호

증자가 말하기를 선비는 뜻이 크고 굳세지 않으면 안 되는데 책임은 막
중하고 길은 멀기 때문이다. 인을 자기 임무로 삼아야 하는데 또한 막중
하지 않은가! 죽은 뒤에야 그칠 일로 또한 멀지 않은가!

134 子曰 好勇疾貧이亂也요人而不仁을
자 왈 호 용 질 빈   난 야   인 이 불 인
疾之已甚도亂也니라
질 지 이 심   난 야

공자가 말씀하시기를 용맹을 좋아하면서 가난을 싫어하는 마음이 난
을 일으키고 남들이 착하지 못한 것을 너무 싫어하는 마음도 난을 일으
킨다.

135 子曰 篤信好學하며 守死善道니라
자왈 독신호학　수사선도

危邦不入하고 亂邦不居하며 天下有道則見하고
위방불입　난방불거　천하유도즉현

無道則隱이라 邦有道에 貧且賤焉이 恥也며
무도즉은　방유도　빈차천언　치야

邦無道에 富且貴焉이 恥也니라
방무도　부차귀언　치야

공자가 말씀하기를 신의를 두텁게 하고 학문을 좋아하며 죽기로써 바른 도리를 지켜야 한다. 위태로운 나라에는 가지 않고 혼란스러운 나라에는 살지않으며 천하에 도의가 있으면 나타나고 도의가 없으면 은둔하는 것이다. 나라에 도의가 있을 때는 가난과 천하게 사는 것이 부끄러운 일이며 나라에 도의가 없을 때는 부유와 귀하게 사는 것이 부끄러운 일이다.

136 子曰 不在其位면 不謀其政이라
자왈 부재기위　불모기정

공자가 말씀하시기를 그 지위에 있지 않으면 그 정책을 도모하지 않아야 한다.

137 子曰 學如不及이요 猶恐失之니라
자왈 학여불급　유공실지

공자가 말씀하시기를 학문을 항상 도달하지 못한 것같이 해야 하고 오히려 잃지 않을까 두려워해야 한다.

9) 자한(子罕)

138 **夫子**는 **罕言利與命與仁**이라
　　부 자　　한 언 이 여 명 여 인

　　공부자님은 이와 명과 인에 대하여 가끔 말씀하셨다.

139 **子絶四**이니 **毋意毋必毋固毋我**이시다
　　자 절 사　　무 의 무 필 무 고 무 아

공자님은 네 가지는 절대 없으셨으니 사사로운 의도가 없으셨고 꼭 해야
한다고 강요함이 없으셨으며 우겨대어 막히는 일이 없으셨고 나만의 치
우친 견해를 내세우는 일이 없으셨다.

140 **子曰 吾有知乎哉**아 **無知也**라
　　자 왈 오 유 지 호 재　　무 지 야

有鄙夫問於我하여 **空空如也**이나 **我叩其兩端**
유 비 부 문 어 아　　공 공 여 야　　아 고 기 양 단

而竭焉이라
이 갈 언

공자가 말씀하기를 내가 아는 게 있다고 보느냐? 아는 게 별로 없다 하
지만 어떤 시골 농부가 나에게 질문할 때 별 내용이 아니어도 나는 좋은
점 나쁜 점 두 가지 예를 들어 모두 말해준다.

141 **夫子在川上曰逝者如斯夫**여 **不捨晝夜**로다
　　부 자 재 천 상 왈 서 자 여 사 부　　불 사 주 야

공부자님이 냇가에서 말씀하시기를 간다고 하는 것이 물과 같구나! 밤낮을 쉬지 않고 흘러가니 말이다.

142 子曰 譬如爲山에 未成一簣하고 止도 吾止也며
　　　자왈 비여위산　　미성일궤　　지　오지야

譬如平地에 雖覆一簣하고 止도 吾往也니라
비여평지　　수부일궤　　지　오왕야

공자가 말씀하시기를 비유하자면 산을 만들 때 한 삼태기를 채우지 못하고 그만두는 것도 내가 그만두는 것이며 비유하자면 땅을 평평하게 메울 때 비록 한 삼태기를 채우고 계속 진척시키는 것도 내가 진척시키는 것이다.

143 子曰 苗而不秀者도 有矣夫며 秀而不實者도
　　　자왈 묘이불수자　유의부　　수이불실자

有矣夫니라
유의부

공자가 말씀하시기를 싹이 자라서 꽃 피우지 못하는 것도 있을 것이며 꽃 피우고 열매 맺지 못하는 것도 있을 것이다.

144 子曰 歲寒然後에 知松柏之後凋也니라
　　　자왈 세한연후　　지송백지후조야

공자가 말씀하시기를 연말 날씨가 추워진 다음에 소나무와 잣나무가 뒤늦게 시든다는 것을 알 수 있다(군자의 절개상징 소나무 잣나무 대나무).

145 子曰 智者不惑하고 仁者不憂하며 勇者不懼니라
　　　자 왈 지 자 불 혹　　　인 자 불 우　　　용 자 불 구

공자가 말씀하시기를 지혜로운 사람은 의혹하지 않고 어진 사람은 근심
하지 않으며 용감한 사람은 두려워하지 않는다.

10) 향당(鄕黨)

146 夫子는 肉雖多나 不使勝食氣하시고
　　　부 자　육 수 다　불 사 승 사 기

　　唯酒無量이나 不及亂이라
　　유 주 무 량　　불 급 란

　　食不語하시고 寢不言하시다
　　식 불 어　　　침 불 언

　　廐焚하니 夫子退朝曰 傷人乎아하시고 不問馬하시다
　　구 분　　부 자 퇴 조 왈 상 인 호　　　불 문 마

공부자님은 고기 반찬이 아무리 많아도 밥 기운을 이기지 않도록 하셨고
술만큼은 한정하지는 않았지만 혼란까지는 이르지 않게 하셨다. 식사 중
에 말하지 않으셨고 잠자리에 누워 말하지 않으셨다.
마구간에 불이 났었는데 조정에서 퇴청하여 말씀하시기를 사람이 다쳤
느냐고 물어보시고 말에 대하여는 말씀하시지 않으셨다.

11) 선진(先進)

147 子曰 從我於陳蔡者가 皆不及門也라
　　　자 왈 종 아 어 진 채 자　개 불 급 문 야

德行은 顔淵閔子騫冉伯牛仲弓이요
덕행 안연민자건염백우중궁

言語는 宰我子貢이요
언어 재아자공

政事는 冉有季路요 文學은 子游子夏니라
정사 염유자로 문학 자유자하

공자가 말씀하시기를 진나라와 채나라에서 나를 따르던 사람들이 지금은
모두 내 문하에 있지 않구나! 덕행은 안연 민자건 염백우 중궁이고 언변은
재아 자공이고 정치는 염유 자로이고 문학은 자유 자하였는데!

148 子路가問事鬼神하니 子曰 未能事人이면
자로 문사귀신 자왈 미능사인

焉能事鬼리오 敢問死니다 曰未知生이면
언 능사귀 감문사 왈미지생

焉知死리오
언 지 사

자로가 귀신 섬기는 것을 질문하자 공자가 말씀하시기를 사람을 제대로
섬기지 못한다면 어떻게 귀신인들 섬길 수 있겠는가! 감히 죽음도 묻겠
습니다? 삶을 제대로 알지 못한다면 어떻게 죽음인들 알 수 있겠는가!

149 子貢問하기를 師與商也는 孰賢이니까
자공문 사여상야 숙현

子曰 師也는 過하고 商也는 不及이라
자왈 사야 과 상야 불급

曰然則師愈與니까 子曰 過猶不及이라
왈 연주사유여 자왈 과유불급

자공이 질문하기를 사(자장)와 상(자하)중에 누가 낫습니까? 공자가 말씀하시기를 사는 좀 지나치고 상은 좀 못 미친다. 자공이 말하기를 그렇다면 사(자장)가 낫다는 말씀입니까? 공자가 말씀하시기를 지나침은 못 미치는 것과 같은 것이다.

12) 안연(顔淵)

150 顔淵問仁하니 子曰 克己復禮爲仁으로
　　안 연 문 인　　자 왈 극 기 복 례 위 인

一日克己復禮면 天下歸仁焉하니 爲仁이 由己로
일 일 극 기 복 례　천 하 귀 인 언　　위 인　유 기

而由人乎哉아 顔淵曰 請問其目이니다
이 유 인 호 재　안 연 왈 청 문 기 목

子曰 非禮勿視하고 非禮勿聽하며 非禮勿言하고
자 왈 비 례 물 시　비 례 물 청　　비 례 물 언

非禮勿動이라 顔淵曰 回雖不敏이나
비 례 물 동　안 연 왈 회 수 불 민

請事斯語矣니다
청 사 사 어 의

안연이 인의에 대하여 질문하자 공자가 말씀하시기를 자기 사욕을 극복하고 초심의 예의로 복귀하면 인의를 실천하는 것으로 하루만 자기 사욕을 극복하고 예의로 복귀하면 세상이 그 인의를 인정할 터인데 인의를 실천하는 것이 나한테 달렸지 남에게 달렸겠는가! 안연이 말하기를 조목을 어쭈어보겠습니다.

공자가 말씀하시기를 예의가 아니면 보려 하지 말고 예의가 아니면 들으려하지 말며 예의가 아니면 말하려 하지 말고 예의가 아니면 행동하지

말라. 안연이 말하기를 제가 아무리 민첩하지 못하지만 그 말씀을 섬기도록 하겠습니다.

151 仲弓問仁하니 子曰 出門如見大賓하고
　　중궁문인　　자왈 출문여견대빈

仲弓問仁하며 己所不欲을 勿施於人하여
使民如承大祭하며 己所不欲을 勿施於人하여
　　사민여승대제　　기소불욕　　물시어인

在邦無怨하고 在家無怨이라
　　재방무원　　재가무원

仲弓曰雍雖不敏이나 請事斯語矣니다
　　중궁왈옹수불민　　청사사어의

중궁이 인의에 대하여 질문하자 공자가 말씀하시기를 대문 밖을 나설 때는 큰 손님 뵙는 것같이 하고 백성을 부릴 때는 큰 제사 받드는 것같이 하며 자기가 바라지 않는 것을 남에게 시도하지 말아서 나라안에 있어서도 원망이 없어야 하고 집 안에 있어서도 원망이 없어야 한다. 중궁이 말하기를 제가 아무리 민첩하지 못하지만 그 말씀을 일삼도록 하겠습니다.

152 子貢問政하니 子曰 足食足兵이면 民信之矣니라
　　자공문정　　자왈 족식족병　　민신지의

子貢曰 必不得已而去라면 於斯三者에 何先이니까
　　자공왈 필부득이이거　　어사삼자　　하선

曰去兵이라 子貢曰 必不得已而去라면
　　왈거병　　자공왈 필부득이이거

於斯二者에 何先이니까 曰去食이라
　　어사이자　　하선　　왈거식

自古皆有死로 民無信不立이라
자 고 개 유 사   민 무 신 불 립

자공이 정치에 대하여 질문하자 공자가 말씀하시기를 식량이 풍족하고 군사력이 만족스러우면 백성들이 신뢰할 것이다. 자공이 말하기를 꼭 부 득이해서 버려야 한다면 이 세 가지 중에 무엇을 먼저 버리겠습니까? 말씀하시기를 군사력을 버려야 한다 자공이 말하기를 꼭 부득이 버려야 한다면 이 두 가지 중에 무엇을 먼저 버리겠습니까? 말씀하시기를 식량 을 버려야 할 것이다. 예로부터 모두가 죽음은 있는 것이므로 백성들의 신뢰가 없다면 군주는 존립할 수 없는 것이다.

153 子張問崇德辨惑하니 子曰 主忠信하여
　　자 장 문 숭 덕 변 혹 　　 자 왈 주 충 신

徙義崇德也니라 愛之면 欲其生하고 惡之면
사 의 숭 덕 야 　　 애 지 　 욕 기 생 　　 오 지

欲其死하니 旣欲其生하고 又欲其死면 是惑也라
욕 기 사 　 기 욕 기 생 　 우 욕 기 사 　 시 혹 야

자장이 덕을 높이고 의혹 분별함을 질문하자 공자가 말씀하시기를 성실 과 신의를 위주로 하여 도의로 옮겨가는 것이 덕을 높이는 것이다. 사랑 하면 그가 살기를 바라고 미워하면 죽기를 바랄 것인데 그가 살기를 바 랐으면서 또다시 그가 죽기를 바란다면 이것이 바로 의혹이다.

154 齊景公이 問政於孔子하니 孔子對曰
　　제 경 공 　 문 정 어 공 자 　　 공 자 대 왈

君君臣臣父父子子니다 景公曰善哉여
군 군 신 신 부 부 자 자 　　 경 공 왈 선 재

信如君不君하고 臣不臣하며 父不父하고
신 여 군 불 군　　신 불 신　　　부 불 부

子不子면 雖有粟이나 吾得以食諸리오
자 불 자　 수 유 속　　오 득 이 식 저

제경공이 공자에게 정치를 질문하자 공자가 대답하기를 임금은 임금답
고 신하는 신하다우며 아버지는 아버지답고 자식은 자식다워야 합니다.
제경공이 말하기를 좋은 말씀입니다.
진실로 만일 임금이 임금답지 못하고 신하가 신하답지 못하며 아버지가
아버지답지 못하고 자식이 자식답지 못하다면 아무리 곡식이 많이 있다
해도 우리가 그것을 먹고 살 수야 있겠습니까?

155 子曰 聽訟이 吾猶人也나 必也使無訟乎여
　　 자 왈 청 송　 오 유 인 야　 필 야 사 무 송 호

공자가 말씀하시기를 소송을 처리하는 것을 나는 남들과 똑같이 하겠지
만 반드시 소송이 없도록 근본부터 고칠 것이다.

156 子張問政하니 子曰 居之無倦이요 行之以忠이라
　　 자 장 문 정　　 자 왈 거 지 무 권　　 행 지 이 충

자장이 정치를 질문하자 공자가 말씀하시기를 마음 쓰기를 게을리 하지
않아야 하고 시행하기를 성실하게 하는 것이다.

157 子曰 博學於文하고 約之以禮면
　　 자 왈 박 학 여 문　　 약 지 이 례

亦可以弗畔矣夫니라
역 가 이 불 반 의 부

공자가 말씀하시기를 학문을 널리 배우고 예로써 단속한다면 도리에 어긋나지 않을 수 있을 것이다.

158 子曰君子는 成人之美하고 不成人之惡이니
자 왈 군 자　성 인 지 미　불 성 인 지 악

小人은 反是니라
소 인　반 시

공자가 말씀하시기를 군자는 남의 좋은 일을 이루어지게 하고 남의 나쁜 일을 이루어지지 못하게 하는데 소인은 이것을 반대로 한다.

159 季康子問政於孔子하니 孔子對曰 政者는
계 강 자 문 정 어 공 자　공 자 대 왈 정 자

正也로 子帥以正이면 孰敢不正이리오
정 야　자 솔 이 정　숙 감 부 정

계강자가 공자에게 정치를 질문하자 공자가 대답하시기를 정치란 바로 세운다는 뜻으로 대부가 올바름으로 솔선한다면 누가 감히 올바르지 않겠습니까!

160 季康子患盜하여 問於孔子하니 孔子對曰
계 강 자 환 도　문 어 공 자　공 자 대 왈

苟子不慾이면 雖賞之여도 不竊이니다
구 자 불 욕　수 상 지　불 절

계강자가 도둑을 걱정하면서 공자에게 질문하자 공자가 대답하시기를 진실로 그대부터 욕심을 부리지 않는다면 아무리 상을 준다고 해도 도둑질하지 않을 것입니다.

161 季康子가 問政於孔子曰 如殺無道하고
계강자 문정어공자왈 여살무도

以就有道면 何如니까 孔子對曰 子爲政에
이취유도 하여 공자대왈 자위정

焉用殺이리오 子欲善이면 而民善矣니다
언용살 자욕선 이민선의

君子之德이 風이면 小人之德은 草이니
군자지덕 풍 소인지덕 초

草上之風이면 必偃이니다
초상지풍 필언

계강자가 공자에게 정치를 질문하기를 만일 무도한 사람을 희생시키고 도의가 있는 사람을 진출시키면 어떻습니까? 공자가 대답하기를 대부가 정치하면서 어떻게 죽이는 정책을 쓰려고 하십니까? 대부가 선정을 베풀면 백성들도 선행을 하려고 할 것입니다. 군자의 덕행이 바람이라면 소인의 덕성은 풀과 같아서 풀위로 바람이 불어닥치면 반드시 쓰러지게 됩니다.

162 樊遲問仁하니 子曰 愛人이라 問智하니
번지문인 자왈 애인 문지

子曰 知人이라 樊遲未達하니 子曰
자왈 지인 번지미달 자왈

擧直錯諸枉_{이면} 能使枉者直_{이라 하시니}
거 직 조 저 왕　　능 사 왕 자 직

樊遲退_{하여} 見子夏曰鄕也_에
번 지 퇴　　견 자 하 왈 향 야

吾見於夫子而問智_{하니}
오 현 어 부 자 이 문 지

子曰擧直錯諸枉_{이면} 能使枉者直_{이라 하시니}
자 왈 거 직 조 저 왕　　능 사 왕 자 직

何謂也_요 子夏曰 富哉_라 言乎_여
하 위 야　　자 하 왈 부 재　　언 호

舜有天下_에 選於衆_{하여} 擧皐陶_{하시니}
순 유 천 하　　선 어 중　　거 고 요

不仁者遠矣_요湯有天下_에 選於衆_{하여}
불 인 자 원 의　　탕 유 천 하　　선 어 중

擧伊尹_{하시니} 不仁者遠矣_{니라}
거 이 윤　　불 인 자 원 의

번수가 인의에 대하여 질문하자 공자가 말씀하시기를 사람을 사랑하는 것이다. 지혜에 대하여 질문하자 공자가 말씀하시기를 사람을 쓸 줄 아는 것이다. 번수가 알아듣지 못하자 공자가 말씀하시기를 정직한 사람을 등용하고 그 중에 굽은 사람들을 버려두면 굽은 사람들을 정직해지도록 할 수 있다고 하시자.

번수가 물러가서 자하를 만나보고 말하기를 지난번에 선생님을 뵙고 지혜에 대하여 질문하자 공자가 말씀하시기를 정직한 사람을 등용하고 그 중에 굽은 사람들을 버려두면 굽은 사람들을 정직해지도록 할 수 있다고 하셨는데 무엇을 말씀하신 것입니까? 자하가 말하기를 충분한 말씀을 하셨구나!

순임금이 천하를 소유하실 때에 많은 사람 중에서 선택하여 고요를 등용하시자 어질지 않은 사람들이 멀어졌고 탕임금이 천하를 소유하실 때에 많은 사람 중에서 선택하여 이윤을 등용하시자 어질지 않은 사람들이 멀어졌다고 말씀하신 것이다.

163 子貢問友하니 子曰 忠告而善導之이니
　　자 공 문 우　　자 왈 충 고 이 선 도 지

不可則止하고 無自辱焉이라
불 가 즉 지　　무 자 욕 언

자공이 벗에 대하여 질문하자 공자가 말씀하시기를 충고해주고 선도하다가 듣지 않으면 그만두고서 자신까지 욕을 당하는 일은 없게 해야 한다.

164 曾子曰 君子는 以文會友하고 以友輔仁이라
　　증 자 왈 군 자　　이 문 회 우　　　이 우 보 인

증자가 말하기를 군자는 글로써 벗을 모으고 벗으로써 인의 실천을 도와야 한다.

13) 자로(子路)

165 子路曰 衛君이 待子而爲政하시니 子將奚先이니까
　　자 로 왈 위 군　　대 자 이 위 정　　　자 장 해 선

子曰 必也正名乎니라 子路曰 有是哉오
자 왈 필 야 정 명 호　　자 로 왈 유 시 재

子之迂也여 奚其正이니까 子曰 野哉라 由也여
자 지 우 야　　해 기 정　　자 왈 야 재　　유 야

君子於其所不知에 蓋闕如也니라
군 자 어 기 소 부 지　　개 궐 여 야

名不正則言不順하고 言不順則事不成하며
명 부 정 즉 언 불 순　　언 불 순 즉 사 불 성

事不成則禮樂不興하고 禮樂不興則
사 불 성 즉 예 악 불 흥　　예 악 불 흥 즉

刑罰不中하며 刑罰不中則民無所措手足이라
형 벌 부 중　　형 벌 부 중 즉 민 무 소 조 수 족

故로 君子名之면 必可言也며 言之면
고　　군 자 명 지　　필 가 언 야　　언 지

必可行也로 君子於其言에 無所苟而已矣니라
필 가 행 야　　군 자 어 기 언　　무 소 구 이 이 의

자로가 말하기를 위나라 임금이 스승님을 모시고 정치를 할 터인데 스승님은 무엇을 우선적으로 하시렵니까? 공자가 말씀하시기를 꼭 명분부터 바로 세워야 될 것이다. 자로가 말하기를 그런 계획이 있으십니까? 선생님의 계획 달성은 요원할 것 같은데 어떻게 바로잡으시렵니까?

공자가 말씀하시기를 단순하구나 유(자로)야! 군자는 자기가 알지 못하는 것에 대하여 대체로 빠질 줄도 알아야 하는 것이다. 명분이 바르지 못하면 일이 성사되지 못하고 일이 성사되지 못하면 예악이 흥행하지 못하며 예악이 흥행하지 못하면 형벌이 공정하지 못하고 형벌이 공정하지 못하면 백성들이 수족조차 놓을 곳이 없게 된다.

그러므로 군자가 명분을 세우면 반드시 선언할 수 있으며 선언하면 반드시 실행하므로 군자는 그 일을 선언함에 있어 실행하는 것을 구차함이 없게 할 따름인 것이다.

166 子曰 其身正이면 不令而行하고 其身不正이면
　　 자 왈 기 신 정　　불 령 이 행　　 기 신 부 정

雖令不從이라
수 령 부 종

공자가 말씀하시기를 군주 자신이 바르다면 명령하지 않아도 시행되고 바르지 않다면 아무리 명령한다 해도 백성들이 따르지 않을 것이다.

167 子曰 苟正其身矣면 於從政乎에 何有며
　　 자 왈 구 정 기 신 의　　어 종 정 호　　하 유

不能正其身이면 如正人何오
불 능 정 기 신　　 여 정 인 하

공자가 말씀하시기를 참으로 군주가 자신을 바르게 한다면 정치를 하는 데 무슨 어려움이 있을 것이며 자신을 바르게 하지 못한다면 어떻게 백성들을 바르게 할 수 있겠는가!

168 子夏가 爲莒父宰하여 問政하니 子曰
　　 자 하　위 거 보 재　　 문 정　　자 왈

無欲速하고 無見小利니 欲速則不達하고
무 욕 속　　무 견 소 리　욕 속 즉 부 달

見小利則大事不成이라
견 소 리 즉 대 사 불 성

자하가 거보땅에 재상이 되어 정치를 질문하자 공자가 말씀하시기를 빨리 이루려고 하지 말고 작은 이익을 보려고 하지 말아야 하니 빨리 이루려고 하면 도달하지 못하고 작은 이익을 보려고 하면 큰 일을 성취하지 못한다.

169 樊遲問仁하니 子曰 居處恭하고 執事敬하며
　　번 지 문 인　　자 왈 거 처 공　　집 사 경

與人忠을 雖之夷狄이어도 不可棄也니라
여 인 충　수 지 이 적　　불 가 기 야

번수가 인의를 질문하자 공자가 말씀하시기를 머물러 있을 때는 공손히
하고 일을 할 때는 정성껏 하며 사람들과 성실히 상대함은 아무리 오랑
캐 나라에 가서 살더라도 포기해서는 안 된다.

170 子貢問曰 何如가 斯可謂之士矣니까
　　자 공 문 왈 하 여　　사 가 위 지 사 의

子曰 行己有恥하고 使於四方하여
자 왈 행 기 유 치　　시 어 사 방

不辱君命이면 可謂士矣니라
불 욕 군 명　　가 위 사 의

曰敢問其次니다 曰宗族이 稱孝焉하고
왈 감 문 기 차　　왈 종 족　　칭 효 언

鄕黨이 稱悌焉이라
향 당　　칭 제 언

曰敢問其次니다 曰言必信하고 行必果가
왈 감 문 기 차　　왈 언 필 신　　행 필 과

硜硜然小人哉나 抑亦可以爲次矣니라
경 경 연 소 인 재　　억 역 가 이 위 차 의

曰今之從政者는 何如니까 子曰 噫라
왈 금 지 종 정 자　　하 여　　자 왈

斗筲之人을 何足算也리오
두 소 지 인　　하 족 산 야

자공이 질문하기를 어떠해야 선비라고 할 수 있습니까? 공자가 말씀하

시기를 자기 행실에 대하여 부끄러워함이 있고 다른 나라에 사신으로 갔을 때 군주의 명을 욕되게 하지 않는다면 선비라고 할 수 있을 것이다.

감히 다음이 되는 것을 묻겠습니다. 말씀하시기를 종족들이 효성스럽다고 칭송하고 고을 사람들이 공손하다고 칭송하는 것이다.

감히 또 다음을 묻겠습니다. 말씀하시기를 말을 하면 반드시 믿음을 주어야 하고 행실을 반드시 과감성 있게 하는 것이 강직한 소인 같긴 하지만 그래도 또한 다음이라 할 수 있을 것이다.

또 질문하기를 요즘 정치에 종사하는 사람들을 어떻게 생각하십니까? 공자가 말씀하시기를 아~~아 한 말 두 되들이뿐인 사람들인데 무엇을 따져볼 게 있겠는가!

171 子曰 君子는 和而不同하고 小人은 同而不和니라
　　　자 왈 군 자　화 이 부 동　　소 인　동 이 불 화

공자가 말씀하시기를 군자는 화합은 이루지만 뇌동하지는 않고 소인은 뇌동은 하지만 화합하지는 못한다.

172 子曰 君子는 易事而難悅也니
　　　자 왈 군 자　이 사 이 난 열 야

悅之不以道면 不悅也라 及其使人也는
열 지 불 이 도　불 열 야　급 기 사 인 야

器之니라 小人은 難事而易悅也니
기 지　　소 인　난 사 이 이 열 야

悅之雖不以道여도 悅也라 及其使人也는
열 지 수 불 이 도　　열 야　급 기 사 인 야

求備焉이라
구 비 언

공자가 말씀하시기를 군자는 섬기기 쉽지만 기쁘게 하기는 어려운데 기쁘게 하기를 바른 도리로 하지 않으면 기뻐하지 않는다. 사람을 부릴 때는 그 사람 기량대로 한다. 소인은 섬기기 어렵지만 기쁘게 하기는 쉬운데 기쁘게 하기를 아무리 바른 도리로 하지 않아도 기뻐한다. 사람을 부릴 때는 모두 갖춰주기를 요구한다.

173 子曰 君子는 泰而不驕하고 小人은 驕而不泰니라
　　 자 왈 군 자　 태 이 불 교　　 소 인　 교 이 불 태

공자가 말씀하시기를 군자는 태연하면서도 교만하지 않고 소인은 교만하면서도 태연하지 못한다.

174 子曰 剛毅木訥이 近仁이라
　　 자 왈 강 의 목 눌　 근 인

공자가 말씀하시기를 강하고 굳세고 곧고 어눌함이 인의에 가깝다고 할 수 있다.

14) 헌문(憲問)

175 原憲이 問恥하니 子曰 邦有道에 穀하고
　　 원 헌　 문 치　　 자 왈 방 유 도　 곡

邦無道에 穀이 恥也니라
방 무 도　 곡　 치 야

원헌이 부끄러움을 질문하자 공자가 말씀하시기를 나라에 도의가 있을 때는 녹봉을 받겠지만 나라에 도의가 없을 때는 녹봉 받는 것이 부끄러운 일이다.

176 子曰 邦有道에 危言危行하고
　　　자 왈 방 유 도　　위 언 위 행

邦無道에 危行言遜이라
방 무 도　　위 행 언 손

공자가 말씀하시기를 나라에 도의가 있을 때에는 말을 높게 하고 행실을 높게 해도 되지만 나라에 도의가 없을 때에는 행실은 높게 해도 되지만 말만큼은 겸손하게 해야 한다.

177 子路가 問事君하니 子曰 勿欺也하고 而犯之니라
　　　자 로　　문 사 군　　자 왈 물 기 야　　　이 범 지

자로가 임금 섬기는 일을 질문하자 공자가 말씀하시기를 속이지 말아야 하고 그러나 간언을 해야 한다.

178 子曰 君子는 上達하고 小人은 下達이라
　　　자 왈 군 자　상 달　　소 인　　하 달

공자가 말씀하시기를 군자는 위(진리)로 통달하고 소인은 아래(영리)로 통달한다.

179 子曰 古之學者는 爲己이나 今之學者는 爲人이라
　　자 왈 고 지 학 자　위 기　　금 지 학 자　　위 인

공자가 말씀하시기를 옛적의 학자는 자신 위하는 학문을 하였지만 요즈
음 학자는 남 위하는 학문만을 하는구나!

180 子曰君子는 恥其言而過其行이라
　　자 왈 군 자　치 기 언 이 과 기 행

君子道者三에 我無能焉하니 仁者는 不憂하고
군 자 도 자 삼　아 무 능 언　　인 자　불 우

智者는 不惑하며 勇者는 不懼니라
지 자　불 혹　　용 자　불 구

공자가 말씀하시기를 군자는 말 꺼내기를 부끄러워하고 행동은 말한 것
보다 더 지나가게 한다. 군자의 도 세 가지 중에 나는 잘하는 것이 없는데
어진 사람은 근심하지 않고 지혜로운 사람은 의혹하지 않으며 용기 있는
사람은 두려워하지 않는다.

181 子曰 不患人之不己知요 患其不能也니라
　　자 왈 불 환 인 지 불 기 지　환 기 불 능 야

공자가 말씀하시기를 남들이 나를 알아주지 않는 것을 걱정할 일이 아니
라 내가 능력이 부족한 것을 걱정해야 한다.

182 子曰 莫我知也夫여 子貢曰 何爲其莫知子也니까
　　자 왈 막 아 지 아 부　자 공 왈 하 위 기 막 지 자 야

子曰 不怨天하고 不尤人하며 下學而上達하니
자왈 불원천   불우인   하학이상달

知我者其天乎여
지아자기천호

공자가 말씀하시기를 나를 알아주는 사람이 없구나! 자공이 말하기를 왜 스승님을 알아주는 사람이 없다고 생각하십니까? 공자가 말씀하시기를 하늘을 원망하지 않고 남을 탓하지 않으며 세상사를 배우고 나서 진리를 통달하려는데 나를 알아주는 이는 하늘뿐이시구나!

183 子路가 問君子하니 子曰 修己以敬이라
자로 문군자   자왈 수기이경

日如斯而已乎니까 曰修己以安人이라
왈 여사이이호   왈 수기이안인

日如斯而已乎니까 曰修己以安百姓이니
왈 여사이이호   왈 수기이안백성

修己以安百姓은 堯 舜도其猶病諸니다
수기이안백성 요 순 기유병저

자로가 군자를 질문하자 공자가 말씀하시기를 자신을 수양하고 나서 언행을 삼가는 것이다. 그와 같을 뿐입니까? 자신을 수양하고 나서 사람들을 편안하게 해주는 것이다. 그와 같을 뿐입니까? 자신을 수양하고 나서 백성들을 편안하게 해주는 것은 옛적에 요임금 순임금도 그렇게 하는 것을 근심하셨던 일이다.

15) 위령공(衛靈公)

184 子路慍見曰 君子亦有窮乎니까 子曰
　　 자로온현왈군자역유궁호　　자왈

　　 君子固窮으로 小人은 窮斯濫矣니라
　　 군자고궁　　소인　궁사람의

자로가 화난 기색으로 뵙고 말하기를 군자는 역시 곤궁함만 있는 것입니
까? 공자가 말씀하시기를 군자는 본래 곤궁한 것인데 소인은 곤궁하면
바로 넘치게 되는 것이다.

185 子曰賜也는 汝以予爲多學而識之者歟아
　　 자왈사야　여이여위다학이지지자여

　　 對曰然이니다 非歟니까
　　 대왈연　　비여

　　 曰非也라 予는 一以貫之니라
　　 왈비야　여　일이관지

공자가 말씀하시기를 사(자공)야 너는 나를 많이 배워서 기억하는 사람이
라고 생각하느냐? 자공이 대답하기를 그렇습니다. 아닙니까? 말씀하시
기를 아니다 나는 한 가지(인)로 관철한다.

186 子張行問하니 子曰 言忠信하고 行篤敬이면
　　 자장행문　　자왈언충신　　행독경

　　 雖蠻貊之邦이여도 行矣이나 言不忠信하고
　　 수만맥지방　　행의　　언불충신

行不篤敬이면 雖州里나 行乎哉아
행 불 독 경　　수 주 리　행 호 재

자장이 시행에 대하여 질문하자 공자가 말씀하시기를 말이 성실하여 신
의가 있고 행실이 돈독하여 조심스러우면 아무리 오랑캐 나라라도 행하
여지겠지만 말이 성실하거나 신의가 있지 못하고 행실이 돈독하거나 신
중하지 못하다면 아무리 우리 고을인들 행하여지겠는가!

187 子曰 可與言而不與之言이면 失人이요
　　자 왈 가 여 언 이 불 여 지 언　　실 인

不可與言而與之言이면 失言이니 智者는
불 가 여 언 이 여 지 언　　실 언　　지 자

不失人하고 亦不失言이라
불 실 인　　역 불 실 언

공자가 말씀하시기를 함께 말해야 하는데 함께 말하지 않으면 남들에게
공신력을 잃게 되고 함께 말하면 안 되는데 함께 말하면 말의 가치를 잃
는 것으로 지혜로운 사람은 남들에게 공신력을 잃지도 않거니와 또한 말
의 가치도 잃지 않는다.

188 子曰 志士仁人은 無求生以害仁이요
　　자 왈 지 사 인 인　　무 구 생 이 해 인

有殺身以成仁이라
유 살 신 이 성 인

공자가 말씀하시기를 열사와 어진 사람은 삶을 추구하기 위해서 인의를
해롭게 하는 일이 없고 자신을 희생해서 인의를 성취하는 경우는 있다.

189 子曰 人無遠慮면 必有近憂니라
　　자 왈 인 무 원 려　 필 유 근 우

공자가 말씀하시기를 사람이 원대한 생각이 없다면 반드시 가까운 시일
에 근심이 있게 된다.

190 子曰 躬自厚而薄責於人이면 則遠怨矣니라
　　자 왈 궁 자 후 이 박 책 어 인　 즉 원 원 의

공자가 말씀하시기를 자신을 스스로 심하게 질책하고 남을 질책할 때 가
볍게 한다면 원망을 멀리할 수 있다.

191 子曰 不曰如之何如之何者는
　　자 왈 불 왈 여 지 하 여 지 하 자
吾末如之何也已矣니라
오 말 여 지 하 야 이 의

공자가 말씀하시기를 이를 어쩌나 이를 어쩌나 애쓰지 않는 사람은 나도
그 사람을 어떻게 해줄 수 없을 뿐이다.

192 子曰 君子는 義以爲質하고 禮以行之하며
　　자 왈 군 자　 의 이 위 질　 예 이 행 지
遜以出之하고 信以成之하니 君子哉라
손 이 출 지　 신 이 성 지　 군 자 재

공자가 말씀하시기를 군자는 도의를 본질로 삼고 예의를 실천하며 겸손
함으로 나아가고 신의로 성취하니 군자다움이여!

193 子曰 君子는 病無能焉이나 不病人之不己知也니라
　　자왈 군자　병무능언　　불병인지불기지야

공자가 말씀하시기를 군자는 자기 무능을 근심하지만 남들이 자기 알아
주지 않는 것은 근심하지 않는다.

194 子曰 君子는 求諸己요 小人은 求諸人이라
　　자왈 군자　구저기　소인　구저인

공자가 말씀하시기를 군자는 그것(문제)을 자신에게서 찾고 소인은 그것
(문제)을 남에게서 찾는다.

195 子曰 君子는 不以言擧人하고 不以人廢言이라
　　자왈 군자　불이언거인　　불이인폐언

공자가 말씀하시기를 군자는 말만을 평가해서 사람을 등용하지 않고 사
람만을 평가해서 참된 말까지 버리지 않는다.

196 子貢問曰有一言而可以終身行之者乎니까
　　자공문왈유일언이가이종신행지자호
　　子曰 其恕乎여 己所不欲을 勿施於人이라
　　자왈 기서호　기소불욕　물시어인

자공이 질문하기를 말 한마디로 종신토록 행동할 만한 것이 있습니까?
공자가 말씀하시기를 그것은 남을 배려하는 마음일 것이다. 그러므로 자
기가 원하지 않는 것을 남에게도 하지 말아야 한다.

197 子曰 巧言은 亂德이요 小不忍則亂大謀니라
자 왈 교 언 란 덕　　 소 분 인 즉 란 대 모

공자가 말씀하시기를 교묘한 말은 도덕을 어지럽히고 작은 일을 참지 않으면 큰 계책을 어지럽힌다.

198 子曰 衆惡之여도 必察焉하고 衆好之여도 必察焉이라
자 왈 중 오 지　　 필 찰 언　　 중 오 지　　 필 찰 언

공자가 말씀하시기를 여러 사람들이 싫어한다 해도 반드시 싫어하는 그 이유를 살펴보아야 하고 여러 사람들이 좋아한다 해도 반드시 좋아하는 그 이유를 살펴보아야 한다.

199 子曰 人能弘道요 非道弘人이라
자 왈 인 능 홍 도　　 비 도 홍 인

공자가 말씀하시기를 사람이 도의를 크게 넓혀가는 것이지 도의가 사람을 크게 넓혀주는 것은 아니다.

200 子曰 過而不改를 是謂過矣니라
자 왈 과 이 불 개　　 시 위 과 의

공자가 말씀하시기를 잘못이 있는 데도 고치지 못하는 것을 바로 과오라고 말할 수 있을 것이다.

201 子曰 智及之여도 仁不能守之면 雖得之나
자 왈 지 급 지　　 인 불 능 수 지　　 수 득 지

必失之요 智及之하고 仁能守之여도
필 실 지 지 급 지   인 능 수 지

不莊以涖之則民不敬이요 智及之하고
불 장 이 리 지 즉 민 불 경   지 급 지

仁能守之하며 莊以涖之여도 動之不以禮면
인 능 수 지   장 이 리 지   동 지 불 이 례

未善也니라
미 선 야

공자가 말씀하시기를 지혜가 미치고도 인의으로 지키지 못하면 아무리
얻었다 해도 잃게 될 것이고 지혜가 미치고 인의로 지키고도 정중하게
다가가지 않으면 백성들이 공경하지 않을 것이며 지혜가 미치고 인의로
지키고 정중하게 다가갔다 하더라도 예의로 행동하지 않으면 잘하는 것
이 아니다.

16) 계씨(季氏)

202 孔子曰 益者三友요 損者三友니 友直하고
   공 자 왈 익 자 삼 우 손 자 삼 우 우 직

友諒하며 友多聞이면 益矣요 友便僻하고
우 양   우 다 문   익 의 우 편 벽

友善柔하며 友便佞이면 損矣니다
우 선 유   우 편 녕   손 의

공자가 말씀하시기를 유익한 벗 셋이 있고 손해되는 벗 셋이 있어 벗이
정직하고 벗이 성실하며 벗이 견문이 많으면 유익할 것이고 벗이 편벽되
고 벗이 너무 유순하며 벗이 아첨하면 손해가 될 것이다.

203 孔子曰 君子는 有三戒하니 少之時에 血氣未定이라
공 자 왈 군 자 유 삼 계 소 지 시 혈 기 미 정

戒之在色하고 及其壯也에 血氣方剛이라
계 지 재 색 급 기 장 야 혈 기 방 강

戒之在鬪하며 及其老也에 血氣旣衰라
계 지 재 투 급 기 노 야 혈 기 기 세

戒之在得이라
계 지 재 득

공자가 말씀하시기를 군자는 경계할 것 세 가지가 있는데 젊었을 때는 혈기가 안정되어 있지 않으므로 경계할 것이 여색에 있고 장성함에 이르렀을 때는 혈기가 한창 강성하므로 경계할 것이 싸움에 있으며 노쇠함에 이르렀을 때는 혈기가 이미 쇠약해졌으므로 경계할 것이 탐욕에 있다.

204 孔子曰 君子는 有三畏하니 畏天命하고 畏大人하며
공 자 왈 군 자 유 삼 외 외 천 명 외 대 인

畏聖人之言이라 小人은 不知天命而不畏也하고
외 성 인 지 언 소 인 불 지 천 명 이 불 외 야

狎大人하며 侮聖人之言이라
압 대 인 모 성 인 지 언

공자가 말씀하시기를 군자는 세 가지를 두려워해야 하는데 천명을 두려워해야 하고 대인을 두려워해야 하며 성인의 말씀을 두려워해야 한다. 소인은 천명을 알지도 못하거니와 두려워하지 않고 대인을 함부로 대하며 성인의 말씀을 업신여긴다.

205 孔子曰 生而知之者는 上也요 學而知之者는
공자왈 생이지지자 상야 학이지지자

次也요 困而學之는 又其次也로 困而不學이면
차야 곤이학지 우기차야 곤이불학

民斯爲下矣니라
민 사 위 하 의

공자가 말씀하시기를 태어나서 아는 사람은 최상이고 배워서 아는 사람
은 다음이며 고난해서 배우는 것은 또 다음으로 고난하면서도 배우지 않
는다면 백성 중에 곧 하위가 될 것이다.

206 孔子曰 君子는 有九思하니 視思明하고
공자왈 군자 유구사 시사명

聽思聰하며 色思溫하고 貌思恭하며 言思忠하고
청사총 색사온 모사공 언사충

事思敬하며 疑思問하고 忿思難하며 見得思義니라
사 사 경 의 사 문 분 사 난 견 득 사 의

공자가 말씀하시기를 군자는 아홉 가지 생각이 있는데 볼 때 분명히 볼
것을 생각하고 들을 때 밝게 듣기를 생각하며 얼굴빛을 온화하게 할 것
을 생각하고 태도를 공손히 할 것을 생각하며 말을 진실하게 할 것을 생
각하고 일할 때 정성스럽게 할 것을 생각하며 의심 날 때 질문할 것을 생
각하고 격분할 때 어려울 일을 생각하며 이득이 있을 때 마땅한지를 생
각해야 한다.

17) 양화(陽貨)

207 子曰 性相近也나 習相遠也니라
자 왈 성 상 근 야 습 상 원 야

공자가 말씀하시기를 인간의 본성은 서로 가까운 것이었지만 습성에 따라 서로 멀어진 것뿐이다.

208 子曰 唯上智與下愚는 不移니라
자 왈 유 상 지 여 하 우 불 이

공자가 말씀하시기를 다만 최상의 지혜를 가진 사람과 최하의 어리석은 사람은 바뀌지 않는다.

209 子張이 問仁於孔子하니
자 장 문 인 어 공 자

孔子曰 能行五者於天下면
공 자 왈 능 행 오 자 어 천 하

爲仁矣니라 請問之하니 曰恭寬信敏惠로
위 인 의 청 문 지 왈 공 관 신 민 혜

恭則不侮하고 寬則得衆하며 信則人任焉하고
공 즉 불 모 관 즉 득 중 신 즉 인 임 언

敏則有功하며 惠則足以使人이라
민 즉 유 공 혜 즉 족 이 사 인

자장이 공자에게 인의를 질문하자 공자가 말씀하시기를 다섯 가지를 세상에서 실천할 수 있으면 인의라고 할 수 있다. 자장이 들려주실 것을 청하자 공자가 말씀하시기를 공손함 관대함 신의 민첩성 은혜 등을 실천해야 하는데 공손하면 남의 업신여김을 받지 않고 관대하면 대중의 마음을 얻을 수 있으며 신의가 있으면 사람들이 책임을 맡겨주고 민첩하면 공로가 있으며 은혜로우면 남을 부릴 수가 있는 것이다.

210 子曰 由야 汝聞六言六蔽矣乎아 對曰 未也니다
자왈 유 여문육언육폐의호 대왈 미야

居하라 吾語汝이니 好仁不好學이면 其蔽也愚하고
거 오어여 호인불호학 기폐야우

好智不好學이면 其蔽也蕩하고 好信不好學이면
호지불호학 기폐야탕 호신불호학

其蔽也賊하고 好直不好學이면 其蔽也絞하고
기폐야적 호직불호학 기폐야교

好勇不好學이면 其蔽也亂하고 好剛不好學이면
호용불호학 기폐야란 호강불여학

其蔽也狂이라
기폐야광

공자가 말씀하시기를 유(자로)야 너는 육언과 육폐를 들어봤느냐? 대답하기를 못 들었습니다. 앉거라 내가 너에게 말해주마. 인의를 좋아하면서 학문을 좋아하지 않으면 그 폐색됨이 어리석게 되고 지혜를 좋아하면서 학문을 좋아하지 않으면 그 폐색됨이 방랑하게 되고 신의를 좋아하면서 학문을 좋아하지 않으면 그 폐색됨이 해치게 되고 정직함을 좋아하면서 학문을 좋아하지 않으면 그 폐색됨이 성급하게 되고 용맹을 좋아하면서 학문을 좋아하지 않으면 그 폐색됨이 난을 일으키고 강직한 것을 좋아하면서 학문을 좋아하지 않으면 그 폐색됨이 조급하고 경솔해지는 것이다.

211 子曰 鄉原은 德之賊也라 道聽而塗說이면
　　　자 왈 향 원　　덕 지 적 야　　도 청 이 도 설

德之棄也니라
덕 지 기 야

공자가 말씀하시기를 향원(고을의 원로)은 덕을 해치는 사람이다. 길에서
들은 말을 자기 마음속에 두지 않고 바로 말하면 덕을 버리는 격이 된다.

212 子曰 飽食終日하며 無所用心이면 難矣哉라
　　　자 왈 포 식 종 일　　무 소 용 심　　　난 의 재

不有博奕者乎아 爲之猶賢乎已라
불 유 박 혁 자 호　　위 지 유 현 호 이

공자가 말씀하시기를 배불러 먹고 날짜를 보내면서 마음 쓸 곳이 없다면
어려울 것이야! 장기와 바둑도 있지 않던가! 그것이라도 하는 게 그래도
나을 뿐이다.

213 子路曰 君子도 尚勇乎니까 子曰 君子는
　　　자 로 왈 군 자　　상 용 호　　　자 왈 군 자

義以爲上이니
의 이 위 상

君子가 有勇而無義면 爲亂하고
군 자　　유 용 이 무 의　　위 란

小人이 有勇而無義면 爲盜니라
소 인　　유 용 이 무 의　　위 도

자로가 말하기를 군자도 용맹을 숭상합니까? 공자가 말씀하시기를 군자
는 도의를 으뜸으로 생각하는데 군자가 용기만 있고 도의가 없다면 난을

일으키고 소인이 용기만 있고 도의가 없다면 도둑질을 하게 된다.

214 子貢曰 君子도 亦有惡乎니까 子曰 有惡하니
　　　자공왈 군자　　 역유오호　　　　 자왈유오

惡稱人之惡者하고 惡居下流而訕上者하며
오칭인지악자　　　 오거하류이산상자

惡勇而無禮者하고 惡果敢而窒者니라
오용이무례자　　　 오과감이질자

자공이 말하기를 군자도 또한 미워하는 경우가 있습니까? 공자가 말씀
하시기를 물론 미워함이 있는데 남의 나쁜 점만 말하는 사람을 미워하고
하류에 있으면서 윗사람 비방하는 사람을 미워하며 용맹하면서 예의가
없는 사람을 미워하고 과감하면서 꽉 막힌 사람을 미워한다.

215 子曰 唯女子與小人은 爲難養也니
　　　자왈 유여자여소인　 위난양야

近之則不遜하고 遠之則怨이라
근지즉불손　　　 원지즉원

공자가 말씀하시기를 다만 여자와 소인은 다루기가 어려운데 가까이 하
면 겸손하지 못하고 멀리하면 원망한다.

18) 미자(微子)

216 微子는 去之하고 箕子는 爲之奴하며 比干은
　　　미자 거지　　 기자 위지노　　 비간

諫而死하니 孔子曰 殷有三仁焉이라
간 이 사   공 자 왈 은 유 삼 인 언

미자는 떠나고 기자는 종이 되었으며 비간은 간청하다 죽었는데 공자가
말씀하시기를 은나라에 이와 같은 어진 세 분이 있다고 하셨다.

217 周公이 謂魯公曰 君子不弛其親하고
주 공   위 노 공 왈 군 자 불 이 기 친

不使大臣怨乎不以하며 故舊無大故면
불 사 대 신 원 호 불 이   고 구 무 대 고

則不棄也하고 無求備於一人이라
즉 불 기 야   무 구 비 어 일 인

주공이 노공(아들 백금)에게 말하기를 군자는 친족을 버리지 말아야 하고
대신들이 등용되지 않는 것을 원망하지 않도록 하며 옛 친구를 큰 이유
없이 버리지 말아야 하고 한 사람에게 모두 갖추어주기를 요구하지 말아
야 한다.

19) 자장(子張)

218 子夏曰 博學而篤志하고 切問而近思면
자 하 왈 박 학 이 독 지   절 문 이 근 사

仁在其中矣니라
인 재 기 중 의

자하가 말하기를 널리 배우고서 의지를 독실히 하고 간절히 묻고서 가까
운(卑近) 것부터 생각해 나간다면 인의가 그 속에 있을 것이다.

219 子夏曰 百工은 居肆以成其事하고
　　자하왈백공　거사이성기사

　　君子는 學以致其道니라
　　군자　학이치기도

자하가 말하기를 온갖 기술자는 일터(공장)에 있으면서 맡은 일을 완성하고 군자는 학문을 하면서 도의를 지극히 해야 한다.

220 子夏曰 小人之過也는 必文이라
　　자하왈소인지과야　필문

자하가 말하기를 소인은 과오가 있으면 반드시 꾸며대려고 한다.

221 堯曰 咨爾舜아 天之曆數在爾躬하니
　　요왈자이순　천지역수재이궁

　　允執其中하라 四海困窮하면 天祿永終하리라
　　윤집궐중　사해곤궁　천록영종

　　舜이 亦以命禹하시니라
　　순　역이명우

요임금이 말씀하시기를 아~아 순아 하늘의 운수가 너의 몸에 있으니 진실로 중도를 지키거라. 온나라가 곤궁하게 되면 하늘의 복록이 영원히 끝날 것이다. 순임금도 역시 이와 같은 말씀으로 우임금에게 명하셨다.

222 湯曰 予小子履는 敢用玄牡하여
　　탕왈여소자이　감용현무

　　敢昭告于皇皇后帝하오니
　　감소고우황황후제

有罪를 不敢赦하며 帝臣不蔽이니 簡在帝心이니다
유 죄　불감사　　제신불폐　　간재제심

朕躬有罪는 無以萬方이고
짐궁유죄　무이만방

萬方有罪는 罪在朕躬이니다
만방유죄　죄재짐궁

탕왕이 말씀하시기를 저이는 검정 희생으로써 감히 거룩하신 상제님에
명백히 아룁니다. 죄가 있는 사람을 제가 감히 용서하지 못하며 상제의
신하를 가리워 숨길 수 없아오니 간택하심은 상제의 마음에 달려 있는
것입니다. 다시 아래 제후에게 훈시하기를 짐에게 죄가 있는 것은 만방
때문이 아니고 만방에 죄가 있는 것은 죄가 짐에게 있는 것이다.

223 子曰 不知命이면 無以爲君子也요
자 왈 부 지 명　　무 이 위 군 자 야

不知禮면 無以立也요 不知言이면 無以知人也니라
부지례　무이립야　부지언　　무이지인야

공자가 말씀하시기를 천명을 알지못하면 군자가 될 수 없고 예의를 알지
못하면 존립할 수 없고 말을 알아듣지 못하면 진정으로 인재임을 알 수
가 없다.

5. 맹자(孟子)

　『맹자』 주나라 전국시대(BC403~BC221) 노나라 추읍의 유학자인 맹자(이름 맹가 BC 372~BC 289)가 제자들과 문답한 내용 및 여러 나라 제후들과 왕도정치 구현에 대하여 나눈 언행을 모아서 엮은 책으로 제자인 만장과 공손추와 함께 저술 하였다고 전해진다.

　주요 내용은 양혜왕장에서 진심장까지 7편으로 되어 있으며 공부자의 인(仁)의 사상을 계승하여 인의(仁義)와 성선설(性善說)을 상세하게 설명하고 있다.

차 례

1) 梁惠王 章句
2) 公孫丑 章句
3) 滕文公 章句
4) 離婁 章句
5) 萬章 章句
6) 告子 章句
7) 盡心章 章句

1) 梁惠王章句
양 혜 왕 장 구

※五十步百步 오십보백보

224 梁惠王曰 寡人之於國也에 盡心焉耳矣니
　　양 혜 왕 왈 과 인 지 어 국 야　　진 심 언 이 의

河內凶則移其民於河東하고 移其粟於河內하며
하 내 흉 즉 이 기 민 어 하 동　　이 기 속 어 하 내

河東凶則亦然이라 察隣國之政하니
하 동 흉 즉 역 연　　찰 인 국 지 정

無如寡人之用心者라 隣國之民이
무 여 과 인 지 용 심 자　　인 국 지 민

不加少하고 寡人之民이 不加多는 何也니까
불 가 소　　과 인 지 민　불 가 다　　하 야

孟子對曰 王好戰하니 請以戰喩니다
맹 자 대 왈 왕 호 전　　청 이 전 유

塡然鼓之하며 兵刃旣接하고 棄甲曳兵而走하여
전 연 고 지　　병 인 기 접　　기 갑 예 병 이 주

或百步而後止하고 或五十步而後止하여
혹 백 보 이 후 지　　혹 오 십 보 이 후 지

以五十步로 笑百步則何如니까
이 오 십 보　소 백 보 즉 하 여

王曰不可로 直不百步耳나 是亦走也니다
왕 왈 불 가　직 불 백 보 이　시 역 주 야

孟子曰 王如知此則無望民之多於隣國也니다
맹 자 왈 왕 여 지 차 즉 무 망 민 지 다 어 인 국 야

양혜왕이 말하기를 과인은 국가에 대하여 성심을 다할 뿐으로 하내 지역

이 흉년 들면 그곳 백성들을 하동 지역으로 이주시키고 양식을 하내 지역으로 옮겨주었으며 하동 지역이 흉년 들면 역시 그렇게 하였는데 이웃나라 정치를 살펴보았지만 과인의 마음 쓰는 것과 같은 나라가 없는데도 이웃나라 백성들이 더 적어지지도 않고 우리나라 백성들이 더 많아지지도 않는 것은 왜 그렇습니까?

맹자가 대답하기를 왕께서 전쟁을 좋아하시므로 전쟁으로써 비유해보겠습니다. 등등 북을 치면서 무기로 접전 하다가 위급하여 갑옷을 버리고 무기를 끌면서 달아나게 되었는데 어떤 병사는 백보를 달아나다 멈추었고 어떤 병사는 오십보를 달아나다 멈추고서 오십보 달아난 사람이 백보 달아난 사람을 겁쟁이라고 비웃는다면 어떻겠습니까?

왕이 말하기를 옳지 않으므로 다만 백보가 아닌 것뿐이지 그것 역시 달아난 것입니다. 맹자가 말하기를 왕께서 이 말의 이치를 아신다면 백성들이 이웃나라보다 더 많아지기를 바라지 마십시오라고 하였다.

※ 王道之始 왕도지시

225 不違農時면 穀不可勝食也하고 數罟를
   불 위 농 시   곡 불 가 승 식 야   촉 고

不入洿池면 魚鼈을 不可勝食也하며
불 입 와 지   어 별 불 가 승 식 야

斧斤을 以時入山林이면 材木을 不可勝用也니
부 근   이 시 입 산 림   재 목 불 가 승 용 야

穀與魚鼈을 不可勝食하고 材木을 不可勝用이면
곡 여 어 별 불 가 승 식   재 목 불 가 승 용

是는 使民養生喪死에 無憾也니 養生喪死에
시   사 민 양 생 상 사   무 감 야   양 생 상 사

無憾이 王道之始也니다
무 감　왕 도 지 시 야

五畝之宅에 樹之以桑이면 五十者可以衣帛矣며
오 묘 지 택　수 지 이 상　　오 십 자 가 이 의 백 의

鷄豚狗彘之畜을 無失其時면
계 돈 구 체 지 축　무 실 기 시

七十者可以食肉矣며
칠 십 자 가 이 식 육 의

百畝之田을 勿奪其時면 數口之家可以無飢矣며
백 묘 지 전　물 탈 기 시　수 구 지 가 가 이 무 기 의

謹庠序之敎하여 申之以孝悌之義면
근 상 서 지 교　　신 지 이 효 제 지 의

頒白者不負戴於道路矣리니
반 백 자 불 부 대 어 도 로 의

七十者衣帛食肉하며
칠 십 자 의 백 식 육

黎民이 不飢不寒하고 然而不王者未之有也니다
여 민　불 기 불 한　　연 이 불 왕 자 미 지 유 야

농사 때를 놓치지 않도록 하면 곡식을 모두 다 먹을수 없을 것이며 촘촘
한 그물을 웅덩이나 연못에 치지 못하도록 하면 물고기와 자라를 모두
다 먹을 수 없을 것이며 도끼와 자귀 든 사람을 필요할 때만 산림에 들어
가도록 하면 목재를 모두 다 쓸 수 없을 것이니 곡식과 물고기와 자라가
풍족하고 재목이 넘치게 되면 그것은 백성들이 살아 계신 부모님을 봉양
하고 돌아가신 부모님을 장례 지낼 때 한스러움이 없을 것이니 봉양하거
나 장례 지낼 때 여한이 없도록 하는 것이 왕도정치에 시작이라 할 수 있
는 것입니다.

5묘(약1,620㎡)의 택지에 뽕나무를 심으면 오십 된 노인이 비단옷을 입을

수 있고 닭과 어미 돼지와 개와 새끼 돼지 사육을 계속 때를 놓치지 않으면 칠십 된 노인이 고기를 먹을 수 있으며 100묘(약32,400㎡)의 밭에 농사 때를 놓치지 않으면 몇 식구의 가정이 굶주림이 없을 것이며 학교 교육을 근엄하게 실시하여 효도와 공경의 도의를 펼치게 되면 반백(하얀 백발)된 노인들이 도로에서 짊어지거나 이고 다니지 않을 것이니 칠십 된 노인이 비단옷을 입고 고기를 먹으며 백성들이 굶주리거나 헐벗지 않은 다음에 그러고서 왕노릇 하지 못하는 사람은 없을 것입니다.

※ 不爲者 不能者불위자 불능자

226 孟子曰 有復於王者曰 吾力足以擧百鈞而
맹 자 왈 유 복 어 왕 자 왈 오 역 족 이 거 백 균 이

不足以擧一羽하고 明足以察秋毫之末而
부 족 이 거 일 우 명 족 이 찰 추 호 지 말 이

不見輿薪이면 則王許之乎니까 王曰否라
불 견 여 신 즉 왕 허 지 호 왕 왈 부

曰今恩足以及禽獸而功不至於百姓者는
왈 금 은 족 이 급 금 수 이 공 부 지 어 백 성 자

獨何歟오 然則一羽之不擧는 爲不用力焉이고
독 하 여 연 즉 일 우 지 불 거 위 불 용 력 언

輿薪之不見은 爲不用明焉이며 百姓之不見保는
여 신 지 불 견 위 불 용 명 언 백 성 지 불 견 보

爲不用恩焉이니 故로 王之不王은 不爲也요
위 불 용 은 언 고 왕 지 불 왕 불 위 야

非不能也니다
비 불 능 야

王曰 不爲者與不能者形이 何以異니까
왕 왈 불 위 자 여 불 능 자 형　하 이 이

曰挾太山하고 以超北海를 語人曰
왈 협 태 산　이 초 북 해　어 인 왈

我不能이면 是誠不能也요 爲長者折枝를
아 불 능　시 성 불 능 야　위 장 자 절 지

語人曰 我不能이면 是不爲也로 非不能也라
어 인 왈 아 불 능　시 불 위 야　비 불 능 야

故로 王之不王은 非挾太山以超北海之類也로
고　왕 지 불 왕　비 협 태 산 이 초 북 해 지 류 야

王之不王은 是折枝之類也니다
왕 지 불 왕　시 절 지 지 류 야

맹자가 말하기를 어떤 사람이 제선왕을 뵙고서 말한다고 합시다. 자기 힘으로 삼천 근을 들 수가 있는데 새 깃털 한 개를 들 수가 없다고 하고 눈 밝기가 가을에 날려 다니는 새 깃털의 끝을 볼 수가 있는데 수레에 실은 땔나무를 못 본다고 하면 왕께서는 인정하시겠습니까? 못하지요!

맹자가 말하기를 요즈음에 왕의 덕택이 짐승(동물원)들한테까지 미치고 있는데 은혜가 백성들에게 이르지 못하는 것은 유독 왜 그러하겠습니까! 그렇다면 새 깃털 한 개를 못 든다고 하는 것은 힘을 쓰지 않은 결과이고 수레에 실은 땔나무를 못 본다고 하는 것은 눈 밝음을 이용하지 않은 결과이며 백성들의 안위를 못 본다고 하는 것은 은덕을 베풀지 않은 결과이니 그러므로 왕이 왕도를 실천하지 못한다고 하는 것은 실천하지 않는 것이지 못하는 것이 아닙니다.

제선왕이 말하기를 하지 않는 것과 못하는 것의 형태가 어떻게 다릅니까?
맹자가 말하기를 태산을 옆구리에 끼고 북해로 뛰어넘는 것을 남에게 못한다고 하면 참으로 못하는 것이겠지만 어른을 위하여 나무 지팡이 꺾는

것을 남에게 나는 못한다고 하면 그것은 하지 않는 것이지 못하는 것이 아닙니다. 그러므로 왕이 왕도를 실천하지 못한다고 하는 것은 태산을 옆구리에 끼고 북해를 뛰어넘는 따위가 아니라 왕이 왕도를 실천하지 못한다고 하는 것은 바로 나무 지팡이를 꺾는 따위에 속하는 것입니다.

※緣木求魚연목구어

227 孟子曰 王之所大欲을 可得聞歟니까
맹자왈 왕지소대욕 가득문여

王笑而不言하니 曰爲肥甘이 不足於口歟며
왕소이불언 왈위비감 부족어구여

輕煖이 不足於體歟니까 抑爲彩色이
경난 부족어체여 억위채색

不足視於目歟며 聲音이 不足聽於耳歟며
부족시어목여 성음 부족청어이여

便嬖가 不足使令於前歟니까 王之諸臣이
편폐 부족사령어전여 왕지제신

皆足以供之하니 而王豈爲是哉오 王曰否라
개족이공지 이왕기위시재 왕왈부

吾不爲是也니다 曰然則王之所大欲을
오불위시야 왈연즉왕치소대욕

可知己로 欲闢土地하고 朝秦楚하여
가지이 욕벽토지 조진초

莅中國而撫四夷也니다 以若所爲로
리중국이무사리야 이약소위

求若所欲이면 猶緣木而求魚也니다
구약소욕 유연목이구어야

맹자가 말하기를 왕의 큰 욕망을 들려주실 수 있겠습니까? 제선왕이 웃으며 말하지 않자 맹자가 말하기를 살찐 고기와 감칠맛 나는 음식이 입에 부족하며 가볍고 따뜻한 옷이 몸에 부족하겠습니까? 아니면 채색빛이 눈으로 보기에 부족하고 악기 소리가 귀로 듣기에 부족하며 편하게 모시고 총애하는 사람이 앞에서 시중드는 것이 부족하겠습니까? 왕의 여러 신하들이 모두 받들어 모실 수 있는데 왕은 왜 왕도정치를 못한다고 생각하십니까? 왕이 말하기를 아니지요! 나는 그렇게 생각하지 않습니다.

맹자가 말하기를 그러시다면 왕의 큰 욕망을 알 수 있을 뿐으로 국토를 확장하고 진나라와 초나라를 조회하러 오게 해서 중원 중앙에 있으면서 동서남북에 있는 오랑캐 나라들까지 모두 어루만지겠다는 말씀이시군요! 그런 생각으로 그렇게 욕망 이루기를 생각한다면 나무 위에 올라가서 물고기를 찾는 것과 똑같은 것입니다.

228 王曰 若是其甚歟니까 曰殆有甚焉하여
   왕 왈 약 시 기 심 여   왈 태 유 심 언

緣木求魚는 雖不得魚로 無後災이나
   연 목 구 어   수 부 득 어   무 후 재

以若所爲로 求若所欲이면 盡心力而爲之여도
   이 약 소 위   구 약 소 욕   진 심 력 이 위 지

後必有災니다 王曰 可得聞歟니까
   후 필 유 재   왕 왈 가 득 문 여

曰鄒人이 與楚人戰則王以爲孰勝이니까
   왈 추 인   여 초 인 전 즉 왕 이 위 숙 승

王曰 楚人勝이라 曰然則小固不可以敵大하고
   왕 왈 초 인 승   왈 연 즉 소 고 불 가 이 적 대

寡固不可以敵衆하며 弱固不可以敵强으로
과 고 불 가 이 적 중   약 고 불 가 이 적 강

海內之地方千里者九에 齊集有其一인데
해 내 지 지 방 천 리 자 구   제 집 유 기 일

以一服八이 何以異於鄒敵楚哉리오
이 일 복 팔   하 이 이 어 추 적 초 재

蓋亦反其本矣니다
개 역 반 기 본 의

제선왕이 말하기를 그렇게 심한 것입니까? 맹자가 말하기를 거의 심한 점이 있어서 나무 위에 올라가 물고기를 찾는 것은 아무리 물고기는 얻지 못한다 해도 뒤에 재앙은 없겠지만 그런 생각으로 그렇게 욕망 이루기를 생각한다면 마음과 온 힘을 다해서 실행한다 해도 뒤에 반드시 재앙이 있게 됩니다.

왕이 말하기를 그 경위를 들려주실 수 있겠습니까? 맹자가 말하기를 추나라가 초나라와 전쟁을 한다면 누가 이긴다고 생각 하십니까? 그야 초나라가 이기겠지요! 맹자가 말하기를 그러시다면 작은 것이 참으로 큰 것을 대적하지 못하고 적은 것이 참으로 많은 것을 대적하지 못하며 약한 것이 참으로 강한 것을 대적할 수 없으므로 중원에 사방으로 천리길의 땅을 갖고 있는 아홉 나라 중에 제나라는 그 중에 하나를 소유하고 있으므로 하나로써 여덟을 복종시키려고 하는 것이 바로 추나라가 초나라를 대적하는 것과 무엇이 다릅니까? 대체로 보아서 아니라고 생각되면 계획을 근본적으로 돌이켜야 할 것입니다.

229 今王이 發政施仁하여 使天下仕者로
금 왕   발 정 시 인   사 천 하 사 자

皆欲立於王之朝하고 耕者로 皆欲耕於王之野하며
개욕립어왕지조   경자 개욕경어왕지야

商賈로 皆欲藏於王之市하고 行旅로
상고 개욕장어왕지시   행여

皆欲出於王之途하면 天下之欲疾其君者가
개욕출어왕지도   천하지욕질기군자

皆欲赴愬於王이니 其如是면 孰能禦之니까
개욕부소어왕   기여시 숙능어지

지금 왕께서 정치력을 발휘하고 인정을 시행하여 세상에 벼슬하는 사람
들이 모두 왕의 조정에서 일하도록 하고 농사 짓는 사람들이 모두 왕의
땅에서 농사 짓도록 하며 상인들이 모두 왕의 시장에서 장사하도록 하고
여행객들 이 모두 왕의 도로에 나오도록 하시면 세상에서 자기 임금을
미워하는 사람들이 모두 달려와 왕에게 하소연하려고 할 것인데 이렇게
되면 왕의 나라로 몰려오는 것을 누가 막을 수 있겠습니까?

230 王曰 吾惛하여 不能進於是矣니 願夫子는
왕왈 오혼   불능진어시의   원부자

輔吾意하여 明以敎我니다 我雖不敏이나
보오의   명이교아   아수불민

請嘗試之니다 曰無恒産而有恒心者는
청상시지   왈무항산이유항심자

惟士爲能이나 若民則無恒産이면 因無恒心으로
유사위능   약민즉무항산   인무항심

苟無恒心이면 放僻邪侈를 無不爲已니
구무항심   방벽사치   무불위이

及陷於罪然後에 從而刑之면 是網民也니
급함어죄연후   종이형지 시망민야

焉有仁人이 在位하여 網民을 而可爲也리오
언 유 인 인   재 위   망 민 이 가 위 야

왕이 말하기를 내가 어리석어 그렇게 하지 못했던 것이니 바라건데 선생님은 저의 뜻을 도와서 현명하게 나를 가르쳐주십시오. 내가 비록 민첩하지는 못하지만 시도해보겠습니다.

맹자가 말하기를 일정한 생업이 없어도 떳떳한 마음이 있는 사람은 오직 선비는 가능하겠지만 저 백성들은 일정한 생업이 없으면 따라서 떳떳한 마음도 없게 마련이니 만일 떳떳한 마음마저 없게 되면 방자하고 편벽되고 간사하고 사치함을 하지 않을 수가 없을 뿐으로 죄에 빠진 다음에 따라서 처벌하게 되면 그것은 백성들을 법망으로 그물질하는 격이니 어떻게 어진 사람이 높은 지위에 있으면서 백성들을 그물질할 수가 있겠습니까?

231 是 故로 明君이 制民之産에
   시 고   명 군   제 민 지 산

必使仰足以事父母하고
필 사 앙 족 이 사 부 모

俯足以畜妻子하여 樂歲에는 終身飽하고
부 족 이 축 처 자   낙 세   종 신 포

凶年에는 免於死亡하니 然後에 驅而之善故로
흉 년   면 어 사 망   연 후   구 이 지 선 고

民之從之也輕이니다 今也制民之産에
민 지 종 지 야 경   금 야 제 민 지 산

仰不足以事父母하고 俯不足以畜妻子하여
앙 부 족 이 사 부 모   부 부 족 이 축 처 자

樂歲_에 終身苦_{하고} 凶年_에 不免於死亡_{하니}
낙 세   종 신 고   흉 년   불 면 어 사 망

此惟救死而恐不贍_{인데} 奚暇治禮義哉_{리오}
차 유 구 사 이 공 불 섬   해 가 치 례 의 재

王欲行之則盍反其本矣_{니까}
왕 욕 행 지 즉 합 반 기 본 의

그러므로 현명한 임금이 백성들의 생업을 마련해 줄 때에 반드시 우러러 보아서는 부모를 섬길 수 있고 굽어보아서는 처자식을 부양할 수 있도록 해서 풍년에는 평생 동안 배부르고 흉년에는 죽음을 면할 수가 있을 것이니 그런 다음에 백성들을 선행으로 인도할 수 있기 때문에 백성들을 따라오게 하기가 쉬울 것입니다. 지금에는 백성들의 생업을 마련해줄 때에 우러러보아서는 부모를 섬길 수 없게 되어 있고 굽어보아서는 처자식을 부양할 수 없게 되어 있어서 풍년에도 평생 동안 괴롭고 흉년에는 죽음을 면하지 못하고 있으니 이 상황은 오직 죽음만을 구제한다고 하더라도 충분하지 못할까 걱정되는데 어느 틈에 예의를 지키게 할 수 있겠습니까? 왕께서 왕도정치를 시행하려고 하신다면 어찌하여 그 근본부터 돌이키지 않으십니까?

※ **民之父母**민지부모

232 孟子見齊宣王曰 所謂故國者_는
    맹 자 견 제 선 왕 왈 소 위 고 국 자

非謂有喬木之謂也_라 有世臣之謂也_니
비 위 유 교 목 지 위 야   유 세 신 지 위 야

王無親臣矣_{니다} 昔者所進_을 今日_에
왕 무 친 신 의   석 자 소 진   금 일

不知其亡也여 王曰 吾何以識其不才而捨之니까
부지기망야　왕왈오하이식기부재이사지

曰國君이 進賢에 如不得已니 將使卑로
왈국군　진현　여부득이　장사비

踰尊하고 疏로 踰戚이니 可不愼歟니까
유존　소　유척　가불신여

左右皆曰賢이어도 未可也하고
좌우개왈현　미가야

諸大夫皆曰賢이어도 未可也하며
제대부개왈현　미가야

國人皆曰 賢然後에 察之하여
국인개왈현연후　찰지

見賢焉然後에 用之하며
견현언연후　용지

左右皆曰不可여도 勿聽하고 諸大夫皆曰 不可여도
좌우개왈불가　물청　제대부개왈불가

勿聽하며 國人皆曰 不可然後에 察之하여
물청　국인개왈불가연후　찰지

見不可焉然後에 去之하며 左右皆曰 可殺이어도
견불가언연후　거지　좌우개왈가살

勿聽하고 諸大夫皆曰 可殺이어도 勿聽하며
물청　제대부개왈가살　물청

國人皆曰 可殺然後에 察之하여 見可殺焉然後에
국인개왈가살연후　찰지　견가살언연후

殺之니 故로 曰國人이 殺之也니다 如此然後에
살지　고　왈국인　살지야　여차연후

可以爲民父母니다
가이위민부모

맹자가 제선왕을 뵙고서 말하기를 고국이란 말은 교목이 있는 것을 말하는 것이 아니라 대대로 이어오는 대신이 있는 것을 말하는데 왕께서는 가까운 대신이 없는 것 같습니다. 지난번 등용한 사람이 오늘에 도망간 줄을 알지 못하시는군요.

왕이 말하기를 내가 어떻게 그 사람의 재능이 없음을 알고서 버렸겠습니까? 맹자가 말하기를 나라의 군주가 현인을 진출시킬 때 부득이한 것 같이 해야 하는데 낮은 사람들이 높은 사람을 바라볼 수 있도록 해야 하고 소원해진 사람들이 친한 사람을 바라볼 수 있도록 해야 하므로 신중히 하지 않을 수 있겠습니까?

좌우 측근이 모두 현인이라 해도 듣지 말고 대부들이 모두 현인이라 해도 듣지 말며 국민들이 모두 현인이라고 말한 다음에 살펴보고서 그 현명함을 확인한 다음에 등용해야 하며 좌우 측근이 모두 불가하다 해도 듣지 말고 대부들이 모두 불가하다 해도 듣지 말며 국민들이 모두 불가하다고 한 다음에 살펴보고서 그 불가한 점을 확인한 다음에 버려야 하며 좌우 측근이 모두 죽여야 한다고 해도 듣지 말고 대부들이 모두 죽여야 한다고 해도 듣지 말며 국민들이 모두 죽여야 한다고 한 다음에 살펴보고서 그 죽여야 할 죄를 확인한 다음에 죽여야 하니 그래야 국민들이 죽인것으로 말할 것입니다. 이렇게 한 다음에야 백성의 부모가 될 수 있습니다.

2) 公孫丑章句
공 손 추 장 구

※不動心부동심

233 公孫丑曰 敢問하오니 夫子不動心과
  공 손 추 왈 감 문　　　　부 자 부 동 심

與告子不動心을 可得聞歟니까告子曰
  여 고 자 부 동 심　　가 득 문 여　　곡 자 왈

不得於言이면 勿求於心하고 不得於心이면
  부 득 어 언　　　물 구 어 심　　　부 득 어 심

勿求於氣라고하니 不得於心이면 勿求於氣는
  물 구 어 기　　　　부 득 어 심　　　물 구 어 기

可이나 不得於言이면 勿求於心이면 不可하니
  가　　　부 득 어 언　　　물 구 어 심　　　불 가

夫志는 氣之帥也요 氣는 體之充也로
  부 지　　기 지 수 야　　기　　체 지 충 야

夫志至焉이고 氣次焉故로 曰持其志에
  부 지 지 언　　　기 차 언 고　　왈 지 기 지

無暴其氣니라 旣曰 志至焉이고 氣次焉이라 하시고
  무 포 기 기　　기 왈 지 지 언　　　기 차 언

又曰 持其志에 無暴其氣者는 何也니까
  우 왈 지 기 지　　　　無暴其氣者　　　하 야

曰志壹則動氣하고 氣壹則動志也이니
  왈 지 일 즉 동 기　　　기 일 즉 동 지 야

今夫蹶者趨者는 是氣也而反動其心이라
  금 부 궐 자 추 자　　시 기 야 이 반 동 기 심

공손추가 말하기를 감히 여쭈오니 선생님의 부동심과 곡자의 부동심을 들려주실 수 있겠습니까? 맹자가 말하기를 곡자의 말에 의하면 말에 이해되지 않으면 마음에서 구하지 말고 마음에 이해되지 않으면 기질에서 구하지 말라고 하였는데 마음에 이해되지 않으면 기질에서 구하지 말라고 한 것은 옳지만 말에 이해되지 않으면 마음에서 구하지 말라고 한 것은 옳지 않은 것 같으니 대체로 의지란 기질의 총수이고 기질은 육체의 충만으로 의지가 더 지극한 것이고 기질은 다음이라 볼 수 있기 때문에 그 의지를 잡고서 그 기질을 해롭게 하지 말라고 했던 것이다.

공손추가 말하기를 이미 의지가 지극한 것이고 기질이 다음이라고 하셨는데 또다시 그 의지를 잡고서 기질을 해롭게 하지 말라고 하신 것은 무슨 말씀입니까? 맹자가 말하기를 의지가 한결같으면 기질을 움직이고 기질이 한결같으면 다시 의지를 움직이게 되는데 지금 저 넘어지거나 달려가는 사람들은 기질이 도리어 마음을 움직이고 있는 사람들이다.

※浩然之氣호연지기

234 公孫丑曰 敢問하오니 夫子는 惡乎長이니까
　　　공 손 추 왈 감 문　　　　부 자　　오 호 장

日我知言하고 我善養吾浩然之氣니라
왈 아 지 언　　　아 선 량 오 호 연 지 기

敢問何謂浩然之氣니까 曰難言也라
감 문 하 위 호 연 지 기　　왈 난 언 야

其爲氣也가 至大至剛하니 以直養而無害면
기 위 기 야　　지 대 지 강　　　이 직 량 이 무 해

則塞于天地之間하여 其爲氣也가 配義與道하니
즉 색 우 천 지 기 간　　　기 위 기 야　　배 의 여 도

無是면 餒也니라 是集義所生者로
무 시 뇌야 시집의소생자

非義襲而取之也니 行有不慊於心則餒矣라
비의습이취지야 행유불혐어심즉뇌의

我는 故로 曰告子未嘗知義는 以其外之也니라
아 고 왈곡자미상지의 이기외지야

공손추가 말하기를 감히 여쭈오니 선생님은 장점이 무엇입니까? 맹자가
말하기를 나는 말의 이치를 알고 나는 나의 호연지기를 잘 수양하는 것
이다. 감히 여쭈오니 무엇을 호연지기라고 합니까?

말하기를 말로 표현하기는 어렵다고 하지만 호연지기의 기상이 지극히
방대하고 지극히 강직한 것이어서 정직함으로 수양하여 해로움이 없게
되면 온 천지에 가득 차서 그 기상이 의와 도에 배합되어야 하는데 만일
이런 의와 도가 없다면 그 호연지기는 굶주린 것과 마찬가지다.

그 호연지기는 의(義)를 집중으로 해서 생겨나는 것으로 그 의가 갑자기
엄습해 와서 취해지는 것이 아니므로 실행하여 마음에 만족하지 못함이
있게 되면 호연지기가 굶주리게 된다. 나는 그래서 곡자가 의를 모른다
고 말했던 것은 그 호연지기를 근원이 밖이라고 보고 있기 때문이었다.

※揠苗助長 알묘조장

235 孟子曰 必有事焉而勿正하여 心勿忘하고
맹자왈필유사언이물정 심물망

勿助長也하여 無若宋人然이라 宋人이
물조장야 무약송인연 송인

有閔其苗之不長而揠之者이니 芒芒然歸하여
유 민 기 묘 지 부 장 이 알 지 자　　망 망 연 귀

謂其人曰 今日에 病矣라 予助苗長矣라고 하여
위 기 인 왈 금 일　병 의　　여 조 묘 장 의

其子趨而往視之하니 苗則槁矣라
기 자 추 이 왕 시 지　　묘 즉 고 의

天下之不助苗長者가 寡矣로
천 하 지 부 조 묘 장 자　　과 의

以爲無益而捨之者는
이 위 무 익 이 사 지 자

不耘苗者也요 助之長者는 揠苗者也로
불 운 묘 자 야　조 지 장 자　알 묘 자 야

非徒無益하여 而又害之니라
비 도 무 익　　이 우 해 지

맹자가 말하기를 반드시 호연지기를 기르는 일이 있을 때에 미리 기대하지는 말고서 마음에 잊지 말고 또 조장하지도 말고서 어리석은 송나라 사람처럼 되지는 말아야 한다.

옛 송나라 사람이 자기 밭에 곡식 싹이 크지 않은 것을 걱정해서 뽑아올린 사람이 있었는데 멍하니 집으로 돌아와서 집안 사람들에게 말하기를 오늘은 피곤하구나! 내가 곡식을 조금 더 빨리 크도록 도와주고 왔다고 하기에 자식이 밭으로 달려가 보니 싹은 이미 말랐던 것이다. 세상 사람들이 싹이 더 크도록 돕지 않는 사람이 적을 것으로 곡식싹이 도움이 안된다고 생각해서 버려두는 사람은 싹을 김매지 않는 사람이고 크도록 도우려고 하는 사람은 싹을 뽑아 올리는 사람으로 다만 유익함이 없을 뿐만 아니라 더욱이 해로울 뿐이다.

236 公孫丑曰 伯夷伊尹은 何如니까 曰不同道하니
공손추왈 백이이윤 하여 왈부동도

非其君不事하고 非其民不使하여 治則進하고
비기군불사 비기민불사 치즉진

亂則退는 伯夷也요 何事非君이며 何使非民하여
란즉퇴 백이야 하사비군 하사비민

治亦進하고 亂亦進은 伊尹也요 可以仕則仕하고
치역진 란역진 이윤야 가이사즉사

可以止則止하며 可以久則久하고 可以速則速은
가이지즉지 가이구즉구 가이속즉속

孔子也니 皆古聖人也라 吾未能有行焉이나
공자야 개고성인야 오미능유행언

乃所願則學孔子也라 伯夷伊尹이
내소원즉학공자야 백이이윤

於孔子에 若是班乎니까 曰否라
어공자 약시반호 왈부

自有生民以來로 未有孔子也니라
자유생민이래 미유공자야

曰然則有同歟니까 曰有이니 得百里之地而君之면
왈연즉유동여 왈유 득백리지지이군지

皆能以朝諸侯有天下이나 行一不義하고
개능이조제후유천하 행일불의

殺一不辜而得天下는 皆不爲也이니 是則同이라
살일불고이득천하 개불위야 시즉동

공손추가 말하기를 백이와 이윤은 어떤 분입니까? 맹자가 말하기를 도가 달라서 자기가 바라는 임금이 아니면 섬기지 않고 자기를 따르는 백

성이 아니면 부리지 않고서 잘 다스려지면 진출하고 혼란스러우면 물러가는 사람은 백이이고 누구를 섬기면 임금이 아니고 누구를 부리면 나의 백성이 아니냐고 하면서 잘 다스려져도 진출하고 혼란스러워도 역시 진출하는 사람은 이윤이고 벼슬할 만하면 벼슬하고 그만두어야 할 것 같으면 그만두며 오래 있을만 하면 오래 있고 빨리 떠나야 하면 빨리 떠나는 분은 공자이시니 모두가 옛 성현이시다. 나는 실행하지 못하고 있지만 바란다면 공부자의 언행을 배우는 것이다.

그렇게 백이와 이윤이 공부자님과 동등한 반열입니까? 그렇지 않다. 사람들이 살아오면서부터 공부자 같은 분은 있지 않았다.

그렇다면 혹시 같은 점도 있습니까? 맹자가 말하기를 있긴 한데 백리의 땅을 얻어 임금을 하게 되면 모두가 제후들에게 조회를 받고 천하를 소유 하였겠지만 한 가지라도 불의를 저지르고 한 사람이라도 무고한 사람을 죽이고서 천하를 얻는 일만큼은 모두가 하지 않을 분으로 이 점만큼은 똑같다고 할 수 있을 것이다.

※以德服人이덕복인

237 孟子曰 以力假仁者는 覇道이니 覇必有大國이오
맹 자 왈 이 력 가 인 자   패 도   패 필 유 대 국

以德行仁者는 王道이니 王不待大라 湯은
이 덕 행 인 자   왕 도   왕 불 대 대   탕

以七十里하시고 文王은 以百里하시니라
이 칠 십 리   문 왕   이 백 리

以力服人者는 非心服也로 力不贍也요
이 덕 복 인 자   비 심 복 야   력 불 섬 야

以德服人者는 中心悅而誠服也로
이덕복인자 중심열이성복야

如七十者服孔子也라 詩云 自西自東하고 自南自
여칠십자복공자야 시운자서자동 자남자

北하여 無思不服이라하니 此之謂也니라
북 무사불복 차지위야

맹자가 말하기를 위력으로 인의를 가장하는 사람은 패도이니 패도는 반드시 큰 나라를 소유하였고 성덕으로 인정을 시행하는 사람은 왕도이니 왕도는 큰 나라를 기대하지 않는다.

은나라를 세운 탕왕은 사방 70리로 시작하였고 주나라를 세운 무왕은 사방 100리로 시작하였으니 위력으로 사람들을 복종시킨 것은 마음으로 복종한 것이 아니라 힘이 부족했던 것이고 성덕으로 사람들을 복종시킨 것은 속마음이 기뻐서 참으로 복종하는 것으로 70세 노인이 공부자에게 복종하는 것 과 마찬가지이다.

시경에 말하기를 서쪽 동쪽에서 복종해 오고 남쪽 북쪽에서 복종해 와서 복종하지 않는 곳이 없다고 하였으니 바로 이런 것을 두고 말한 것이다.

※不忍人之心불인인지심

238 孟子曰 人皆有不忍人之心하니 先王이
맹자왈 인개유불인인지심 선왕

有不忍人之心하여 斯有不忍人之政矣니
유불인인지심 사유불인인지정의

以不忍人之心으로 行不忍人之政이면 治天下는
이불인인지심 행불인인지정 치천하

可運之掌上이라 所以謂人皆有不忍人之心者는
가 운 지 장 상   소 이 위 인 개 유 불 인 인 지 심 자

今人이乍見孺子將入於井하고
금 인   사 견 유 자 장 입 어 정

皆有怵惕惻隱之心하니 非所以納交於孺子
개 유 출 척 측 은 지 심   비 소 이 납 교 어 유 자

父母也이고非所以要譽於鄕黨朋友也이며
부 모 야   비 소 이 요 예 어 향 당 붕 우 야

非惡其聲而然也니라
비 오 기 성 이 연 야

맹자가 말하기를 사람들은 모두 사람들에게 차마 못하는 마음이 있는데 선대왕들이 사람에게 차마 못하는 마음이 있었기에 곧 사람에게 차마 못하는 정치가 있었던 것이니 사람에게 차마 못하는 마음을 가지고 사람에게 차마 못하는 정치를 시행하게 되면 세상 다스리는 일은 손바닥 위에서 움직일 수가 있는 것이다.

모든 사람들이 사람에게 차마 못하는 마음이 있다고 말하는 까닭은 방금 사람들이 갑자기 어느 젖먹이 아이가 우물 속으로 빠져 들어가려는 것을 보고는 모두 두려워하며 가여워하는 마음으로 구조하게 되는데 이것은 젖먹이 아이의 부모와 교분을 맺으려고 하는 이유도 아니고 고을이나 친구들에게 칭찬을 받으려고 하는 이유도 아니며 자신의 명성이 나빠질까 봐 그러는 것도 아닌 것이다.

※ **四端之心**사단지심

239 由是觀之하니 無惻隱之心이면 非人也이고
　　유 시 관 지   무 측 은 지 심   비 인 야

無羞惡之心이면 非人也이며 無辭讓之心이면
무 수 오 지 심　　　비 인 야　　　무 사 양 지 심

非人也이고 無是非之心이면 非人也니라
비 인 야　　　무 시 비 지 심　　　비 인 야

惻隱之心은 仁之端也요 羞惡之心은
측 은 지 심　　인 지 단 야　　수 오 지 심

義之端也요 辭讓之心은 禮之端也요
의 지 단 야　　사 양 지 심　　예 지 단 야

是非之心은 智之端也니라 人之有是四端也는
시 비 지 심　　지 지 단 야　　　인 지 유 시 사 단 야

猶其有四體也로 有是四端而自謂不能者는
유 기 유 사 체 야　　유 시 사 단 이 자 위 불 능 자

自賊者也요 謂其君不能者는 賊其君者也니라
자 적 자 야　　위 기 군 불 능 자　　적 기 군 자 야

凡有四端於我者를 知皆擴而充之矣면
범 유 사 단 어 아 자　　지 개 확 이 충 지 의

若火之始燃하고 泉之始達하여 苟能充之면
약 화 지 시 연　　　천 지 시 달　　　구 능 충 지

足以保四海요 苟不充之면 不足以事父母니라
족 이 보 사 해　　구 불 충 지　　부 족 이 사 부 모

남을 차마 못하는 마음을 미루어보면 측은해하는 마음이 없다면 사람이
아니고 부끄러워하는 마음이 없다면 사람이 아니며 사양심이 없다면 사람
이 아니고 옳고 그릇됨을 분별하는 마음이 없다면 사람이 아닌 것이다.
측은지심은 인의 단서이고 수오지심은 의의 단서이고 사양지심은 예의
단서이고 시비지심은 지혜의 단서이다.
사람들이 이러한 사단(네가지 단서)지심이 있는 것은 마치 우리의 팔다리
(사지)가 있는 것과 같아서 이러한 사단지심이 있는 것을 자신은 가능하지

않다고 말하는 사람은 자신을 부정하는 사람이고 자기 임금은 가능하지 않다고 말하는 사람은 자기 임금을 부정하는 사람인 것이다.

대체로 나에게 사단지심이 있는 것을 모두 확충할 줄 알게 되면 불이 타기 시작하는 것 같고 샘물이 솟기 시작하는 것 같아서 만일 확충한다면 온나라를 보전할 수 있을 것이고 만일 확충하지 못한다면 부모 섬기는 일도 부족할 것이다.

※矢人 函人시인함인

240 孟子曰 矢人이 豈不仁於函人哉리오
맹 자 왈 시 인　기 불 인 어 함 인 재

矢人은 惟恐不傷人하고 函人은 惟恐傷人하니
시 인　유 공 불 상 인　함 인　유 공 상 인

巫匠도 亦然이라 故로 術不可不愼也니라
무 장　역 연　고　술 불 가 불 신 야

孔子曰 里仁이 爲美로 擇不處仁이면
공 자 왈 이 인　위 미　택 불 처 인

焉得智하시니 夫仁은 天之尊爵也며 人之安宅也로
언 득 지　부 인　천 지 존 작 야　인 지 안 택 야

莫之禦而不仁하니 是不智也라
막 지 어 이 불 인　시 부 지 야

不仁不智하며 無禮無義면 人役也로
불 인 부 지　무 례 무 의　인 역 야

人役而恥爲役이면 猶弓人而恥爲弓하고
인 역 이 치 위 역　유 궁 인 이 치 위 궁

矢人而恥爲矢也라 如恥之면 莫如爲仁이라
시 인 이 치 위 시 야　여 치 지　막 여 위 인

仁者_는 如射_로 射者_는 正己而後發_{하여}
인 자　여 사　사 자　정 기 이 후 발

發而不中_{이어도} 不怨勝己者_요
발 이 부 중　　　불 원 승 기 자

反求諸己而已矣_{니라}
반 구 저 기 이 이 의

맹자가 말하기를 화살 만드는 사람이 왜 갑옷 만드는 사람보다 훌륭하지 않을까마는 화살 만드는 사람은 오직 사람을 해치지 못할까를 걱정하고 갑옷 만드는 사람은 오직 사람이 다치면 어떻게 하는지를 걱정하는데 무당이나 기술자 역시도 그렇다. 그러므로 기술이란 신중하지 않으면 안 되는 것이다.

공자가 말씀하시기를 마을에 인후한 풍속이 아름다운 것으로 인후한 마을을 선택하여 살지 않는다면 어떻게 지혜롭다 할 수 있겠는가? 하셨으니 대체로 인후함이란 하늘의 존엄한 관직이며 사람의 편안한 집으로서 누가 막지 않는 데도 인후한 마을에 살지 않으니 그것은 지혜롭지 못한 것이다.

어질지도 않고 지혜롭지 못하며 더욱이 예절도 없고 도의까지 없다면 남에게 부림만 당할 것이므로 남에게 부림을 당하면서 부림당하는 자체를 부끄러워한다면 마치 활 만드는 사람이 활 만들기를 부끄러워하고 화살 만드는 사람이 화살 만들기를 부끄러워하는 것과 같다. 만일 부끄러워한다면 인의를 실천하는 것만한 것이 없다.

인의 실천이란 활쏘기 대회와 같아서 활쏘기는 자기 자세를 바르게 한 다음에 쏘는데 쏘아서 격중하지 못했다 해도 자기 이긴 사람을 원망할 것이 아니라 적중하지 못한 이유를 자신한테 찾고서 반성할 따름인 것이다.

※天時 地利 人和천시리인화

241 孟子曰 天時가 不如地利요 地利가 不如人和니라
맹 자 왈 천 시 　 불 여 지 리 　 지 리 　 불 여 인 화

三里之城과 七里之郭을 環而攻之而不勝하니
삼 리 지 성 　 칠 리 지 곽 　 환 이 공 지 이 불 승

夫環而攻之에 必有得天時者矣이나
부 환 이 공 지 　 필 유 득 천 시 자 의

然而不勝者는 是天時가 不如地利也라
연 이 불 승 자 　 시 천 시 　 불 여 지 리 야

城非不高也요 池非不深也며 兵革이
성 이 불 고 야 　 지 비 불 심 야 　 병 혁

非不堅利也요 米粟이 非不多也이나
비 불 견 리 야 　 미 속 　 비 불 다 야

委而去之하니 是地利가 不如人和也니라
위 이 거 지 　 시 지 리 　 불 여 인 화 야

故로 曰域民에 不以封疆之界하고 固國에
고 　 왈 역 민 　 불 이 봉 강 지 계 　 고 국

不以山谿之險하며 威天下에 不以兵革之利이니
불 이 산 계 지 험 　 위 천 하 　 불 이 병 혁 지 리

得道者는 多助하고 失道者는 寡助라
득 도 자 　 다 조 　 실 도 자 　 과 조

寡助至之에는 親戚畔之하고 多助至之에는
과 조 지 지 　 친 척 반 지 　 다 조 지 지

天下順之니라 以天下之所順으로
다 조 지 지 　 이 천 하 지 소 순

攻親戚之所畔이니 故로 君子는 有不戰이나
공 친 척 지 소 반 　 고 　 군 자 　 유 부 전

戰必勝矣니라
전 필 승 의

맹자가 말하기를 천시가 지리만 못하고 지리가 인화만 못한 것이다. 3리 들레의 내곽 성과 7리 들레의 외곽 성을 포위하고서 공격했는데도 이기지 못하였을 때 대체로 포위하고 공격할 즈음에 반드시 천시를 얻은 사람이 있었겠지만 이기지 못한 것은 바로 천시가 지리만 못해서이다. 성이 높지 않아서가 아니고 해자(연못)가 깊지 않아서가 아니며 무기와 갑옷이 견고하지 못해서가 아니고 군량미가 적어서가 아니지만 포기하고 달아난 것은 지리가 인화만 못해서이다.

그러므로 백성들을 구획할 때 국토의 경계선으로 이용하지 않고 나라를 튼튼하게 방비할 때 계곡의 험준함으로 이용하지 않으며 세상을 위엄으로 다스릴 때 무기나 갑옷의 견고함으로 이용하지 말아야 하니 도의를 얻은 사람은 도움이 많아지고 도의를 잃은 사람은 도움이 적어진다. 도움이 적어지면 친척들까지 배반하고 도움이 많아지면 세상이 모두 순종하게 된다.

세상이 순종하는 도의로 친척이 배반하는 불의를 공격하는 격이 되니 그러므로 군자는 전쟁을 하지 않지만 전쟁을 한다면 반드시 승리하게 된다.

3) 滕文公章句
등 문 공 장 구

※ 恒産 恒心 항산항심

242 滕文公이 問爲國하니 孟子曰 民事는
등 문 공　문 위 국　　맹 자 왈 민 사

不可緩也니다 民之爲道也에 有恒産者는
불가완야　　민지위도야　유항산자

有恒心이나 無恒産者는 無恒心으로
유항심　　무항산자　무항심

苟無恒心이면 放僻邪侈를 無不爲己니
구무항심　　방벽사치　무불위이

及陷乎罪然後에 從而刑之면 是網民也니
급함호죄연후　종이형지　시망민야

焉有仁人이 在位하여 網民을而可爲也리오
언유인인　재위　　망민　이가위야

是故로 賢君은 必恭儉하여 禮下하고
시고　현군　필공검　　예하

取於民이 有制니다
취어민　유제

陽虎曰爲富면 不仁矣요 爲仁이면不富矣니라
양호왈위부　불인의　위인　불부의

등나라 문공이 나라 다스리는 일을 질문하자 맹자가 말하기를 백성에 관한 일은 늦추어서는 안 됩니다. 백성들이 도리를 실천함에 있어 일정한 생업이 있는 사람은 떳떳한 마음이 있겠지만 일정한 생업이 없는 사람은 떳떳한 마음이 없으므로 만일 떳떳한 마음마져 없게 되면 방자하고 편벽되고 간사하고 사치함을 하지 않을 수가 없을 것으로 죄에 빠진 뒤에 따라서 처벌하게 되면 그것은 백성들을 법망으로 그물질하는 격으로 어떻게 어진 사람이 높은 지위에 있으면서 백성들 그물질하는 일을 할 수가 있겠습니까?

그러므로 현명한 군주는 반드시 공손하고 검소하여 아랫 사람을 예우하고 백성들에게 세금을 거둘 때에 제한이 있는 것입니다. 양호(계씨의 가신 양화)가 말하기를 부자 되려면 인의를 실천하지 못할 것이고 인의를 실천하려 면 부자가 되지 못할 것이라고 하였습니다.

4) 離婁章句
이 루 장 구

※惡醉而强酒 오취이강주

243 孟子曰 三代之得天下也는 以仁이오
맹 자 왈 삼 대 지 득 천 하 야   이 인

其失天下也는
기 실 천 하 야

以不仁이니 國之所以興廢存亡者亦然이라
이 불 인   국 지 소 이 흥 폐 존 망 자 역 연

天子不仁이면 不保四海하고 諸侯不仁이면
천 자 불 인   불 보 사 해   제 후 불 인

不保社稷하며 卿大夫不仁이면 不保宗廟하고
불 보 사 직   경 대 부 불 인   불 보 종 묘

士庶人不仁이면 不保四體인데
사 서 인 불 인   불 보 사 체

今惡死亡而樂不仁하니 是猶惡醉而强酒니라
금 오 사 망 이 낙 불 인   시 유 오 취 이 강 주

맹자가 말하기를 3대(하·은·주)가 천하를 얻은 것은 인정을 시행하였기 때문이고 천하를 잃은 것은 인정을 시행하지 않았기 때문이니 나라가 번성하거나 쇠퇴하거나 보존되거나 멸망하는 것 역시도 그러하다.
천자가 어질지 못하면 온 나라를 보호하지 못하고 제후가 어질지 못하면 사직을 보존하지 못하며 경대부가 어질지 못하면 종묘를 보존하지 못하고 선비와 서민이 어질지 못하면 자신도 지키지 못하는데 요즈음 사람들

은 죽음을 싫어하면서도 나쁜 일을 즐기고 있으니 그것은 마치 술 취하는 것을 싫어하면서도 억지로 술 마시는 것과 같은 것이다.

244 孟子曰 愛人不親이면 反其仁하고 治人不治면
맹 자 왈 애 인 불 친　　　반 기 인　　　치 인 불 치

反其智하며 禮人不答이면 反其敬하고
반 기 지　　　예 인 부 답　　　반 기 경

行有不得者면 皆反求諸己니
행 유 부 득 자　　　개 반 구 저 기

其身正而天下歸之니라
기 신 정 이 천 하 귀 지

不仁者는 可與言哉리오 安其危而利其災하여
불 인 자　　가 여 언 재　　　안 기 위 이 이 기 재

樂其所以亡者하니 不仁而可與言이면
낙 기 소 이 망 자　　　불 인 이 가 여 언

則何亡國敗家之有리오
즉 하 망 국 패 가 지 유

有孺子歌曰 滄浪之水淸兮어든
유 유 자 가 왈 창 랑 지 수 청 혜

可以濯我纓이요 滄浪之水濁兮어든
가 이 탁 아 영　　　창 랑 지 수 탁 혜

可以濯我足이라하니 孔子曰 小子야
가 이 탁 아 족　　　　공 자 왈 소 자

聽之하라 淸斯濯纓이고 濁斯濯足矣나
청 지　　　청 사 탁 영　　　탁 사 탁 족 의

自取之也니라
자 취 지 야

맹자가 말하기를 사람을 친애하여 친해지지 않았으면 자기의 사랑심을 반성해보고 남을 다스린후 다스려지지 않았으면 자기의 지혜를 반성해보며 남을 예우하여 응답이 없으면 자기의 공경심을 반성해보고 실행하였으나 결과가 없으면 모든 것을 돌이켜 나한테서 잘못을 찾아야 하니 자신이 올바르다면 세상 사람들이 인정하게 될 것이다.

선량하지 않은 사람과 함께 말할 수 있겠는가! 위태로움을 평안히 생각하고 재앙을 이롭게 생각하여 망하는 일을 즐기고 있으니 혹시 선량하지 않다고 해도 함께 말을 나눌 수만 있다면 왜 나라를 망치고 집안을 패가시키는 일이 있겠는가! (충고를 받아들이면 교화가 가능함)

옛적 어떤 동자가 노래하기를 창랑강 물이 맑을 때면 나의 갓끈을 빨고 창랑강물이 흐릴 때면 나의 발을 씻는다고 하였으니 공자가 말씀하시기를 제자들아! 들거라 강물이 맑으면 곧 갓끈을 빨고 강물이 흐리면 곧 발을 씻겠지만 모든 일은 자신이 선택해서 하는 것이다라고 하셨다.

245 夫人必自侮然後에 人侮之하고
　　　부 인 필 자 모 연 후　　　인 모 지

家必自毁而後에 人毁之하며
　　가 필 자 훼 이 후　　　인 훼 지

國必自伐而後에 人伐之하니
　　국 필 자 벌 이 후　　　인 벌 지

太甲曰 天作孽은 猶可違나
　　태 갑 왈 천 작 얼　　유 가 위

自作孽은 不可活이라하니 此之謂也니라
　　자 작 얼　　불 가 활　　　　치 지 위 야

대체로 사람은 반드시 자신을 업신여긴 다음에 남들이 업신여기고 집안도 반드시 스스로 헐뜯게 만든 다음에 남들이 헐뜯으며 나라도 반드시 스스로 혼란해진 다음에 적들이 공격해 오므로 서경 태갑편에서 말하기를 하늘이 내린 재앙은 그래도 피할 수 있지만 자신이 저지른 재앙은 살아날 수 없다고 하였으니 이것을 두고 말한 것이다.

246 孟子曰 桀紂之失天下也는 失其民也니
맹자왈 걸주지실천하야 실기민야

失其民者는 失其心也라 得天下有道하니
실기민자 실기심야 득천하유도

得其民이면 斯得天下矣라 得其民有道하니
득기민 사득천하의 득기민유도

得其心이면 斯得民矣라 得其心有道하니
득기심 사득민의 득기심유도

所欲을 與之聚之요 所惡를 勿施爾也니라
소욕 여지취지 소오 물시이야

맹자가 말씀하시기를 하나라 걸왕과 은나라 주왕이 천하를 잃은 것은 백성을 잃었기 때문이니 백성을 잃었다는 것은 그 마음을 잃은 것이다. 천하를 얻는 데 길이 있으니 백성을 얻으면 천하를 얻는 것이다. 백성을 얻는 데 길이 있으니 그 마음을 얻으면 백성을 얻을 것이다. 마음을 얻는 데 길이 있으니 백성들이 바라는 것을 모아주고 백성들이 싫어하는 것을 하지 말아야 하는 것이다.

※ **自暴 自棄**자포자기

247 孟子曰 自暴者는 不可與有言也요 自棄者는
맹자왈 자포자 불가여유언야 자기자

不可與有爲也니 言非禮義를 謂之自暴也요
불가여유위야 　언비예의　위지자포야

吾身不能居仁由義를 謂之自棄也니
오신불능거인유의　위지자기야

仁은人之安宅也요 義는人之正路也라
인　인지안택야　의　인지정로야

曠安宅而弗居하고 捨正路而不由하니 哀哉라
광안　이불거　사정로이불유　애재

道在邇而求諸遠하고 事在易而求諸難하니
도재이이구저원　사재이이구저난

人人이 親其親하고 長其長이면 而天下平이라
인인　친기친　장기장　이천하평

맹자가 말하기를 스스로 부정하는 사람과는 함께 할 말이 없을 것이고 스스로 포기하는 사람과는 함께 할 일이 없을 것이므로 말할 때 마다 예의를 비난하는 사람을 자포라고 하고 나 자신은 인의를 따를 수 없다고 하는 사람을 자기라고 하는데 인은 편안한 집이고 의는 올바른 길이다. 편안한 집을 비우고 살지 않고 바른 길을 놔두고 가지 않으니 애석하구나!

길이 가까운 곳에 있는데 그 길을 먼 데서 찾고 일이 가장 쉬운 곳에 있는데 어려운 데서 찾으니 사람 사람마다 자기 친족을 친애하고 자기 어른을 어른으로 받들면 온 세상이 평화로워질 것이다.

※誠者 誠之者성자성지자

248 孟子曰 居下位而不獲乎上이면 民不可得而
맹자왈　거하위이불획어상　민불가득이

治也라 獲於上이 有道하니 不信於友면
치 야 획 어 상 유 도 불 신 어 우

弗獲於上矣라 信於友가 有道하여
불 획 어 상 의 신 어 우 유 도

事親弗悅이면 弗信於友矣라 悅親이 有道하여
사 친 불 열 불 신 어 우 의 열 친 유 도

反身不誠이면 不悅於親矣라 誠身이
반 신 불 성 불 열 어 친 의 성 신

有道하여 不明乎善이면 不誠其身矣니라
유 도 불 명 호 선 불 성 기 신 의

是故로 誠者는 天地道也요 思誠者人之道也로
시 고 성 자 천 지 도 야 사 성 자 인 지 도 야

至誠而不動者는 未之有也니 不誠이면
지 성 이 부 동 자 미 지 유 야 불 성

未有能動者也니라
미 유 능 동 자 야

맹자가 말하기를 낮은 지위에 있으면서 윗사람의 신임을 얻지 못하면 백성을 다스려 나갈 수 없을 것이다. 윗사람의 신임을 얻는 데 길이 있어 친구에게 신임을 받지 못하면 윗사람의 신임도 얻지 못할 것이다. 친구에게 신임받는 데 길이 있어 부모님 섬기기를 기쁘게 해드리지 못하면 친구에게도 신임을 받지 못할 것이다.

부모님을 기쁘게 해드리는 데 방법이 있어 자신을 돌이켜보아 성실하지 않다면 부모님을 기쁘게 해드리지 못할 것이다. 자신을 성실히 하는 데 방법이 있어 선행에 밝지 못하다면 자신을 성실히 할 수 없을 것이다.

이런 까닭으로 성이란 하늘(섭리)의 상도이고 그 심오한 진리를 탐구하여 성실히 노력하기를 생각하는 것은 사람의 도리(윤리 도덕)로서 지극히 성실하고도 감동시키지 못하는 일은 없으므로 성실하지 못하면서 감동시킬 수 있는 사람은 없을 것이다.

※ 養志孝 養口體孝 양지효양구체효

249 孟子曰 事孰爲大오 事親爲大니라 守孰爲大오
맹자왈 사숙위대 사친위대 수숙위대

守身爲大니라 失其身而能事其親者는
수신위대 불실기이능사기친자

吾聞之矣나 失其身하고 能事其親者는
오문지의 실기신 능사기친자

吾未之聞也니라
오미지문야

孰不爲事오 事親이 事之本也라 孰不爲守오
숙불위사 사친 사지본야 숙불위수

守身이 守之本也니라 曾子가 養曾晳에
수신 수지본야 증자 양증석

必有酒肉이니 將徹에 必請所與하고
필유주육 장철 필청소여

問有餘면 必曰有니라 曾晳死하고
문유여 필왈유 증석사

曾元이 養曾子에 必有酒肉이니
증원 양증자 필유주육

將徹에 不請所與하고
장철 불청소여

問有餘면 曰無矣라하니 將以復進也라
문유여 왈무의 장이부진야

此所謂養口體者也니
차 소위 양구체자야

若曾子則可謂養志者也로
약 증 자 즉 가 위 양 지 자 야

事親을若曾子者可也니라
사 친 약 증 자 자 가 야

맹자가 말하기를 누구를 섬기는 것이 크다고 할까! 부모님 섬기는 일이 큰 것이다. 무엇을 지키는 것이 크다고 할까! 자신을 지키는 것이 큰 것이다. 자신의 도리를 잃지 않고서 부모님을 섬길 수 있는 사람을 나는 들어보았지만 자신의 도리를 잃고서 부모님을 섬길 수 있다는 사람을 나는 들어보지 못했다.

무엇인들 섬김이 되지 않을까 마는 부모님 섬기는 것이 섬김의 근본이고 무엇인들 지킴이 되지 않을까 마는 자신을 지키는 것이 지킴의 근본이다. 증자가 아버지 증석을 봉양할 때에 꼭 술과 고기 안주가 있었는데 밥상을 치우려 할 때 반드시 누구에게 주실 것을 여쭈었고 남은 것이 있느냐고 물어보시면 반드시 있다고 대답하였다.

아버지 증석이 돌아가시고 아들 증원이 증자를 봉양할 때에 꼭 술과 고기 안주가 있었는데 밥상을 치우려 할 때 누구에게 주실 것을 여쭙지 않았고 남은 것이 있느냐고 물어보시면 없다고 대답하였다고 하니 다음에 다시 내오려고 했던 것이다.

이것을 양구체 효도라고 하는데 증자같이 섬기는 효도는 양지 효도라고 할 수 있으므로 부모님 섬김을 증자같이 하는 사람이 옳은 방법이다.

※盈科而後進영과이후진

250 徐子曰仲尼는 亟稱於水曰 水哉水哉하시니
서 자 왈 중 니 기 칭 어 수 왈 수 재 수 재

何取於水也오 孟子曰 源泉이 混混하여
하 취 어 수 야　맹 자 왈 원 천　혼 혼

不捨晝夜하고 盈科而後進하여 放乎四海하니
불 사 주 야　영 과 이 후 진　방 호 사 해

有本者如是라 是之取爾니라 苟爲無本이면
유 본 자 여 시　시 지 취 이　구 위 무 본

七八月之間에 雨集하여 溝澮皆盈이나
칠 팔 월 지 간　우 집　구 회 개 영

其涸也는 可立而待也故로 聲聞過情을
기 학 야　가 립 이 대 야 고　성 문 과 정

君子恥之니라 孟子曰 人之所以異於禽獸者는
군 자 치 지　맹 자 왈 인 지 소 이 이 어 금 수 자

幾稀로 庶民去之하고 君子存之니라
기 희　서 민 거 지　군 자 존 지

서자가 말하기를 중니(공자)께서 자주 물을 거론하시며 물이로다! 물이로다! 하셨다고 하는데 무슨 진리를 물에서 찾으셨습니까? 맹자가 말하기를 샘 근원이 흘러 밤낮을 쉬지 않고 웅덩이를 채운 다음에 흘러가서 바다에 도달하는데 근원이 있는 것은 모두 물과 같으므로 그 진리를 물에서 찾으실 따름이었다.

만일 근원(샘)이 없었다면 7~8월에 비가 집중적으로 내려서 도랑을 모두 채운다고 하지만 물이 말라버리는 것은 지키고 서서 기다릴 수 있을 정도이니 그러므로 명성이 실제보다 넘치는 것을 군자는 부끄럽게 생각한다.

맹자가 말하기를 사람이 짐승과 다른 점은 거의 간단하므로 서민은 저버리고 군자는 보존한다는 점이다. (예의 염치만 버리면 짐승에 가깝다)

※ 愛人 敬人애인경인

251 孟子曰君子所以異於人者는 以其存心也니
맹자왈군자소이이어인자　이기존심야

君子는 以仁存心하고 以禮存心이라 仁者는
군자　이인존심　이례존심　인자

愛人하고 有禮者는 敬人하여 愛人者는
애인　유례자　경인　애인자

人恒愛之하고 敬人者는 人恒敬之니라
인항애지　경인자　인항경지

有人於此하니 其待我以橫逆則君子는
유인어차　기대아이횡역즉군자

必自反也하여 我必不仁也하고 必無禮也하여
필자반야　아필불인야　필무례야

此物이 奚宜至哉여하리라
차물　해의지재

其自反而仁矣며 自反而有禮矣나 其橫逆이
기자반이인의　자반이유례의　기횡역

猶是也면 君子는 必自反也하여 我必不忠하리라
유시야　군자　필자반야　아필불충

自反而忠矣나 其橫逆이 猶是也면 君子曰
자반이충의　기횡역　유시야　군자왈

此亦妄人也已矣라하니 如此則
차역망인야이의　여차즉

與禽獸奚擇哉이며 於禽獸에 又何難焉이리오
여금수해택재　어금수　우하난언

是故로 君子는 有終身之憂나 無一朝之患也니라
시고　군자　유종신지우　무일조지환야

乃若所憂則有之로 舜도 人也며 我亦人也이나
내 약 소 우 즉 유 지   순   인 야   아 역 인 야

舜爲法於天下하여 可傳於後世인데
순 위 법 어 천 하   가 전 어 후 세

我猶未免爲鄕人也하니 是則可憂也라
아 유 미 면 위 향 인 야   시 즉 가 우 야

憂之如何오
우 지 여 하

如舜而已矣로 若夫君子所患則無矣니라
여 순 이 이 의   약 부 군 자 소 환 즉 무 의

非仁無爲也며 非禮無行也이니
비 인 무 위 야   비 례 무 행 야

如有一朝之患이면
여 유 일 조 지 환

則君子不患矣니라
즉 군 자 불 환 의

맹자가 말하기를 군자가 보통 사람과 다른 이유는 그 본심을 보존하기 때문에 군자는 인의로 마음을 보존하고 예의로 마음을 보존한다. 어진 사람은 사람을 사랑하고 예의가 있는 사람은 사람을 공경하여 남을 사랑한 사람은 남들도 항상 사랑하게 되고 남을 공경한 사람은 남들도 항상 공경하게 된다.

어떤 사람이 이렇다고 하자 그 사람이 나한테 거슬림으로 한다면 군자는 반드시 자신을 반성하면서 내가 하필이면 어질지 못했었는가! 하필이면 예의가 없었는가! 하면서 이런 일이 어떻게 여기까지 이르게 되었는가! 하였을 것이다.

또 반성해 보아서 어질게 하였으며 자신을 반성해 보아서 예의가 있었지만 그 사람의 거슬림이 여전하다면 군자는 반드시 자신을 반성하면서 내

가 충실하지 못했었나! 생각하였을 것이다.

그러나 또 자신을 반성해 보아서 그 사람의 거슬림이 여전하다면 군자는 그때야 말하기를 이 사람은 역시 망녕스러운 사람일 뿐이구나! 할 것으로 이런 사람이라면 짐승과 어떻게 구별하며 또 짐승한테 무엇을 꾸짖겠는가! 하였을 것이다.

이런 이유로 군자는 평생의 근심은 있지만 하루 아침에 관한 근심은 하지 않는다. 만일 근심이 있다면 순임금도 사람이고 나도 사람인데 순임금은 세상에 본보기가 되시어 후세까지 전할 수 있었지만 나는 아직도 고을 촌부도 면하지 못하고 있으니 이런 일이라면 근심할 만한 일이다. 근심한들 무엇하겠는가! 순임금과 똑같이 하면 될 뿐이므로 대체로 보아 군자가 근심하는 일은 없다고 할 수 있다.

인의가 아니면 행동하지 않으며 예의가 아니면 행동하지 않고서 만일 하루 아침에 관한 근심이라면 곧 군자는 근심하지 않을 것이다.

5) 萬章章句
만 장 장 구

※聖之時者성지시자

252 孟子曰 伯夷는 目不視惡色하고 耳不聽惡聲하며
맹 자 왈 백 이   목 불 시 악 색   이 불 청 악 성

非其君不事하고 非其民不使하여 治則進하고
비 기 군 불 사   비 기 민 불 사   치 즉 진

亂則退하여 橫政之所出과 橫民之所止에
난 즉 퇴   횡 정 지 소 출   횡 민 지 소 지

不忍居也하며 思與鄕人處에 如以朝衣朝冠으로
불 인 거 야   사 여 향 인 처   여 이 조 의 조 관

坐於塗炭也니라 當紂之時하여 居北海之濱하며
좌 어 도 탄 야　　당 주 지 시　　거 북 해 지 빈

以待天下之淸也하니 故로 聞伯夷之風者는
이 대 천 하 지 청 야　　고　　문 백 이 지 풍 자

頑夫廉하고 懦夫有立志니라
완 부 렴　　나 부 유 입 지

맹자가 말하기를 백이는 눈으로 나쁜 색깔을 보지않고 귀로 나쁜 소리를
듣지 않으며 자기가 원하는 임금이 아니면 섬기지 않고 자기가 원하는 백
성이 아니면 부리지 않고서 잘 다스려지면 진출하고 혼란하면 물러나서
거슬리는 정치가 나오는 곳과 거슬리는 백성이 머무는 곳에 차마 살지 않
았으며 향리 사람들과 거처하기를 생각할 때 조정의 관복을 입고서 도탄
에 앉아 있는 것처럼 생각하였다고 한다(정치인으로서 백성을 구제 못한 수치심).
은나라 마지막 주왕 때를 당하여 북쪽 바닷가에 살았으며 세상이 깨끗해
지기를 기다렸다고 하므로 백이의 풍습을 들은 사람은 탐욕스러운 사람
도 청렴하였고 나약한 사람도 의지를 정립할 수 있었다고 한다.

253 伊尹曰 何事非君이며 何使非民하여 治亦進하고
　　 이 윤 왈 하 사 비 군　　하 사 비 민　　치 역 진

亂亦進하여 曰天之生斯民也는 使先知로
난 역 진　　왈 천 지 생 사 민 야　　사 선 지

覺後知하고 使先覺으로 覺後覺하시니
각 후 지　　사 선 각　　각 후 각

予天民之先覺者也니 予將以此道로
여 천 민 지 선 각 자 야　　여 장 이 차 도

覺此民也라하며
각 차 민 야

思天下之民匹夫匹婦가
사 천 하 지 민 필 부 필 부

有不與被堯舜之澤者면
유 불 예 피 요 순 지 택 자

若己推而納之溝中하여
약 기 추 이 납 지 구 중

其自任以天下之重也니라
기 자 임 이 천 하 지 중 야

이윤이 말하기를 누구를 섬기면 임금이 아니며 누구를 부리면 백성이 아
닌가 하면서 잘 다스려져도 진출하고 혼란해도 역시 진출하고서 말하기를
하늘이 백성들을 살도록 하신 것은 먼저 배운 사람들로 하여금 뒤에 배우
는 사람들을 알도록 하였고 먼저 깨달은 사람으로 하여금 뒤에 깨닫는 사
람들을 깨닫도록 하였으니 나는 하늘이 내리신 백성 중에 먼저 깨달은 사
람으로서 나는 이런 방법으로 백성들을 깨닫도록 할 것이라 하였으며 자
신이 생각하기에 세상 백성들의 모든 남녀가 모두 요임금 순임금의 은덕을
입지 못한 사람이 있으면 마치 자신이 밀쳐서 도랑 속에 빠뜨린 것같이 생
각하고 이 세상의 중책을 스스로 책임지겠다는 마음을 가졌다고 한다.

254 柳下惠는 不羞汙君하고 不辭小官하며
유 하 혜　　불 수 오 군　　　불 사 소 관

進不隱賢하여 必以其道하고 遺佚而不怨하며
진 불 은 현　　필 이 기 도　　　유 일 이 불 원

阨窮而不憫하고 與鄕人處에
액 궁 이 불 민　　여 향 인 처

由由然不忍去也하며
유 유 연 불 인 거 야

爾爲爾요 我爲我로 雖袒裼裸裎於我側인들
이 위 이 아 위 아 수 단 석 나 정 어 아 측

爾焉能浼我哉리오하니 故로 聞柳下惠之風者는
이 언 능 매 아 재   고   문 유 하 혜 지 풍 자

鄙夫寬하고 薄夫敦이라
비 부 관   박 부 돈

유하혜는 부족한 임금을 부끄럽게 생각하지 않았고 하찮은 벼슬을 사양
하지 않았으며 진출하게 되면 현명함을 숨기지 않고서 반드시 자기 도리
를 다하였고 버려지거나 숨어 살아도 원망하지 않았으며 일이 막히거나
생활이 곤궁해도 근심하지 않았고 향인들과 거처할 때 흡족해하며 차마
떠나지 못하고서 생각하기를 너는 너일 뿐이고 나는 나일 뿐이니 아무리
웃옷을 벗거나 벌거벗고 내 곁에 있은들 네가 어떻게 내 마음까지 더럽
힐 수 있겠는가! 하였다고 하므로 유하혜의 풍습을 들은 사람은 인색한
사람도 관대해지고 각박한 사람도 후덕해졌다고 한다.

255 孔子之去齊에 接淅而行하시고 去魯에 曰
    공 자 지 거 제   접 석 이 행   거 로 왈

遲遲吾行也하시니 去父母國之道也라
지 지 오 행 야   거 부 모 국 지 도 야

可以速而速하고 可以久而久하며 可以處而處하고
가 이 속 이 속   가 이 구 이 구   가 이 처 이 처

可以仕而仕는 孔子也니라 孟子曰伯夷는
가 이 사 이 사 공 자 야   맹 자 왈 백 이

聖之淸者也요 伊尹은 聖之任者也요 柳下惠는
성 지 청 자 야 이 윤 성 지 임 자 야 유 하 혜

聖之和者也요 孔子는 聖之時者也니라
성 지 화 자 야 공 자   성 지 시 자 야

공자가 제나라를 떠날 때는 씻던 쌀을 들고 떠나셨고 노나라를 떠날 때
는 우리 행차를 천천히 가자고 하셨으니 부모의 나라를 떠나는 길이었
다. 빨리 가야 되면 빨리 떠나셨고 오래 있을 만하면 오래 있었으며 잠시
머물러야 되면 머물렀고 벼슬할 만하면 벼슬하신 분은 공자이시다.

맹자가 말하기를 백이는 청렴한 성인이셨고 이윤은 책임을 자처하는 성
인이셨으며 유하혜는 조화를 이루는 성인이셨고 공자는 처신할 때를 아
는 성인이셨다.

백이 : 은나라 말기 고죽국의 왕자.
이윤 : 은나라 초기 성탕의 재상.
유하혜 : 주나라 춘추시대 현인.
공자 : 주나라 춘추시대 노나라 에서 유학을 집대성하신 성인.

※集大成 집대성

256 孔子之謂集大成이니 集大成也者는
공 자 지 위 집 대 성   집 대 성 야 자

金聲而玉振之也라
금 성 이 옥 진 지 야

金聲也者는 始條理也요 玉振之也者는
금 성 야 자   시 조 리 야   옥 진 지 야 자

終條理也니
종 조 리 야

始條理者는 智之事也요 終條理者는
시 조 리 자   지 지 사 야   종 조 리 야

聖之事也니라
성 지 사 야

공부자님을 집대성이라 말하니 집대성이란 음악을 연주할 때에 쇠소리

를 울려 퍼뜨리고 옥소리를 울려 마무리한다는 뜻과 같은 것이다. 쇠소리를 울린다는 것은 조리를 시작함이고 옥소리를 울린다는 것은 조리를 마무리하는 것이므로 조리를 시작함은 지혜의 일이고 조리를 마무리함은 성인의 일이다.

조리(條理) : 사물의 가닥이나 경로, 맥락 등

6) 告子章句
곡 자 장 구

※ **孟性善說** 맹자성선설

257 告子曰 性은 猶杞柳也요 義는 猶桮棬也로
곡 자 왈 성   유 기 류 야   의   유 배 권 야

以人性爲仁義가 猶以杞柳爲桮棬이라
이 인 성 위 인 의   유 이 기 류 위 배 권

孟子曰 子는 能順杞柳之性而以爲桮棬乎아
맹 자 왈 자   능 순 기 류 지 성 이 이 위 배 권 호

將戕賊杞柳而後에 以爲桮棬也니
장 장 적 기 류 이 후   이 위 배 권 야

如將戕賊杞柳而以爲桮棬이면
여 장 장 적 기 류 이 이 위 배 권

則亦將戕賊人하여 以爲仁義歟아
즉 역 장 장 적 인   이 위 인 의 여

率天下之人而禍仁義者는 必子言夫리라
솔 천 하 지 인 이 화 인 의 자   필 자 언 부

곡자가 말하기를 성(性)은 버드나무와 같고 의(義)는 그릇과 같아서 사람의 본성으로 인의를 실천하는 것이 마치 버드나무로 그릇을 만드는 것과

같다고 하자! 맹자가 말하기를 버드나무의 자연 성질 그대로 그릇을 만들 수 있겠는가! 버드나무를 베어서 깍은 다음에 그릇을 만들게 되는데 만일 버드나무를 베어서 그릇을 만든다고 보면 역시 사람을 해쳐서 인의를 실천한다는 말이 된다. 세상 사람들을 인솔하여 인의를 해치게 만드는 것은 필연코 그대의 말대로일 것이다.

258 告子曰 性은 猶湍水也로 決諸東方則東流하고
　　　곡자왈 성　유탄수야　　결저동방즉동류

決諸西方則西流하여 人性之無分於善不善也는
결저서방즉서류　　　인성지무분어선불선야

猶水之無分於東西也라하니 孟子曰
유수지무분어동서　　　　맹자왈

水信無分於東西이나 無分於上下乎아
수신무분어동서　　　무분어상하호

人性之善也는 猶水之就下也로 人無有不善하고
인성지선야　선야지취하야　인무유불선

水無有不下라 今夫水를 搏而躍之면
수무유불하　금부수　박이약지

可使過顙이며 激而行之면 可使在山인데
가사과상　　격이행지　가사재산

是豈水之性哉리오 其勢則然也니
시기수지성재　　기세즉연야

人之可使爲不善은 其性亦猶是也니라
인지가사위불선　기성역유시야

곡자가 말하기를 성(性)은 마치 여울물과 같아서 동쪽으로 터놓으면 동쪽으로 흐르고 서쪽으로 터놓으면 서쪽으로 흐르므로 사람 본성이 선과 불선의 구분이 없는 것은 물이 동쪽과 서쪽의 구분이 없는 것과 같다고 하자!

맹자가 말하기를 물이 참으로 동쪽과 서쪽의 구분은 없겠지만 높은 곳과 낮은 곳의 구분도 없다는 말인가! 인성의 착함은 마치 물이 낮은 곳으로 흘러 내려가는 것과 같아서 인성은 착하지 않음이 없고 물은 낮은 곳으로 내려가지 않음이 없는 것이다.

지금 저 물을 쳐서 뛰어오르게 하면 이마를 지나 올라 가도록 할 수 있으며 급류로 흐르게 하면 산위로 올라가도록 할 수 있는데 이것을 어떻게 물의 본성이라고 할 수 있겠는가! 그 형세가 곧 그렇게 만드는 것으로 사람이 불선을 하게 되는 성(性) 역시 이것과 마찬가지이다.

259 告子曰 生之謂性이라 하니 孟子曰 生之謂性也는
곡 자 왈 생 지 위 성   맹 자 왈 생 지 위 성 야

猶白之謂白歟아 曰然이라 白羽之白也가
유 백 지 위 백 여   왈 연   백 우 지 백 야

猶白雪之白이면 白雪之白이 猶白玉之白歟아
유 백 설 지 백   백 설 지 백   유 백 옥 지 백 여

曰然이라 然則犬之性이 猶牛之性이며
왈 연   연 즉 견 지 성   유 우 지 성

牛之性이 猶人之性歟아
우 지 성   유 인 지 성 여

곡자가 말하기를 살아 있는 본능을 성(性)이라고 하자 맹자가 말하기를 살아있는 본능을 성이라고 한 말은 흰 것을 희다고 말하는 것과 같은 것인가? 그렇다고 말하자 그러면 흰 깃털의 흰색과 흰 눈의 흰색이 같은 것이며 흰눈의 흰색이 흰 옥의 흰색과 같은 것인가? 또 그렇다고 말하자 그러면 개의 본성이 소의 본성과 같으며 소의 본성이 사람의 본성과 같다는 말인가! 하였다고 한다.

260 告子曰 食色이 性也로 仁은 內也로 非外也요
　　곡자왈 식색　성야　인　내야　비외야

義는 外也로 非內也라하니 孟子曰
의　외야　비내야　맹자왈

何以謂仁內義外也오 告子曰 彼長而我長之로
하이위인내의외야　곡자왈 피장이아장지

非有長於我也라 猶彼白而我白之로
비유장어아야　유피백이아백지

從其白於外也故로 謂之外也라하니
종기백어외야고　위지외야

孟子曰 馬之白也가 無以異於白人之白也는
맹자왈 마지백야　무이이어백인지백야

不識이나 長馬之長也가
불식　장마지장야

無以異於長人之長歟인가
무이이어장인지장여

且謂長者義乎아 長之者義乎아
차위장자의호　장지자의호

곡자가 말하기를 먹는 것(본능)과 여색(본능)이 성(性)으로 인(仁)은 내적이
며 외적이 아니고 의(義)는 외적이며 내적이 아니라고 하자! 맹자가 말하
기를 어째서 인이 내적이고 의가 외적이라고 하는가?

곡자가 말하기를 저 사람이 어른이기에 내가 어른으로 여기므로 내가 어
른으로 여기는 존경심이 본래부터 있었던 것은 아니다. 저것이 희기에
내가 희다고 여기므로 그 희다고 하는 자체를 외적 요인에 따르기 때문
에 외적이라고 말한 것이다라고 하자! 맹자가 말하기를 흰말의 흰색이
백인의 흰색과 다름이 없을지는 모르지만 나이 많은 말의 어른됨과 나이

많은 사람의 어른됨이 다름이 없다고 보는가! 다시 말해서 나이 많은 사람의 의(義)라고 보는가! 아니면 어른으로 존경하는 마음을 의로 보는가! 하였다.

261 公都子曰 告子曰 性은 無善無不善也라 하고
공 도 자 왈 곡 자 왈 성 무 선 무 불 선 야

或曰性은 可以爲善하고 可以爲不善이라 하니
혹 왈 성 가 이 위 선 가 이 위 불 선

是故로 文武興則民好善하고 幽厲興則民好暴니다
시 고 문 무 흥 즉 민 호 선 유 여 흥 즉 민 호 포

或曰有性善하고 有性不善이라하니 是故로
혹 왈 유 성 선 유 성 불 선 시 고

以堯爲君而有象하고 以瞽瞍爲父而有舜하며
이 요 위 군 이 유 상 이 고 수 위 부 이 유 순

以紂爲兄之子로
이 주 위 형 지 자

且以爲君而有微子啓王子比干인데
차 이 위 군 이 유 미 자 계 왕 자 비 간

今日性善이라하시니 然則彼皆非歟니까
금 왈 성 선 연 즉 피 개 비 여

孟子曰 乃若其情則可以爲善矣로
맹 자 왈 내 약 기 정 즉 가

乃所謂善也니라 若夫爲不善은 非才之罪也니라
내 소 위 선 야 약 부 위 불 선 비 재 지 죄 야

공도자(맹자의 제자)가 말하기를 곡자가 말한 성(性)은 선도 없고 불선도 없다고 하였고 또 어떤 사람은 성은 선할 수도 있고 선하지 않을 수도 있다고 하였으므로 문왕 무왕 같은 성군이 일어나면 백성들이 선행을 좋아하

였고 유왕 여왕 같은 폭군이 일어나면 백성들이 포학을 좋아했습니다.

또 어떤 사람이 말하기를 성(性)은 선함도 있고 불선함도 있다고 하였으므로 요임금 같으신 분이 임금이 되셨는데도 어리석은 상과 같은 사람이 있었고 고수 같은 사람이 아버지가 되셨는데도 거룩하신 순임금이 계셨으며 은나라 말기의 주왕 같은 사람은 조카 항렬로서 임금이 되었는데도 숙부 항렬인 미자계와 왕자비간이 있었다고 하는데 지금 성(性)은 모두 착하다고만 말씀 하시니 그렇다면 저런 사례는 모두 잘못된 것입니까?

맹자가 말하기를 사람의 본래 본성으로 말하면 선한 것이므로 곧 내가 선하다고 말한 것이다. 대체로 불선한 것은 타고난 재질의 죄가 아닌 것이다. (후천적 환경에 따름)

262 惻隱之心을 人皆有之하고
측 은 지 심　 인 개 유 지

羞惡之心을 人皆有之하며
수 오 지 심　 인 개 유 지

恭敬之心을 人皆有之하고
공 경 지 심　 인 개 유 지

是非之心을 人皆有之하니
시 비 지 심　 인 개 유 지

惻隱之心은 仁也요 羞惡之心은 義也요
측 은 지 심　 인 야　 수 오 지 심　　 의 야

恭敬之心은 禮也요 是非之心은 智也니
공 경 지 심　 례 야　 시 비 지 심　 지 야

仁義禮智가 非由外鑠我也로 我固有之也이나
인 의 례 지　 비 유 외 삭 아 야　　 아 고 유 지 야

弗思耳矣故로 曰求則得之하고 捨則失之라하니
불 사 이 의 고　 왈 구 즉 득 지　　 사 즉 실 지

或相倍蓰而無算者는 不能盡其才者也니라
혹 상 배 사 이 무 산 자　　불 능 진 기 재 자 야

측은해하는 마음을 누구나 갖고 있고 부끄러워하는 마음을 누구나 갖고 있으며 공경하는 마음을 누구나 갖고 있고 옳고 그름 분별하는 마음을 누구나 갖고 있어 측은지심은 인(仁)이고 수오지심은 의(義)이며 공경지심은 예(禮)이고 시비지심은 지(智)인데 인의예지의 마음이 밖으로부터 나를 녹여 들어오는 것이 아니라 내가 본래부터 갖고 있는 것이지만 다만 생각하지 않았을 뿐이다.

그러므로 찾으면 얻고 놓아버리면 잃는다고 하였으니 간혹 사람들의 선과 악의 차이가 배가 되기도 하고 다섯 배가 되기도 하여 계산해볼 수조차 없는 것은 본래 갖고 있는 재질을 다하느냐 못하느냐인 것일 뿐이다.

263 孟子曰 富歲는 子弟多賴하고 凶歲는 子弟多暴하니
　　맹 자 왈 부 세　　자 제 다 뢰　　흉 세　　자 제 다 포

非天之降才爾殊也로
비 천 지 강 재 이 수 야

其所以陷溺其心者然也니라
기 소 이 함 닉 기 심 자 연 야

今夫䴱麥을 播種而耰之에 其地同하고
금 부 모 맥　　파 종 이 우 지　　기 지 동

樹之時又同이면 勃然而生하고 至於日至之時하여
수 지 시 우 동　　발 연 이 생　　지 어 일 지 지 시

皆熟矣로 雖有不同이면 則地有肥磽하며
개 숙 의　　수 유 부 동　　즉 지 유 비 요

雨露之養과 人事之不齊也니라
우 로 지 양　　인 사 지 부 제 야

풍년에는 자제들이 선량함이 많고 흉년에는 자제들이 포학함이 많은데 하늘이 재질을 내리심이 그렇게 달리하신 것이 아니라 자신이 자기 마음을 방심한 까닭이 그러했던 것이다. 예를 들어 지금 보리를 파종하고 흙으로 덮었다고 하자! 그 토지가 같고 심은 때마저 또한 같다면 무성하게 자라서 하지 때가 되면 모두 익게 될것으로 다만 수확이 똑같지 않다면 그것은 곧 땅이 비옥하거나 척박함이며 비와 이슬이 길러줌과 사람들의 가꾸는 일이 똑같지 않아서일 것이다.

264 故로 凡同類者는 擧相似也로 何獨至於人而
　　　고　범동류자　거상사야　　하독지어인이

疑之리오 聖人도 與我同類者故로
의지　성인　여아동류자고

龍子曰 不知足而爲屨여도 我知其不爲簣也라 하니
용자왈 부지족이위구　　아지기불위궤야

屨之相似는 天下之足이 同也니라
구지상사　천하지족　동야

口之於味에 有同嗜也로 易牙는 先得
구지어미　유동기야　역아　선득

我口之所嗜者也라 如使口之於味也에
아구지소기자야　여사구지어미야

其性與人殊가 若犬馬之於我不同類也면
기성여인수　약견마지여아부동류야

則天下何嗜를 皆從易牙之於味也리오
즉천하하기　개종역아지어미야

至於味하여 天下期於易牙로
지어미　　천하기어역아

是天下之口相似也니라
시 천 하 지 구 상 사 야

그러므로 대체로 같은 종류는 모두 서로 비슷한 것이므로 왜 유독 사람에게 있어서만 의문함이 있겠는가! 성인도 우리와 똑같은 부류의 사람인 것이다.

그러므로 용자의 말에 의하면 발의 크기를 모르고 신발을 만든다 해도 나는 삼태기 정도는 만들지 않을 것으로 믿는다고 하였으니 신발이 서로 비슷한 것은 세상 사람들의 발이 거의 같아서인 것이다.

입맛이 있어서도 똑같은 즐김이 있는 것이므로 역아는 우리 입들이 즐기는 입맛을 먼저 깨달은 사람이다. 만일 입들이 맛에 있어서 그 성향이 남들과의 특수함이 마치 개나 말들이 우리와 같은 부류가 아닌 것처럼 다르다면 세상 사람들이 어떻게 입맛 즐기는 것을 모두가 역아의 입맛 아는 경지에 도달할 수 있겠는가!

입맛을 아는 데 있어서는 세상 사람들이 역아처럼 되기를 바랄 것으로 그것은 세상 사람들의 입맛이 서로 비슷해서이다.

265 惟耳亦然으로 至於聲하여 天下期於師曠하니
유 이 역 연   지 어 성   천 하 기 어 사 광

是天下之耳相似也니라 惟目亦然으로
사 천 하 지 이 상 사 야   유 목 역 연

至於子都하여 天下莫不知其姣也하니
지 어 자 도   천 하 막 부 지 기 교 야

不知子都之姣者는 無目者也니라
부 지 자 도 지 교 자   무 목 자 야

故로 曰口之於味也에 有同嗜焉하고
고   왈 구 지 어 미 야   유 동 기 언

耳之於聲也_에 同聽焉_{하며} 目之於色也_에
이 지 어 성 야　동 처 언　　목 지 어 색 야

有同美焉_{하니} 至於心_{하여} 獨無所同然乎_아
유 동 미 언　　지 어 심　　독 무 소 동 연 호

心之同然者_는 何也_오 謂理也義也_{니라}
심 지 동 연 자　하 야　　위 리 야 의 야

聖人_은 先得我心之所同然耳故_로
성 인　선 득 아 심 지 소 동 연 이 고

理義之悅我心_이 猶 芻豢之悅我口_{니라}
리 의 지 열 아 심　유 추 권 지 열 아 구

귀도 또한 그러므로 소리를 듣는 데 있어서도 세상 사람들이 사광처럼 되기를 바라므로 그것은 세상 사람의 귀가 서로 비슷해서이다. 눈도 또한 그러므로 자도에게 있어서는 세상 사람들이 그사람의 아름다운 눈을 모르는 경우가 없으므로 자도의 아름다움을 모르는 사람은 눈이 없는 것과 마찬가지이다.

그러므로 입들이 입맛에 있어서 똑같은 즐김이 있는 것이고 귀가 소리에 있어서 똑같은 들음이 있는 것이며 눈이 색깔에 있어서 똑같은 아름다움이 있는 것이므로 마음에 있어서만 유독 똑같은 올바른 본연의 마음이 없겠는가! 마음이 똑같다고 여기게 되는 본연의 마음이란 무엇인가! 리(性理)와 의(道義)를 말한다. 성인은 우리 마음의 똑같은 본연의 마음을 먼저 깨달으셨을 뿐으로 리(體)와 의(用)가 우리 마음을 즐겁게 하는 것이 마치 소나 돼지 등의 고기가 우리 입맛을 즐겁게 하는 것과 마찬가지인 것이다.

266 孟子曰 牛山之木이 嘗美矣나 以其郊於大國也에
　　　맹자왈 우산지목　상미의　이기교어대국야

　　斧斤이 伐之하여 可以爲美乎아
　　부근　벌지　가이위미호

　　是其日夜之所息과
　　시기일야지소식

　　雨露之所潤에 非無萌蘗之生焉이나 牛羊이
　　우로지소윤　비무맹얼지생언　　의양

　　又從而牧之라 是以로 若彼濯濯也하니 人이
　　우종이목지　시이　약피탁탁야　　인

　　見其濯濯也하고 以爲未嘗有材焉이라 하니
　　견기탁탁야　　이위미상유재언

　　此豈山之性也哉리오
　　차기산지성야재

맹자가 말하기를 제나라 동남쪽에 있는 우산의 나무가 울창했었는데 큰
나라의 도읍지 교외에 있었기 때문에 많은 사람들이 도끼로 벌목을 해서
과연 울창할 수 있었겠는가!

밤낮으로 자라남과 비와 이슬로 적셔주어서 벌목해간 그루터기에 움이 자
라나지만 소나 양들을 따라서 방목하였기 때문에 저렇게 산이 반질반질
한데 사람들은 반질반질해진 산만 보고서 우산에는 재목감이 아예 있은
적이 없다고 생각하므로 이것이 어떻게 우산 본래의 모습이었겠는가!

267 雖存乎人者가 豈無仁義之心哉리오
　　　수존호인자　기무인의지심재

其以放其良心者가 亦猶斧斤之於木也에
소 이 방 기 양 심 자　역 유 부 근 지 어 목 야

旦旦而伐之하여 可以爲美乎아 其日夜之消息과
단 단 이 벌 지　가 이 위 미 호　기 일 야 지 소 식

平旦之氣에 其好惡가 與人相近也者가 幾稀나
평 단 지 기　기 호 오　여 인 상 근 야 자　기 히

則其旦晝之所爲가 有梏亡之矣로
즉 기 단 주 지 소 위　유 곡 망 지 의

梏之反覆則其夜氣가 不足以存이요
곡 지 반 복 즉 기 야 기　부 족 이 존

夜氣가 不足以存則其違禽獸不遠矣로
야 기　부 족 이 존 즉 기 위 금 수 불 원 의

人見其禽獸也而以爲未嘗有才焉者라 하니
인 견 기 금 수 야 이 이 위 미 상 유 재 언 자

是豈人之情也哉리오 故로 苟得其養이면
시 기 인 지 정 야 재　고　구 득 기 양

無物不長하고 苟失其養이면 無物不消라 하니
무 물 부 장　구 실 기 양　무 물 불 소

孔子曰操則存하고 捨則亡하여 出入無時로
공 자 왈 조 즉 존　사 즉 망　출 입 무 시

莫知其向은 惟心之謂歟하시니라
막 지 기 향　유 심 지 위 여

아무리 사람이 보존하고 있는 것 중에 누구인들 인의의 본심이 없을까
마는 그 양심을 놓아버린 까닭이 또한 아침마다 도끼로 나무를 벌목하는
것과 마찬가지여서 아름다울(인의 본심) 수가 있겠는가!

밤낮으로 자라남과 평온한 아침 기온의 좋고 나쁨이 사람들과 서로 가까
울 일은 거의 드물겠지만 곧 아침과 낮에 저지르는 일이 어지럽히거나
소멸시키는 행위가 있어서 더구나 어지럽힘이 반복하게 되면 그 밤기온

이 보존될 수가 없고 보존될 수 없게 되면 짐승들과의 차이가 멀지 않을 것으로 사람들이 그 짐승 같은 것만을 보고서 사람다운 재질(인의의 본심)이 아예 있은 적이 없다고 생각하게 되므로 이것이 어떻게 그 사람의 실정이겠는가!

그러므로 만일 그 길러줌을 받게 되면 만물이 자라나지 않음이 없게 될 것이고 만일 그 길러줌을 잃게 되면 사물이 소멸하지 않음이 없게 될 것이라고 하였으니 공자가 말씀하시기를 잡으면 보존되고 놓아버리면 사라져서 나가고 들어옴이 정해진 때가 없이 향방조차 알 수가 없다고 말씀하신 것은 오직 마음을 두고 한 것이라고 하셨다.

※捨生取義사생취의

268 孟子曰 魚도 我所欲也며 熊掌도 亦我所欲也이나
맹 자 왈 어   야 소 욕 야   웅 장   역 아 소 욕 야

二者를 不可得兼이면 捨魚而取熊掌者也니라
이 자   불 가 득 겸   사 어 이 취 웅 장 자 야

生亦我所欲也며 義亦我所欲也이나 二者를
생 역 아 소 욕 야   의 역 아 소 욕 야   이 자

不可得兼이면 捨生而取義者也니라
불 가 득 겸   사 생 이 취 의 자 야

生亦我所欲이나 所欲이 有甚於生者故로
생 역 아 소 욕   소 욕   유 심 어 생 자 고

不爲苟得也하고 死亦我所惡이나 所惡가
불 위 구 득 야   사 역 아 소 오   소 오

有甚於死者故로 患有所不避也니
유 심 어 사 자 고   환 유 소 불 피 야

如使人之所欲이 莫甚於生이면
여 사 이 지 소 욕   막 심 어 생

則凡可以得生者를 何不用也며 使人之所惡가
즉 범 가 이 득 생 자   하 불 용 야   사 인 지 소 오

莫甚於死者면 則凡可以避患者를 何不爲也리오
막 심 어 사 자   즉 범 가 이 피 환 자   하 불 위 야

맹자가 말하기를 물고기도 내가 원하는 것이고 곰 발바닥도 내가 원하는
것이지만 두 가지를 함께 가질 수 없다면 물고기를 놔두고 곰 발바닥을
가질 것이다.

삶 또한 내가 원하는 것이며 의(義)또한 내가 원하는 것이지만 두 가지를
함께 가질 수 없다면 삶을 놔두고 의(義)를 가질 것이다.

삶 역시 내가 원하는 것이지만 원하는 것이 삶보다 더 중요한 것이 있기
때문에 삶을 구차하게 얻으려고 하지 않는 경우가 있는 것이고 죽음 또
한 내가 싫어하는 것이지만 싫어하는 것이 죽음보다 더 심한 것이 있기
때문에 싫은 환란마저 회피하지 않는 경우가 있으므로 만일 사람들의 욕
망이 삶보다 더 중요한 것이 없도록 해준(정신적·물질적)다면 대체로 환란
피할 수 있는 방법을 왜 선택하지 않겠는가!

269 由是로 則生而有不用也이고 由是로 則可以
유 시   즉 생 이 유 불 용 야   유 시   즉 가 이

避患而有不爲也라 是故로 所欲이
피 환 이 유 불 위 야   시 고   소 욕

有甚於生者이고 所惡가 有甚於死者인데
유 심 어 생 자   소 오   유 심 어 사 자

非獨賢者有是心也라 人皆有之이나
비 독 현 자 유 시 심 야   인 개 유 지

賢者는 能勿喪耳니라 一簞食와 一豆羹을
현자 능물상이 일단사 일두갱

得之則生하고 弗得則死여도 嘑爾而與之면
득지즉생 불득즉사 호이이여지

行道之人도 弗受하고
행도지인 불수

蹴爾而與之면 乞人도 不屑也니라
축이이여지 걸인 불설야

이런 이유로 곧 삶이라도 선택하지 않는 경우가 있고 이런 이유로 곧 환
란을 피할 수 있는 데도 피하지 않는 경우가 있다.

그러므로 원하는 것이 삶보다도 더 중요한 것이 있고 싫어하는 것이 죽
음보다도 더 심한 것이 있는 것이다. 유독 현자만이 그런 마음이 있는 것
이 아니라 사람들이 모두 있지만 현자는 잃음이 없도록 할 뿐이다.

대소쿠리에 담긴 밥 한그릇과 나무 그릇에 담긴 국 한 그릇을 얻으면 살
수 있고 못 얻으면 죽는다고 하더라도 욕을 하면서 주면 먼 길 가는 나그
네도 받지 않을 것이고 발로 차면서 주면 걸인도 편안하지 않을 것이다.

※ 失其本心 실기본심

270 萬鍾則 不辨禮義而受之하니
만종즉 불변예의이수지

萬鍾이 於我何加焉이리오
만종 어아하가언

爲宮室之美와 妻妾之奉과
위궁실지미 처첩지봉

所識窮乏者가 得我歟아
소 식 궁 핍 자 덕 아 여

嚮爲身은 死而不受하고 今爲宮室之美는 爲之하며
향 위 신 사 이 불 수   금 위 궁 실 지 미 위 지

嚮爲身은 死而不受하고 今爲妻妾之奉은 爲之하며
향 위 신 사 이 불 수   금 위 처 첩 지 봉 위 지

嚮爲身은 死而不受하고 今爲所識窮乏者가
향 위 신 사 이 불 수   금 위 소 식 궁 핍 자

得我而爲之면 是亦不可而已乎아
덕 아 이 위 지 시 역 불 가 이 이 호

此之謂失其本心이라
차 지 위 실 기 본 심

십만 섬의 곡식이라면 예의를 분별하지 않고 받는데 십만 섬의 곡식이
나한테 무슨 소용이 있겠는가! 마는 집의 화려함과 아내와 첩의 받듦과
내가 알고 있는 곤궁한 사람이 나한테 덕으로 여기게 하기 위해서 받는
다는 말인가!

얼마 전에 자신을 위해서는 죽어도 받지 않다가 지금 집의 화려함을 위
해서는 받고 얼마 전에 자신을 위해서는 죽어도 받지 않다가 지금 아내
와 첩의 받듦을 위해서는 받으며 얼마 전에 자신을 위해서는 죽어도 받
지 않다가 지금 내가 알고 있는 곤궁한 사람이 나한테 덕으로 여기게 하
기 위해서 받는다면 이것 역시 옳지 않을 뿐이다. 이런 것을 두고 본심을
잃은 것이라고 말하는 것이다.

271 孟子曰仁은人心也요義는人路也로
맹자왈인 인심야 의 인로야

捨其路而不由하고放其心而不知求하니哀哉라
사 기 로 이 불 유 방 기 심 이 부 지 구 애 재

人有鷄犬放則知求之여도有放心而不知求하니
인 유 계 견 방 즉 지 구 지 유 방 심 이 부 지 구

學問之道는無也라求其放心而已矣니라
학 문 지 도 무 타 구 기 방 심 이 이 의

맹자가 말하기를 인(仁)은 사람의 마음이고 의(義)는 사람의 길인데 그 길을
놔두고 가지 않고 그 마음을 놓아버리고도 찾을 줄 모르니 애석하구나!
사람이 닭이나 개를 놓치면 찾을 줄 알면서도 놓아버린 마음을 찾을 줄
모르니 학문을 하는 길은 다른 데 있는 것이 아니라 그 놓아버린 마음을
찾아야 할 뿐인 것이다.

※無名指愛무명지애

272 孟子曰今有無名之指屈而不信이
맹 자 왈 금 유 무 명 지 지 굴 이 불 신

非疾痛害事也이나如有能信之者면
비 질 통 해 사 야 여 유 능 신 지 자

則不遠秦楚之路하니爲指之不若人也라
즉 불 원 진 초 지 로 위 지 지 불 약 인

指不若人則知惡之여도心不若人則不知惡하니
지 불 약 인 즉 지 오 지 심 불 약 인 즉 부 지 오

此之謂不知類니라 孟子曰 拱把之桐梓를
차 지 위 부 지 류　　　 맹 자 왈 공 파 지 동 재

人苟欲生之면 皆知所以養之者이나
인 구 욕 생 지　　 개 지 소 이 양 지 자

至於身은 而不知所以養之者이니
지 어 신　　 이 부 지 소 이 양 지 자

豈愛身이 不若桐梓哉리오 弗思甚也니라
기 애 신　　 불 약 동 재 재　　　 불 사 심 야

맹자가 말하기를 무명지(넷째 손가락)가 굽혔다가 펴지지 않는 것이 아픈 병이 되어 일하는 데 피해가 있는 것은 아니지만 만일 펴줄 수 있는 사람이 있다고 한다면 진나라 초나라의 길도 멀지 않다고 하면서 갈 것인데 그것은 무명지가 남만 못하기 때문이다. 손가락이 남만 못하면 싫어할 줄 알면서도 마음이 남만 못하면 싫어할 줄 모르니 이런 것을 두고 유별(따위)을 모른다고 하는 것이다.

맹자가 말하기를 한아름 또는 한줌 되는 오동나무와 가래나무를 사람이 만일 살리려고 한다면 모두가 기르는 방법을 알고 있지만 자기 몸에 관하여는 기르는 방법을 모르고 있으니 어떻게 몸을 아끼는 마음이 오동나무나 가래나무만 못해서야 되겠는가! 생각하지 못함이 너무 심한 것이다.

※大人 小人대인소인

273 孟子曰 人之於身也에 兼所愛니 兼所愛則
　　　 맹 자 왈 인 지 어 신 야　 겸 소 애　　 겸 소 애 즉

兼所養也라 無尺寸之膚不愛焉이면
겸 소 양 야　　 무 척 촌 지 부 불 애 언

則無尺寸之膚不養也라 所以考其善不善者는
즉 무 척 촌 지 부 불 양 야   소 이 고 기 선 불 선 자

豈有他哉리오 於己에 取之而已矣니라
기 유 타 재   어 기   취 지 이 이 의

體有貴賤하고 有大小인데 無以小害大하고
체 유 귀 천   유 대 소   무 이 소 해 대

無以賤害貴로서 養其小者爲小人이오
무 이 천 해 귀   양 기 소 자 위 소 인

養其大者爲大人이라 飲食之人을
양 기 대 자 위 대 인   음 식 지 인

則人賤之矣로 爲其養小以失大也라
즉 인 천 지 의   위 기 양 소 이 실 대 야

無有失也면 則口腹이 豈適爲尺寸之膚哉리오
무 유 실 야   즉 구 복   기 적 위 척 촌 지 부 재

맹자가 말하기를 사람은 자신에게 있어서 아끼는 마음을 전체로 갖고 있는데 아끼는 마음을 전체로 갖고 있다면 기르는 마음도 전체로 가져야 한다.

일부분의 피부라도 아끼는 마음이 있다면 일부분의 피부라도 기르는 마음이 있어야 한다. 잘 기르고 못 기르는 것을 참고하는 것이 어떻게 다른 곳에 있겠는가! 자신에게서 찾을 뿐이다. 한 몸에도 귀한 곳과 천한 곳 사소한 것과 중대한 것이 있는데 사소한 것 때문에 중대한 것을 해칠 수는 없고 천한 곳 때문에 귀중한 곳을 해칠 수는 없으므로 사소한 것을 기르는 사람은 소인이 되고 중대한 것을 기르는 사람은 대인이 된다. 그저 마시고 먹기만 하는 사람을 곧 사람들이 천하다고 여기는데 그 사소한 것을 기르느라 중대한 것을 잃기 때문이다. 중대한 것을 잃는 일이 없도록 한다면 입이나 배가 어떻게 다만 일부분의 피부만 위하겠는가(마음과 의지까지도 위함)!

274 公都子 問曰 鈞是人也나 或爲大人하고
　　　공 도 자 문 왈 균 시 인 야　　혹 위 대 인

或爲小人은 何也니까 孟子曰 從其大體
혹 위 소 인　하 야　　맹 자 왈 종 기 대 체

爲大人이요 從其小體爲小人이라 又曰
위 대 인　종 기 소 체 위 소 인　　우 왈

鈞是人也나 或從其大體하고 或從其小體는
균 시 인 야　혹 종 기 대 체　　혹 종 기 소 체

何也니까 曰耳目之官은 不思而蔽於物이니
하 야　　왈 이 목 지 관　불 사 이 폐 어 물

物交物則 引之而已矣라 心之官則思이니
물 교 물 즉 인 지 이 이 의　심 지 관 즉 사

思則得之하고 不思則不得也는
사 즉 득 지　불 사 즉 부 득 야

此天之所與我者라 先立乎其大者면
차 천 지 소 여 아 자　선 립 호 기 대 자

則其小者 不能奪也로 此爲大人 而已矣니라
즉 기 소 자 불 능 탈 야　차 위 대 인 이 이 의

공도자가 질문하기를 똑 같은 사람인데 어떤 사람은 대인이 되고 어떤
사람은 소인이 되는 것은 왜 그렇습니까? 맹자가 말하기를 큰 본체를 따
르면 대인이 되고 작은 본체를 따르면 소인이 된다. 다시 질문하기를 똑
같은 사람인데 어떤 사람은 큰 본체를 따르고 어떤 사람은 작은 본체를
따르는 것은 왜 그렇습니까?

맹자가 말하기를 귀와 눈의 기능은 생각하지 않을 때 사물에 가리워지는
데 사물이 사물과 어울리면 곧 이끌릴 따름이다. 마음의 기능은 생각하
는 것으로 생각하면 얻고 생각하지 않으면 얻지 못하도록 하늘이 우리에
게 부여(性)해주신 것이다. 우선 큰 본체(心志)를 세우면 작은 본체(耳目)가

큰 본체를 빼앗지 못하므로 이것이 바로 대인이 될 따름인 것이다.

※ **動心忍性**동심인성

275 孟子曰 舜은 發於畎畝之中하시고 傳說은
맹 자 왈 순 발 어 견 묘 지 중　　　부 열

擧於版築之間하며
거 어 판 축 지 간

膠鬲은 擧於魚鹽之中하고 管夷吾는 擧於士하며
교 격　　거 어 어 염 지 중　　관 이 오　　거 어 사

孫叔敖는 擧於海하고 百里奚는 擧於市니라
손 숙 오　　거 어 해　　백 리 해　　거 어 시

故로 天將降大任於是人也인데 必先苦其心志하고
고　천 장 강 대 임 어 시 인 야　　필 선 고 기 심 지

勞其筋骨하며 餓其體膚하고 空乏其身하여
로 기 근 골　　아 기 체 부　　공 핍 기 신

行拂亂其所爲하니 所以動心忍性하여
행 불 란 기 소 위　　소 이 동 심 인 성

增益其所不能이라 人恒過然後에 能改하니
증 익 기 소 불 능　　인 항 과 연 후　　능 개

困於心하고 橫於慮而後作하여 徵於色하고
곤 어 심　　횡 어 려 이 후 작　　징 어 색

發於聲而後喩니라 入則無法家弼士하고
발 어 성 이 후 유　　입 즉 무 법 가 필 사

出則無敵國外患者는 國恒亡이라
출 즉 무 적 국 외 환 자　　국 항 망

然後에 知生於憂患하고 而死於安樂也니라
연 후　지 생 어 우 환　　이 사 어 안 락 야

맹자가 말하기를 순임금은 농토에서 일어나셨고 부열(은나라 무정의 재상)
은 성벽 쌓는 데서 등용하였으며 교격(문왕의 신하)은 어시장에서 등용되
었고 관이오(관중은 제환공 재상)는 옥 중에서 등용되었으며 손숙오(초장왕의
신하)는 바닷가에 은둔하다 등용되었고 백리해(진목공의 신하)는 시장에서
등용되었다.

그러므로 하늘이 나에게 큰 임무를 부여하실 때는 반드시 먼저 심지를
괴롭게 하고 육체를 힘들게 하였으며 뱃속을 굶주리게 하고 육신을 궁핍
하게 하여 실행하는 일을 어긋나고 어지럽게 하셨으니 마음을 감동시키
고 성품을 인내하도록 하여 잘하지 못하는 것을 더욱 노력하게 하시려는
것이었다.

사람이 항상 잘못한 뒤에 고칠 수가 있는데 마음을 곤궁하게 하고 생각을
어지럽게 한 다음에 분발하게 되며 얼굴 빛에 나타나고 음성에 드러난 다
음에 깨닫는 것이다. 나라 안에 법가와 보필하는 대신이 없고 또 나라 밖
에 적국과 환란이 없는 군주는 그 나라가 언제인가 망하게 된다. 그런 다
음에야 우환 속에서 살고 안락 속에서 죽는다는 것을 알게 될 것이다.

7) 公孫丑章句
공 손 추 장 구

※知性則知天지성즉지천

276 孟子曰 盡其心者는 知其性也하고 知其性則
　　맹 자 왈 진 기 심 자　　지 기 성 야　　　지 기 성 즉

　　知天矣니라 存其心하고 養其性은 所以事天也요
　　지 천 의　　존 기 심　　양 기 성　　소 이 사 천 야

夭壽不貳하고 修身以俟之는 所以立命也라
요 수 불 이　　　수 신 이 사 지　　소 이 입 명 야

是故로 知命者는 不立乎巖墻之下니라
시 고　　지 명 자　불 립 호 암 장 지 하

莫非命也로 順受其正하여 盡其道而死者는
막 비 명 야　순 수 기 정　　　진 기 도 이 사 자

正命也요 桎梏死者는 非正命也니라
정 명 야　질 곡 사 자　비 정 명 야

맹자가 말하기를 마음을 극진히 하는 사람은 성(性)을 알 것이고 성을 알면 하늘을 알게 되는 것이다. 본심을 보존하고 본성을 수양하는 것은 하늘을 섬기는 일이고 단명과 장수를 의심하지 않고서 수신하며 기다리는 것은 천명을 정립하는 일이다.

그러므로 천명을 아는 사람은 높은 바위나 담장 밑에 서 있지 않는다고 한다. 모두가 천명 아닌 것이 없으므로 올바름을 따르고 받아들여서 자신의 도리를 다하고 죽는 사람은 올바른 천명인 것이고 감옥에서 죽는 사람은 올바른 천명이 아닌 것이다.

※ 求之有道구지유도

277 孟子曰 求則得之하고 捨則失之하니 是求는
　　 맹 자 왈 구 즉 득 지　　사 즉 실 지　　시 구

有益於得也로 求在我者也라 求之有道하고
유 익 어 득 야　구 재 아 자 야　구 지 유 도

得之有命하니 是求는 無益於得也로
득 지 유 명　시 구　무 익 어 득 야

求在外者也_라 萬物_이 皆備於我矣_니
구 재 외 자 야　만 물　개 비 어 아 의

反身而誠_{이면} 樂莫大焉_{이요} 强恕而行_{이면}
반 신 이 성　　낙 막 대 언　　강 서 이 행

求仁_이 莫近焉_{이라}
구 인　막 근 언

맹자가 말하기를 찾으면 얻고 놓아버리면 잃게 되는데 찾는 것이 취득에
도움이 있는 것은 나에게 있는 것을 찾아서이다. 찾는 것이 길이 있고 얻
는 것이 운수가 있는데 찾는 것이 취득에 도움이 없는 것은 밖에 있는 것
을 찾아서이다.

만물이 모두 나에게 갖추어져 있어 자신을 반성해보아 성실했다면 즐거
움이 이보다 더 클 수 없고 남을 배려하는 마음으로 노력했다면 인을 찾
는 것이 이보다 더 가까울 수 없을 것이다.

※無恥之恥 무치지치

278　孟子曰 行之而不著焉_{하고} 習矣而不察焉_{하여}
　　　맹 자 왈 행 지 이 불 저 언　　습 의 이 불 찰 언

終身由之而 不知其道者_가 衆矣_{니라}
종 신 유 지 이 부 지 기 도 자　중 의

人不可以無恥_니 無恥之恥_면 無恥矣_라
인 불 가 이 무 치　무 치 지 치　무 치 의

恥之於人_에 大矣_라 爲機變之巧者_는
치 지 어 인　대 의　위 기 변 지 교 자

無所用恥焉_{이니} 不恥不若人_{이면} 何若人有_{리오}
무 소 용 치 언　불 치 불 약 인　하 약 인 유

맹자가 말하기를 실행하였지만 뚜렷하지 않고 익힌 것이지만 성찰하지 못하여 종신토록 따른다 해도 그 길을 모르는 사람이 많을 것이다.

사람은 부끄러움이 없어서는 안 되는데 부끄러움을 모르는 자체를 부끄러워한다면 부끄러운 일이 없을 것이다.

부끄러워함이란 사람에게 있어서 중대한 일이다. 기회나 변덕의 재주를 부리는 사람은 부끄러운 마음을 가질 일이 없을 것으로 염치를 아는 마음이 남만 못하다면 무엇인들 남만 하겠는가?

※ 良知 良能 양지양능

279 孟子曰 人之所不學而能者는 其良能也요
맹 자 왈 인 지 소 불 학 이 능 자　기 양 능 야

所不慮而知者는 其良知也로 孩提之童이
소 불 려 이 지 자　기 양 지 야　해 제 지 동

無不知愛其親也며 及其長也하여 無不知
무 불 지 애 기 친 야　급 기 장 야　　무 부 지

敬其兄也라 親親은 仁也요 敬長은 義也로
경 기 형 야　친 친　인 야　경 장　의 야

無他라 達之天下也니라
무 타　달 지 천 하 야

맹자가 말하기를 사람이 배우지 않은 것도 능통한 사람은 양능인 것이고 생각하지 않은 것도 아는 사람은 양지로서 어린 아이가 자기 부모 사랑함을 모를 리가 없으며 성장하게 되면 자기 형님 공경함을 모를 리가 없다.

친족(부모 형제 친척)을 사랑하는 것은 인(仁)이고 어른을 공경하는 것은 의(義)로써 다름 아닌 인의는 세상에 공통하는 도리이기 때문이다.

※ 若決江河약결강하

280 孟子曰 舜之居深山之中에 與木石居하고
　　맹자왈 순지거심산지중　　여목석거

　　與鹿豕遊하시니 其所以異於深山之野人者가
　　여녹시유　　　　기소이이어심산지야인자

　　幾稀나 及其聞一善言하고 見一善行에는
　　기희　　급기문일선언　　　견일선행

　　若決江河라하니 沛然莫之能禦也라
　　약결강하　　　　패연막지능어야

　　無爲其所不爲하고 無欲其所不欲이니
　　무위기소불위　　　무욕기소불욕

　　如此而已矣니라
　　여차이이의

맹자가 말하기를 순임금이 깊은 산속에 사실 때에 나무와 돌과 함께 하
며 사슴과 돼지와 노셨다고 하는데 산중에 야인들과 다를 일이 거의 없
었지만 한 가지 좋은 말을 듣거나 한 가지 선행을 보게 되면 마치 강물을
터놓은 형세같이 자연스러운 용기를 막을 수가 없었다고 한다. 하지 않
아야 할 것을 하지 않았고 하고 싶지 않은 것을 하지 않으셨으니 이렇게
하실 따름이었다.

※ 君子三樂군자삼락

281 孟子曰 君子有三樂而王天下는 不與存焉이라
　　맹자왈 군자유삼락이왕천하　불여존언

470 · 동양고전의 인문학

父母俱存하고 兄弟無故一樂也요
부 모 구 존　　　　형 제 무 고 일 락 야

仰不愧於天하고 俯不怍於人이 二樂也요
앙 불 괴 어 천　　　　부 불 작 어 인　　이 락 야

得天下英才而敎育之三樂也니
득 천 하 영 재 이 교 육 지 삼 락 야

君子有三樂而王天下는 不與存焉이라
군 자 유 삼 락 이 왕 천 하　　　불 여 존 언

맹자가 말하기를 군자는 세 가지 즐거움이 있는데 세상을 다스리는 왕위는 함께 있지 않았다.

부모님이 모두 계시고 형제가 무고한 것이 첫째 즐거움이고 위로 쳐다보아서는 하늘에 부끄럽지 않고 아래로 굽어보아서는 남에게 부끄럽지 않은 것이 둘째 즐거움이고 세상의 영재를 얻어서 교육하는 것이 셋째 즐거움으로 군자는 세 가지 즐거움이 있지만 세상을 다스리는 왕위만은 함께 있지 않았다고 한다.

※ 觀水有術관수유술

282 孟子曰 孔子는 登東山而小魯하시고
　　　맹 자 왈 공 자　　등 동 산 이 소 노

登太山而小天下하시니 故로 觀於海者에
등 태 산 이 소 천 하　　　　고　관 어 해 자

難爲水요 遊於聖人之門者에 難爲言이라
난 위 수　유 어 성 인 지 문 자　　난 위 언

觀水有術하여 必觀其瀾하니 日月有明하여
관 수 유 술　　　　필 관 기 란　　　일 월 유 명

容光必照焉이라 流水之爲物也가 不盈科면
용 광 필 조 언　유 수 지 위 물 야　불 영 과

不行하니 君子之於道也하여 不成章이면 不達이라
불 행　군 자 지 어 도 야　불 성 장　불 달

맹자가 말하기를 공자는 동산에 올라가 노나라를 작게 보셨고 태산에 올라가 세상을 작게 보셨으니 그러므로 바다를 구경한 사람에게는 물 이야기 하기가 어렵고 성인의 문하에 머물던 사람에게는 말에 관한 이야기 하기가 어렵다. 물을 관찰하는 데 방법이 있어 반드시 물결의 파장을 볼줄 알아야 하고 해와 달도 밝은 빛이 있어 빛을 용납하는 곳이면 반드시 비춰진다는 것을 알아야 한다.

흐르는 물의 기능이 웅덩이를 채우지 않으면 흘러가지 않는 것과 같이 군자는 도에 뜻을 두고서 문채(성과)를 이루지 못하면 통달하지 못한 것으로 생각한다.

※ 執中有權집중유권

283　孟子曰 鷄鳴而起하여 孳孳爲善者는 舜之徒也요
　맹 자 왈 계 명 이 기　자 자 위 선 자　순 지 도 야

鷄鳴而起하여 孳孳爲利者는 蹠之徒也라
계 명 이 기　자 자 위 리 자　척 지 도 야

欲知舜與蹠之分이면 無他라 利與善之間也니라
욕 지 순 여 척 지 분　무 타　이 여 선 지 간 야

孟子曰 楊朱는 取爲我하니 拔一毛而利天下여도
맹 자 왈 양 주　취 위 아　발 일 모 이 이 천 하

不爲也하고 墨翟은 兼愛하니 摩頂放踵이어도
불 위 야　묵 적　겸 애　마 정 방 종

利天下爲之하며 子莫은 執中하니 執中이
이 천 하 위 지   자 막 집 중   집 중

爲近之나 執中無權은 猶執一也라
위 근 지 집 중 무 권   유 집 일 야

所惡執一者는 爲其賊道也로 擧一而廢百也니라
소 오 집 일 자   위 기 적 도 야   거 일 이 폐 백 야

맹자가 말하기를 닭이 울 때 일어나서 부지런히 선행을 실천하는 사람은 순임금이셨고 닭이 울 때 일어나서 부지런히 이익만을 추구하는 사람은 도척의 무리였다. 순임과 도척의 구분을 알려고 한다면 다름 아닌 사익과 공익의 차이인 것이다.

맹자가 말하기를 양주(양자)는 오직 자신을 위하는 것만 택하였는데 머리카락 한 개를 뽑아서 세상에 이익이 된다 해도 하지 않았고 묵적(묵자)은 사랑심을 누구에게나 구분 없이 베풀었는데 이마를 비벼서 발꿈치까지 맞닿는다 해도 세상에 이익만 되면 하였으며 자막은 중도를 지켰는데 중도를 지키는 것이 도에 가깝기는 하지만 중도를 지키고도 권도가 없다면 한쪽을 잡은 것과 마찬가지이다.

한쪽만 잡는 것을 싫어하는 이유는 중도를 해치기 때문으로 한 가지만을 들어서 백 가지를 버리는 격이 되기 때문이다.

※ 進銳退速진예퇴속

284 孟子曰 饑者甘食하고 渴者甘飮하니
     맹 자 왈 기 자 감 식   갈 자 감 음

是未得飮食之正也로 饑渴이 害之也라
시 미 득 음 식 지 정 야   기 갈   해 지 야

豈惟口腹만 有饑渴之害리오 人心도
기유구복　유기갈지해　　인심

亦皆有害하니 人能無以饑渴之害로 爲心害면
역개유해　　인능무이기갈지해　위심해

則不及人을 不爲憂矣니라
즉불급인　불위우의

於不可已而已者는 無所不已요 於所厚者薄이면
어불가이이이자　무소불이　어소후자박

無所不薄也로 其進銳者는 其退速이라
무소불박야　기진예자　기퇴속

맹자가 말하기를 굶주린 사람은 달갑게 먹고 갈증 나는 사람은 달갑게 마시는데 그것은 음식의 바른 맛을 찾지 못한 것으로 기갈이 본래의 입맛을 해친 것이다. 왜 입이나 배만 기갈의 해가 있겠는가! 사람의 마음도 또한 모두 해로움이 있어서 사람들이 기갈로 인한 해로움이 마음까지 침범하는 일이 없도록 한다면 남한테 못 미치는 걱정은 하지 않아도 될 것이다.

그만두지 않아야 되는데 그만두는 사람은 그만두지 않는 것이 없고 후하게 해야 되는데 박하게 하는 사람은 박하지 않는 것이 없으므로 그 진출이 빠른 사람은 그 후퇴도 빠르다고 한다.

※仁民 愛物인민애물

285 孟子曰 君子는 於物也에 愛之而弗仁하고
맹자왈 군자　어물야　애지이불인

於民也에 仁之而弗親하니 親親而仁民하며
어민야　인지이불친　친친이인민

仁民而愛物이라 孟子曰 智者는 無不知이나
인 민 이 애 물　　　　　맹 자 왈 지 자　　무 불 지

當務之爲急이요 仁者는 無不愛나
당 무 지 위 급　　　　인 자　　무 불 애

急親賢之爲務이니 堯舜之智로 而不徧物은
급 친 현 지 위 무　　　　요 순 지 지　　이 불 편 물

急先務也요 堯舜之仁으로 不徧愛人은
급 선 무 야　　요 순 지 인　　　불 편 애 인

急親賢也니라
급 친 현 야

맹자가 말하기를 군자는 사물을 아껴주지만 두루 사랑하지는 못하였으며 백성을 사랑하지만 두루 친하지는 못하였으니 친족을 사랑하고 나서 사물을 사랑하게 되기 때문이다.

맹자가 말하기를 지혜로운 사람은 모르는 것이 없지만 당장 힘써야 할 일을 급선무로 삼았고 어진 사람은 사랑하지 않는 것이 없지만 어진 사람 가까이 함을 급선무로 삼았는데 요임금 순임금의 지혜로도 사물을 두루 살피지 못한 것은 먼저 힘써야 할 일을 급선무로 삼아서이고 요임금 순임금의 어짊으로도 사람들을 두루 사랑하지 못한 것은 어진 사람 가까이 함을 급선무로 삼아서이다.

※ 民貴 君輕 민귀군경

286 孟子曰 不信仁賢則國空虛하고 無禮義則
　　　맹 자 왈 불 신 인 현 즉 국 공 허　　무 예 의 즉

上下亂하며 無政事則財用不足이라
상 하 란　　　무 정 사 즉 재 용 부 족

孟子曰 民爲貴하고 社稷次之하며 君爲輕하니
맹 자 왈 민 위 귀　　　사 직 차 지　　　군 위 경

諸侯가 危社稷則變置니라
제 후　위 사 직 즉 변 치

孟子曰 聖人은 百世之師也니 伯夷柳下惠是也라
맹 자 왈 성 인　백 세 지 사 야　　　백 이 유 하 혜 시 야

故로 聞伯夷之風者는 頑夫廉하고 懦夫有立志하며
고　문 백 이 지 풍 자　완 부 렴　　　나 부 유 입 지

聞柳下惠之風者는 薄夫敦하고 鄙夫寬하니
문 유 하 혜 지 풍 자　박 부 돈　　　비 부 관

奮乎百世之上이면 百世之下聞者도
분 호 백 세 지 상　　　백 세 지 하 문 자

莫不興起也로
막 불 흥 기 야

非聖人而能若是乎아 而況親炙之者乎리오
비 성 인 이 능 약 시 호　　이 황 친 자 지 자 호

맹자가 말하기를 인자와 현자를 믿지 않으면 나라에 인재가 텅 비고 예의가 없으면 위 아래 질서가 문란해지며 정치력이 없으면 경제가 어려워진다.

맹자가 말하기를 성인은 백대의 스승으로서 백이와 유하혜가 그분들이다. 그러므로 백이의 풍습을 들은 사람은 탐욕스러운 사람도 청렴해지고 나약한 사람도 의지를 정립 할 수 있으며 유하혜의 풍습을 들은 사람은 각박한 사람도 독실해지고 인색한 사람도 관대해져서 백대 위에서 떨쳤다면 백대 뒤에 들은 사람도 흥기하지 않을 수 없으므로 성인이 아니면 그럴 수 있겠는가!

그러므로 더욱이 가까이서 가르침을 받은 사람이야 말할 것이 있겠는가!

287 孟子曰 人皆有所不忍하니 達之於其所忍이면
맹 자 왈 인 개 유 소 불 인　　달 지 어 기 소 인

仁也요 人皆有所不爲하니 達之於其所爲면
인 야　인 개 유 소 불 위　　달 지 어 기 소 위

義也니라 人能充無欲害人之心이면 而仁을
의 야　　인 능 충 무 욕 해 인 지 심　　이 인

不可勝用也며 人能充無穿踰之心이면
불 가 승 용 야　인 능 충 무 천 유 지 심

而義를 不可勝用也니라
이 의　불 가 승 용 야

養心이 莫善於寡欲하여 其爲人也寡欲이면
양 심　막 선 어 과 욕　　기 위 인 야 과 욕

雖有不存焉者도 寡矣요其 爲人也多欲이면
수 유 부 존 언 자　과 의　기　위 인 야 다

雖有存焉者도 寡矣니라
수 유 존 언 자　과 의

맹자가 말하기를 사람들이 모두 차마 안 하려는 마음이 있는데 차마 할 수 있는 경지에 도달하게 되면 인(仁)인 것이고 사람들이 모두 하지 않으려는 일이 있는데 실천하는 경지에 도달하게 되면 의(義)인 것이다.

사람들이 남을 피해주지 않겠다는 마음으로 채울 수 있다면 그 인을 모두다 쓸 수가 없을 것이며 사람들이 담을 뚫거나 넘어가지 않겠다는 마음으로 채울 수 있다면 그 의를 모두 다 쓸 수가 없을 것이다.

마음을 수양함이 욕심을 적게 하는 것보다 좋은 것이 없어서 그의 사람됨이 욕심이 적다면 아무리 수양심을 보존 안 했다 해도 보존(수양된 마음) 안 됨이 적을 것이고 그의 사람됨이 욕심이 많다면 아무리 수양심을 보

존했다 해도 보존(수양된 마음)됨이 적을 것이다.

※ 自堯舜至孔子 자요순지공자

288 孟子曰 由堯舜至於湯이 五百有餘歲니
　　　맹자왈 유요순지어탕　　　오백유여세

若禹皐陶則見而知之하고 若湯則
약우고요즉견이지지　　　약탕즉

聞而知之니라 由湯至於文王이 五百有餘歲니
문이지지　　유탕지어문왕　　오백유여세

若伊尹 萊朱則見而知之하고 若文王則
약이윤 래주즉견이지지　　　약문왕즉

聞而知之니라 由文王至於孔子五百有餘歲니
문이지지　　유문왕지어공자오백유여세

若太公望散宜生則見而知之하고
약태공망산의생즉견이지지

若孔子則聞而知之니라 由孔子以來로
약공자즉문이지지　　유공자이래

至於今이 百有餘歲니 去聖人之世가
지어금　백유여세　거성인지세

若此其未遠也며 近聖人之居가 若此其甚也이나
약차기미원야　근성인지거　약차기심야

然而無有乎爾니 則亦無有乎爾니라
연이무유호이　즉역무유호이

맹자가 말하기를 요임금과 순임금으로부터 탕왕에 이르기까지 500여 년
인데 우임금과 고요는 직접 보고 알았고 탕임금은 듣고서 알았다.
탕왕으로부터 문왕에 이르기까지 500여 년인데 이윤과 래주는 직접 보고

알았고 문왕은 듣고서 알았다.

문왕으로부터 공자에 이르기까지 500여 년인데 태공망과 산의생은 직접 보고 알았고 공부자는 듣고서 알으셨다.

공자로부터 이후로 지금에 이르기까지 180여 년인데 성인 시대와의 시간적 공간이 그토록 멀지 않으며 성인이 거주하셨던 지역과 지금 이 지역(맹자 거주)과의 거리가 매우 가깝지만 그런데도 유학의 흥행이 없으니 또한 앞으로도 있지 않을 것 같다. (전국시대 BC 221까지 지속)

※ 한대 유학자 : 동중서, 사마천, 사마상여, 양웅, 마융, 정현, 반고, 허신, 공안국 등.
　당대 유학자 : 한유, 유종원, 공영달(신라시대, 설총, 최치원)
　송대 유학자 : 주돈이, 정호, 정이, 장재, 소옹, 주희, 사마광, 구양수, 왕안석, 증공,
　　　　　　　소순, 소식, 소철(고려시대. 안향)
　명대 유학자 : 호광, 왕양명(고려말기, 이색, 정몽주, 정도전, 권근, 길재).

6. 중용(中庸)

　『중용』은 본래 『예기』의 49편 중 31번째 편으로서 한대(漢代)부터 중요시되어
왔고 사마천의 『사기』 공자세가에서는 공자의 손자 자사(子思)의 저술이라고
하였으며 공자의 중화(中和)사상을 집대성한 심오한 경지의 도학이라고 할 수
있다. 『중용』은 『논어』 요왈(堯曰)편의 윤집기중(允執其中)과 『서경』 대우모(大禹
謨)편의 "인심은 유위하고 도심은 유미하니 유정유일하여 윤집궐중하라"(人心
惟危 道心惟微 惟精惟一 允執厥中)를 중용 사상의 유래로 보고 이것을 자사자가 요
순 이래로 전해온 도통의 연원을 밝힌 글이라 하였으며 송대 주자는 『대학·논
어·맹자·중용』을 사서라 하고 『시경·서경·주역』을 삼경이라 이름하여 유학의
기본서로 전해왔으며 특히 『중용』은 천도(天道)를 탐구하여 인도(人道)를 실현
하고 중화(中和)사상을 구현하는 성(誠)의 철학이라고 할 수 있다.

차 례

제1장 愼獨·中和
신독 중화

289 天命之謂性이요 率性之謂道요 修道之謂敎니라
천명지위성　솔성지위도　수도지위교

道也者는 不可須臾離也니 可離면 非道也라
도야자　불가수유리야　가리　비도야

是故로 君子는 戒愼乎其所不睹하며
시고　군자　계신호기소부도

恐懼乎其所不聞이라
공구호기소불문

莫見乎隱이며 莫顯乎微故로 君子는 愼其獨也니라
막현호은　막현호미고　군자　신기독야

喜怒哀樂之未發을 謂之中이요 發而皆中節을
희노애락지미발　위지중　발이개중절

謂之和니 中也者는 天下之大本也요
위지화　중야자　천하지대본야

和也者는 天下之達道也니라
화야자　천하지달도야

致中和면 天地位焉하고 萬物育焉이라
치중화　천지위언　만물육언

하늘이 부여하신 것을 성(천성)이라 하고 그 성(본성)을 따르는 것을 도(도의)라 하고 도 닦는 것을 교(교화)라고 한다.

도란 잠시도 떠날 수 없는 것으로 떠난다면 도가 아니다. 이런 이유로 군자는 보이지 않는 곳에서도 경계하고 삼가며 들리지 않는 곳에서도 두려워한다.

숨기는 것보다 잘 드러나는 것은 없으며 미세한 일보다 잘 나타나는 것은 없기 때문에 군자는 혼자만이 알고 행동(대상 장소)하는 것도 삼가한다.
기쁨과 분노와 슬픔과 즐거움이 아직 발동하지 않은 상태를 중(中 균형)이
라 하고 발동하였으나 모두 절도에 맞는 것을 화(和 조화)라고 하는데 중
이란 세상에 중대한 근본이고 화란 세상에 두루 통하는 도의로서 중정(中
正)과 화평(和平)을 이루게 되면 천지도 중화 속에서 자리 잡히고 만물도
중화 속에서 생겨나고 자라게 된다.

제 2 장 君子時中
군 자 시 중

290 仲尼曰 君子는 中庸이요 小人은 反中庸이라
　　중 니 왈 군 자　중 용　　소 인　반 중 용

君子之中庸也는 君子而時中이요
군 자 지 중 용 야　군 자 이 시 중

小人之中庸也는 小人而無忌憚也니라
소 인 지 중 용 야　소 인 이 무 기 탄 야

중니 (공부자) 가 말씀하시기를 군자는 중용을 실천하고 소인은 중용에 반
대되는 일을 하는데 군자가 중용을 실천하는 것은 군자로서 때에 알맞게
한다는 점이며 소인이 중용에 반대되는 일을 하는 것은 소인으로서 거리
낌이 없다는 점이다.

제 3 장 中庸至德
중 용 지 덕

291 子曰 中庸은 其至矣乎여 民鮮能久矣니라
자 왈 중 용   기 지 의 호   민 선 능 구 의

공자가 말씀하시기를 중용의 덕은 지극한 것이구나! 그러나 백성들이 능통한 사람 적은 지 너무 오래되었다.

제 4 장 過之不及
과 지 불 급

292 子曰 道之不行也를 我知之矣이니 智者는
자 왈 도 지 불 행 야   아 지 지 의   지 자

過之하고 愚者는 不及也라 道之不明也를
과 지   우 자   불 급 야   도 지 불 명 야

我知之矣이니 賢者는 過之하고 不肖者는 不及也라
아 지 지 의   현 자   과 지   불 초 자   불 급 야

공자가 말씀하시기를 중용의 도가 행하여지지 못하는 것을 내가 알고 있는데 지혜하다는 사람은 너무 지나치고 우둔한 사람은 못 미친다는 점이다. 중용의 도가 밝아지지 못하는 것을 내가 알고 있는데 현명하다는 사람은 너무 지나치고 현명하지 못한 사람은 못 미친다는 점이다.

제 5 장 道其不行
도 기 불 행

293 子曰道其不行矣夫여
자 왈 도 기 불 행 의 부

공자가 말씀하시기를 중용의 도가 실행되지 않는구나!

제 6 장 隱惡揚善
은 악 양 선

294 子曰 舜은 其大智也歟오
자 왈 순 기 대 지 야 여

舜이 好問而好察邇言하시되 隱惡而揚善하며
순 호 문 이 호 찰 이 언 은 악 이 양 선

執其兩端하여 用其中於民하시니 其斯以爲舜乎여
집 기 양 단 용 기 중 어 민 기 사 이 위 순 호

공자가 말씀하시기를 순임금은 위대한 지혜를 가진 분이구나! 순임금은
질문을 좋아하시어 천근한 말도 일일이 살피길 좋아하셨고 악행을 묻어
주고 선행을 드러내어 장점 단점을 가리고 백성들에게 중용의 도를 쓰셨
으니 그것이 곧 순임금의 공덕이 된 이유로다!

제 7 장 不守朞月
불 수 기 월

295 子曰 人皆曰予智이나 驅而納諸罟擭
자 왈 인 개 왈 여 지 구 이 납 저 고 확

陷阱之中而莫之知避也하고 人皆曰 予智이나
함 정 지 중 이 막 지 지 피 야   인 개 왈 여 지

擇乎中庸而不能期月守也니라
택 호 중 용 이 불 능 기 월 수 야

공자가 말씀하시기를 사람들이 모두 말하기를 나는 지혜롭다 하지만 그물
과 덫의 함정 속으로 몰아넣어도 피할 줄 모르고 또 사람들이 모두 말하기
를 나는 지혜롭다 하지만 중용을 선택하여 단 한 달도 지키지 못한다.

제 8 장 服膺弗失
복 응 불 실

296 子曰 回之爲人也가 擇乎中庸하여 得一善이면
자 왈 회 지 위 인 야   택 호 중 용   득 일 선

則拳拳服膺而弗失之矣니라
즉 권 권 복 응 이 불 실 지 의

공자가 말씀하시기를 안회의 사람됨이 중용을 선택하여 한 가지 선도(善
道)를 얻으면 정성껏 가슴에 품고 잃지 않았다.

제 9 장 中庸不能
중 용 불 능

297 子曰 天下國家를 可均也이고 爵祿을 可辭也이며
자 왈 천 하 국 가   가 균 야   작 록   가 사 야

白刃을 可蹈也이나 中庸은 不可能也니라
백 인 가 도 야   중 용   불 가 능 야

공자가 말씀하시기를 천하와 국가를 고르게 다스릴 수도 있고 직위와 녹봉을 사양할 수도 있으며 번쩍이는 칼날도 밟을 수 있겠지만 중용만은 잘할 수가 없을 것 같다.

제 10 장 和而不流
화 이 불 류

298 子路問强하니 子曰 南方之强歟아
　　자 로 문 강　　　자 왈 남 방 지 강 여

北方之强歟아 抑而强歟아
북 방 지 강 여　　억 이 강 여

寬柔以敎요 不報無道는
관 유 이 교　　불 보 무 도

南方之强也니 君子居之니라
남 방 지 강 야　　군 자 거 지

袵金革하여 死而不厭은
임 금 혁　　　사 이 불 염

北方之强也니 而强者居之니라
북 방 지 강 야　　이 강 자 거 지

故로 君子는 和而不流하니 强哉矯여
고　 군 자　 화 이 불 류　　강 재 교

中立而不倚하니 强哉矯여
중 립 이 불 의　　강 재 교

國有道에 不變塞焉하니 强哉矯여
국 유 도　　불 변 색 언　　강 재 교

國無道에 至死不變하니 强哉矯여
국 무 도　　지 사 불 변　　강 재 교

자로가 강인에 대하여 질문하자 공자가 말씀하시기를 남방이 강인한가!
북방이 강인한가! 아니면 네가 강인한가! 관대하게 가르치고 무도하게
보복하지 않는 것은 남방이 강인하니 군자가 살 만한 곳이다.

무기와 갑옷을 깔고 자다가 죽어도 싫어하지 않는 것은 북방이 강인하니
강자가 살 만한 곳이다. 그러므로 군자는 동화하면서도 휩쓸리지 않으니
강인하며 굳센 것이고 중립을 지키면서 한쪽으로 치우치지 않으니 강인
하며 굳센 것이고 나라에 도의가 있을 때도 궁색함을 변하지 않으니 강
인하며 굳센 것이고 나라에 도의가 없을 때 죽는다 해도 변심하지 않으
니 강인하며 굳세다고 할 수 있겠구나!

제11장 索隱行怪
색 은 행 괴

299 子曰 索隱行怪를 後世에 有述焉이나
　　　자 왈 색 은 행 괴　　후 세　유 술 언

吾弗爲之矣라 君子遵道而行하여
오 불 위 지 의　군 자 준 도 이 행

半途而廢하니 吾弗能已矣라
반 도 이 폐　　오 불 능 이 의

君子는 依乎中庸하여 遯世不見知而不悔하니
군 자　의 호 중 용　　둔 세 불 견 지 이 불 회

唯聖者能之니라
유 성 자 능 지

공자가 말씀하시기를 은밀한 이치를 찾고 괴상한 행동하는 것을 후세에
칭송하는 사람이 있는데 나는 하지 않을 것이다. 군자가 도의를 따라 행
동하다가 중도에 그만두는데 나는 하지 않을 것이다. 그리하여 군자는

중용에 의거하면서 세상에 숨겨져 알아주지 않는다 해도 후회하지 않는 법인데 오직 성인다운 사람만이 할 수 있는 것이다.

제 12 장 君子之道
군 자 지 도

300 君子之道는 費而隱이라 夫婦之愚여도
　　　군 자 지 도　　비 이 은　　　부 부 지 우

　　　可以與知焉이나 及其至也에는 雖聖人이여도
　　　가 이 예 지 언　　급 기 지 야　　수 성 인

　　　亦有所不知焉하고 夫婦之不肖여도
　　　역 유 소 부 지 언　　부 부 지 불 초

　　　可以能行焉이나 及其至也에는 雖聖人이여도
　　　가 이 능 행 언　　급 기 지 야　　수 성 인

　　　亦有所不能焉하며 天地之大也여도
　　　역 유 소 불 능 언　　천 지 지 대 야

　　　人猶有所憾故로 君子語大면 天下莫能載焉하고
　　　인 유 유 소 감 고　　군 자 어 대　　천 하 막 능 재 언

　　　語小면 天下莫能破焉이라
　　　어 소　　천 하 막 능 파 언

군자의 도의는 넓으면서도 은미하다. 부부의 우둔함으로도 참여하여 알 수 있지만 지극함에 이르러서는 아무리 성인이라도 또한 알지 못하는 것이 있고 부부의 현명하지 못함으로도 이행할 수 있지만 지극함에 이르러서는 아무리 성인이라도 또한 이행하지 못하는 것이 있으며 천지가 위대함에도 사람들이 오히려 유감스럽게 여기는 경우가 있다. 그러므로 군자가 큰일을 말한다면 세상이 그것을 모두 실을 수 없을 것이고 작은 일을

말하다면 세상이 그것을 모두 쪼개지 못한다.

301 詩云 鳶飛戾天인데 魚躍于淵이라 하니
　　　시 운 연 비 여 천　　　어 약 우 연

言其上下察也니라
　언 기 상 하 찰 야

君子之道는 造端乎夫婦이니
　군 자 지 도　　조 단 호 부 부

及其至에는 察乎天地니라
　급 기 지　　　찰 호 천 지

『시경』 기록에 솔개는 날아서 하늘에 오르는데 물고기는 연못에서 뛰어 논다 하였으니 위와 아래로 확연히 드러남을 말한 것이다. 그러므로 군자의 도의는 그 단서가 부부로부터 시작되는데 지극함에 이르게 되면 세상에 드러남(生生之德)을 말한 것이다.

제 13 장 道不遠人
　　　　　　도 불 원 인

302 子曰 道不遠人하니 人之爲道而遠人이면
　　　자 왈 도 불 원 인　　　인 지 위 도 이 원 인

不可以爲道니라 詩云 伐柯伐柯여
　불 가 이 위 도　　　시 운 벌 거 벌 가

其則不遠이라하니 執柯以伐柯에
　기 칙 불 원　　　　집 가 이 벌 가

睨而視之하고 猶以爲遠이라하니
　예 이 시 지　　　유 이 위 원

故로 君子는 以人治人하여 改而止니라
　고　 군 자　　이 인 치 인　　　개 이 지

忠恕違道不遠하니 施諸己而不願을
충 서 위 도 불 원　　　시 저 기 이 불 원

亦勿施於人이라
역 물 시 어 인

공자가 말씀하시기를 중용의 도가 사람에게서 멀지 않은 것인데 사람이
도의를 실천하면서 도리를 멀리한다면 도라고 할 수 없는 것이다.『시
경』기록에 도끼 자루를 잡고 도끼 자루를 자르는데 그 법칙이 멀지 않다
고 하였으니 도끼 자루를 잡고 도끼 자루를 자를 때에 힐끔 보고서 아직
작다고 생각한다. 그러므로 군자는 사람으로써 사람을 다스리다가 고쳐
지면 그치는 것이다. 충(忠 자기성실)과 서(恕 관계 배려)의 도와 거리가 멀지
않아야 하니 그것을 자기한테 베풀어 보아 다시 원하지 않는다면 역시
남에게도 베풀지 말아야 한다.

303　君子之道四에 丘未能一焉이라 所求乎子로
　　　군 자 지 도 사　구 미 능 일 언　　　소 구 호 자

以事父를 未能也하고 所求乎臣으로 以事君을
이 사 부　미 능 야　　　소 구 호 신　　　이 사 친

未能也하며 所求乎弟로 以事兄을 未能也하고
미 능 야　　　소 구 호 제　이 사 형　미 능 야

所求乎朋友로 先施之를 未能也라
소 구 호 붕 우　선 시 지　미 능 야

庸德之行하고 庸言之謹하여 有所不足이면
용 덕 지 행　　용 언 지 근　　유 소 부 족

不敢不勉하고 有餘면 不敢盡하여
불 감 불 면　　유 여　불 감 진

言顧行하고 行顧言이니 君子胡不慥慥爾리오
언 고 행　　행 고 언　군 자 호 불 조 조 이

군자의 도의가 네 가지로 볼 수 있는데 나는 그 중에 한 가지도 잘하지 못한다. 아들에게 요구하는 일로 아버지를 섬기지 못하고 신하에게 요구하는 일로 임금을 섬기지 못하며 아우에게 요구하는 일로 형님을 섬기지 못하고 벗에게 요구하는 일로 내 자신이 먼저 베풀지 못하는 것이다. 평소에 덕행을 실천하고 평소에 말을 삼가서 덕행에 부족한 것이 있으면 감히 힘쓰지 않을 수 없고 여유를 갖고 감히 다했다고 생각하지 말고서 말할 때는 행동할 것을 돌아보고 행동할 때는 말했던 것을 돌아봐야 하므로 군자가 어떻게 독실하지 않을 수가 있겠는가!

제 14 장 素其位行
소 기 위 행

304 君子는 素其位而行이요 不願乎其外니라
군 자　소 기 위 이 행　불 원 호 기 외

素富貴에는 行乎富貴하고 素貧賤에는
소 부 귀　행 호 부 귀　소 빈 천

行乎貧賤하며 素夷狄에는 行乎夷狄하고
행 호 빈 천　소 이 적　행 호 이 적

素患難에는 行乎患難하여 君子는
소 환 란　행 호 환 란　군 자

無入而不自得焉이라
무 입 이 불 자 득 언

군자는 평소의 지위에 따라 실행하고 자기 지위 밖의 것을 원하지 않는다. 평소의 부귀함에는 부귀대로 실행하고 평소의 빈천함에는 빈천대로 실행하며 평소의 오랑캐 나라에서는 오랑캐 나라의 관습대로 실행하고 평소의 환란에 있어서는 환란대로 실행하여 군자는 가는 곳마다 자득하지 않는 것이 없다.

305 在上位하여 不陵下하고 在下位하여 不援上하며
　　재 상 위　　　불 능 하　　재 하 위　　　불 원 상

正己而不求於人이면 則無怨으로 上不怨天하고
정 기 이 불 구 어 인　　　즉 무 원　　상 불 원 천

下不尤人이라 故로 君子는 居易以俟命하고
하 불 우 인　　고　군 자　　거 이 이 사 명

小人은 行險以徼幸이라
소 인　　행 험 이 요 행

子曰 射有似乎君子하니
자 왈 사 유 사 호 군 자

失諸正鵠이면 反求諸其身이라
실 저 정 곡　　　반 구 저 기 신

높은 지위에 있으면서 아래 사람을 업신여기지 말고 낮은 자리에 있으면서 윗 사람을 끌어당기지 않으며 자신을 바르게 하고 나서 과오를 남에게 돌리지 않으면 원망이 없을 것으로 위로는 하늘을 원망하지 말고 아래로는 남을 탓하지 않아야 한다.

그러므로 군자는 평탄한 데 있으면서 천명을 기다리고 소인은 위험한 길을 가면서 요행을 바란다. 공자가 말씀하시기를 활쏘기 대회는 군자의 처신과 유사한데 정곡을 잃더라도 도리어 그 실수를 자신에게서 찾아야 한다.

제 15 장 登高自卑
등 고 자 비

306 君子之道는 譬如行遠必自邇하고
　　　 군 자 지 도　　 비 여 행 원 필 자 이

譬如登高必自卑니라
비 여 등 고 필 자 비

군자의 길을 비유하자면 먼곳을 갈 때에 반드시 가까운 곳부터 시작하고
비유하자면 높은 곳에 오를 때에 반드시 낮은 곳부터 시작하는 것과 같다.

제 16 장 鬼神爲德
귀 신 위 덕

307 子曰 鬼神之爲德이 其盛矣乎여
　　　 자 왈 귀 신 지 위 덕　　 기 성 의 호

視之而弗見하고 聽之而弗聞이나
시 지 이 불 견　　　 청 지 이 불 문

體物而不可遺니라
체 물 이 불 가 유

使天下之人으로 齋明盛服하여 以承祭祀하고
사 천 하 지 인　　 재 명 성 복　　　 이 승 제 사

洋洋乎如在其上하여 如在其左右니라
양 양 호 여 재 기 상　　　 여 재 기 좌 우

詩曰神之格思를 不可度思인데 矧可射思라 하니
시 왈 신 지 격 사　 불 가 탁 사　　 신 가 역 사

夫微之顯이니 誠之不可揜이 如此夫여
부 미 지 현　　 성 지 불 가 엄　　 여 차 부

공자가 말씀하시기를 신명의 공덕이 성대한 것이구나! 그것을 보려 해도 보이지 않고 그것을 들으려 해도 들리지 않지만 사물의 본체가 되어 빠뜨릴 수가 없으니 말이다.

세상 사람으로 하여금 깨끗이 재계하고 예복을 성대하게 갖추고서 제사를 받들게 하고는 근엄하게 윗 자리에 앉아 우리 주위에 계신 듯하구나! 『시경』기록에 신명께서 왕림하심을 예측할 수 없는 일인데 더구나 신명을 싫어할 수 있겠는가! 하였으니 대체로 은미한 것이 드러나므로 지성(至誠)의 도를 가릴 수 없음이 이와 같구나!

제 17 장 舜其大孝
순 기 대 효

308 子曰 舜은 其大孝也歟여오 德爲聖人하시고
　　자 왈 순 　 기 　　　　　　덕 위 성 인

尊爲天子하시며 富有四海之內하여 宗廟饗之하시고
존 위 천 자 　　부 유 사 해 지 내 　　종 묘 향 지

子孫保全하시니라 故로大德은 必得其位하고
자 손 보 전 　　　고 대 덕 　 필 득 기 위

必得其祿하며 必得其名하고 必得其壽니라
필 득 기 록 　　필 득 기 명 　　필 득 기 수

故로 天之生物이 必因其材而篤焉하니
고 　 천 지 생 물 　 필 인 기 재 이 독 언

故로 栽者를 培之하고 傾者를 覆之니라
고 　 재 자 　 배 지 　　경 자 　 복 지

詩云 嘉樂君子여 憲憲令德이로다
시 운 가 락 군 자 여 헌 헌 영 덕

宜民宜人_{하여} 受祿于天_{이로다} 保佑命之_{하고}
의 민 의 인　　수 록 우 천　　　보 우 명 지

自天申之_{라하니} 故_로 大德者_는 必受命_{이니라}
자 천 신 지　　고　 대 덕 자　　필 수 명

공자가 말씀하시기를 순임금은 큰 효자이셨구나! 위대한 성덕은 성인이 되셨고 존귀함은 천자가 되셨으며 부유함은 온 나라를 소유하여 선 왕을 종묘에서 흠향 하시게 하였고 자손을 보전하셨도다.

그러므로 위대한 성덕은 반드시 지위를 얻고 반드시 복록을 얻으며 반드시 명성을 얻고 반드시 장수를 얻는다.

그러므로 하늘이 만물을 낳음에 반드시 그 재질에 따라서 두텁게 하므로 자라는 것은 북돋아주고 기울어가는 것은 전복시킨다.

『시경』 기록에 아름답고 화락한 군자시여! 위대하게 드러난 훌륭한 성덕이로다. 백성에게 마땅하고 사람에게 마땅하여 하늘에서 복록을 받으셨도다! 그 복록을 보우하사 백성에게 명하시고 또다시 하늘로부터 복록을 거듭 받으신다 하였으니 그러므로 위대한 성덕은 반드시 천명을 받는 것이다.

제 18 장 文王武王
문 왕 무 왕

309 子曰無憂者_는 其惟文王乎_여 以王季爲父_{하시고}
　　자 왈 무 우 자　 기 유 문 왕 호　　이 왕 계 위 부

以武王爲子_{하며} 父作之_{하시고} 子述之_{니라}
이 무 왕 위 자　　부 작 지　　　자 술 지

武王_이 纘太王王季文王之緖_{하여}
무 왕　 찬 태 왕 왕 계 문 왕 지 서

壹戎衣而有天下하고 身不失天下之顯名이라
일 융 의 이 유 천 하   신 불 실 천 하 지 현 명

尊爲天子하고 富有四海之內하여
존 위 천 자   부 유 사 해 지 내

宗廟饗之하시고 子孫保全하나라
종 묘 향 지   자 손 보 전

공자가 말씀하시기를 걱정 없으신 분은 오직 문왕이시구나! 왕계께서 아버지가 되셨고 무왕이 자식이 되었으며 아버지께서 서업을 시작하셨고 자식이 계승하였다. 무왕이 증조부 태왕과 조부 왕계와 아버지 문왕의 서업을 이으시어 한번 군복을 입고 천하를 소유하시어 자신이 세상에 훌륭한 명성을 잃지 않으셨다.

존귀함은 천자가 되셨고 부유함은 온 나라를 소유하여 종묘에서 선대왕을 흠향하시도록 하였고 자손들을 보전하셨다.

제 19 장 宗廟郊社
종 묘 교 사

310 子曰 武王周公은 其達孝矣乎여
자 왈 무 왕 주 공   기 달 효 의 호

夫孝者는 善繼人之志하고 善述人之事者也니라
부 효 자   선 계 인 지 지   선 술 인 지 사 자 야

春秋에 修其祖廟하고 陳其宗器하며
춘 추   수 기 조 묘   진 기 종 기

設其裳衣하고 薦其時食이라
설 기 상 의   천 기 시 식

공자가 말씀하시기를 무왕과 아우 주공은 세상에 두루 알려진 효자이시

구나! 대체로 효도란 선조의 뜻을 잘 계승하는 것이고 선조의 서업을 잘 계승하는 것이다. 봄과 가을에는 선조의 사당을 수리하고 종묘의 제기를 진열하며 선조의 의상을 펴놓고 제철의 음식을 올리는 것이다.

311 宗廟之禮는 所以序昭穆也요 序爵은
　　　종묘지례　　소이서소목야　　서작

所以辨貴賤也요 序事는 所以辨賢也요
소이변귀천야　　서사　　소이변현야

旅酬에 下爲上은 所以逮賤也요
여수　　하위상　　소이체천야

燕毛는 所以序齒也니라 踐其位하여 行其禮하고
연모　　소이서치야　　천기위　　　행기례

奏其樂하며 敬其所尊하고 愛其所親하며
주기악　　경기소존　　　애기소친

事死如事生하고 事亡如事存이 孝之至也니라
사사여사생　　　사망여사존　　효지지야

종묘의 예는 소(왼쪽 신위)와 목(오른쪽 신위)을 차례짓는 것이고 작(공, 후, 백, 자, 남)을 차례짓는 것은 귀천을 분별하는 것이며 제례의 일(종, 축, 유사)을 차례짓는 것은 어짊을 분별하는 것이고 여럿이 술을 권할 때에 아랫사람이 윗사람을 위하는 것은 미천한 사람에까지 이르게 하는 것이며 잔치할 때에 모발 색깔대로 앉는 것은 나이를 서열하는 것이다. 헌관 지위에 나아가 제례를 시행하고 제례악을 연주하며 선왕이 존경하던 분을 공경하고 친해하던 사람을 가까이 하며 돌아가신 분 섬김을 살아 계실 때와 똑같이 하고 안 계시는 분 섬김을 계시는 분과 똑같이 하는 것이 효성의 지극함이다.

312 郊社之禮는 所以事上帝也요 宗廟之禮는
　　교 사 지 례 　소 이 사 상 제 야 　종 묘 지 례

所以祀乎其先也니 明乎郊社之禮와
소 이 사 호 기 선 야 　명 호 교 사 지 례

禘嘗之義면 治國은 其如示諸掌乎여
체 상 지 의 　치 국 　기 여 시 저 장 호

교제(하늘)와 사직(땅신, 곡식신) 제사의 예는 하늘의 상제를 섬기는 일이고
종묘의 예는 자기 선조에게 제사 올리는 것이니 교제와 사직제와 체제(태
조)와 상제(사철)의 도의에 밝으면 국가 다스리는 일은 손바닥 위를 보는
것과 같을 것이다.

제 20 장 哀公問政
　　　　　애 공 문 정

313 哀公이 問政하니 子曰 文武之政이 布在方策하니
　　애 공 　문 정 　　자 왈 문 무 지 정 　포 재 방 책

其人存則其政擧하고 其人亡則其政息이니다
기 인 존 즉 기 정 거 　　기 인 망 즉 기 정 식

人道는 敏政하고 地道는 敏樹하니 夫政也者는
인 도 　민 정 　　지 도 　민 수 　　부 정 야 자

蒲蘆也니다 故로 爲政이 在人하니 取人以身이고
포 로 야 　　고 로 위 정 이 　재 인 　취 인 이 신

修身以道며 修道以仁이니다
수 신 이 도 　수 도 이 인

仁者는 人也로 親親爲大하고 義者는 宜也로
인 자 　인 야 　친 친 위 대 　　의 자 　의 야

尊賢이 爲大하여 親親之殺와 尊賢之等이
존 현 　 위 대 　 　 친 친 지 쇄 　 존 현 지 등

禮所生也니라 故로 君子는 不可以不修身이니
예 소 생 야 　 　 고 　 군 자 　 불 가 이 불 수 신

思修身이면 不可以不事親이요 思事親이면
사 수 신 　 　 불 가 이 불 사 친 　 　 사 사 친

不可以不知人이요 思知人이면
불 가 이 부 지 인 　 　 사 지 인

不可以不知天이니다
불 가 이 부 지 천

애공이 정치를 질문하자 공자가 말씀하시기를 주나라 문왕 무왕의 정책이 방책에 실려 있는데 그런 분이 계시면 그런 정치가 시행되고 그런 분이 없으면 그런 정치가 종식됩니다.

사람의 도의는 정치에 민감하고 땅의 도는 나무에 민감하므로 대체로 정치란 빨리 자라는 갈대와도 같습니다. 정치를 하는 것이 사람에게 달려 있어 인재 등용은 몸소 노력해야 하고 수신하기를 도의로써 하며 도의 닦기를 인의로써 해야 합니다.

인이란 사람답게 사는 것으로 친족을 친애함이 가장 중대하고 의란 마땅한 일로서 현인을 존경함이 가중 중대하여 친족을 친애하는 사랑이 줄어듦과 현인을 존경하는 등급이 바로 예의가 생겨나는 이유인 것입니다.

그러므로 군자는 수신을 하지 않으면 안 되는데 수신하기를 생각한다면 어버이를 잘 섬기지 않을 수 없고 어버이 섬김을 생각한다면 사람의 도리를 알지 않을 수 없으며 사람의 도리를 알려고 생각한다만 천도(진리)를 몰라서는 안 되는 것입니다.

314 天下之達道五에 所以行之者三이라 曰君臣也와
천 하 지 달 도 오 소 이 행 지 자 삼 왈 군 신 야

父子也와 夫婦也와 昆弟也와 朋友之也五者는
부 자 야 부 부 야 곤 제 야 붕 우 지 야 오 자

天下之達道也이고 智仁勇三者는
천 하 지 달 도 야 지 인 용 삼 자

天下之達德也로 所以行之者는 一也니라
천 하 지 달 덕 야 소 이 행 지 자 일 야

或生而知之하고 或學而知之하며 或困而知之하니
혹 생 이 지 지 혹 학 이 지 지 혹 곤 이 지 지

及其知之는 一也니다 或安而行之하고
급 기 지 지 일 야 혹 안 이 행 지

或利而行之하며
혹 리 이 행 지

或勉強而行之하니 及其成功은 一也니다
혹 면 강 이 행 지 급 기 성 공 일 야

好學은 近乎知하고 力行은 近乎仁하며
호 학 근 호 지 력 행 근 호 인

知恥는 近乎勇이라 知斯三者면
지 치 근 호 용 지 사 삼 자

則知所以修身이고 知所以修身이면
즉 지 소 이 수 신 지 소 이 수 신

則知所以治人이며 知所以治人이면
즉 지 소 이 치 인 지 소 이 치 인

則知所以治天下國家矣니라
즉 지 소 이 치 천 하 국 가 의

세상에 두루 공통하는 도의 다섯 가지가 실행되게 하는 것은 세 가지뿐
이다. 말하자면 군신간과 부자간과 부부간과 형제간과 친구간 다섯 가지

는 세상에 두루 공통하는 도의이고 지혜 인의 용기 세 가지는 세상에 두루 공통하는 공덕으로서 실행되는 이유는 한 가지 이다.

어떤 사람은 태어나서 알고 어떤 사람은 배워서 알며 어떤 사람은 애써서 알게 되는데 그 아는 경지에 도달하는 것은 한 가지이다.

어떤 사람은 편안해서 실행하고 어떤 사람은 도움이 되어서 실행하며 어떤 사람은 노력하기 위해서 실행하는데 성공에 도달하는 것은 한 가지이다.

배우기를 좋아하는 것은 지혜에 가깝고 노력하는 것은 인의에 가까우며 부끄러움을 아는 것은 용기에 가깝다. 지혜 인의 용기 세 가지만 안다면 수신하는 방법을 알 것이고 수신하는 방법을 알면 사람 다스리는 방법을 알 것이며 사람 다스리는 방법을 알면 세상과 국가 다스리는 일도 알게 될 것이다.

315 凡爲天下國家有九經하니 曰修身也와
　　　　범 위 천 하 국 가 유 구 경　　　왈 수 신 야

尊賢也와親親也와敬大臣也와體群臣也와
존 현 야　친 친 야　경 대 신 야　　체 군 신 야

子庶民也와來百工也와柔遠人也와
자 서 민 야　래 백 공 야　유 원 인 야

懷諸侯也니라
회 제 후 야

修身則道立하고尊賢則不惑하며 親親則
수 신 즉 도 립　　존 현 즉 불 혹　　　친 친 즉

諸父昆弟不怨하고 敬大臣則不眩하며
제 부 곤 제 불 원　　경 대 신 즉 불 현

體群臣則士之報禮重하고 子庶民則百姓勸하며
체 군 신 즉 사 지 보 례 중　　자 서 민 즉 백 성 권

來百工則財用足하고 柔遠人則四方歸之하며
래 백 공 즉 재 용 족　유 원 인 즉 사 방 귀 지

懷諸侯則天下畏之니라
회 제 후 즉 천 하 외 지

대체로 세상과 국가를 다스리는 일이 아홉 가지 경위가 있어 심신을 수양함과 어진 분을 존경함과 친족을 친애함과 대신을 공경함과 여러 신하들을 보살핌과 서민들을 자식처럼 사랑함과 온갖 전문가를 불러들임과 소원한 사람을 부드럽게 대해줌과 제후들을 감싸주는 일일 것입니다.

수신하면 도의가 확립되고 현인을 존경하면 의혹하는 마음이 일어나지 않으며 친족을 친애하면 아버지 형제들과 나의 형제들이 원망하지 않고 대신을 공경하면 현혹되지 않게 되며 여러 신하들을 보살펴주면 선비들이 예로 보답하는 태도가 정중해지고 서민을 자식처럼 사랑하면 백성들이 서로 노력하며 전문가를 초청하면 재물이 풍족해지고 소원한 사람들을 부드럽게 대해주면 사방의 백성들이 귀의해 오며 제후들을 감싸주면 세상 사람들이 공경하면서 두려워하게 됩니다.

316　齋明盛服하여 非禮不動은 所以修身也요
　　　재 명 성 복　비 례 부 동　소 이 수 신 야

去讒遠色하고 賤貨而貴德은 所以勸賢也요
거 참 원 색　천 화 이 귀 덕　소 이 권 현 야

尊其位하고 重其祿하며 同其好惡는
존 기 위　중 기 록　동 기 호 오

所以勸親親也요 官盛任使는 所以勸大臣也요
소 이 권 친 친 야　관 성 임 사　소 이 권 대 신 야

忠信重祿은 所以勸士也요 時使薄斂은
충 신 중 록　소 이 권 사 야　시 사 박 렴

所以勸百姓也요 日省月試하여 餼稟稱事는
소 이 권 백 성 야　 일 성 월 시　　 희 름 칭 사

所以勸百工也요 送往迎來하고
소 이 권 백 공 야　 송 왕 영 래

嘉善而矜不能은 所以柔遠人也요 繼絶世하고
가 선 이 긍 불 능　 소 이 유 원 인 야　 계 절 세

擧廢國하며 治亂持危하고 朝聘以時하며
거 폐 국　　 치 란 지 위　　 조 빙 이 시

厚往而薄來는 所以懷諸侯也니다
후 왕 이 박 래　 소 이 회 제 후 야

깨끗이 재계하고 예복을 성대하게 갖추고서 예의가 아니면 행동하지 않는 것은 자신을 수양하는 것이고 헐뜯는 사람을 물리치고 여색을 멀리하며 재물을 천하게 생각하고 덕행을 귀중하게 생각하는 것은 현인을 힘쓰도록 하는 것이며 지위를 높여주고 봉록을 후하게 주며 좋고 나쁜 일을 함께 나누는 것은 친족 사랑함을 힘쓰도록 하는 것이고 관직을 많이 두고서 사령들이 임무를 다할 수 있도록 하는 것은 대신들을 힘쓰게 하는 것이며 충실과 신의를 표창하여 봉록을 후하게 주는 것은 선비들을 힘쓰도록 하는 것이고 부역의 때를 가려서 시키고 세금을 적게 거둠은 백성들을 노력하도록 하는 것이며 날마다 살펴보고 달마다 시험하여 성과에 걸맞게 봉록을 주는 것은 온갖 기술자들을 독려하는 것이고 가는 사람을 친절히 전송하고 오는 사람을 기쁘게 맞이하며 잘하는 사람을 가상히 여기고 못하는 사람을 가엽게 생각하는 것은 소원해진 사람을 회유하는 것이며 끊긴 대를 이어주고 피폐한 나라를 일으켜세우며 혼란을 다스려서 위급함을 붙잡아주고 조회와 빙문을 때에 맞게 하며 가져가는 것을 후하게 주고 가져오는 것을 적게 받아들이는 것은 제후들을 감싸주는 것입니다.

317 **凡爲天下國家**가 **有九經**하여 **所以行之者**는
범 위 천 하 국 가 　 유 구 경 　 소 이 행 지 자

一也니 **凡事豫則立**하고 **不豫則廢**하며
일 야 　 범 사 예 즉 립 　 불 예 즉 폐

言前定則不跲하고 **事前定則不困**하며
언 전 정 즉 불 겁 　 사 전 정 즉 불 곤

行前定則不疚하고 **道前定則不窮**이니다
행 전 정 즉 불 구 　 도 전 정 즉 불 궁

在下位하여 **不獲乎上**이면 **民不可得而治矣**니다
자 하 위 　 불 획 호 상 　 민 불 가 득 이 치 의

獲乎上이 **有道**하여 **不信乎朋友**면 **不獲乎上矣**며
획 호 상 　 유 도 　 불 신 호 붕 우 　 불 획 호 상 의

信乎朋友有道하여 **不信乎親**이면 **不信乎朋友**이고
신 호 붕 우 유 도 　 불 신 호 친 　 불 신 호 붕 우

順乎親이 **有道**하여 **反諸身不誠**이면 **不順乎親**이며
순 호 친 　 유 도 　 반 저 신 불 성 　 불 순 호 친

誠身이 **有道**하여 **不明乎善**이면 **不誠乎身矣**니다
성 신 　 유 도 　 불 명 호 선 　 불 성 호 신 의

대체로 세상과 국가를 다스리는 일이 아홉 가지 경위가 있어 실행되는 것은 한 가지(誠)이니 모든 일을 대비하면 성립되고 대비하지 않으면 폐지되며 말하기에 앞서 예정되어 있으면 빗나가지 않고 일하기에 앞서 예정되어 있으면 곤란하지 않으며 행동하기에 앞서 예정되어 있으면 병폐가 없을 것이고 방법을 사전에 예정해두었다면 궁색하지 않을 것입니다.

낮은 지위에 있으면서 윗사람의 신임을 받지 못하면 백성을 다스릴 수 없을 것입니다. 윗사람의 신임을 받는 데 방법이 있어 친구에게 신임을 받지 못하면 윗사람의 신임도 받지 못할 것이며 친구에게 신임받는 것이 방법이 있어 부모님을 기쁘게 해드리지 못하면 친구에게 신임을 받지 못

할 것이고 부모님을 기쁘게 하는 데 방법이 있어 자신을 돌이켜보아 성실하지 못하면 부모님을 기쁘게 하지 못할 것이며 자신을 성실히 하는 데 방법이 있어 선행에 밝지 못하면 자신을 성실히 하지 못할 것입니다.

318 誠者는 天之道也요 誠之者는 人之道也라
성자 천지도야 성지자 인지도야

誠者는 不勉而中하고 不思而得하여
성자 불면이중 불사이득

從容中道하니 聖人也요 誠之者는
종용중도 성인야 성지자

擇善而固執之者也니라 博學之하고
택선이고집지자야 박학지

審問之하며 愼思之하고 明辨之하며 篤行之니라
심문지 신사지 명변지 독행지

有弗學이나 學之면 弗能을 弗措也하고
유불학 학지 불능 부조야

有弗問이나 問之면 弗知를 弗措也하며
유불문 문지 부지 부조야

有弗思이나 思之면 不得을 弗措也하고
유불사 사지 부득 부조야

有弗辨이나 辨之면 弗明을 弗措也하며
유불변 변지 불명 부조야

有弗行이나 行之면 弗篤을 弗措也하여
유불행 행지 부독 부조야

人一能之면 己百之하고 人十能之면 己千之니라
인일능지 기백지 인십능지 기천지

果能此道矣면 雖愚必明하고 雖柔必强이니라
과능차도의 수우필명 수유필강

성이란 하늘(섭리)의 상도이고 하늘의 그 섭리에 따라 성실하게 노력하는 것은 사람(윤리 도덕)의 도리이다. 이것을 탐구한 진리는 힘쓰지 않아도 들어맞고 생각하지 않아도 깨달아서 자연스럽게 도에 알맞으니 바로 성인의 도이다. 성인의 도를 성실히 힘써야 한다는 것은 최선의 방법을 선택해서 굳게 지켜야 한다는 것이다.

널리 배우고 자세히 질문하며 신중히 생각하고 현명하게 판단하며 독실하게 실천 하여야 한다.

배우지 않았어도 배운다면 능통하지 못한 것을 놔두지 않고 질문하지 않았어도 질문한다면 알지 못하는 것을 놔두지 않으며 생각하지 않았어도 생각한다면 깨닫지 못하는 것을 놔두지 않고 판단하지 않았어도 판단한다면 현명하지 못한 것을 놔두지 않으며 실천하지 않았어도 실천한다면 독실하지 못한 것을 놔두지 않고서 남이 한 가지를 잘하면 나는 백 가지를 잘하고 남이 열 가지를 잘하면 나는 천 가지를 잘할 수 있어야 합니다. 과연 천도(天道)와 인도(人道)에 능통하면 아무리 어리석어도 반드시 현명한 군주가 될 것이고 아무리 온유해도 반드시 강직한 군주가 될 것입니다.

제 21 장 自誠明 自明誠(天道와人道)
자 성 명 자 명 성

319 自誠明을 謂之性이요 自明誠을 謂之教니
　　　자 성 명 위 지 성　　　자 명 성 위 지 교

誠則明矣요 明則誠矣니라
성 즉 명 의　명 즉 성 의

진리로 인하여 공명해짐을 천성(天性)이라 하고 공명함으로 인하여 성실해짐을 교화(人道)라고 하니 진리를 탐구하면 공명해지고 공명해지면 성실해질 것이다.

제 22 장 能盡其性(天道)
능 진 기 성

320 惟天下至誠이어야 爲能盡其性이니
　　유 천 하 지 성　　　위 능 진 기 성

　能盡其性이면 則能盡人之性이고
　능 진 기 성　　　즉 능 진 인 지 성

　能盡人之性이면 則能盡物之性이며
　능 진 인 지 성　　　즉 능 진 물 지 성

　能盡物之性이면 則可以贊天地之化育이고
　능 진 물 지 성　　　즉 가 이 찬 천 지 지 화 육

　可以贊天地之化育이면 則可以與天地參矣니라
　가 이 찬 천 지 지 화 육　　　즉 가 이 여 천 지 참 의

오직 세상에 지극한 성실이어야 자기 천성을 다할 수 있으니 천성을 다할 수 있으면 인성을 다할 수 있고 인성을 다할 수 있으면 사물의 성을 다할 수 있고 사물의 성을 다할 수 있으면 천지간의 조화와 생육을 받들 수 있고 천지간의 조화와 생육을 받들 수 있으면 천지와 함께 참여할 수 있다.

제 23 장 動則變 變則化(人道)
동 즉 변 변 즉 화

321 其次는 致曲이니 曲能有誠이라 誠則形하고
　　기 차　치 곡　　곡 능 유 성　　성 즉 형

形則著하며 著則明하고 明則動하며 動則變하고
형 즉 저　　저 즉 명　　명 즉 동　　동 즉 변

變則化로 惟天下至誠이어야 爲能化니라
변 즉 화　유 천 하 지 성　　위 능 화

그 다음은 한 끝으로부터 미루어 이루는 것이니 한 끝을 미루어 이루면
성실해질 수 있다. 성실해지면 나타나고 나타나면 뚜렷해지고 뚜렷해지
면 현명하고 현명해지면 행동하고 행동하면 변하고 변하면 교화되므로
오직 세상에 지극한 성실이어야 남을 교화시킬 수 있는 것이다.

제 24 장 至誠如神(天道)
지 성 여 신

322 至誠之道는 可以前知니
　　지 성 지 도　가 이 전 지

國家將興에 必有禎祥하고
국 가 장 흥　　필 유 정 상

國家將亡에 必有妖孼하여
국 가 장 망　　필 유 요 얼

見乎蓍龜하고 動乎四體라
현 호 시 구　　동 호 사 체

禍福將至에 善을 必先知하고 不善을 必先知故로
화 복 장 지　선　필 선 지　　불 선　필 선 지 고

至誠은如神이라
지 성　여 신

지극한 진리의 도는 앞일을 알 수 있으니 국가가 부흥하려고 할 때는 반
드시 행운의 조짐이 있고 국가가 망하려고 할 때는 반드시 재앙의 조짐

이 있어서 시초점과 거북점에도 나타나고 온 몸에도 감동된다. 따라서 재앙과 복이 오려고 할 때는 좋은 조짐을 반드시 먼저 알게 되고 나쁜 조짐을 반드시 먼저 알게 되므로 지극한 진리는 신명과도 같은 것이다.

제 25 장 成己 成物(人道)
성기 성물

323 誠者는 自成也요 而道는 自道也니라
성자 자성야 이도 자도야

誠者는 物之終始니
성자 물지종시

不誠이면 無物이라 是故로 君子는 誠之爲貴하니
불성 무물 시고 군자 성지위귀

誠者는 非自成己而已也라 所以成物也니 成己는
성자 비자성기이이야 소이성물야 성기

仁也요 成物은 智也니 性之德也라
인야 성물 지야 성지덕야

合內外之道也故로 時措之宜也니라
합내외지도야고 시조지의야

진리란 천연적(天道)으로 이루어진 것이지만 그러나 인도는 스스로 가야 할 일이다. 진리란 사물의 시작과 마침이며 진리가 없다면 사물이 없게 되는 것이다. 이런 이유로 군자는 진리를 귀중하게 탐구하니 그리하여 인도에 있어서 성실이란 자신을 이루어줄 뿐만 아니라 남까지도 이루어 준다. 자신을 이루는 것은 인의이고 남을 이루는 것은 지혜이니 인성의 공덕이다. 안과 밖을 합치하는 도이기 때문에 때에 맞게 조치하는 것이 마땅한 일이다.

제 26 장 至誠無息(天道)
지 성 무 식

324 故로 至誠은 無息으로 不息則久하고 久則徵하며
고   지성 무식   불식즉구   구즉징

徵則悠遠하고 悠遠則博厚하며 博厚則高明이라
징즉유원   유원즉박후   박후즉고명

그러므로 지극한 진리는 그침이 없어서 그치지 않아 오래가고 오래가면
효험으로 나타나며 효험을 하게 되면 멀리 퍼지고 멀리 퍼지면 넓어지고
두터워지며 넓고 두터우면 밝음(공명)으로 나타난다.

325 博厚는 所以載物也요 高明은 所以覆物也요
박후   소이재물야   고명   소이부물야

悠久는 所以成物也니 博厚는 配地하고
유구   소이성물야   박후   배지

高明은 配天하며 悠久는 無疆이니 如此者는
고명   배천   유구   무강   여차자

不見而章하고 不動而變하며 無爲而成이라
불현이장   부동이변   무위이성

天地之道는 可一言而盡也니 其爲物이 不貳라
천지지도   가일언이진야   기위물   불이

則其生物이 不測하여 天地之道는
즉기생물   불측   천지지도

博也厚也高也明也悠也久也니라
박야후야고야명야유야구야

넓고 두터움은 만물을 담고(땅) 있는 것이고 높고 밝음은 만물으 덥고(하

늘) 있는 것이며 멀리 오래(시간적)감은 사물을 이루어주는 것이니 넓고 두 터움은 땅의 덕을 짝(함께)하는 것이고 높고 밝음은 하늘의 덕을 짝(함께) 하는 것이며 멀고 오래감은 끝이 없으니 이러한 진리는 보이지 않으면서 나타나고 움직이지 않으면서 변화하며 하는 것이 없으면서 성취된다. 천지의 도는 한마디로 다할 수 있는데 천지의 도는 변하지 않는다는 점 이다. 만물을 낳음이 예측할 수 없어서 천지의 도란 넓고 두텁고 높고 광 명하고 멀고(공간적) 오래(시간적) 간다.

제 27 장 聖人之道(人道)
성 인 지 도

326 大哉라 聖人之道여 洋洋乎發育萬物하여
　　　대 재　성 인 지 도　양 양 호 발 육 만 물

　　　峻極于天이며 優優大哉라 禮儀三百과
　　　준 극 우 천　　우 우 대 재　예 의 삼 백

　　　威儀三千이여
　　　위 의 삼 천

　　　待其人而後에 行故로 曰苟不至德이면
　　　대 기 인 이 후　행 고　왈 구 부 지 덕

　　　至道不凝焉이라하니라 故로 君子는
　　　지 도 불 응 언　　　　故로 군 군 자

　　　尊德性而道問學하고 致廣大而盡精微하며
　　　존 덕 성 이 도 문 학　치 광 대 이 진 정 미

　　　極高明而道中庸하고 溫故而知新하며
　　　극 고 명 이 도 중 용　온 고 이 지 신

　　　敦厚而崇禮니라 是故로 居上不驕하고
　　　돈 후 이 숭 례　시 고　거 상 불 교

爲下不背라 國有道에 其言이 足以興이요
위 하 불 배　국 유 도　기 언　족 이 흥

國無道에 其默이 足以容이라 詩曰 旣明且哲하여
국 무 도　기 묵　족 이 용　시 왈 기 명 차 철

以保其身이라하니 其此之謂歟아
이 보 기 신　　　기 차 지 위 여

위대하도다 성인의 도여! 융성하게 만물을 발육하여 높으심이 하늘의 섭리를 다하셨도다! 위대하구나! 예의 삼백 가지와 위의 삼천 가지여! 성인을 기다린 다음에 시행되기 때문에 만일 지극한 성덕이 아니라면 지극한 천도가 모여 이루어지지 않는다고 하는 것이다.

그러므로 군자는 덕성을 존중하며 묻고 배우는 길로 나아가고 넓고 큰 뜻을 지극히 하여 정밀하고 자세함을 다해야 하며 높고 밝은 덕을 극진히 하여 중용의 도를 실천하고 옛 문물을 익혀 새로운 것을 알아야 하며 독실하고 후덕함으로 예의를 존중해야 한다. 이런 이유로 높은 지위에 있어도 교만하지 말아야 하고 낮은 지위에 있으면서 배반하지 않아야 한다. 나라에 도의가 있을 때는 언로가 항상 열려 있지만 나라에 도의가 없을 때는 오직 침묵만이 용인될 수 있는 것이다. 『시경』 기록에 현명하고 지혜로움으로 자신을 보존하라고 하였는데 이 점을 말한 것이구나!

제 28 장 禮樂從周(人道)
예 악 종 주

327 子曰 愚而好自用하고 賤而好自專하며
자 왈 우 이 호 자 용　천 이 호 자 전

生乎今之世하여
생 호 금 지 세

反古之道면 如此者는 災及其身者也니라
반 고 지 도　여 차 자　재 급 기 신 자 야

非天子면 不議禮하고 不制度하며 不考文이나
비 천 자　불 의 례　불 제 도　불 고 문

今天下는 車同軌하고 書同文하며 行同倫이라
금 천 하　거 동 궤　서 동 문　행 동 륜

雖有其位나 苟無其德이면 不敢作禮樂焉이고
수 유 기 위　구 무 기 덕　불 감 작 예 악 언

雖有其德이나 苟無其位면 亦不敢作禮樂焉이라
수 유 기 덕　구 무 기 위　역 불 감 작 예 악 언

子曰 吾說夏禮이나 杞不足徵也이고 吾學殷禮하여
자 왈 오 설 하 례　기 부 족 징 야　오 학 은 례

有宋存焉이나 吾學周禮하여 今用之이니 吾從周니라
유 송 존 언　오 학 주 례　금 용 지　오 종 주

공자가 말씀하시기를 어리석으면서도 자기 의견 내세우는 것을 좋아하고 천하면서도 자기 마음대로 하기를 좋아하며 지금 세상에 살면서 옛날 도의만을 돌이키려 한다면 이런 사람은 재앙이 자신에게 미칠 것이다. 그러므로 천자가 아니면 예의를 의논하지 않고 제도를 만들지 않으며 문자를 바꾸지 않는다. 지금 세상은 수레의 바퀴 크기가 같고 책의 문자가 같으며 행실의 차례가 똑같다. 아무리 지위가 있다 해도 만일 성덕이 없다면 감히 예악을 짓지 못하고 아무리 성덕이 있다 해도 만일 지위가 없다면 감히 예악을 지을 수 없는 것이다. 공자가 말씀 하시기를 내가 하나라 예를 말하지만 기나라는 증명해주지 못하겠고 또 나는 은나라 예를 배워 선조가 송나라에 살기도 하였지만 주나라 예를 배워 지금 사용하고 있으므로 주나라 예를 따를 것이다.

제 29 장 議禮 制度 考文(人道)
의 례 제 도 고 문

328 王天下에 有三重焉하니 其寡過矣乎여
왕 천 하   유 삼 중 언   기 과 과 의 호

上焉者는 雖善이나 無徵으로 無徵不信이고
상 언 자   수 선   무 징   무 징 불 신

不信民弗從이라 下焉者는 雖善이나
불 신 민 부 종   하 언 자   수 선

不尊으로 不尊不信이며 不信民弗從이라
부 존   부 존 불 신   불 신 민 부 종

故로 君子之道는 本諸身하여 徵諸庶民하고
고   군 자 지 도   본 저 신   징 저 서 민

考諸三王而不謬하며 建諸天地而不悖하고
고 저 삼 왕 이 불 류   건 저 천 지 이 불 패

質諸鬼神而無疑하며 百世以俟聖人而不惑이라
질 저 귀 신 이 무 의   백 세 이 사 성 인 이 불 혹

質諸鬼神而無疑는 知天也이고
질 저 귀 신 이 무 의   지 천 야

百世以俟聖人而不惑은 知人也니라
백 세 이 사 성 인 이 불 혹   지 인 야

是故로 君子는 動而世爲天下之道이니
시 고   군 자   동 이 세 위 천 하 지 도

行而世爲天下之法하고 言而世爲天下之則이라
행 이 세 위 천 하 지 법   언 이 세 위 천 하 지 칙

遠之則有望하고 近之則不厭이라
원 지 즉 유 망   근 지 즉 불 염

세상의 왕위에 나갔을 때 세 가지 중요한 일이 있는데 (예의를 의논하고, 제도

를 만들고, 문자를 고안함) 이 세 가지를 잘 다스리면 과오가 적을 것이다. 윗
(하나라·은나라·주나라)대 것은 아무리 좋기는 하지만 증명할 것이 없어 믿
지 못하겠고 믿을 수 없어 백성들이 따르지 않을 것이다.

아랫(공자 이후)대 것은 아무리 좋긴 하지만 존엄하지 못하여 믿지 못하겠
고 믿을 수 없어 백성들이 따르지 않을 것이다.

그러므로 군자의 도의는 자신을 근본으로 하여 그것을 백성들에게 증명
해 보이고 그것을 삼대 왕에 고찰해 보아도 틀리지 않아야 하며 그것을
제후들에게 건의해도 어긋나지 않아야 하고 그것을 귀신에게 물어보아
도 의혹이 없도록 하는 것은 하늘의 섭리를 알도록 하는 것이고 백대 이
후에 성인을 기다려본다 해도 의혹이 없도록 하는 것은 인간의 도의를
알도록 하는 것이다.

이런 이유로 군자가 행동하면 대대로 세상의 법도가 되어 시행하였을 때
세상에 법도가 되고 말했을 때 세상에 규칙이 된다. 멀리 있다 해도 바라
볼 수 있고 가까이 있다 해도 싫증나지 않게 된다.

제 30 장 小德 大德(天道)
소 덕 대 덕

329 仲尼는 祖述堯舜하고 憲章文武하며
중 니 조 술 요 순 헌 장 문 무

上律天時하고 下襲水土니라
상 률 천 시 하 습 수 토

譬如天地之가 無不持載하고 無不覆幬하며
비 여 천 지 지 무 불 지 재 무 불 부 도

譬如四時之錯行하고 如日月之代明이라
비 여 사 시 지 착 행 여 일 월 지 대 명

萬物이 竝育而不相害하고 道竝行而不相悖라
만물 병육이불상해 도병행이불상패

小德은 川流이고 大德은 敦化이니
소덕 천류 대덕 본화

此天地之所以爲大也니라
차 천 지 지 소 이 위 대 야

공부자님은 요임금 순임금을 임금의 시조로 전술하셨고 문왕 무왕을 법왕으로 밝히셨으며 위로는 천시를 따르셨고 아래로는 풍토를 따르셨다. 이것을 비유하자면 천지가 실어주지 않음이 없고 덮어주지 않음이 없는 것과 같으며 이것을 비유하자면 사계절이 교차하여 운행하고 해와 달이 밤낮으로 밝혀주는 것과 같은 것이다.

만물이 함께 자라지만 서로 해치지 않고 도가 함께 시행되지만 서로 위배되지 않는다. 작은 덕은 시냇물의 흐름이고 큰 덕은 조화의 돈후함이니 이것이 천지가 위대한 이유이다.

제 31 장 天下至聖(天道)
천 하 지 성

330 唯天下至聖이어야 爲能聰明睿智가
유 천 하 지 성 위능총명예지

足以有臨也이고
족 이 유 림 야

寬裕溫柔가 足以有容也이며 發强剛毅가
관 유 온 유 족 이 유 용 야 발 강 강 의

足以有執也이고 齊莊中正이 足以有敬也이며
족 이 유 집 야 제 장 중 정 족 이 유 경 야

文理密察이 足以有別也니라
문리밀찰 족이유별야

溥博淵泉은 而時出之하여 溥博은 如天하고
부박연천 이시출지 부박 여천

淵泉은 如淵하여 見而民莫不敬하고
연천 여연 현이민막불경

言而民莫不信하며
언이민막불신

行而民莫不悅이라
행이민막불열

是以로 聲名이 洋溢乎中國하고 施及蠻貊하여
시이 성명 양일호중국 이급만맥

舟車所至와 人力所通과 天之所覆와
주거소지 인력소통 천지소부

日月所照와 霜露所墜에 凡有血氣者가
일월소조 상로소추 범유혈기자

莫不尊親故로 曰配天이라
막부존친고 왈배천

오직 세상에 지극한 성덕만이 총명예지가 아래로 다다를 수 있고 너그럽고 온유함만이 수용될 수 있으며 분발하고 강건함만이 지켜질 수 있고 엄숙하고 올바름만이 신중해질 수 있으며 문리와 정밀함만이 각별해질 수 있는 것이다.

드높은 하늘과 깊은 샘은 끊임없이 발현하여 드높기는 하늘과 같고 드넓기는 호수와 같아서 발현함에 백성들이 공손하고 말함에 백성들이 신뢰하며 시행함에 백성들이 기뻐하게 된다.

그렇기 때문에 명성이 나라 안에 넘쳐 흘러 오랑캐 나라에까지 미쳐서 배와 수레가 닿는 곳과 인력이 미치는 곳과 하늘이 덮인 곳과 땅이 실은 곳과 해와 달이 비추는 곳과 이슬이 내리는 곳에 모든 혈기 있는 사람들이 존중하고 친애하게 되므로 이것이 하늘의 섭리에 부합한다고 말하는 것이다.

제 32 장 天下至誠(天道)
천 하 지 성

331 唯天下至誠이어야 爲能經綸天下之大經하고
유 천 하 지 성　　　 위 능 경 륜 천 하 지 대 경

立天下之大本하며 知天地之化育이니
립 천 하 지 대 본　　 지 천 지 지 화 육

夫焉有所倚리오
부 언 유 소 의

肫肫其仁이고 淵淵其淵이며 浩浩其天이여
순 순 기 인　　 연 연 기 연　　 호 호 기 천

苟不固聰明聖智로 達天德者면 其孰能知之리오
구 불 고 총 명 성 지　 달 천 덕 자　 기 숙 능 지 지

오직 세상에 지극한 진리여야 세상에 큰 법도를 다스릴 수 있고 세상에 큰 근본을 정립할 수 있으며 세상을 조화하고 육성하는 도리를 알 수가 있으니 대체로 무엇을 더 이상 의지할 것이 있겠는가! 정성스러운 인의(仁義)이고 깊고 깊은 호수이며 넓고 넓은 하늘이어라! 만일 참으로 총명한 지혜로 하늘의 밝은 덕을 통달한 사람이 아니라면 이 진리를 누가 알겠으리오!

7. 사기열전(史記列傳)

『사기열전』은 한무제(BC 126) 때의 태사령(太史令)인 사마천(司馬遷)이 저술한 황제(黃帝)로부터 한무제에 이르기까지 2000여 년간의 역사를 포괄하는 통사(通史)의 역사서로서 열전(列傳=중요인물 전기) 70권, 본기(本紀=황제 연대기) 12권, 서(書=문물제도사) 8권, 표(表=연표) 10권, 세가(世家=제후 가문의 역사) 30권 등 5부로 총 130권이다. 서술 형식은 기전체(紀傳體)라고 불리고 후세 정사(正史)의 규범이라고 할 수 있으며, 열전 70권 중에서 역사적으로 많이 알려진 10권만을 선집하였다.

차 례

1) 사마천(司馬遷), 사마광(司馬光)   6) 공손앙(公孫鞅)
2) 백이·숙제(伯夷·叔齊)   7) 맹상군(孟嘗君)
3) 관중(管仲), 포숙아(鮑叔牙)   8) 진시황(秦始皇)
4) 한비자(韓非子)   9) 이사(李斯)
5) 손자(孫子), 손빈(孫臏)   10) 한신(韓信)

1) 사마천(司馬遷)과 『사기(史記)』

〈역사가〉

사마천은 사마담(司馬談)의 아들로서 자(字)는 자장(子張)이다. 한나라 경제(景帝, BC 145) 때에 태어나서 한무제(武帝, BC 126) 원삭 3년 20세에 장강 남북에 걸친 긴 여행을 마치고 돌아와서 낭중관(郎中官)에 올랐으며, 36세(BC 110)에 태사령(太史令)에 올랐다. 한무제의 봉선의식에 참여할 수 없었던 아버지 사마담은 울분으로 죽었으며, 이때에 사마천은 아버지의 유지(遺志)로서 사기(史記)를 논술하도록 부탁받았고, 38세 때 아버지 뒤를 이어 태사령(太史令)이 되었으며 역사자료 수집에 착수하였다.

42세(BC 104)에 『사기』를 저술하기 시작했으나(BC 98), 이능(李陵)사건에 연루되어 죄를 짓고 부형(腐刑)에 처해졌다. 그러나 그 이후에도 『사기』 저술에 전념하여 마침내 『사기』 130권을 완성하였는데 실로 19년이라는 긴 세월이 그 때문에 소모된 것이다. 그의 졸년(卒年)은 한소제(昭帝, BC 88) 즉위 후 얼마 되지 않은 것으로 추정된다.

『사기(史記)』는 태고로부터 한무제(BC 104)에 이르는 2000여 년간의 역사를 포괄하는 통사(通史)로서, 모두 130편으로 본기(本紀=황제 연대기) 12권, 서(書=문물제도사) 8권, 표(表=연표) 10권, 세가(世家=제후 가문의 역사) 30권, 열전(列傳=중요 인물 전기) 70권 등 5부로 되어 있으며, 서술 형식은 기전체(紀傳體)라고 불리고 후세 정사(正史)의 규범이 되었고 대략 526,000여 자로 구성되어 있다.

사마광(司馬光)과 『자치통감(資治通鑑)』

사마광(1019~1086)은 북송조(北宋朝)의 명신으로 온국공(溫國公)에 봉해졌으며, 자(字)는 군실(君實)로서 20세(1038)에 진사시에 합격하여 두루 벼슬을 하다가 신종(1068)이 즉위하자 한림학사에 발탁되었다. 그러나 왕안석(王安石)의 신법에 반대하다 신종이 왕안석의 신법을 받아들임으로써 사임하고 『자치통감』 편찬에 착수하여 19년이 걸린 끝에 완성하였다. 『자치통감』은 주나라 위열왕 (BC 403)부터 오대의 후주(後周 959)에 걸친 1362년간의 사적을 편년체(編年體)로 엮은 통사(通史)이다.

내용은 주기(周紀) 5권, 진기(秦紀) 3권, 한기(漢紀) 60권, 위기(魏紀) 10권, 진기(晉紀) 40권, 송기(宋紀) 16권, 제기(齊紀) 10권, 양기(梁紀) 22권, 진기(陳紀) 10권, 수기(隋紀) 8권, 당기(唐紀) 81권, 후양(後梁紀) 8권, 후당기(後唐紀) 8권, 후진기(後晉紀) 6권, 후한기(後漢紀) 4권, 후주기(後周紀) 5권으로 총 294권이다.

주(周)나라에서 진(秦)나라와 한(漢)나라를 거쳐 후주(後周)에 이르기까지 왕조1대를 일기(一紀)로 하여 모두 16개로 나누어 군국대사(軍國大事)와 군신언행(君臣言行)을 연월에 따라 기록하였다. 이를 통해 전국시대 이후 중국 역사의 전체적 윤곽을 파악할 수 있을 뿐만 아니라 수많은 고사성어와 역사적 사실을 남겨 현재까지 중요한 자료로 평가받고 있으며, 1362년간의 국가 흥망성쇠와 113명의 군주 출몰을 담고 있는 방대한 역사서로서 총 294권을 현재는 15권으로 모아 엮어져 있다.

사마천의 『사기(史記)』와 사마광의 『통감(通鑑)』은 저자가 사마(司馬)씨라는 점에서 두 사람의 역사가가 1100여 년의 거리는 있지만 통사(通史)의 전통을 이은 역사 대가(大家)라 아니할 수 없으며, 대략 4,250,000여 자로 방대한 분량의 서적이다.

2) 백이·숙제(伯夷·叔齊)

〈의사義士〉

백이와 숙제는 은나라 말기 고죽(孤竹)나라 임금의 두 아들이다. 아버지는 막내인 숙제를 후계자로 삼으려고 했으나 아버지가 돌아가신 다음에 숙제는 큰형인 백이에게 임금 자리를 양보하려고 하였다. 백이는 아버지의 명을 거역할 수 없다며 마침내 나라 밖으로 도망갔고 숙제 또한 임금 자리에 오르지 않고 형을 따라 나섰으므로 나라 사람들은 둘째아들을 세워 임금으로 삼았다.

그리하여 백이와 숙제는 서백(西伯)인 창(昌=후일 문왕)이 노인들을 잘 보살핀다는 말을 듣고 주(周)나라로 가서 의탁하려고 찾아갔는데 서백은 이미 죽었고 아들 무왕(武王)이 왕위에 올라 아버지의 위패를 수레에 싣고 동쪽에 있는 은(殷)나라의 마지막 주왕(紂王)을 정벌하러 가려는 참이었다.

백이와 숙제는 무왕의 말고삐를 붙잡고 정벌하지 말라고 간청하기를, "부왕이 돌아가시어 장례도 모시지 않고 무기를 드는 것은 불효이며 또 신하의 신분으로 은왕을 죽이려는 것은 인(仁)이라고 할 수 없습니다."라고 하자 왕을 모시던 주위 사람들이 죽이려고 하기에 태공이 이 사람들은 의로운 사람이라며 살려서 돌려보냈다. 그뒤 무왕은 목야전투에서 은왕을 죽이고 은나라를 멸망시켜 주나라를 세우고 천자가 되었다.

그뒤 백이와 숙제는 은나라 멸망을 부끄럽게 여기고 신의를 지키면서 주나라의 녹은 먹지 않겠다고 수양산(首陽山)으로 들어가 고비를 채취하며 연명하다 굶주려 죽게 되었는데 이때에 『채미가(采薇歌)』를 지었다.

〈채미가〉

나는 지금 저 서산에 올라 고비를 캐도다.
무왕은 폭력으로써 폭력을 바꾸었지만 그 비행을 모르고
옛 신농(神農)·우(虞)·하(夏) 나라는 혼연히 사라져
지금은 있지 않네. 나는 어디론가 가리라.
아~아 가리라 천명도 쇠하였으니!

백이와 숙제는 아버지의 명을 받들어 임금 자리를 탐내지 않았고 의(義)를 위해 주나라 녹을 받지 않았으며 목숨을 돌보지 않았고 형제가 우애하며 운명을 같이하였다. 그러므로 3200여 년이 지난 지금까지도 대의(大義)로 불린다.

3) 관중(管仲)

〈명재상〉

관중은 자(字)이고 이름은 이오(夷吾)이며 젊어서부터 포숙아(鮑叔牙)와 교류했었는데 관중은 제나라 공자인 형님 규(糾)를 섬겼고 포숙아는 같은 공자인 동생 소백(小白)을 섬기게 되었는데 포숙아가 섬기던 동생 소백이 제나라 왕위(桓公)에 오르자 경쟁자였던 형님 규는 싸움에 패하여 죽고 그를 섬기던 관중은 환공에게 붙잡힌 몸이 되었으나 친구인 포숙아가 끝까지 관중을 환공에게 천거한 까닭으로 등용되어 재상으로 있으면서 환공을 위해 패자(霸者)가 될 수 있도록 도왔다. 포숙아는 환공에게 친구인 관중을 천거한 뒤로 관중의 밑에 있으면서도 항상 경의를 잃지 않았다.

관중이 포숙아를 평하기를 …….

"지난날 내가 곤궁할 때에 포숙아와 장사를 같이하면서 이익금을 나눌 때 내가 몫을 많이 갖곤 했지만 포숙아는 나를 욕심이 많다고 하지 않았다. 내가 가난한 것을 알고 있었기 때문이다. 지난날 포숙아를 위해 사업 경영을 하다 실패하여 다시 곤궁에 빠지기도 했지만 포숙아는 나를 어리석다고 하지 않았다. 때의 이(利)와 불리(不利)가 있다는 것을 알았기 때문이다. 지난날 세 번이나 벼슬길에 나갔다가 번번이 임금에게 쫓겨났지만 포숙아는 나를 무능하다고 하지 않았다. 시운이 맞지 않았음을 알았기 때문이다. 지난날 세 번이나 싸움에 나갔다가 패주하였지만 포숙아는 나를 비겁하다고 하지 않았다. 나에게 노모(老母)가 계신다는 것을 알고 있었기 때문이다. 지난날 공자 규(糾)를 섬기다가 패했을 때 나는 붙잡혀서 욕된 몸이 되었지만 포숙아는 나를 부끄러움도 모르는 사람이라고 하지 않았다. 내가 작은 일을 부끄러워하기보다는 천하에 공명을 떨치지 못하는 것을 부끄러워하고 있음을 알았기 때문이다. 나를 낳아준 사람은 부모지 마는 나를 알아주고 배려해준 사람은 포숙아다."라고 평하였다.

세상 사람들은 패도를 이룬 관중의 현명함을 칭찬하기보다 신뢰를 갖고 배려하는 마음으로 관중을 끝까지 밀어준 포숙아를 신뢰하고 배려하는 예(禮)로 칭찬하고 있다. 이러한 신뢰의 사귐을 관포지교(管鮑之交)라고 한다.

4) 한비자(韓非子)

〈법가〉

한비자는 한나라 공자 중에 맨 끝 서열이다. 형명(刑名)과 법술(法術)을 배우기 좋아하였는데 귀착하는 것은 황제(黃帝)와 노자(老子)의 학문이었다. 일찍이 이사(李斯)와 함께 순자(荀子)에게서 공부하였고 재능 면에서 이사 자신도 한비자를 따를 수 없다고 생각할 정도였다.

당시는 전국시대로 국토가 깎이고 국력이 약해져가는 것을 보고 한왕에게 간청했지만 받아들여지지 않자 한비자는 청렴 강직한 사람이 간신 때문에 등용되지 못함을 슬퍼하고 옛 왕들의 정치에 대하여 성패와 득실을 생각해서『고분(孤憤)』,『오두(五蠹)』,『내외저(內外儲)』,『세림(說林)』,『세난(說難)』 등 여러 편의 책을 엮었다. 그런데 한비자가 유세(遊說)의 어려움을 알고 지은『세난편(說難篇)』은 아주 완벽한 것이었는데도 불구하고 그 자신은 끝내 유세의 공을 이루지 못하고 진(秦)나라에서 죽었으며 불행이도 화를 면하지 못했다. 『세난편』에 이르기를 ….

　대체로 유세의 어려움이란 상대방의 마음을 통찰하여 상대방 심정에 내가 말하려는 것을 잘 맞추어 끼우는 일의 어려움을 가리킨다. 상대방이 명예욕에 마음을 갖고 있을 때 이익을 가지고 이야기한다면 비웃을 것이고 상대방이 이익을 바랄 때 명예를 가지고 말한다면 세상사에 어둡고 소용없는 사람이라고 말할 것이다. 상대방이 속으로는 이익을 바라면서 겉으로 명예를 바랄 때 그런 사람에게 명예를 말하면 겉으로는 좋은 체하면서도 속으로는 은근히 꺼릴 것이다. 만약 이런 사람에게 이익에 관하여 이야기한다면 속으로는 은근히 그 말을 들으면서도 겉으로는 그것을 멀리 하는 체한다. 그런 기미를 잘 알지 못한다면 유세는 이루어지지 않을 것이다.

　대체로 일이란 비밀을 유지함으로써 성취하고 비밀 누설로 인하여 실패한다. 그러나 유세하는 사람은 어쩔 수 없이 군주가 마음속에 숨기고 있는 사건에 대하여 언급할 경우가 있으며 그러한 사람은 생명이 위험할 수도 있다. 또 유세하는 사람이 다른 명인 중에서 과실의 단서를 추궁한다면 역시 위험하다. 유세하는 사람이 아직 군주의 두터운 신임이 없는 상태에서 함축성 있는 말로 지혜를 번득이는 것은 그 말로 효과를 올리고 공을 세운다 하더라도 큰 덕으로 인정받지 못할 것이며 만약에 실패한다면 엉뚱한 일까지 의심받게 되므로 그런 사람 역시 생명이 위험하다.

　대체로 어떤 명인이 타인에게서 계책을 얻어 그로 인하여 공을 세워 보려고 할 때에 다른 유세하려는 사람의 의도를 이미 알아차렸다면 이 또한 생명이 위험하다. 군주가 겉으로는 딴 일을 하는 체하면서 안으로 다른 일을 하려고 생각할 때 유세하는 사람이 알고 있는 체하면 이 또한 위험하다. 군주가 도저히 손이 미치지 못할 것을 강요하거나 막대한 힘으로도 막을 수 없는 일을 쉽게 막으려 해도 이 또한 위험하다.

그러므로 군주와 함께 성군을 가지고 논하면 속으로 군주를 비방하는 것으로 의심받고 미천한 사람을 가지고 논하면 군주를 파는 것으로 오해받으며 군주가 총애하는 사람을 논하게 되면 그를 이용하려는 줄 알고 군주가 미워하는 사람을 논하게 되면 군주를 시험하려는 줄로 오해받으며 말을 꾸미지 않고 단적으로 표현하면 무식하다고 업신여김을 받고 여러 학설을 인용하여 해박하게 말하면 말이 많다고 오해받는다. 일에 순응만 하면서 의견을 말하면 겁쟁이라 하고 일에 앞과 뒤를 말하면 방자하고 무례하다고 한다. 이것이 유세의 어려운 점이니 유념해야 할 일이다.

대체로 유세의 요령은 군주의 긍지를 만족시키고 부끄러워하는 문제를 건드리지 말아야 한다. 군주가 자신의 계책을 자신 있어 하면 결점을 지적하지 말고 자신의 결점을 용감한 줄 알고 있으면 항거해서 화나게 하지 말아야 하며, 또 스스로 자부하고 있으면 어려움을 들추어 용기를 꺾어서는 안 된다. 어떤 일에 군주가 계획하는 일과 같은 계획을 가진 사람이 있으면 그 사람을 칭찬해 주고 어떤 사람이 군주 하는 일과 같은 일을 하면 그 사람이 하는 일을 그르치게 하지 말며 어떤 사람이 군주와 같은 실패를 하면 그것이 실패가 아니라고 두둔할 줄 알아야 한다.

큰 충성이란 순수하여 다른 뜻이 없는 것으로 군주에게 거슬림이 없어야 하며 군주가 느끼고 깨닫게 해야 하므로 배격함이 없어야 하고, 그러한 범위 안에서 자기의 지혜를 발휘할 일이다. 이것이 신임받고 의심받지 않는 길이며 자기의 언변을 다하는 것이다.

후일에 진나라 왕이 『고분』『오두』의 책을 보고 한나라의 한비자를 만나고 싶어하다가 한나라를 공격하면서 한비자를 보내도록 하였는데 같이 공부했던 이사(李斯)는 자기가 불리할 것으로 생각하고 한비자의 등용을 막았다. 한층 더 나아가 다시 돌려보낸다 해도 후환이 될 터이니 죽이자고 하였다.

한비자는 『세난편』을 지어냈지만 결국 그 자신은 화를 면하지 못하고 같이 공부한 이사의 의하여 진나라에서 죽게 되었다. 때문에 천시가 지리만 못하고 지리가 인화만 못하다고 하지 않았던가!(天時不如地利. 地利不如人和).

5) 손자(孫子)

〈병법가〉

손자는 이름이 무(武)이며 제나라 사람이다. 병법에 밝았으므로 오왕(BC 514~496) 합려(闔廬)를 알현하게 되었는데 손자에게 말하기를…….

그대의 저서 13편을 보았는데 시험 삼아 그 실제적인 군대 훈련을 보여주지 않겠소?

그래서 왕은 후궁 및 궁중의 미녀 180명을 동원하였다.

손자는 이들을 두 편대로 나누고 왕이 제일 사랑하는 두 여인을 뽑아 각기 편대의 대장으로 삼아 모두에게 창을 들린 다음 명령을 내렸다. 그 대들은 각자 자기의 가슴과 양쪽 팔과 등을 알고 있는가? 궁녀들이 알고 있다고 대답하자 손자는 다시 말했다.

내가 (앞쪽) 하고 구령을 내리면 가슴을….
(왼쪽) 하고 구령을 내리면 왼팔을….
(오른쪽) 하고 구령을 내리면 오른팔을….
(뒤쪽) 하고 구령을 내리면 등쪽을 보아야 한다.

또 궁녀들이 알았다고 대답하자 손자는 군령을 포고하고 형벌용 무기를 준비한 다음에 세 번 군령을 내린 후 다섯 번 설명을 했다. 그리고 북을 치면서 (오른쪽) 하고 구령을 말하자 궁녀들이 크게 웃었다.

손자는 또다시 말했다. "군령이 명료하지 못하고 구령이 철저하지 못한 것은 전적으로 지휘하는 장군의 책임이다." 하고는 다시 군령을 세 번 내린 후 다섯 번 이를 설명했다. 그리고 북을 치면서(왼쪽) 하고 구령을 말하자 궁녀들은 또 크게 웃었다.

손자는 "군령이 명료하지 못하고 구령이 철저하지 못한 것은 전적으로 지휘하는 장군의 책임이다. 그러나 군령과 구령이 명료한데도 규정대로 따르지 않은 것은 각 편대의 대장 책임이다."라고 말하고 좌우 두 사람의 대장을 죽이려고 했다.

오왕 합려는 누대 위에서 구경하고 있다가 손자가 당장에 자기가 사랑하는 애첩을 죽이려고 하므로 깜짝 놀라 즉시 전령을 보내 말하기를…….

"나는 장군이 용병술에 뛰어난 사람임을 이미 알고 있었소. 나에게 이 두 사람이 없으면 무엇을 먹어도 맛이 없을 것 같으니 제발 죽이지는 마시오."

그러나 손자는 단호하게 말하기를, "나는 이미 왕으로부터 명령을 받은 장군입니다. 진중에서는 왕명이라 할지라도 때에 따라서는 듣지 않을 경우도 있습니다." 하고는 마침내 두 명의 대장을 목 베어 모든 병사에게 본보기로 보인 다음 다시 왕이 세, 네 번째로 사랑하는 두 후궁을 뽑아 대장으로 삼았다. 그리고 또 북을 치며 구령을 하자 궁녀들은 왼쪽이건 오른쪽이건 앞이건 뒤이건 앉는 것이건 서는 것이건 구령하는 대로 움직였고 목소리 하나 들리지 않았다.

그러자 손자는 전령을 시켜 왕에게 말하기를, "군대 훈련은 끝났습니다. 대왕께서는 시험 삼아 누대에서 내려오시어 시험해 보시도록 하십시오. 대왕께서 명을 내리시면 물 속이건 불 속이건 거절하는 자가 없을 것입니다." 왕이 말하기를, "장군은 그만 휴식하고 숙사로 들도록 하시오. 나는 누대 아래까지 가서 볼 생각은 없다고." 하자 손자가 말했다. "대왕은 단지 병법에 대한 의논만을 좋아하실 뿐 병법을 실제로 응용하시지 않으시는군요." 하였다.

그리하여 오왕 합려는 손자가 용병에 뛰어난 것을 알았고, 그를 장군으로 임명하였다. 이렇게 하여 오나라는 강국 초나라를 무찌른 후 그 도읍인 영땅에 입성하였고, 제나라와 진나라를 위협하며 제후들 사이에 명성이 높았다.

손자가 죽은 다음 100여 년 만에 손자의 자손인 손빈(孫臏)이란 사람이 나타났으며 손빈은 일찍이 방연(龐涓)과 함께 병법을 배웠고 후에 방연은 위(魏) 혜왕(양혜왕)의 장군이 되었는데 방연이 자기보다 재능이 뛰어난 손빈을 시기하여 위나라로 불러들여 죄를 뒤집어씌워 양다리에 힘줄을 잘랐다.

그런데 마침 제나라 사신이 위나라에 왔다가 은밀하게 손빈과 만나서 이야기를 나눈 뒤에 비밀리에 손빈을 수레에 태워 제나라로 돌아왔다. 제나라 장군 전기(田忌)는 손빈의 재능을 알았기 때문에 제(齊) 위왕에게 추천하여 자기의 병법 스승으로 삼았다.

당시에 위나라 방연이 조나라를 공격하여 포위하자 조나라는 제나라에 구원을 요청했다. 제나라 전기는 군사를 이끌고 위나라 방연이 포위하고 있는 조나라를 구원하러 가려고 하는데 손빈이 말하기를…….

실이 엉클어진 것을 푸는 사람은 주먹으로 두들기지 않으며 싸움을 돕는 사람이 맨주먹으로 행동하지 않습니다. 급소를 치고 허를 찔러서 형세를 뒤집어 놓으면 저절로 풀리게 됩니다. 지금 위나라는 조나라를 쳐서 포위하고 있기에 위나라 도읍에는 노약자만 남아 있을 것이니 그곳을 공격하면 위나라는 어쩔 수 없이 조나라를 포기하고 자기 방어에 나설 것입니다. 이것이야말로 허를 찔러 조나라를 구원해주고 공격했던 위나라를 피폐하게 만드는 계책입니다. 이렇게 하여 위나라 방연은 손빈에게 보복을 당한 셈이다.

13년 뒤에 위나라 방연이 이번에는 한나라를 공격하자 한나라는 제나라에 구원을 요청했다. 제나라 장군 전기는 이번에도 손빈의 말대로 허를 찌르기 위해 위나라로 쳐들어가서 그날 체류하는 영내에 부엌 10만 개를 만들도록 시켰으며 다음날 영내에는 5만 개로 줄였고, 또 그 다음날 영내에는 3만 개로 줄였다.

위나라 방연은 본국으로 돌아와 자기 나라를 침략한 제나라 장군 전기의 군대를 추격하면서 날마다 부엌 수가 줄어드는 것을 보고 제나라 군대가 도망치는 겁쟁이라며 기뻐했다. 그러나 손빈은 전기장군에게 "복병하기 좋은 곳을 찾아서 큰나무 껍질을 하얗게 벗긴 다음 오늘밤 방연이 이 나무 아래서 죽을 것이다."라고 써 붙였다. 그리고 복병들 에게 밤에 불빛이 오르면 일제히 공격하기로 약속했다.

날이 저물자 과연 위나라 장군 방연이 제나라 장군 전기를 추격하다가 나무에 씌어진 글을 읽는 순간 복병들이 일제히 쇠뇌를 발사하여 위나라 군대는 크게 패배당하고 말았다. 방연은 자신의 지혜가 모자라서 자신의 군대가 패배한 것을 깨닫고 스스로 목 찔러 죽었다. 방연이 죽음에 임하여 말하기를…. "기어코 손빈의 이름만 떨치게 만들었구나!"라고….

손빈의 이름은 이 일로 인하여 천하에 드러났지만 저서는 보이지 않았다. 그러나 1972년 산동성 임기현에서 한나라의 묘지를 발굴하던 중 손빈의 죽간이 출토되어 사실을 입증할 수 있게 되었다. 병법가 하면 손무(孫武)·손빈(孫臏)을 말할 수 있으니 전통을 이은 병법대가(大家)이다. 손자(孫子)라는 명칭은 선생님을 뜻하는 자(子)를 붙인 것이다. 결국 시기했던 방연은 같이 공부했던 손빈의 계략에 패배당하고 말았으니 때문에 원수와 원한을 맺지 말라고 하지 않았던가!

6) 공손앙(公孫鞅)

〈법가〉

상군(商君)은 위(衛)왕의 서공자(庶公子) 가운데 한 사람으로 성은 공손(公孫)이고 이름은 앙(鞅)으로 형명(刑名)학을 좋아해서 위(魏)나라 재상인 공숙좌를 섬겼는데 공숙좌는 공손앙의 현명함을 알고 위혜왕에게 추천할 기회를 생각하고 있었다. 때마침 자기가 병들어 누웠는데 혜왕이 문병을 와서 공숙좌에게 묻기를, "누구에게 재상을 맡기면 좋겠소?"

"지금 제가 데리고 있는 공손앙은 나이는 어리지만 재능이 있습니다. 만약에 왕께서 안 쓰실 경우에는 죽여야 하고 밖으로 나가게 해서는 안 됩니다." 라고 하였지만 그러나 위혜왕은 공손앙을 대수롭지 않게 생각했다. 그리하여 공손앙은 진(秦)나라 효공(孝公)이 현자를 맞이한다는 말을 듣고 진나라 효공을 알현하게 되었는데 효공이 공손앙을 등용한 다음 국법을 고치려고 생각하면서도 비방받을 것을 두려워하여 주저하였는데 공손앙이 효공에게 말하기를….

"확신이 없는 행위는 명예가 될 수 없고 확신이 없는 사업은 공적이 될 수 없습니다. 보통 사람보다 식견이 뛰어난 사람은 비난을 받기 쉽고 독특한 생각을 하는 사람도 비난받기 마련입니다. 어리석은 사람은 일의 성과조차 모르지만 지혜 있는 사람은 그 싹이 보이기 전에 미리 알아차립니다. 그러므로 백성들은 일을 시작할 때에 의견을 따르는 것이 아니라 성공한 다음에 그 즐거움을 함께 하는 법입니다. 지극한 덕을 논하는 사람은 속설에 일일이 응답하지 않으며 큰 공을 이루는 사람은 보통 사람들과 의논을 하지 않습니다. 그러므로 성왕은 나라를 강하게 만들 수 있는 길이 있으면 결코 선례를 따르지 않고 백성에게 이익이 될 수 있는 길이 있으면 절차를 따르지 않습니다."라고 말하자……

효공은 공손앙을 좌서장(坐庶長)으로 앉히고 마침내 법을 개정했다. 10집마다 인조제(鄰組制)를 만들어 서로 감시하고 연좌하여 위법자를 신고하지 않으면 요참(腰斬)하며 신고한 사람에게는 적의 목을 베인 것과 같은 상을 주고 은폐하는 사람은 적에게 항복한 것과 같은 죄를 내리며 한 집에 남자가 두 명인데도 분가하지 않으면 세금을 두 배로 하고 무공이 있는 사람은 차등에 따라 벼슬을 주며 개인적으로 사사로운 싸움을 하는 사람은 경중에 따라 처벌하고 곡식이나 비단을 많이 납세하는 사람은 부역을 면제하며 태만하면서 가난한 사람은 종을 삼고 공로가 있는 사람은 영화로운 생활을 하게 하며 공로가 없는 사람은 부유해도 화려한 생활이 허락되지 않았다.

이와 같이 새로운 법령이 만들어졌는데 백성이 믿도록 공포하기 위해서 6미터 정도되는 나무토막을 시장 남문에 세워놓고 이 나무를 들어다 북문에 세우는 사람이 있으면 10금(金)을 주겠다고 써붙였다. 대단히 힘든 것도 아니지만 사람들은 설마 주겠는가!! 의심하며 옮기려는 사람이 없었으므로 다시 써붙이기를 이 나무를 북문으로 옮기면 50금(金)을 준다고 하자 어떤 사람이 과연 나무를 어렵지 않게 북문으로 옮겼는데 그 사람은 즉시 50금을 받았다. 이렇게 해서 나라에서는 절대로 백성을 속이지 않는다는 것을 분명하게 보여준 다음에 법령을 공포하였다.

그러나 새 법령이 시행된 지 1년 사이에 수천 명의 백성들이 불편하다고 호소하는 사람이 많았으며 그러는 사이에 효공의 태자가 법을 범했는데 공손앙이 말하기를, "법이 지켜지지 않는 것은 윗사람이 법을 범하기 때문이다."라고 하면서 태자는 직접 처벌할 수는 없으므로 태자를 좌우에서 보필하는 공자건을 처벌하고 가르치는 스승 공손가를 자자(刺字)형으로 처벌하였다.

그 다음부터는 진나라 사람들이 모두 법을 따랐으며 법이 시행된 지 10년이 지나자 진나라 백성들은 크게 기뻐하며 길에 떨어진 물건을 주우려 하지 않았고 도둑이 없었으며 집집마다 생활이 넉넉하였고, 사람마다 만족했으며 전쟁터에서 용감했고, 개인적인 싸움도 하지 않았다. 나중에는 법령에 불만을 호소했던 사람들이 반대로 법령이 편리하다고 상소하는 사람들이 있었는데, 공손앙은 이 사람들을 선도감화(善導感化)를 해치는 사람들이라고 하면서 모두 국경 주변으로 내쫓았다.

공손앙이 처음에 살던 위나라와 지금 벼슬하고 있는 진나라와는 황하를 사이에 두고 있어 자주 싸우게 되었는데 위나라는 공자인 앙(卬)을 장수로 삼았고 공손앙은 진나라 장수로 맞서 싸웠는데 복병하여 습격하는 바람에 위나라 공자앙은 진나라 장수인 공손앙에게 사로잡히게 되었다. 위나라 혜왕은 이렇게 후회하였다.

"나는 이제야 오래전에 재상이었던 공숙좌(公叔座)가 공손앙을 쓰지 않으려거든 죽여서 밖으로 내보내지 말라고 당부했던 말을 듣지 않아서 후회한다고."…….

공손앙은 위나라 공자를 사로잡고 전쟁에 이긴 공로로 상(商)읍에 봉해져 호를 상군(商君)이라 하였다. 한참 지나 진나라 효공이 죽고 태자가 왕위에 올랐는데 옛적에 태자를 보필하던 공자건의 무리가 공손앙이 반란을 일으키려 한다고 모함하면서 사로잡으려 하므로 공손앙은 진나라를 떠나 위나라로 도망갔지만 위나라는 공자를 포로로 잡아간 공손앙을 받아주지 않고 다시 진나라로 되돌려 보냈다. 공손앙은 상읍으로 가서 군사를 일으켜 북쪽에 있는 정나라를 쳤지만 다시 진나라가 공손앙을 공격함으로써 진나라는 공손앙을 능지처참하고서 백성들에게 이 사람과 같은 모반자는 되지 말라 경고하고 일족을 멸망시켰다.

그러나 진나라가 부강하게 되고 천하통일까지 이루게 된 것은 공손앙의 법률 제정에 따른 국민 강제 결속의 힘이었다. 때문에 원한이란 갚으면 계속 이어지고 과감하게 버리고 잊을 때만이 없어질 수 있는 것이다.

7) 맹상군(孟嘗君)

〈명재상〉

맹상군의 성은 전(田)씨이고 이름은 문(文)이며 제나라 사람으로서 아버지는 전영(田嬰)이다. 전영은 제 나라 위왕(威王)의 막내아들로 후일 제나라 선왕(宣

王)의 서제(庶弟)이다. 전영은 제나라 재상으로 세 왕을 모셨는데 아들 전문에게 가사를 맡기어 빈객을 접대하도록 하였는데 빈객이 날로 늘어나 명성이 제후에 떨쳤다. 아버지 전영이 죽자 전문이 설땅(薛)의 영주가 되었는데 이 사람이 맹상군(孟嘗君)이다.

맹상군은 설땅에 있으면서 제후의 빈객을 초대했는데 죄를 짓고 도망친 사람까지 찾아왔고 맹상군은 재산을 팔아서까지 빈객들을 접대하여 식객이 삼천 명에 이를 정도였는데도 귀천에 관계없이 대등하게 대우하였으며 또한 맹상군이 방문객을 응대 하면서 좌담할 때에 병풍 뒤에는 주소와 자세한 내용을 기록하는 사람이 있어 손님이 떠난 뒤에 즉시 사람을 시켜 그의 친척에게 예물을 보내곤 하였다.

한편 진나라 소왕(昭王)은 맹상군이 현명하다는 말을 듣고 제나라에서 맹상군이 와줄 것을 요청했는데 제나라 민왕 25년에 맹상군은 식객 몇 사람을 거느리고 진나라로 들어갔다. 진나라 소왕이 진나라 재상으로 임명하려 했으나 반대하는 사람이 말하기를, "맹상군은 제나라 왕족이기 때문에 진나라 재상이 된다 해도 자기의 제나라를 우선하고 진나라는 다음으로 해서 뒤에는 위태롭게 될 것입니다."

그래서 소왕은 재상으로 임명하는 것을 그만두고 맹상군을 몰래 죽이려고 했다. 위급한 상황을 파악한 맹상군은 진나라 소왕의 애첩에게 사람을 보내 석방될 수 있도록 힘써줄 것을 부탁하자 그 애첩이 말하기를 나는 제나라의 호백구(狐白裘)를 갖고 싶다고 하였으나 맹상군은 이미 소왕에게 선물로 호백구를 바친 상태였고, 그 값은 천금(千金) 정도 되는 진귀한 옷이었는데, 당장에 구할 방법이 없어서 식객들에게 묘안이 없겠느냐고 물었지만 누구도 해답을 찾지 못하자 말석에 앉아 있던 도둑질 잘하는 사람이 제가 할 수 있다고 하면서 한밤중에 개소리를 내며 개구멍으로 궁궐 깊숙이 들어가 먼저 바쳤던 호백구를 훔쳐왔다.

맹상군이 그것을 다시 애첩에게 바치자 애첩은 맹상군을 풀어주자고 소왕에게 간청하였고 소왕은 이를 허락하여 석방되었다. 맹상군은 출옥하자 마자 급히 달아났으며, 봉전(封傳)을 고쳐 성명을 바꾸고 관문을 통과하여 한밤중에 국경인 함곡관(函谷關)에 당도했다.

진나라 소왕은 뒤에 맹상군 석방을 후회하고 다시 추격하는 중이었다. 맹상군이 도망쳐 함곡관까지 오긴 했으나 관문을 여는 규칙에 따라 닭이 울어야 관문을 열어줄 수 있다기에 식객들에게 관문을 열 수 있게 하는 방법을 묻자 어느 한 사람이 마침 닭울음 소리를 잘 내는 사람이 있어 목청을 가다듬고 "꼬끼오" 하고 닭울음 흉내를 내자 과연 모든 닭들이 새벽이 온 줄 알고 "꼬끼오" 하고 일제히 울어댔다. 관문은 열리고 맹상군은 무사히 함곡관을 빠져나간 뒤에 진나라 추적군이 바로 도착했지만 이미 때는 늦은 상태였다.

맹상군이 다시 제나라로 돌아올 수 있었던 것은 식객 삼천 명에게 재산을 팔아가면서까지 접대한 결과였고, 맹상군 한 사람의 문제가 아니라 자칫 진나라에 사로잡혀 이용당하면 제나라가 망할 수도 있는 전국시대였기에 중요하다고 할 수 있을 것이다. 때문에 아무리 하찮은 사람의 기술이나 재주(鷄鳴狗盜)라고 하더라도 최고만 되면 그 분야에 최고인이 되기도 하고 때로는 재능을 발휘하여 위기 상황도 모면할 수 있는 것이다.

8) 진시황(秦始皇)

〈전국시대 통일황제〉

여불위는 양책(陽翟)의 큰 장사꾼이었다. 진나라 소왕(昭王) 40년에 태자가 죽고 둘째 아들인 안국군(安國君)이 태자가 되어, 안국군에게는 여러 부인과 아들 20여 명이 있었는데, 가장 총애하는 첩으로 정부인(正夫人)을 삼아 화양부인

(華陽夫人)이라고 불렀으나 아들이 없었다.

　태자 안국군의 다른 첩 중에 하희(夏姬)라는 여인이 있었는데 자초(子楚)라는 아들이 있어 진나라를 위하여 조나라에 인질로 가 있는 동안에 진나라가 조나라를 자주 공격하자 인질로 가 있는 자초는 대우받지 못하고 있는 중이었다. 여불위가 장사하러 조나라 서울 한단에 갔다가 후일에 장사 거래가 될 만하다 생각하고 자초를 찾아가서 위로하며 말하기를….

　"지금 진나라에는 진소왕이 연로하시고 늦게 안국군을 태자로 봉했는데, 자식 없는 화양부인을 정부인으로 삼고 총애하신다고 합니다. 아들 20명 중에 누군가를 후사로 삼아야 하는데, 지금 자초께서는 중간쯤 되는 아들로서 여기 조나라에 인질로 와 계십니다. 만약 진소왕이 돌아가시고 태자인 안국군이 즉위하게 되면 멀리 인질로 와 있는 자초께서는 가까이 있는 형제들과 같이 태자자리도 경쟁하지 못하게 되십니다."

　자초가 말하기를, "그러면 어찌하면 되겠소?"

　여불위가 말하기를, "저는 큰돈은 없지만 천금을 써서 공을 위해 진나라에 가서 태자인 안국군과 화양부인을 가까이하며 공을 후사로 삼도록 노력하겠습니다." 자초는 머리를 숙이며, "만약, 그대의 약속대로 된다면 진나라를 나누어 반반씩 공유(共有)하리다." 하였고…….

　그리하여 여불위는 자초에게 5백금을 주며 빈객들과 교제비로 쓰라고 하고 다시 5백금으로 조나라 한단에서 진귀한 보물을 사가지고 진나라로 갔다. 연줄을 찾아 화양부인의 언니를 만나서 그 언니의 인도로 보물을 화양부인에게 바쳤으며, 기회를 보아 화양부인을 만나서 말하기를……. "조나라에 인질로 가 있는 자초는 어질고 지혜가 있으며 널리 천하의 제후들과 교류하고 있습니다. 그리고 화양부인을 하늘처럼 흠모하며 눈물을 흘리고 있습니다."라고 말하자, 자식 없는 화양부인은 크게 기뻐하였고, 여불위는 다시 그의 언니를 시켜서 화양부인에게 말하기를, "용모가 잘 생겨서 총애받는 사람은 늙어지면 총애도 시

들어진다고 하는데, 지금은 태자를 모시고 총애받고 있지만 아들이 없소! 어째서 지금 여러 공자 중에서 현명한 효행자와 인연을 맺어 후사를 이을 양자로 삼지 않는 거요.

태자가 있을 때는 존경받지만 태자인 남편이 죽은 뒤에는 키운 양자가 대를 이을 수 있을 때만 세력을 유지할 수 있는 것이므로 이것을 한마디로 만세의 이익이라고 하는 겁니다. 영화를 누리고 있을 때 기반을 단단히 해두지 않으면 용모가 늙고 총애가 시든 다음에 노력한다 해도 때가 늦는 거요. 지금 조나라에 인질로 있는 자초는 형제 중에 중간의 차자로서 후사가 될 수 없음도 잘 알고 있지만 부인을 향한 효심이 지극하오. 이 기회를 놓치지 말고 자초를 발탁하여 후사를 잇게 된다면 부인은 일생 동안 진나라의 존경를 받게 될것이지요."라고 말하자…….

화양부인은 이 말을 듣자 과연 그렇구나 생각하고 태자가 한가한 틈을 타 애절하게 간청하기를, "자초라는 하희(夏姬)의 아들이 조나라 인질로 가서 매우 현명하고 지혜가 있어 왕래하는 사람마다 칭찬이 대단합니다." 그리고 눈물을 떨구며 말을 이었다."저는 다행히도 후궁으로서 태자를 모시다가 정부인이 되긴 했지만 불행히도 아들이 없습니다. 아무쪼록 효성스러운 자초를 저의 아들로 삼아서 후사를 이어 저의 말년을 돌보아주게 하여 주십시오."라고 말하자…….

안국군은 이를 허락하고 부인을 위해 옥할부(玉割符)를 새겨주고, 자초를 후사로 맞아 들이는 약속 증거라고 말했다. 그러고 나서 안국군과 화양부인은 자초에게 후한 물건을 보내고 여불위에게 그 뒤를 잘 돌봐주도록 요청했으므로 이로부터 자초의 명성이 제후들 사이에 높아져 갔다.

한편 여불위는 조나라 한단의 미인 여자와 동거하고 있었는데, 그녀는 용모가 아름답고 춤을 잘 추었으며, 얼마 안 되어 그녀가 여불위의 자식을 임신하고 있었다(후일에 진시황이 됨). 하루는 자초가 여불위의 초청을 받아 술을 마시고 있었는데, 자초가 그 여인을 보고는 기뻐하며 일어나서 여불위의 건강을 축하하며 그 여인을 얻고 싶다고 여불위에게 말하자, 여불위는 처음에는 화내는 듯하다가 큰 욕심을 생각하고 마침내 자초에게 미인을 바쳤는데, 그 여인은 임신한 사실을 숨기고 있다가 드디어 아들 정(政)을 낳았는데, 자초는 기뻐하며 그 여인을 부인으로 삼았다. 당연 아들 정(政)도 자초의 아들(후일의 진시황)로 성장했다.

진나라 소왕 50년 진나라가 조나라 한단을 포위하자 조나라는 인질로 있는 자초를 죽이려고 했는데 자초는 여불위와 의논하여 금 6백 근을 주어 감시하는 관리를 매수하고 진나라로 탈출할 수가 있었다. 이후 진나라 소왕은 56년에 죽었고, 그리고 태자 안국군이 즉위했는데, 이 사람이 효문왕(孝文王)이며, 과연 화양부인을 왕후로, 자초를 태자로 삼았으며, 얼마 안 되어 진나라 효문왕(안국군)은 즉위한 지 1년 만에 죽었고, 그리고 태자인 자초가 왕위에 오르니 이 사람이 후일 진시황의 부왕인 장양왕(莊襄王)이다.

장양왕(자초)은 양모(養母)인 화양부인을 화양태후(華陽太后)라 부르고 생모인 하희(夏姬)를 높여 하태후(夏太后)라 부르며 여불위를 승상으로 임명하여 문신후(文信侯)로 봉하였고, 하남과 낙양땅 10만 호를 식읍으로 주었다. 장양왕(자초)은 즉위한 지 3년 만에 죽었고, 태자 정(政)이 즉위하여 왕위에 올랐는데 이 사람이 바로 전국시대 중국 대륙을 통일한 진시황(秦始皇)이다.

진시황은 여불위를 받들어 상국(相國)으로 삼았고, 중부(仲父)라고 불렀으며, 어머니인 태후는 비밀리에 계속 여불위와 정을 통하였고, 여불위의 집에는 하인이 1만 명이나 있었다고 한다. '실직적으로 진나라 왕궁에는 조나라 서울 한단에서 여불위와 동거하던 여인과 그때 임신한 아들과 한 가족이 모두 모인 셈이다.' 진시황이 어느덧 장년이 되었는데, 모태후의 음란은 그칠 줄 몰랐다.

여불위는 일이 발각되면 자기에게 화가 미칠 것을 생각하고 노애라는 사나이를 찾아내어 진시황의 모태후와 가까이 지내도록 하였으나 결국 아들인 진시황에게 발각되어 노애의 삼족을 멸망시킨 다음 태후와 노애 사이에서 낳은 두 아들도 모두 죽였다. 진시황은 상국 여불위도 죽이려고 하였으나 부왕인 장양왕(자초)에게 바친 공이 많아 가족을 데리고 촉(蜀)으로 떠나라고 명하였는데, 여불위는 생각하기에 결국은 죽음을 당할 것으로 알고 짐독(鴆毒)을 마시고 자살했다.

때문에 여불위는 큰 장사를 해서 명예와 권세와 재물을 모두 얻었지만 빈객들을 동원하여 『여씨춘추(呂氏春秋)』만을 저술로 남겼고, 불의로 꾸며놓은 잘못은 전국시대를 종결시켜 천하를 통일하고도 진나라는 승상 조고의 권력남용(指鹿爲馬)과 이세 호해의 무능으로 15년 만에 멸망하고 말았으니 악명 높은 분서갱유(焚書坑儒)만 전할 뿐이다. 그러나 분서갱유는 진나라 통일정책을 인정하지 않으려는 유가와의 충돌로 유학서적을 제외한 병법서, 의약서, 점술서, 농업서는 남긴 것으로 보이며, 역사적으로 보아 새로 창업한 세력과의 대항은 사생결단으로 결론나기 마련이다.

9) 이사(李斯)

〈법가〉

이사는 초나라 사람으로 한비자(韓非子)와 함께 순자(荀子)에게 공부하고 나서 큰 꿈을 실현하기 위하여 서쪽에 있는 진나라로 가려고 순자에게 작별인사를 하며 말하기를……. 비천한 것처럼 부끄러운 것이 없고 곤궁한 것처럼 슬픈 일은 없습니다. 오랫동안 비천하고 곤궁한 처지에 있으면서 세상이 부귀를 비방하고 남의 이익을 미워하며 몸을 무위자연의 경지에 맡겨 스스로 고상하다고 하는 것은 선비된 사람의 진정성이 아닙니다. 그래서 저는 서쪽 진나라로 가서 왕에게 유세하려고 합니다.

이때 진나라에는 장양왕(자초)이 죽고 진시황이 13세로 즉위한 뒤여서 문신 후인 여불위 집에 하인으로 들어갔다. 여불위는 이사가 현명하다는 것을 알고 추천하여 낭(郎)을 삼았으므로 진왕(진시황)에게 설명할 기회를 얻게 되어 말하 기를…….

사람은 틈을 잘 가누지 않고 막연히 기다리기만 해서는 좋은 기회를 놓치게 됩니다. 큰 공을 성취하기 위하여는 사람들의 틈을 잘 타서 마음에 맞지 않는 데가 있더라도 참지 않으면 안 됩니다. 진효공 이래에 주나라 왕실이 쇠약해져 서 제후들이 서로 합병하여 관동지역에 여섯 나라만 남았으며 이제 제후들이 진나라에 부속되는 것은 마치 진나라의 군현과도 같게 되었습니다. 이와 같은 진나라의 강대한 힘과 대왕의 현명하심으로 도모한다면 천하를 통일하는 것은 아낙네가 아궁이에 먼지를 쓸어넣는 것과도 같이 쉬운 일입니다. 이것은 만세 에 한 번 있는 기회로서 지금 서두르지 않으면 제후들이 강성해져 합종(合縱)이 라도 맺게 되는 날이면 비록 황제(黃帝) 같은 임금이 나타난다 해도 여섯 나라 를 합병할 수 없을 것입니다.

그리하여 진왕인 진시황은 이사를 장사(長史)로 임명하고 그의 계책을 받아 들여 책사(策士)에게 금은보화를 주어 비밀리에 제후들에게 파견하여 유세하도 록 하였다. 그후 다시 정위(廷尉)에 임명되었고, 그후 20년 만에 마침내 천하는 통일되어 진왕을 받들어 황제(皇帝)라고 했으며, 이사는 정승이 되었다. 군현에 있는 성벽을 허물고 무기를 녹여 두 번 다시 사용하지 않을 것을 보여주었다. 새로운 진나라는 작은 토지라도 제후를 책봉하지 않았고, 아우를 세워 왕을 삼 거나 공신을 봉하여 제후를 삼지 않은 것은 후세에까지 전쟁의 근심을 없애기 위해서였다. 그리하여 주나라의 봉건(封建)제도의 폐해를 근절하고 군현제(郡縣 制)로서 중앙통치 제도를 실현하였던 것이다.

시황제 34년 함양궁에서 주연이 있었는데, 제나라 사람 순우월이라는 사람 이 간청하기를, 은나라와 주나라가 천여 년간 왕실을 존속할 수 있었던 것은 자제나 공신을 봉하여 왕실을 받들도록 하였기 때문이라고 말하자, 정승들은 그 의견이 타당치 않다고 비방의 글을 올렸다. "순우월이 말하는 것은 모두 고대를 인용하여 현대를 부정하고 자기가 배운 학문만이 옳다고 하여 새로운 제도를 비방하는 것입니다. 지금 이를 근절시키지 않으면 위로는 황제의 권위가 떨어지고 아래로는 당파가 만들어질 것입니다. 바라옵건대 모든 문학·시서·백가(百家)의 저술들을 폐기하도록 하고 포고령이 내려진 지 30일이 지나도 책을 폐기하지 않은 사람은 처벌하십시오. 폐기하지 않아도 될 것은 의약(醫藥)·복서(卜筮)·원예(園藝) 등의 책에 한하며 만약 배우고 싶은 사람이 있으면 관리를 시켜 스승이 되도록 하면 좋을 것입니다."라고 하자……. 시황제는 이 건의를 수락하고 시서와 백가(百家) 등의 저술을 몰수하여 불태운 후 백성들을 무지하게 만들어 모든 사람들이 고대를 인용하여 현대를 비방하는 일이 없도록 하였다.

때는 시황제 37년, 시황제는 회계(會稽)지방을 순행하고 낭야(郎邪) 지방으로 갔는데, 정승 이사와 중거부령(中車府令) 조고(趙高)가 수행하였으며 시황제에게 20명의 아들이 있었는데, 장자인 부소(扶蘇)는 바른말을 했기 때문에 북방 국경 부근에 흉노에 대비하라는 파견군 감독으로 보내졌고, 장수는 몽염(蒙恬)이었으며, 막내아들 호해(胡亥)만이 시황제의 총애를 받아 자청해서 순행을 따랐고, 다른 아들은 아무도 따라가지 않았었다.

시황제가 7월에 사구(砂丘) 지방에 이르자 중병에 걸려서 북방에 있는 맏아들 부소에게 편지를 쓰도록 하였는데…….

편지 내용에는, "북방의 군사들은 몽염 장군에게 맡기고 서울 함양으로 와서 내 관이 도착하거든 장사 지내도록 하라."고 쓰여 있었는데, 아직 사신한테 전해지기 전에 시황제는 붕어하고 말았다. 당시에 편지나 옥새도 모두 조고(趙高)가 갖고 있었으며, 시황제가 죽었다는 사실을 아는 사람은 막내아들 호해(胡亥)와 승상 이사와 조고와 그리고 환관 몇 명뿐이었다. 이사와 조고는 시황제가 순행 도중에 붕어한 일과 책봉해 놓은 태자가 없는 것을 걱정해서 죽은 사실을 숨기려고 수라상을 올리는 등 일반적인 일상을 평소와 똑같이 했다.

조고는 맏아들 부소에게 전해질 칙서를 손에 든 채 막내아들 호해에게 말하기를……. "시황제께서 붕어하시기 전에 유언은 없었으며, 단지 장남 부소에게 보내는 이 편지뿐입니다. 부소가 함양에 오게 되면 즉위하여 황제가 될 터인데 어찌하시겠습니까? 이제 천하의 권력을 얻는 것도 잃는 것도 호해공자와 저와 승상 이사의 생각에 달려 있습니다. 이 점을 잘 생각하시기 바랍니다. 남을 신하로 쓰는 것과 신하가 되는 것과 남을 제어하는 것과 제어받는 것이 가는 길과 오는 길이 다른 것만큼 다른 것입니다." 호해가 탄식하며 말하기를, 시황제가 붕어한 사실도 발표하지 않았고, 장례도 못 치른 시점에 어찌하란 말이오? 조고가 말하기를, 지금이야말로 기회입니다. 기회를 놓치면 후일에 아무리 계책을 써도 늦습니다. 이렇게 하여 호해는 설득되었고, 조고는 다시 이 일을 승상 이사와 상의하지 않으면 성취하지 못할지도 모르니 의논해보겠습니다. 하고는 승상 이사에게 말하기를, 시황제가 붕어하실 때 장남 부소에게 보내는 편지밖에 없고, 옥새도 호해공자에게 있습니다. 태자를 정하는 것은 승상과 저와 두 사람이 의논할 일이니 어찌하면 좋겠습니까? 승상이 말하기를, 어디서 이런 나라 망칠 말을 하시오. 신하로서 할 말이 못 됩니다. 당신은 스스로 돌아보아 재능이 몽염 장군만 하다고 보십니까? 그리고 또 부소한테 신임이 몽염 장군만 하다고 보십니까?

이사는 하늘을 우러러 탄식하고 눈물을 흘리며 한숨을 쉬며 "아~아 홀로 난세를 만나 죽을 수도 없으니 어디에다 내 몸을 의탁하리오." 하고는 어쩔 수 없이 조고의 모략에 동조하였고, 조고는 호해에게 이렇게 보고했다. "저는 공자의 말씀을 받들어 승상에게 의논하였더니 승상도 공자의 말씀을 받들겠다고 하였습니다." 이렇게 해서 세 사람이 공모한 끝에 승상이 시황제에게 소명을 받았다고 속여서 호해를 태자로 세우고 북방 국경에 있는 장남 부소에게 내릴 칙서를 거짓으로 꾸몄다. 그 내용은 이러하였다. 진시황이 쓴 것으로 위장되어 있기를….

"짐이 천하를 순행하고 명산에 기도하여 수명을 연장했도다. 지금 부소는 몽염 장군과 수십만 군사를 이끌고 국경에 주둔한 지 10년이 지났는데도 조금도 진전되지 못했을 뿐만 아니라 병력의 소모가 많았는데도 한 치의 공로도 없도다. 그런데도 불구하고 자주 상소를 올려 짐을 비방하였으며, 직분을 포기하고 함양에 돌아와 밤낮으로 태자가 되지 못함을 원망하였으니 부소는 아들로서 불효라 하겠다. 칼을 내리노니 자결하거라! 그리고 또 장군 몽염은 부소와 함께 밖에 있으면서 부소를 바로잡아 주지 못했을 뿐만 아니라 당연히 그 음모를 알았을 것이로다. 몽염은 신하로서 불충했기에 죽음을 내리노니 군사를 부장(副將)인 왕리(王離)에게 소속시키도록 하거라."

이렇게 거짓으로 꾸며진 편지는 황제의 옥새를 찍고 봉하여 호해의 빈객이 받들어 북방에 있는 형 부소에게 전하자 부소는 울면서 자살하려고 했으나 몽염은 부소를 말리면서 다음과 같이 말했다.

"폐하께서는 지금 순행 중이시며 아직 태자도 안 세우고 계십니다. 또 저에게 명하여 30만 대군으로 국경을 지키게 하였고, 부소 공자를 감독관으로 보내셨는데 이것은 천하의 중책입니다. 지금 한명의 사신이 왔다고 해서 자결하시고 나서 만약 그 사신의 말이 거짓이라면 어찌합니까. 그러니 용서를 한 번 청해보고 나서 자결해도 늦지 않습니다."라고 하였지만….

그러나 부소는 천성이 어질고 유순해서 어떻게 아버지의 명을 거스르겠느냐며 그 자리에서 자살하고 말았다. 몽염 장군은 자살 권고를 수긍하지 않았으므로 사신은 그를 양주(陽周)옥에 가두고 돌아와서 그 내용을 보고하자. 호해와 이사와 조고는 크게 기뻐하며 함양으로 돌아와 시황제의 상을 발표하고 함양(서안) 동쪽 여산에 장사 지냈다(지금의 서안 병마용이 있는곳).

태자 호해는 즉위하여 이세(二世)황제가 되었으며, 조고는 낭중령(郎中令)에 임명되어 항상 궁중에 있으면서 권력을 휘둘렀고, 이세 황제는 조고의 말을 받아들여 새 법률을 만들었으며, 그래서 많은 신하와 공자들에게 죄가 있으면 모두 조고에게 인계되어 신문을 받았는데 공자 12명은 함양 광장에서 죽음을 당했고, 공주 10명은 두현에서 거열(車裂)형을 당했다. 법령과 벌칙이 날로 심각해지고 많은 신하들은 몸에 닥쳐올 위험을 느끼고 배반하는 사람이 많았으며, 그런데도 또 이세 황제는 아방궁(阿房宮)을 짓기 시작하여 무거운 세금은 점점 늘어났고, 부역 징발은 그칠 날이 없었으므로, 이로 인하여 초나라 수비병으로 있던 진승(陳勝)과 오광(吳廣)이 마침내 진시황 중국 통일 이후로 처음 반란을 일으키기 시작하였다.

이사의 아들 이유(李由)는 삼천(三川)군 태수였는데, 난을 일으킨 오광(吳廣) 등이 약탈했을 때 저지하지 못했다 하여 이세 황제는 아버지인 이사를 책망하자 이사는 몹시 두려워하며, 벼슬이 떨어지지 않을까 걱정되어 어찌할 바를 몰라 했고, 조고는 낭중령의 직권을 가지고 수많은 사람을 죽여 원한을 사고 있었다.

따라서 조고는 대신들이 황제에게 아뢸 때 자기를 나쁘게 말할 것이 두려워서 이세 황제에게 말하기를……"천자가 귀한 것은 여러 신하들이 다만 목소리만 들을 뿐 용안을 볼 수 없기 때문입니다. 그러므로 천자는 자칭하여 짐(朕)이라고 하는 것입니다. 폐하께서 신하의 견책이나 등용에 부당하신 처사가 있으면 폐하의 단점을 보이는 것이 됩니다. 그러므로 폐하께서는 당분간 팔짱을 끼고 궁중 깊이 앉아 계시어 저나 법률에 밝은 시종에게 일을 맡기시고 일이 생기게 되면 의논하신 후에 적당히 처리하시는 것이 좋을 것입니다. 이렇게 되면 대신들도 감히 의심쩍은 일은 아뢰지 못할 것이니 천하는 폐하를 성군으로 우러러 받들게 될 것입니다."라고 하자…….

이세 황제는 조고의 건의를 받아들여 조정에 나가지 않고 궁중 깊이 들어앉아 있었고, 조고는 항상 궁중에 머무르면서 정무를 처리함으로써 모든 일이 그의 손에 의하여 결정되었다. 조고는 승상 이사의 장남 이유의 일로 이세 황제에게 말하기를, 삼천 지방에 태수로 있으면서 초나라에서 반란을 일으킨 진승·오광 등은 모두 이사의 아들 이승상과 가까운 고을 출신으로 도둑떼가 공공연히 삼천 지방을 횡행하는 데도 막지 못하고 있습니다. 아직 확증이 없어 폐하께 말씀드리지 못했지만, 이 승상의 권력은 궁궐 밖에서는 폐하보다도 더하다고 볼 수 있습니다.

이세 황제는 조고의 말을 듣고 사람을 보내 이 승상 아들 이유를 조사하도록 명했으며, 이일로 인하여 승상 이사는 조고의 부당성을 글을 올려 비방하기에 이르렀다. "감히 신하가 임금과 비슷한 권력을 누리게 되면 나라가 위태롭고 아내가 남편과 세력이 동등하게 되면 집안을 위태롭게 한다고 들었습니다. 지금 폐하의 측근에는 신하로서 마음대로 남에게 이익을 주고 마음대로 남에게 위해를 가하며 권력을 폐하와 동등하게 행사하는 사람이 있는데, 이것은 아주 부당한 일입니다."라고 말하자 이세 황제는 "무슨 말이오. 조고는 원래 환관 출신으로서 안전하다고 해서 마음대로 뜻을 펴지 않았으며, 위험하다고 해서 마음을 변하는 일이 없었고 결백하여 선행을 힘쓰며 노력으로 지금의 지위를 얻은 사람이오. 그런데 의심하는 것은 무슨 까닭이오?"

이세 황제는 전부터 조고를 신뢰하고 있었기 때문에 승상 이사가 조고를 죽이지나 않을까 하는 생각에 은밀히 이사와 나눈 얘기를 조고에게 말해주자, 조고는 승상에게 "방해되는 사람은 오직 저뿐일 것입니다."라고 말하자. 이세 황제는 낭중령인 조고에게 이사를 조사하도록 명령했다. 이사는 붙잡혀서 묶인 채로 옥에 갇혔으며 하늘을 우러러 탄식하며 말하기를….

"아~아 슬프구나. 무도한 임금과 어떻게 천하의 일을 말할 수 있으리오. 옛날 하나라 걸왕은 관룡봉을 죽였고, 은나라 주왕은 왕자 비간을 죽였으며, 오나라 부차왕은 오자서를 죽였는데, 이 세 사람이 어찌 불충했던 신하였겠으리요! 그런데도 그들은 사형을 면하지 못했으니 죽음을 당한 것은 임금이 무도했기 때문이다. 지금 나의 지혜는 이세 사람에 미치지 못하고 이세 황제의 무도함은 걸왕, 주왕, 부차왕을 능가하는구나! 내가 충의로웠기에 죽는 것은 당연한 일이로다. 그러나 이세 황제의 치세는 어찌 어지럽지 않을 수 있겠으리오! 황제 위에 오른 뒤에 많은 형제를 죽였으며 자립했을 때 충신을 죽였고, 천박한 조고를 귀하게 쓰며 아방궁을 건축하고 온나라에 무거운 세금을 부과하고 있으니 내가 간청하지 않은 것이 아니라 오직 받아들여지지 않았던 것이다.

이세 황제는 형제를 죽이고도 죄라고 생각하지 않고 충신을 죽이고도 잘못이라고 생각하지 않으며 아방궁을 짓기 위하여 무거운 세금을 부과하면서도 비용을 아끼지 않으니 이 세 가지 일만으로도 천하의 인심은 이반되었고, 또 반란의 무리들은 천하의 절반을 차지하게 되었으며, 이세 황제는 아직 눈을 뜨지 못하고 진나라의 함양을 멸망시킬 것이고, 그 폐허 위에 사슴 무리가 뛰놀 것임에 틀림없을 것이로다." 하였다.

이에 앞서 이세 황제의 명령으로 삼천태수 이유를 조사하러 간 사신이 삼천에 막 도착했을 때는 이미 승상의 장남 이유는 항량(항우 숙부)에게 맞아 죽은 후였고, 사신이 함양에 돌아왔을 때는 승상 이사가 형법 담당 관리의 손에 넘어간 직후였다. 이세 황제 2년 7월에 이사를 요참형(腰斬刑)에 처한다는 판결이 내려져 이사가 옥에서 끌려 나오자 둘째 아들도 같이 끌려 나왔다.

이사는 차남을 돌아보며 말하기를…. "나는 너와 함께 누렁개를 데리고 고향 뒷산에서 토끼를 한 번 사냥하고 싶었는데, 이제는 그것도 이룰 수 없는 일이로구나." 하고 두 부자는 소리 높여 울었다. 이세 황제는 조고를 승상에 임명하고 대소사를 조고에게 결재하도록 하였는데, 조고는 자기의 권력을 시험삼아 사슴을 이세 황제에게 바치면서 "이것이 바로 말입니다." 라고 말하자 이세 황제는 주위 사람들에게 승상이 이것을 말이라고 하는데, 사슴이 아니냐고 묻자 대부분 사람들이 말이 맞다고 하였다. 혹여 사실대로 사슴이라고 말한 사람은 조고로부터 무사할 리가 없었다.

　방자해진 조고는 황제를 망이궁(望夷宮)으로 거처를 옮기게 하고 경호하는 무사에게 흰옷을 입혀서 망이궁 쪽으로 향하며 진격하게 하고 조고는 먼저 들어가 거짓 보고하기를, 산동지방 도적들이 쳐들어오니 망루에 올라 확인하시라 하였는데, 이세가 바라보고는 겁에 질려 벌벌 떨었다. 조고는 황제를 협박하여 자살하게 했고, 황제의 옥새를 황제의 형인 영(嬰)에게 주어 즉위하긴 했지만, 조고의 역심을 두려워해 정무를 보지 않았고, 환관인 한담(閑談)에게 명하여 조고를 찔러 죽이고, 삼족을 멸하였으며, 즉위한 지 3개월 만에 한왕 유방(劉邦)이 함양으로 진격해 오자, 지도(軹道) 부근에서 항복하였고, 그후 초패왕 항우(項羽)가 또 진격해 와서 영(嬰)의 목을 베임으로써 진나라는 천하를 통일한 지 15년 만에 멸망하고 말았다. 때문에 충성 경쟁과 민심, 이반은 진나라 멸망의 도화선이 되어 지록위마(指鹿爲馬)라고, 한 조고(趙高)의 오만한 권력이 결국 진(秦)나라를 멸망시켰고, 다시 한(漢)나라가 창업하기에 이르렀다.

10) 한신(韓信)

〈전술가〉

　한신은 회음지방 사람으로 평민으로 있을 때 가난하여 도와주는 사람이 없어 관리가 되고자 해도 추천을 받지 못하고 또 장사하는 재주도 없고 해서 늘 남의 집에 기거하며 얻어먹고 있었다. 처음에 회음땅 남창지방의 정장(停長) 집에서 머물면서 때로는 몇 달씩 있는 때도 있었다.

　어느날 한신이 성 밑의 회수 강가에서 낚시질을 하게 되었는데, 몇 명의 노파가 한신의 굶주림을 보고 그에게 밥을 주었으며, 이런 일이 무명 바래는 일이 끝날 때까지 수십 일 동안 계속되었다. 한신은 사례하며 장래에 틀림없이 은혜에 보답하겠노라고 말하자 노파는 대장부가 밥도 먹지 못하기에 그저 가엾어서 먹여준 것뿐인데 무슨 보답이오 하였다.

어느 날 회음 지방 푸줏간 패들 중에 한 사람이 한신을 업신여기고 놀려대기를 덩치는 커서 늘 칼만 차고 다니지만 실제는 겁쟁이 아니냐? 네가 나를 죽이고 싶으면 그 칼로 내 배를 찔러봐라, 만약 못하겠으면 내 바짓가랑이 밑으로 기어나가 보라고 하자 한신은 이윽고 머리를 숙이고 엎드려서 그 사람 바짓가랑이 밑으로 기어 나갔는데 모여 있던 구경꾼들이 과연 겁쟁이라며 한신을 비웃었다.

때는 진시황의 폭정이 계속되어 부역이 많아지고 세금은 늘어나 진나라에 반기를 들고 일어난 항량(項梁)이 회수강을 건널 무렵 한신은 칼을 차고 항량을 따라 그의 휘하로 들어갔는데 이름은 알려지지 않았었고, 그후 항량이 전투에 패전하여 죽자 그의 조카인 항우(項羽) 휘하로 들어가 한신은 낭중(郎中)에 임명되자 자주 계책을 건의하여 중용되기를 바랐으나 항우는 그의 계책을 채택하지 않았다.

그러던 차에 한황(漢王)이 항우로부터 촉(蜀) 지방으로 가라는 명을 받고 떠나자 초나라 항우 밑에 있던 한신은 한왕에게로 도망갔으나 역시 연오(連敖)라는 관직을 얻는 데 불과했다. 별로 이름은 알려지지 않았지만 소하(蕭何)는 한신이 영웅이라는 것을 알고 있었고, 한왕 원년 남정(南鄭)에 도읍을 정하기로 하였는데, 여러 장수 중에는 그곳으로 가기 싫어서 도망치는 사람이 많았다. 한신 역시도 소하가 몇 번 추천했지만, 한왕이 등용하지 않자 불만도 있던 차에 한나라를 떠나기로 마음 먹고 도망쳤다.

소하는 한신이 도망갔다는 말을 듣고 한왕에게 보고할 겨를도 없이 뒤를 쫓았는데, 어떤 사람이 한왕에게 한신과 승상 소하가 도망갔다고 아뢰자 한왕은 격노함과 동시에 양팔을 잃은 듯 걱정하고 있는 터에 소하가 돌아와서 문안을 드리자 왕은 노하면서도 기뻐했다.

한왕이 소하를 책망하며 말하기를, 도망치더니 어찌 된 일이오? 도망간 것이 아니고 한신의 뒤를 따랐다고 말하자 장수 중에 도망친 사람이 많았는데, 그때는 아무도 따라가지 않다가 유독 한신만 따라간 이유가 무엇입니까? 하고 묻자 다른 장수들은 얻기 쉬운 일이지만 한신 같은 사람은 얻기가 쉽지 않습니다. 앞으로 한중(漢中)의 왕으로 만족하신다면 모르지만 천하를 도모하려면 한신이 아니고는 쉽지 않습니다. 왕의 계책이 어느 쪽으로 결정할지가 관건이라 하겠습니다라고 말했다.

한왕이 "나는 동쪽으로 진출해서 천하를 겨루고 싶소이다. 이곳에 오래 머물 수 있겠소?"라고 묻자 소하는 "그러시다면 한신을 등용하십시오. 그렇지 않으면 한신은 또다시 도망갈 것입니다."라고 대답했다.

이리하여 한왕이 예를 갖추어 한신을 대장군으로 임명하자 군중에서는 뜻밖의 임명에 깜짝 놀랐다. 왕은 한신 장군에게 말하기를, "승상 소하가 자주 장군을 천거하였는데 어떤 계책으로 나를 도와주겠소?"

한신은 사례하고 왕에게 말하기를, "이제 동쪽으로 향하여 천하를 경쟁할 상대는 항우가 아니겠습니까? 저는 벌써부터 항우를 섬긴 일이 있었는데 분노를 띠고 꾸짖을 때는 천 명 되는 사람도 정신을 잃게 할 정도지만 어진 장수를 믿고 일을 맡기지 못하는 까닭에 필부(匹夫) 용기에 불과 합니다.

또 항우는 사람을 만날 때 공손하며 인정이 많고 말씨도 부드러우며 부하가 병에 걸리면 눈물도 흘리고 음식도 나누어 먹을 정도지만 그러나 공이 있어 상 줄 때는 인장을 쥐고 아까워서 못 찍을 정도입니다. 보통 여인의 용기 정도입니다.

또 항우는 관중(關中)에 머무르지 않고 팽성(彭城)에 도읍을 정했으며, 초나라 의제(義帝)와의 약속을 배반하고 제후를 세우는 데 공평하지 못합니다.

그리고 항우가 지나간 지방에는 잔혹하게 해서 원망하는 사람이 많았고, 백성들은 등을 돌리고 위력에 눌려 있을 뿐으로 패자(霸者)라는 이름만 있을 뿐이며, 인심을 잃고 있어 그 위세는 날로 약해질 수밖에 없습니다.

지금 한왕께서는 이 방법과 정반대로 하시어 무사들을 믿고서 일을 맡기신다면 누가 왕을 상대하겠습니까? 또 천하의 군현으로 공신을 책봉하신다면 누가 복종하지 않겠습니까? 정의로운 명분으로 동쪽으로 가고 싶어하는 장수를 거느리신다면 누가 대적하겠습니까? 지금 관중에는 옛 진나라의 항복한 장수 장한(章邯)과 사마흔(司馬欣)과 동예(董翳) 등이 삼진(三秦)의 왕으로서 다스리고 있으나 멸망한 진나라 부형들의 원한은 골수에 사무쳐 있습니다.

　그러나 한왕께서는 관중에 들어갔을 때 백성을 해친 일이 없으며 진나라의 가혹한 법령을 폐기하고 삼장(三章)의 법만을 약속하셨을 뿐으로 진나라 백성들은 한왕을 진나라 왕으로 받들기를 원하지 않는 사람이 없습니다. 제후와의 약속에 따르면 한왕은 당연히 관중의 왕이 되셨어야 했습니다. 그러므로 한왕께서 동쪽으로 진격하시면 삼진(三秦)의 땅은 격문만 돌리고도 평정할 수 있습니다."라고 말하였다.

　그리하여 8월에 한왕은 군사를 일으켜 동쪽의 진창(陳倉)으로 진격하여 장한, 사마흔, 동예가 다스리는 삼진의 땅을 평정하기에 이르렀다. 한신이 장졸들에게 말하기를, 오늘은 조나라를 격파한 다음에 아침밥을 먹자고 말하자, 누구도 믿지 않았지만 명령을 따랐는데 강을 뒤로 등지게 하는 배수진(背水陣)을 치자 조나라 군사들은 바라보고 한신의 어리석음을 비웃었다.

　장졸들은 죽기를 다해 싸워서 성안군(成安君)을 죽이고 조왕 헐(歇)을 생포하였는데, 한신이 군중에서 말하기를, 광무군을 죽여서는 안 된다. 생포하는 사람은 천 금을 주겠노라고 말하자 그를 사로잡아오는 사람이 있었다.

　한신은 오랏줄을 풀어주고 스승으로 모시고서 말하기를, 나는 북쪽으로 연나라를 치고, 동쪽으로 제나라를 치려고 하는데, 어떻게 해야 성공하겠습니까? 광무군이 말하기를,

　"군대를 패망시킨 장수는 용맹을 말하지 못하고, 나라를 멸망시킨 대부는 국사를 의논하지 못한다고 하는데 어떻게 나랏일을 의논할 수 있겠습니까?"

라고 말하자 한신이 모든 것을 믿고 가르침을 따르겠으니 사양하지 마시고 가르쳐주십시오! 광무군이 답하기를, "지혜 있는 사람은 천번 생각하다 보면 한 번의 실 수가 있을 수 있고, 어리석은 사람이 천 번 생각하다 보면 한 번의 옳은 수가 있어서 미치광이 말일지라도 성인이 선택하여 듣는다고 하였습니다."

智者千慮必有一失이요 愚者千慮必有一得이라
狂夫之言도 聖人이 擇之라

그러므로 싸움에 지친 병사들을 데리고 연나라와 제나라를 공격하는 것은 잘못된 것으로 생각합니다. 군사를 거두어 쉬게 하고 지금 점령하고 있는 조나라 백성들을 어루만져주며, 이 지방의 사대부들에게 향응을 베풀어주고, 군사들에게 배불리 먹게 한 다음, 약한 북쪽의 연나라부터 공격하는 것이 마땅할 것입니다.

싸우기 전에 우선 말 잘하는 사람을 보내서 우리편의 유리한 점을 설득하면 싸우지 않고도 복종시킬 수 있으며, 또다시 동쪽으로 사신을 보내서 이 사실을 알리면 강한 제나라도 복종해 올 것입니다. 원래 병법에….

'가벼운 것을 먼저 채택하고 중요한 것을 뒤에 채택한다'고 합니다.

그리하여 연나라와 제나라를 모두 함락시켰고 사신을 보내 한왕(漢王)에게 말하기를, 제나라는 거짓이 많고 마음이 변하기 쉬우며, 또 남쪽으로 항우와 국경을 이루고 있기 때문에 제가 가짜로 제나라 왕이 되어 점령한 지역을 평정시켰으면 합니다라고 말하자, 한왕은 크게 격노하며 내가 함양에서 포위되어 구원을 기다리고 있는데 자립해서 왕이 되겠다는 말인가? 하고 격노하자, 장량과 진평이 만류하며 한왕이 귀에 대고 말하기를, 한나라의 형세는 지금 불리합니다. 우선 허락해주고 제나라 땅을 잘 지키도록 하는 게 좋습니다라고 했다.

그리하여 장량을 보내서 가짜가 아닌 진짜로 제나라 왕으로 세워주었다. 이렇게 되자 한신의 부하인 책사 괴철(蒯撤)이 한신을 설득하기를, 제가 상감을 관상 보니 제후에 머무르고 더구나 위험하여 편안치가 못합니다. 그러나 등 뒤를 보니 존귀하여 입으로는 말할 수가 없습니다.

지금 한왕과 항우의 승패 운명은 전적으로 상감 몸에 달렸습니다. 한나라를 도우면 한나라가 이기고 항우를 도우면 항우가 이길 것입니다. 저의 계책을 말씀드리면 천하를 세 곳으로 나누어 다스리는 것이 좋을 듯합니다. 힘에 균형이 비슷하기 때문에 누구도 감히 먼저 나서지 못하는 형세입니다. 두 나라일 경우는 승부가 나겠지만, 세 나라는 어느 한 쪽이 이쪽 저쪽을 돕다 보면 누가 먼저 섣불리 나서지 못할 것입니다.

때라고 하는 것은 "하늘이 주는 데도 받아들이지 않으면 오히려 재앙을 받고 때가 이르렀는 데도 행동하지 않으면 오히려 화를 당하게 된다."는 말이 있습니다. 상감께서는 깊이 생각하십시오.

한신이 말하기를, "한왕은 나를 후하게 대우해주고 수레에 나를 같이 태워 주었으며, 자기 옷을 나에게 입혀주고, 먹을 것을 나에게 나누어주었소. 남의 수레에 타는 사람은 그 사람의 걱정까지 태우고 남의 옷을 입는 사람은 그 사람의 근심까지 안으며 남의 먹을 것을 먹는 사람은 그 사람과 함께 죽는다는 말을 들었는데, 내가 어떻게 나만의 이로움을 따라 의리를 배반할 수 있겠소?"

괴철이 다시 설득하기를, "일이란 이루기는 어렵고 실패하기는 쉬우며 기회란 얻기는 어렵고 잃기는 쉽습니다. 지금이 기회입니다. 때여! 때여! 두 번 오지 않습니다. 상감께서는 깊이 생각하십시오." 한신은 한왕을 배반하기가 어려워서 주저했고, 또 스스로 자기에게는 공로가 많으니 한왕이 책봉해준 제나라를 빼앗지는 않을 것이라 생각하고 괴철의 권유를 사절했다.

괴철은 자기 계략이 받아들여지지 않자 떠나고 말았다. 그후에 한왕은 해하

(垓下) 지방에서 항우와 싸우기 위해 제나라 왕인 한신을 불러 합동으로 초나라 항우를 공격하여 멸망시켰고, 그리고 나서 한신의 군사를 빼앗고 다시 그를 옮겨 초나라 왕으로 삼아 하비(下邳)땅에 도읍하도록 하였다(항우의 최후 형세를 四面楚歌라고 한다).

이 무렵, 한신은 처음에 회음땅에서 밥을 주었던 노파를 찾아 천 금을 주었고, 지난날 묵었던 정장(停長)에게는 백 전을 주었으며, 바짓가랑이로 기어나가게 했던 젊은이에게는 중위(中尉) 벼슬을 임명하여 말하기를, 그때 내가 죽일 수도 있었지만, 모욕을 참았던 것은 오늘날의 공적을 생각하고 인내하면서 이루기 위함이었소! 하였다.

당시의 천하는 초왕 항우가 멸망함으로써 한왕 유방이 천자 지위로 한(漢)나라를 건국하게 되었으며 한신은 초나라 왕으로 제후가 되어 군현을 순행하고 있었는데 군사를 동원하여 훈련하자 한왕에게 한신이 반역하려 한다고 밀고하는 사람이 있었다.

한신이 초나라 운몽(雲夢)에 순행 나온 한왕을 알현하자, 한왕은 무사에게 명하여 한신을 묶어 수레에 태웠다. 한신이 말하기를……, "날쌘 토끼가 죽고 나면 사냥개는 삶기게 되며, 높이 나는 새가 없어지고 나면 좋은 활은 걸어놓고, 적국을 멸망시키고 나면 책사가 죽는다."고 하더니 과연이구나!

狡兎死에 走拘烹하고 高鳥盡에 良弓藏하고 敵國破에 謀臣亡
교 토 사   주구팽   고 조 진   량궁장   적 국 파   모 신 망

한왕이 낙양지방에 도착하여 한신의 죄를 용서하고 회음후(淮陰侯)로 강등시켰다. 어느날 한왕과 한신은 군사 거느리는 말을 나누었는데, 한왕이 "나는 얼마 정도의 군사를 거느릴 수 있다고 생각하시오?" "예 10만 정도 됩니다." "그러면 그대는 얼마쯤 거느릴 수 있겠소?" "예 저는 많고 많을수록 더욱 좋습니다."(多多益善)

"그런데 왜 나한테 묶여왔소?" "예, 폐하는 병사의 장군은 되기 어렵지만 장군들을 거느리는 통솔력은 잘하십니다. 이것이 폐하에게 묶여온 이유입니다. 그리고 또 폐하는 하늘이 내주신 것이지 사람의 힘이 아닙니다."라고 하였다.

그후 한왕 10년, 진희라는 사람이 반역을 했는데 한신은 사람을 보내서 진희를 돕겠다고 했을 때 때마침 한신의 가신이 죄를 범해 문초를 당하게 되었다. 그 가신의 동생이 형을 살리기 위해 한신이 반역을 하려 한다고 한왕의 부인인 여후에게 고발하게 되었다. 한왕은 진희를 정벌하려고 진중에 나가 있었고, 여후는 소하 승상과 의논하여 조회에 참석한 한신을 묶어 장락궁(長樂宮) 안에 있는 종실(鐘室)에서 목을 베었다.

죽기 전에 한신이 말하기를…… "괴철의 계책을 듣지 않았던 관계로 부녀자에게 속게 되었지만 그러나 이것도 천명이구나!"라고 말했다. 한신은 반역죄로 삼족을 멸하는 처벌을 받았는데, 한왕이 진희를 평정하고 돌아와서 한신의 일을 보고받고는 묻기를, "한신이 죽기 전에 무슨 말을 하더냐? 괴철의 계책을 쓰지 않은 것을 후회했습니다.

그리하여 괴철을 수소문해서 잡아들이고는 "네가 한신을 반역하라고 가르쳤느냐?" 괴철이 "그렇습니다. 옛날에 도척(盜跖)이 키우는 개가 요임금을 짖어댔는데 요임금이 어질지 않아서가 아니라 주인이 아니어서 짖은 것입니다. 그 당시에는 한신을 주인으로 모셨기에 한신만 생각하고, 폐하는 생각하지 못했습니다."라고 말하자 한왕은 그 말을 듣고는 괴철을 용서했다.

역사를 쓴 사마천은 말했다. 만약 한신이 도리를 배워 겸손하고 자기 공로를 자랑하지 않았다면 한나라에 대한 공로가 주나라를 도운 주공, 소공, 태공 등에 비할 수 있었을 것이고, 후세 손손 영화를 누리며 제사를 받을 수 있었을 것이다. 순리와 도리를 생각하지 않고 천하의 질서가 정착된 뒤에 반역에 가담하려 했으니 큰 공을 세우고도 삼족 멸망을 불러오지 않았는가!

때문에 치세(治世)에는 양상(良相)을 필요로 하고 난세(亂世)에는 양장(良將)을 필요로 한다더니 장량(張良)은 벌써 이러한 기미와 세상 이치를 알고 세속을 떠나 실행한 것이 아닌가! 현재 호남성 장가계의 국가삼림공원에 장량이 머물렀었다는 표지판 하나만이 있을 뿐으로 자(字)를 장자방이라고도 불리어 지금까지도 장자방이라는 호칭이 남게 되었다.

역사와 함께하는
동양고전의 인문학

초판 1쇄 인쇄 2019년 2월 21일
초판 1쇄 발행 2019년 2월 28일

엮은이 김인규
펴낸이 신동렬
펴낸곳 성균관대학교 출판부

등록 1975년 5월 21일 제1975-9호
주소 03063 서울특별시 종로구 성균관로 25-2
대표전화 02)760-1253~4
팩스밀리 02)762-7452
홈페이지 press.skku.edu

ⓒ 2019, 김인규

ISBN 979-11-5550-319-5 13150